KB117104

지능의 함정

The Intelligence Trap
by David Robson

똑똑한 당신이 어리석은 실수를 하는 이유와 지혜의 기술

지능의 함정

데이비드 롭슨 | 이창신 옮김

The Intelligence Trap

김영사

지능의 함정

1판 1쇄 발행 2020. 1. 13.
1판 4쇄 발행 2023. 2. 27.

지은이 데이비드 롭슨
옮긴이 이창신

발행인 고세규
편집 박민수 | 디자인 이경희
발행처 김영사
등록 1979년 5월 17일(제406-2003-036호)
주소 경기도 파주시 문발로 197(문발동) 우편번호 10881
전화 마케팅부 031)955-3100, 편집부 031)955-3200 | 팩스 031)955-3111

값은 뒤표지에 있습니다.
ISBN 978-89-349-0011-5 03180

홈페이지 www.gimmyoung.com 블로그 blog.naver.com/gybook
페이스북 facebook.com/gybooks 이메일 bestbook@gimmyoung.com

좋은 독자가 좋은 책을 만듭니다.
김영사는 독자 여러분의 의견에 항상 귀 기울이고 있습니다.

이 도서의 국립중앙도서관 출판예정도서목록(CIP)은 서지정보유통지원시스템 홈페이지(http://seoji.nl.go.kr)와 국가자료공동목록시스템(http://www.nl.go.kr/kolisnet)에서 이용하실 수 있습니다.(CIP제어번호 : CIP2019053453)

이 책을 부모님과 로버트에게 바칩니다.

차례

일러두기

* 본문의 밑줄 친 용어는 '부록: 어리석음과 지혜의 종류'에서 그 뜻과 간단한 설명을 볼 수 있다.

들어가는 말

인터넷의 어두운 소굴로 과감히 발을 들여놓으면, 캐리Kary라는 남자를 만날지도 모른다. 세상의 질서를 바꿀 수도 있는 유일무이한 혜안을 가졌다고 주장하는 사람이다.[1]

캐리는 캘리포니아 나바로강 근처에서 "검은 눈을 이리저리 흘깃거리던", 몸에서 빛이 나는 너구리처럼 생긴 이상한 물체를 만났다며, 그 뒤에 자신이 외계인에게 납치되었던 것 같다고 했다. 그는 "그 자그마한 잡종"이 "정중하게 인사"를 해왔는데 그 뒤로는 무슨 일이 일어났는지 잘 기억나지 않는다면서, 그날 밤 일어난 다른 일들에 대해서는 기억이 완전히 지워졌다고 했다. 하지만 외계 생명체를 만난 건 거의 틀림없다며, 애매한 투로 이렇게 썼다. "그 강 주변에서는 수수께끼 같은 일들이 많이 일어난다."

캐리는 점성술에도 열광했다. 그는 "[과학자] 대부분이 점성술을 비과학적이고, 진지한 학문에 어울리는 주제가 아니라는 엉터리 느낌을 받는다"면서, "그들은 완전히 틀렸다"고 한참을 분개해 씩씩댔다. 점성술은 더 좋은 정신 건강을 위한 핵심 치료법이며, 그렇게 생각하지 않는 사람은 모두 "머리를 똥구멍에 처박은" 인간들이다. 캐리는 외계인과 별자리를 믿을 뿐 아니라, 인간은 에테르라는 물질을 통해 아스트랄계astral plane라고 하는 천체계를 돌아다닐 수 있다고도 생각했다.

캐리가 정치를 말하기 시작하면 상황은 더 암담해진다. "유권자들이 받아들인 거대 진실 중에는 과학적 근거가 거의 없거나 아예 없는 것도 있다"면서, "에이즈는 HIV 바이러스가 일으킨다는 믿음" "대기에 프레온가스를 배출해 오존층에 구멍이 생겼다는 믿음" 등을 예로 들었다.

그런 믿음은 거의 모든 과학자가 인정하는 사실임은 두말할 필요도 없다. 하지만 캐리는 자서전에서, 과학자들이 그렇게 주장하는 이유는 돈 때문이며, 독자들에게 제발 "텔레비전을 끄고 초등학교 과학 교과서를 읽으라"고 당부한다. 그러면서 "여러분은 그자들이 무슨 수작을 부리는지 알아야 한다"고 했다.

캐리가 틀렸다는 걸 구태여 말할 필요는 없으리라.

근거 없는 의견을 떠벌리는 사람이 인터넷에 어디 한둘일까마는 점성술을 믿고 에이즈를 부정하는 사람의 지적 수준이 세계 최고일 줄은 누가 상상이나 하겠는가.

이제까지 언급한 캐리는 캐리 멀리스Kary Mullis다. 전형적인 어설픈 음모론자와는 거리가 먼 그는 마리 퀴리, 알베르트 아인슈타인, 프랜시스 크릭과 마찬가지로 노벨상을 수상한 과학자다.

멀리스는 중합효소 연쇄 반응polymerase chain reaction을 발명한 공로로 노벨상을 받았다. DNA 대량 복제를 가능케 한 기술이다. 그는 캘리포니아 멘도시노 카운티의 도로에서 불현듯 영감이 떠올라 이 아이디어를 냈다는데, '인간 게놈 프로젝트'를 비롯해 최근 수십 년간의 뛰어난 업적 중 많은 수가 이처럼 순간적으로 번뜩인 아이디어에서 나왔다. 멀리스의 발견이 워낙 중요해서 어떤 과학자는 생물학 연구가 멀리스 이전과 이후로 나뉜다고 말할 정도다.

캘리포니아 대학 버클리 캠퍼스에서 박사 학위를 딴 멀리스가 머리가 비상한 사람이라는 데는 의심의 여지가 없다. 그가 발명한 기술은 세포 안에서 일어나는 극도로 복잡한 과정을 평생토록 연구한 덕에 나올 수 있었다.

그런데 그처럼 놀라운 발명을 가능케 한 천재성이 외계인의 존재를 믿고 에이즈를 부정하게 한 걸까? 비상한 머리 탓에 그렇게 형편없는 바보가 될 수도 있을까?

~

이 책은 머리 좋은 사람이 왜 어리석은 행동을 하고, 왜 더러는 평균적인 사람보다 실수를 더 많이 하는가에 관한 이야기다. 그리고 똑같은 실수를 되풀이하지 않기 위해 우리 모두가 사용할 수 있는 전략에 관한 이야기다. 지금 같은 '탈진실post-truth' 시대에 누구나 좀 더 지혜롭고 합리적으로 생각하는 능력을 키우는 전략이기도 하다.

구태여 노벨상 수상자가 아니어도 얼마든지 이 전략을 사용할 수 있다. 멀리스뿐 아니라 속임수에 넘어가 코카인 2킬로그램을 들고 아르헨티나 국경을 넘으려던 명석한 물리학자 폴 프램튼Paul Frampton의 이야기, 십대 2명의 사기에 넘어간 유명한 소설가 아서 코넌 도일Arthur Conan Doyle의 이야기도 소개하겠지만, 그 외에 지능이 평균 이상인 사람도 누구나 어리석은 판단을 하고 어이없는 실수를 저지를 수 있다는 사실을 이제 곧 보게 될 것이다.

대부분의 사람들처럼 나도 한때는 '지능intelligence'과 '좋은 생각good thinking'이 동의어쯤 되는 줄 알았다. 20세기 초부터 심리학자들은 유추, 어휘력, 사실 회상 같은 추상적 능력을 비교적 좁은 범위 안에서 측정해왔다. 그 능력이 모든 종류의 학습, 창의성, 문제 해결, 의사 결정의 기초가 되는 타고난 일반 지능general intelligence을 반영한다고 보았기 때문이다. 그렇다면 교육은 '다듬어지지 않은' 원초적 두뇌력을 기반 삼아 많은 전문직에 꼭 필요한 좀 더 전문적인 예술·인문·과학 지식을 제공하는 것을 목표로 한다. 이런 기준으로 보자면, 똑똑한 사람일수록 영악한 판단을 내리게 마련이다.

그런데 나는 심리학과 신경과학을 전문적으로 다루는 잡지사에서 기자로 일하기 시작하면서, 최근의 연구가 그와 같은 단정에 심각한 문제를 제기한다는 것을 알게 되었다. 그 연구에 따르면, 일반 지능이나 학교 교육이 다양한 인지 오류를 막지 못할 뿐 아니라 똑똑한 사람일수록 오히려 특정한 종류의 어리석은 생각에 **더 쉽게** 빠져들 수도 있었다.

머리가 좋고 교육 수준이 높은 사람들은 이를테면 실수에서 교훈을 얻거나 타인의 조언을 받아들이는 성향이 상대적으로 적다. 실수를 해도 제법 그럴듯한 논쟁으로 자기 논리를 정당화하는 능력이 남보다 뛰어나기 때문에 자신의 견해에 의심을 품지 않는 교조적 태도는 점점 심해진다. 게다가 '편향 맹점bias blind spot'까지 남보다 더 커서, 자기 논리의 허점을 인지하는 능력도 떨어지는 듯하다.

나는 이런 연구 결과에 흥미를 느껴 시야를 더 넓히기 시작했다. 예를 들어 경영과학자들이 스포츠 팀, 기업, 정부 조직에서 잘못된 조직 문화가 (생산성 증가를 목표로) 비합리적 결정을 부추기는 방식을 추적해보니, 머리가 비상한 사람들로 구성된 팀이 하나같이 한심하기 짝이 없는 결정을 내렸다.

심각한 결과다. 이런 실수는 개인 차원에서는 건강, 행복, 직업적 성공에 영향을 미칠 수 있고, 재판에서는 심각한 오판을 불러올 수 있으며, 병원에서는 오진율 15퍼센트의 원인이 될 수도 있는데, 오진 사망자는 유방암 같은 질병 사망자보다도 많은 실정이다. 그런가 하면 사업에서는 파산이나 몰락으로 이어지기도 한다.[2]

이런 실수 중 대다수가 지식 부족이나 경험 부족으로는 설명이 안 된다. 그보다는 지능이나 학력, 전문성이 높을 때 생기는 특정한 정신 습관의 문제로 보인다. 이런 실수는 우주선 추락이나 주식시장 붕괴로 이어질 수도 있고, 세계 지도자들이 기후변화 같은 세계적 위협을 무시하는 결과를 낳기도 한다.

이런 일들은 서로 관련이 없어 보일 수도 있다. 하지만 내가 관찰한 결과 이 모든 현상의 바탕에는 공통된 과정이 있었는데, 앞으로 그것을 '지능의 함정intelligence trap'이라 부르고자 한다.[3]

이와 관련해 가장 적절한 비유는 자동차가 아닐까 싶다. 운전을 잘한다면 엔진 성능이 좋을수록 목적지에 빨리 도착할 **수도** 있다. 하지만 마력이 높다고 해서 목적지에 안전하게 도착한다는 보장은 없다. 브레이크, 핸들, 속도계, 나침반, 좋은 지도 같은 적절한 장비도 없고 적절한 지식도 없다면, 엔진 성능이 좋아봤자 제자리를 맴돌거나 다가오는 차를 향해 돌진할 수도 있다. 이럴 경우에는 엔진이 높은 속도를 낼수록 위험은 더 커진다.

마찬가지로 지능이 높으면 학습에 도움이 되고, 어떤 사실을 기억해내기도 좋고, 복잡한 정보를 더 빨리 처리할 수 있지만, 그 두뇌력을 올바로 사용하려면 적절한 견제와 균형이 필요하다. 그렇지 않으면 지능이 높을수록 생각은 **더** 편향될 수 있다.

최근의 심리학 연구는 다행히 지능의 함정을 설명할 뿐 아니라, 삶이 궤도를 이탈하지 않는 데 필요한 정신 자질을 찾아내기 시작했다. 한 예로 단순하지만 속아 넘어가기 쉬운 아래 문제를 보자.

> 잭은 앤을 쳐다보고, 앤은 조지를 쳐다보고 있다. 잭은 결혼했고 조지는 결혼하지 않았다. 결혼한 사람이 결혼하지 않은 사람을 쳐다보고 있는 경우가 있는가?
>
> 있다 / 없다 / 알 수 없다

정답은 '있다'이다. 하지만 대다수가 '알 수 없다'고 말한다.

틀렸다고 해서 낙심할 필요는 없다. 미국 명문대 아이비리그 학생들도 다수가 틀렸고, 내가 이 문제를 《뉴 사이언티스트New Scientist》에 실었을 때도 전례 없이 많은 편지를 받았다. 정답이 틀렸다고 주장하는 편지였다(아직도 이해가 안 된다면 표를 그려보라. 정답은 358쪽에).

이 문제는 자신의 단정과 직감에 의문을 품는 '인지 성찰cognitive reflection'이라 알려진 특성을 테스트하는데, 점수가 낮을수록 허위 음모론, 오보, 가짜 뉴스에 속을 가능성도 높다(이에 대해서는 6장에서 자세히 다룬다).

지능의 함정에 빠지지 않기 위해 필요한 중요한 특성에는 인지 성찰 말고도 지적 겸손, 적극적 열린 사고, 호기심, 정확한 감정 인지, 성장형 사고방식 같은 것들이 있다. 이런 것들이 함께 작용해 우리 정신을 정상 궤도에 올려놓고, 돌연 낭떠러지 아래로 떨어지지 않게 한다.

이 연구로 '증거 기반 지혜evidence-based wisdom'라는 새로운 분야까지 생겼다. 한때 일부 과학자가 회의적으로 바라보던 이 분야가 최근 몇 년 동안 꽃을 피우면서, 결정 능력 예측에서 전통적인 일반 지능 측정보다 뛰어난 새로운 논리 테스트도 등장했다. 이제는 이 연구를 장려하는 연구 기관까지 생기고 있는데, 2016년 6월에 시카고 대학에서 문을 연 현실지혜연구센터Center for Practical Wisdom도 그중 하나다.

전형적인 학교 시험에서는 이제까지 말한 여러 자질 중 어느 것도 측정하지 않는다. 하지만 지능이 높은 사람도 높은 지능의 이점은 그대로 살리면서 다른 유형의 사고와 논리 전략을 키워, 지능을 좀 더 지혜롭게 활용할 수 있다. 그런 사고는 지능과 달리 훈련이 가능해서 지능지수IQ에 상관없이 누구든 좀 더 지혜롭게 생각하는 법을 배울 수 있다.

~

증거 기반 지혜 연구라는 최신 과학에는 유서 깊은 철학적 혈통이 있다. 지능의 함정에 관한 논의는 기원전 399년 소크라테스 재판에서도 볼 수 있다.

플라톤의 설명에 따르면, 소크라테스를 고발한 사람들은 소크라테스가 악마 같은 "불경스러운" 생각으로 아테네 젊은이들을 타락시켰다고 주장했다. 소크라테스는 이러한 혐의를 부인했고, 자신이 지혜로운 사람이라는 평판을 얻게 된 계기와 자신에게 씌워진 혐의 이면의 질투를 설명했다.

소크라테스에 따르면 사건의 발단은 아테네에 소크라테스보다 더 지혜로운 사람은 없다는 델포이 신탁이었다. 그는 자문했다. "신은 무슨 뜻으로 그런 말을 했을까? 수수께끼다. 대체 무슨 뜻일까? 어느 모로 봐도, 대단하게든 사소하게든, 내가 지혜로운 사람일 리 없다."

소크라테스가 생각한 해법은 도시를 돌아다니며 가장 존경 받는 정치인, 시인, 장인을 찾아가 그 신탁이 잘못됐음을 증명하는 것이었다. 하지만 그는 번번이 실망했다. "그 사람들은 하나같이 자기 분야에 조예가 깊다는 이유로 다른 분야에서도 자기가 가장 지혜롭다고 주장했다. 내가 보기에 여기서 가장 큰 문제는, 그리고 그런 주장의 오류는 그들의 진짜 지혜마저 모호하게 만든다는 것이다."

그는 또 이렇게 말했다. "평판이 아주 좋은 사람들이 내게는 사실상 가장 부족해 보였고, 반대로 하찮게 평가받는 사람들이 더 분별력 있어 보였다."

소크라테스는 다소 모순적인 결론을 내린다. 즉, 그가 지혜로운 이유는 자기 지식의 한계를 알기 때문이다. 배심원단은 어쨌거나 그가 유죄라고 보았고, 결국 그는 사형을 선고받았다.[4]

여기에는 최근의 과학 연구와 놀라운 유사점들이 있다. 소크라테스가 찾아간 정치인, 시인, 장인을 오늘날의 엔지니어, 전문 금융인, 의사로 대체해보라. 그러면 소크라테스 재판은 심리학자들이 최근에 발견하고 있는 맹점을 완벽하게 포착했다는 것을 알 수 있다. (그리고 오늘날의 많은 전문가가 소크라테스를 고발한 사람들과 마찬가지로 자기 결점이 드러나는 것을 좋아하지 않는다.[5])

그러나 소크라테스의 설명이 선견지명이 있다 해도 최근의 연구 결과를 온전히 반영하지는 못한다. 연구를 진행한 사람 중 누구도 지능과 교육이 좋은 생각에 필수라는 점을 부인하지는 않을 것이다. 문제는 우리가 두뇌력을 제대로 사용하지 않을 때가 많다는 것이다.

이 점을 고려할 때, 지능의 함정을 오늘날과 가장 가깝게 이해한 사람은 르네 데카르트다. 데카르트는 1637년, 《방법서설Discours de la méthode》에 이렇게 썼다. "머리가 좋다고 해서 다가 아니다. 가장 중요한 건 그걸 제대로 사용하는 것이다. 머리가 아주 좋으면 최고의 선뿐 아니라 최고의 악을 실현할 수도 있다. 천천히 앞으로 나아가는 사람은 옳은 길로만 간다면, 너무 서두르다가 길을 잃는 사람보다 더 멀리 갈 수 있다."[6]

최신 과학은 지능이 축복이자 저주가 될 수 있는 명확한 이유와 지능의 함정을 피하는 구체적인 방법을 잘 짜인 실험으로 증명해 보임으로써, 데카르트의 철학적 고찰에서 한참 더 멀리 나아갈 발판이 되어준다.

~

긴 여정을 시작하기에 앞서 한 가지 변명을 해둬야겠다. 이 책에 미처 싣지 못한, 지능을 주제로 한 훌륭한 과학 연구가 많다. 예를 들어 펜실베이니아 대학의 앤절라 더크워스Angela Duckworth는 '그릿grit'이라는 개념을 주제로 획기적인 연구를 완성했다. 더크워스는 '그릿'을 "장기적 목표를 향한 인내와 열정"으로 정의하면서, 미래의 성취를 예측하는 도구로 그릿이 IQ보다 뛰어나다는 점을 거듭 증명했다. 대단히 중요한 이론이다. 그러나 이 이론은 지능이 특정 편향을 더 심화시키는 문제를 해결하기 힘들 것 같고, 내 주장의 핵심 토대가 되는 증거 기반 지혜라는 좀 더 일반적인 범위에 들어가지도 않는다.

나는 이 책을 쓰면서 세 가지 질문에 집중했다. 똑똑한 사람이 왜 어리석은 짓을 저지를까? 그런 실수를 설명할 수 있는, 그 사람들이 놓치고 있는 능력이나 성향은 무엇일까? 어떤 자질을 키우면 그런 실수를 하지 않을까? 나는 개인에서 시작해, 그런 실수가 만연한 거대 조직까지, 사회 구석구석을 샅샅이 연구했다.

1부는 문제를 정의한다. 우리가 지능을 어떻게 잘못 이해하고 있는지, 그리고 끝까지 요정을 믿었던 아서 코넌 도일부터 2004년 마드리드 폭탄 공격을 조사하며 허점을 드러낸 미국 연방 수사국FBI에 이르기까지 가장 똑똑한 사람조차 어떻게 낭패를 보는지, 지식과 전문성이 어떻게 그런 실수를 부추기는지 살펴볼 것이다.

2부는 이런 문제의 해결책으로 '증거 기반 지혜'라는 새로운 분야를 소개한다. 그러면서 좋은 논리적 사고에 필수인 인지력과 기타 사고 성향을 개략적으로 설명하고, 동시에 그런 능력과 성향을 키울 현실적인 방법을 제시한다. 이 과정에서, 직감은 왜 곧잘 실수를 저지르는지, 어떻게 하면 본능을 미세하게 조정해 그런 실수를 바로잡을 수 있는지 알아본다. 아울러 오보와 가짜 뉴스를 피할 전략을 탐색하면서 우리 선택이 막연한 희망이 아닌 탄탄한 증거에 기초할 수 있게 한다.

3부는 학습과 기억에 관한 과학에 주목한다. 머리 좋은 사람들도 더러는 학습 효과를 높이려고 무척 애쓰지만, 능력이 정체 상태에 이르면서 잠재력을 발휘하지 못한다. 증거 기반 지혜는 심층 학습의 세 가지 규칙을 제시함으로써 그런 악순환의 고리를 끊게 해준다. 이 최신 연구는 우리의 개인 목표 달성을 도울 뿐 아니라, 동아시아 교육 체계가 어떻게 이미 그런 원칙을 성공적으로 적용하고 있는지를 설명하고, 서양에서도 학생들에게 뛰어난 학습 능력과 지혜로운 사고를 키워주려면 동아시아 교육에서 무엇을 배워야 하는지 이야기한다.

마지막으로 4부는 개인에서 집단으로 시야를 확장해, 잉글랜드 축구팀의 몰락에서부터 BP, 노키아, 미국 항공우주국NASA 같은 거대 집단의 위기에 이르기까지 재능 있는 사람들이 모인 집단이 왜 어리석은 행동을 하는지 알아본다.

19세기 위대한 심리학자 윌리엄 제임스William James는 "고작 자신의 편견을 재배열할 뿐이면서 자신은 생각을 하고 있다고 믿는 사람이 한둘이 아니다"라는 말을 남겼다고 전해진다. 이 책은 나처럼 그런 실수를 피하고 싶은 모든 사람을 위한, 지혜의 과학과 지혜의 기술을 동시에 알려주는 안내서다.

The downsides of intelligence:

How a high IQ, education and expertise can fuel stupidity

지능의 허점 :

높은 IQ, 고학력, 전문성이
어떻게 어리석은 행동을 부추기는가

The Intelligence Trap

1

흰개미의 흥망

: 지능은 무엇이고, 무엇이 아닌가

루이스 터먼Lewis Terman의 연구에 참여한 아이들이 자리에 앉아 초조하게 테스트를 기다린다. 나중에 스스로에게 '흰개미'라는 귀여운 이름을 붙인 이 아이들은 이때의 연구 결과가 자신의 삶을, 그리고 어쩌면 세계 역사를 영원히 바꿔놓으리라고는 꿈에도 생각하지 못했다.• 그러나 아이들은 좋은 쪽으로든 나쁜 쪽으로든 이때의 테스트 결과에 따라 정의되고, 이들의 삶의 궤적은 우리가 인간 정신을 이해하는 방식을 영원히 바꿔놓게 된다.

이 중 가장 똑똑한 축에 속하는 아이는 앞니가 벌어지고 두꺼운 안경을 쓴 여섯 살의 새러 앤이다. 새러는 답을 휘갈겨 쓰고는 답안

• 여기 나오는 네 아이의 이야기는 다른 '흰개미'의 삶과 함께 다음 책에 자세히 실렸다. Shurkin, J. (1992), 《터먼의 아이들: 재능 있는 아이들의 성장에 관한 획기적 연구Terman's Kids: The Groundbreaking Study of How the Gifted Grow Up》, Boston, MA: Little, Brown.

지 사이에 아무렇지 않게 젤리 하나를 놔두었다. 시험 감독관에게 주는 작은 뇌물이었는지도 모른다. 시험 감독관이 아이에게 "요정"이 젤리를 떨어뜨리고 갔냐고 묻자 아이는 키득거리더니 귀엽게도 이렇게 설명했다. "어린 여자애가 나한테 2개를 줬어요. 그런데 내가 2개를 다 먹으면 소화가 안 될 것 같아요. 독감에 걸렸다가 지금 막 낫는 중이거든요." 새러는 IQ가 192로, 최상위권이었다.[1]

비어트리스도 지능이 최상위권인 아이다. 태어난 지 일곱 달 만에 걷고 말하기 시작한 조숙한 여자아이다. 열 살이 되었을 때는 책을 1,400권이나 읽었고, 직접 쓴 시는 대단히 어른스러워서 샌프란시스코의 한 지역 신문은 "스탠퍼드 대학 학생들도 국어 시간에 감쪽같이 속았다"고 했다. 학생들은 그 시를 테니슨의 작품으로 생각했다. 비어트리스의 IQ도 새러 앤과 똑같은 192였다.[2]

여덟 살짜리 여자아이 셸리 스미스도 있다. "모두에게 사랑받는 매력적인 아이"로, 장난기를 꾹 참은 상기된 얼굴이었다.[3] 그리고 제스 오펜하이머는 "우쭐대고 이기적인 아이"였는데, 다른 아이들과 소통하는 데 애를 먹었고 유머 감각이 부족했다.[4] 두 아이의 IQ는 140 전후로, 터먼의 실험에 간신히 참여할 수준이지만 평균보다는 훨씬 높았고, 크게 성공할 운명이 틀림없었다.

이때까지만 해도 (아직 참신한 발명품이었던) IQ는 주로 학습 장애가 있는 사람을 찾아내는 데 사용되었다. 하지만 터먼은 암기, 어휘력, 공간 논리 사고력 등 몇 가지 추상적인 학구적 특징이 모든 사고의 바탕이 되는 타고난 '일반 지능'을 나타낸다고 굳게 믿었다. 성장 배경이나 교육과는 무관한, 주로 타고난 이 특성은 얼마나 쉽게 학습하고, 복잡한 개념을 얼마나 쉽게 이해하고, 문제를 얼마나 쉽게 해결하는지를 결정하는 원초적 두뇌력을 나타냈다.

당시 터먼은 "개인에게 IQ만큼 중요한 것도 없다"고 선언했다.[5] 그러면서 "과학, 예술, 통치, 교육, 사회 복지 전반을 발전시킬 지도자는 상위 25퍼센트에서, 더 구체적으로는 상위 5퍼센트에서 찾아야 한다"고 했다.

터먼은 이후 수십 년 동안 흰개미들의 삶을 추적했다. 그는 새러앤, 비어트리스, 제스, 셸리, 그리고 다른 흰개미들이 학교에서나 대학에서나, 직업에서나 수입에서나 그리고 건강과 행복에서도 성공한 삶을 살면서 자신의 주장을 증명해주길 기대했다. 그는 IQ가 도덕성까지도 예견해주리라 믿었다.

터먼의 연구는 이후 표준화된 테스트가 전 세계에 영구적으로 뿌리내리는 결과를 가져온다. 비록 요즘에는 드러내놓고 터먼의 테스트를 이용해 아이들을 평가하는 학교가 많지 않지만, 우리 교육의 상당 부분은 여전히 터먼이 개발한 테스트에 반영된 좁은 범위의 능력에 초점을 두고 이루어진다.

똑똑한 사람이 어리석은 행동을 하는 이유를 설명하려면 우선 우리가 지능을 왜 그런 식으로 정의하게 되었으며, 그 정의가 포착하는 능력은 무엇이고, 그 정의가 놓친 중요한 부분은 무엇인지 이해해야 한다. 그 중요한 부분은 창의력에도, 현실 문제 해결에도 모두 필수적이지만 우리 교육 체계에서는 철저히 무시된 능력이다. 이를 이해해야 지능의 함정이 애초에 어떻게 생겼고, 어떻게 그 함정을 피할 수 있는지 깊이 고민할 수 있다.

이제 곧 살펴보겠지만, 이 같은 맹점의 상당수는 터먼이 테스트를 처음 실시하던 당시의 과학자들에게도 명확했다. 그 맹점은 비어트리스, 셸리, 제스, 새러 앤, 그리고 다른 많은 흰개미의 삶이 예상치 못한 극적인 방식으로 전개됨에 따라 그들이 겪은 성공과 실패에서 한층 더 명확해졌다. 그러나 IQ의 질긴 생명력 탓에 우리는 그것의 의미와 그것이 우리 결정에 어떤 의미를 갖는지를 이제 겨우 이해하기 시작했을 뿐이다.

사실은 터먼의 삶만 봐도 높은 지능은 오만과 편견 탓에, 그리고 사랑 탓에, 되레 파국적인 역효과를 낳을 수 있다는 것을 알 수 있다.

~

터먼이 (비록 부적절한 아이디어일지라도) 많은 훌륭한 아이디어를 내놓고, 지능을 그런 식으로 이해하게 된 계기는 어린 시절에서 찾을 수 있다.

터먼은 1880년대 초 인디애나 시골에서 자랐다. 그가 다닌 학교는 책도 없는 교실 하나짜리 "자그마한 빨간 집"이었다. 빨간 머리의 얌전한 이 남자아이는 자리에 앉아 친구들을 가만히 관찰하곤 했다. 터먼에게 멸시받던 아이 중에는 누이하고만 노는 선천성 색소 결핍증을 앓는 "학습부진아" 남자아이와 아직도 알파벳을 외우지 못한 열여덟 살의 "정신박약아"도 있었다. 또 "상상력이 풍부한 거짓말쟁이"도 있었는데, 터먼은 그 친구가 훗날 악명 높은 연쇄 살인범이 되었다고 했다. 그러면서도 그가 누구인지는 절대 말하지 않았다.[6]

터먼은 자신이 호기심 없는 주변 아이들과는 사뭇 다르다는 것을 알고 있었다. 책도 없는 학교에 들어가기 전에 이미 글을 뗐고, 선생님은 첫 학기 중에 그에게 3학년으로 월반해도 좋다고 했다. 터먼의 명석함은 책을 파는 영업사원이 터먼 가족의 농장에 들렀을 때 또 한 번 입증되었다. 영업사원은 책을 좋아하는 집안 분위기를 눈치채고는 골상학 시리즈를 권하기로 마음먹었다. 그는 책에 실린 이론을 설명하려고 터먼 형제들과 난롯가에 둘러앉아 아이들의 두피를 살펴보기 시작했다. 그러면서 두피 밑 뼈의 모양을 보면 그 사람의 선한 부분과 악한 부분을 알 수 있다고 했다. 그때 어린 터먼의 더부룩한 빨간 머리 사이로 올록볼록한 혹이 그의 눈길을 사로잡았다. 그는 터먼이 "위대한 업적"을 성취하리라고 예견했다.

터먼은 훗날 이렇게 썼다. "그때의 예견이 아마 내 자신감을 약간 더 끌어올려, 좀 더 야심찬 목표를 세워 노력하게 한 것 같다."[7]

1910년 스탠퍼드 대학에서 제안한 권위 있는 자리를 수락할 때까지 터먼은 오랫동안 골상학이 가짜 과학이라는 사실을 알고 있었을 것이다. 머리에 난 혹에는 그의 능력을 보여줄 수 있는 것이 전혀 없었다. 하지만 지능은 삶에서 어떤 길을 표시하는 타고난 특성이 아닐까 하는 강한 느낌을 여전히 떨칠 수 없었고, 그러던 중에 드디어 "정신박약"과 "재능 있는" 사람의 차이를 측정하는 새로운 척도를 찾았다.

터먼을 사로잡은 것은 세기말 파리에 살았던 유명한 심리학자 알프레드 비네Alfred Binet가 개발한 테스트였다. 모든 시민은 평등하다는 프랑스 공화국의 원칙에 따라 프랑스 정부는 그즈음 6~13세의 모든 아이를 대상으로 의무 교육을 실시했다. 하지만 일부 아이들은 그 기회를 이용할 줄 몰랐고, 공교육부는 딜레마에 빠졌다. 교내에서 이 "바보들"을 분리해 교육해야 할까? 아니면 보호시설로 옮겨야 할까? 비네는 테오도르 시몽Théodore Simon과 함께, 교사가 아이들의 발달을

비네 시몽 검사법의 예

측정해 그에 맞는 교육을 하도록 테스트를 개발했다.[8]

테스트 중에는 오늘날의 독자가 보기에 말도 안 된다 싶은 질문도 있을 것이다. 비네는 어휘력을 테스트할 목적으로 아이들에게 여자 얼굴 그림을 보여주면서 어떤 얼굴이 "더 예쁜지" 물었다(옆의 그림 참고). 하지만 이후의 성공적 삶에 필수인 중요한 능력을 반영한 질문도 물론 많았다. 예를 들어, 아이에게 숫자나 단어를 여러 개 보여준 뒤에 차례대로 말해보라고 하면서 단기 암기력을 테스트하고, 단어 3개를 주고 문장을 만들라고 하면서 언어 능력을 테스트했다.

비네는 자신의 테스트가 '지능'의 모든 영역을 다룰 수 있다는 환상은 품지 않았다. 그는 "정신 가치"의 형태가 워낙 일정하지 않아 하나의 척도로는 측정할 수 없다고 믿었고, 테스트 점수가 낮은 아이들은 앞으로의 기회도 제한적일 거라는 생각을 경계하면서, 점수는 살면서 바뀔 수 있다고 생각했다.[9] 그는 이렇게 썼다. "그런 잔인한 비관주의에 대항하고 반발해야 한다. 우리는 그런 비관적 사고가 근거없음을 증명하려고 노력해야 한다."[10]

그러나 터먼을 비롯해 다른 심리학자들은 이미 "일반 지능"이라는 개념을 받아들이고 있었다. 뇌로 가는 정신 "에너지" 같은 것이 있어서, 그것으로 모든 종류의 문제 해결과 학습 성과를 설명할 수 있다는 생각이다.[11] 이를테면 암산을 아주 빨리 한다면 읽기와 암기도 잘할 가능성이 높다는 식이다. 터먼은 IQ 테스트가 원초적 두뇌력을 포착할 수 있으며, 따라서 살면서 수많은 다양한 작업을 수행할 때 전반적으로 어느 정도의 성과를 올릴지 예측할 수 있으리라 믿었다.[12]

터먼은 비네 테스트를 영어판으로 개정하는 작업에 착수하면서,

성장한 아이와 성인에게도 맞게 테스트를 확장하고 질문도 추가했다. 이를테면 다음과 같은 질문이 추가되었다.

연필 2자루에 5센트라면, 50센트로 연필을 몇 자루나 살 수 있는가?

'laziness'와 'idleness'는 어떻게 다른가?

질문 개정 작업 외에 그는 오늘날에도 사용하는 단순한 공식을 이용해 결과 표시 방식도 바꿨다. 아이들은 나이가 들수록 결과가 잘 나온다는 점을 감안해, 연령별 평균 점수를 처음으로 찾아냈다. 이렇게 만든 표로 아이의 '정신 연령'을 파악한 다음 그 정신 연령을 실제 나이로 나눈 뒤 100을 곱하면 IQ가 나온다. 이를테면 15살처럼 생각하는 10살 아이의 IQ는 150이고, 9살처럼 생각하는 10살 아이의 IQ는 90이다. 어떤 나이든 평균 IQ는 100이다.*

터먼이 이런 작업을 한 동기 중에는 높이 살 만한 것도 많은데, 교육 체계에 실증적 토대를 제공함으로써 아이의 능력에 따라 맞춤 교육을 한다는 것이 그중 하나다. 하지만 테스트 구상 단계부터 터먼의 생각에는 불미스러운 구석이 있었다. 그는 점수에 기초한 일종의 사회공학을 머릿속에 그렸다. 이를테면 소규모 "뜨내기" 노동자 집단을 설명하면서, IQ 테스트를 이용하면 비행을 저지를 사람을 사회에

* 적어도 일반 지능 이론에 따르면, 지적 성장이 멈춘 성인의 경우 IQ를 약간 다르게 계산한다. 성인의 점수는 '정신 연령'이 아니라 그 유명한 '종 모양 곡선'에서 차지하는 위치다. 예컨대 IQ가 145라면, 전체 인구 중 상위 2퍼센트에 든다는 이야기다.

서 미리 걸러낼 수 있다고 했다.[13] 그는 "지능이 어린아이 수준에 머문다면 도덕성이 꽃을 피우고 열매를 맺을 수 없다"고 썼다.[14]

다행히 터먼은 이 계획을 결코 실행하지 않았지만, 제1차 세계대전 중에 터먼의 연구에 주목한 미 육군은 그가 만든 테스트로 군인 175만 명을 평가했다. 그리고 가장 똑똑한 사람들은 곧바로 장교 훈련을 받게 했고, 최하위 사람들은 돌려보내거나 노동 부대에 배치했다. 이를 지켜본 많은 사람이 그 전략으로 신병 모집 절차가 획기적으로 개선되었다고 믿었다.

터먼은 이 성공에 힘입어 그의 여생을 지배하게 될 프로젝트에 착수했다. 캘리포니아의 재능 있는 학생들을 대상으로 방대한 설문조사를 진행하는 프로젝트다. 터먼이 이끄는 팀은 1920년부터 캘리포니아 대도시 중에 "최고 중의 최고"를 가리는 작업을 시작했다. 교사들이 똑똑한 학생들을 추천하면, 터먼의 조수들이 그 학생들의 IQ를 테스트해 140이 넘는 아이들만 추리는 방식이다(이후에는 135로 기준을 낮췄다). 그런 다음 지능은 유전된다는 생각으로 그 아이들의 형제들에게도 테스트를 실시해, 제스, 셸리, 비어트리스, 새러 앤을 포함해 1,000명이 넘는 재능 있는 아이들로 구성된 대규모 코호트cohort(통계나 실험을 위해 동일한 경험이나 동일한 특성을 지닌 사람들로 꾸린 집단 — 옮긴이)를 재빨리 꾸렸다.

터먼 팀은 이후 수십 년 동안 이 아이들의 성장을 추적했다. 그리고 이 흰개미들의 이야기는 이후 한 세기 가까이 사람들이 천재를 판단하는 방식을 규정하게 된다. 흰개미 중에 훗날 두각을 나타낸 인물로는 핵물리학자 노리스 브래버리, 뉘른베르크 재판 중에 교도소 정신과 의사로 일했던 더글러스 맥글라시언 켈리, 극작가 릴리스 제임스 등이 있다. 이 중에 1959년까지 《미국 후즈후Who's Who in America》 인명사전에 오른 사람은 30명이 넘고, 《아메리카 과학자 인명사전American Men of Science》에 오른 사람은 약 80명이다.[15]

흰개미가 모두 학업에서 대단한 성취를 이룬 것은 아니지만, 많은 수가 자기 영역에서 빛을 발했다. 앞에서 "모두에게 사랑받는 매력적인 아이"라고 했던 셸리 스미스를 보자. 그는 스탠퍼드 대학을 중퇴한 뒤 《라이프Life》 잡지에서 연구원 겸 리포터로 꾸준히 활동하다가 그곳에서 만난 사진작가 칼 마이댄스와 결혼했다.[16] 두 사람은 유럽과 아시아를 돌며 이후 제2차 세계대전으로 이어지는 정치적 긴장을 보도했다. 셸리는 훗날, 꿈을 꾸듯 외국 거리를 뛰어다니며 여러 장면과 소리를 포착하던 날을 떠올리곤 했다.[17]

한편 "유머 감각 없는" "우쭐대고 이기적인 아이" 제스 오펜하이머는 프레드 아스테어가 진행하는 라디오 쇼 작가가 되었다.[18] 그는 얼마 안 가 엄청난 돈을 벌어들였고, 자기 수입을 말할 때는 킥킥거리며 웃지 않을 수 없었다.[19] 이후 코미디언 루실 볼을 만나 TV 히트작 《왈가닥 루시I Love Lucy》를 만들면서 제스의 행운은 또 한 걸음 나아간다. 제스는 시나리오를 쓰는 틈틈이 영화 제작 기술을 조금씩 익혀, 지금도 뉴스 앵커가 사용하는 '텔레프롬프터teleprompter'(방송 등에서 출연자가 말할 내용을 일정 속도로 모니터에 띄워 출연자가 볼 수 있게 하는 장치 — 옮긴이)를 만들어 특허를 따냈다.

이런 성공 사례는 일반 지능이 있다는 생각을 뒷받침하는 게 분명하다. 터먼의 테스트는 학업 능력만 측정했을 수도 있지만, 그 바탕이 되는 '원초적' 두뇌력을 반영한다고 봐도 무방할 듯하다. 이 두뇌력은 아이들이 새로운 것을 배우고 문제를 해결하고 창의적으로 생각하는 데 도움을 주어, 훗날 어떤 길을 택하든 성취감을 느끼고 삶을 성공적으로 살아가는 바탕이 된다.

다른 교육자들도 금방 터먼의 연구에 설득되었다. 1930년, 터먼은 이렇게 주장했다. "정신 테스트가 앞으로 50년 안에 크게 발전하고 (…) 40~50년 안에는 유치원부터 대학에 이르기까지 많은 학생이 현재 적당하다고 생각되는 테스트 시간보다 몇 배나 많은 시간을 들여 테스트를 받을 것이다."[20] 그의 말이 옳았다. 터먼 테스트는 이후 수십 년 동안 새로운 버전으로 잇따라 출시된다.

이후에 나온 테스트는 어휘력과 수리력 외에도 아래에 나오는 것과 같은 좀 더 정교한 비언어 난제가 포함되었다.

추상적 사고를 할 수 있는지, 여러 모양이 변해가는 과정에 숨은 공통된 규칙을 찾을 수 있는지 알아보는 문제이며, 일종의 고차원적 처리 능력을 반영한 문제가 틀림없다. 이번에도 일반 지능이라는 개념으로 설명하자면, 이런 종류의 추상적 논리력은 어떤 교육을 받았든 간에 모든 생각의 밑바탕에 깔린 일종의 '원초적 두뇌력'을 드러낸다.

교육은 서로 다른 여러 과목에서 전문 지식을 가르친다고 볼 수도 있지만, 각 과목은 궁극적으로 좀 더 기본적인 추상적 사고에 의존한다.

IQ 테스트의 인기가 절정일 때, 미국과 영국 학생들 대부분이 IQ에 따라 분류되었다. 오늘날에는 이 테스트가 어린아이들을 분류하는 용도로는 한물갔지만, 교육계와 직장에서 그 영향력은 사라지지 않았다.

한 예로, 미국에서 대학 입학에 쓰이는 학업적성검사SAT는 1920년대에 터먼의 연구에서 직접적인 영향을 받았다. 오늘날 질문 형태는 마지막 사분면은 어떤 모양이어야 할까?

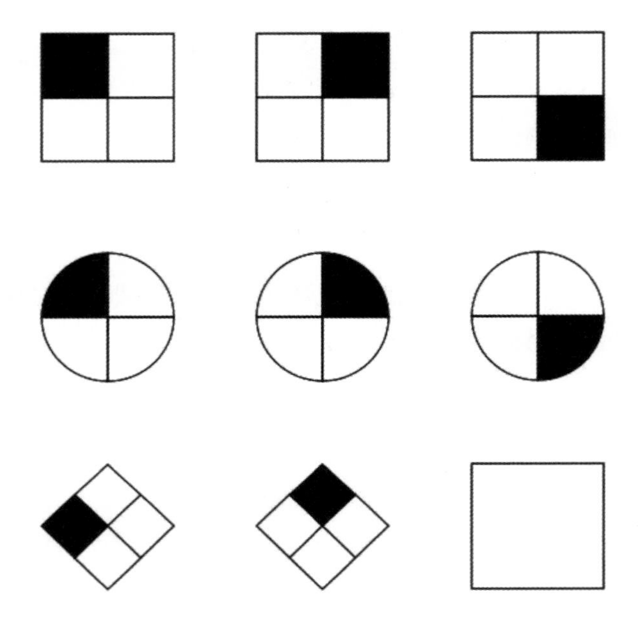

달라졌지만, 여전히 그때처럼 기초적 사실 암기, 추상적 규칙 발견, 풍부한 어휘 구사력, 반복되는 유형 발견 능력을 테스트하다 보니 일부 심리학자는 SAT를 IQ 테스트의 대리 검사 정도로 여긴다.

대학원 입학 자격 시험GRE이나 직장에서 지원자 선별에 사용하는 원덜릭 직원 테스트Wonderlic Personnel Test 같은 입학시험, 기업의 채용 시험도 마찬가지다. 미국의 내셔널풋볼리그NFL에서도 터먼의 적잖은 영향력을 엿볼 수 있다. NFL은 선수가 지능이 좋으면 필드에서 전략을 짜는 능력도 좋으리라는 논리로 쿼터백 선수에게 원덜릭 테스트를 실시한다.

서양뿐만이 아니다.[21] IQ에서 영감을 얻은 표준 테스트는 세계 곳곳에서 볼 수 있다. 인도, 한국, 홍콩, 싱가포르, 대만을 비롯한 일부 국가에서는 '학원'이 하나의 산업으로 성장해, 명문대 진학에 대비한 GRE 같은 입학시험 준비를 지도한다.[22] (이 같은 학원의 규모가 인도에서만 연간 64억 달러에 이르는 걸 보면, 그 중요성을 짐작할 만하다.)

그런데 이런 시험만큼이나 중요한 것은 우리 태도에서 사라지지 않는 IQ의 영향력이다. IQ 테스트에 회의적인 사람도 있지만, 여전히 많은 사람이 그런 추상적 논리력이 학업에서 대단히 중요하며 모든 것의 바탕이 되는 지능을 나타낸다는 생각으로, IQ가 높으면 직장에서든 집에서든, 금융에서든 정치에서든, 인생 전반에 걸쳐 더 나은 판단과 결정을 내린다고 믿는다. 우리는 머리가 좋으면 당연히 결론을 내기 전에 사실 증거를 판단하는 능력도 더 뛰어나리라고 생각한다. 캐리 멀리스 같은 사람의 이상한 음모론을 듣고도 그럴 수 있겠거니 생각하는 이유도 그 때문이다.

우리는 지능 테스트로 측정되지 않는 종류의 판단을 듣기 좋은 말로 칭찬할 때 "삶의 기술"이니 하는 모호한 개념을 사용하면서, 그런 기술은 대개 일부러 훈련하지 않아도 삼투 현상처럼 우리에게 스며든다고 생각한다. 그러면서 그런 기술을 키우는 데는 추상적 사고와 추론을 교육할 때만큼의 시간과 노력을 투자하지 않는다.

학교 시험은 대개 시간제한이 있고 빠른 판단이 필요하다 보니, 우리는 논리적 사고의 속도가 생각의 질을 나타낸다고 믿게 되었다. 주저하고 망설이는 것은 바람직하지 않다. 무언가를 인식하는 데 어려움을 느낀다면 문제가 있다는 뜻이다. 우리는 대체로 빠르게 생각하고 빠르게 행동하는 사람을 존경하며, '느림'을 어리석음과 동의어로 취급한다.

이후에 계속 살펴보겠지만 이는 모두 오해이며, 지능의 함정에서 벗어나려면 이런 오해를 반드시 바로잡아야 한다.

~

일반 지능 이론의 한계와 그 이론이 포착하지 못하는 생각 유형과 능력을 알아보기 전에 분명히 해둘 게 있다. IQ 테스트든, SAT든, GRE든, 원덜릭 점수든, 그런 측정법이 복잡한 정보를 학습하고 처리하는 정신 능력과 관련해 매우 중요한 부분을 반영한다는 데는 심리학자 대부분이 동의한다.

그와 같은 테스트가 바로 그런 이유로 개발되었으니, 그 점수가 학교 성적을 예측하는 최고 수단임은 어찌 보면 당연하다. 그런데 교육을 마친 이후의 삶도 그런 대로 예측을 잘한다. 복잡한 정보를 처리하는 능력이 뛰어나다면 복잡한 수학 개념이나 과학 개념도 좀 더 쉽게 이해하고 기억하는 법을 찾아낼 수 있다는 뜻이며, 복잡한 개념을 이해하고 기억하는 능력이 있다면 역사에 관한 글을 쓸 때도 탄탄한 주장을 펼치는 데 도움이 될 수 있다.

특히 법, 의학, 컴퓨터 프로그래밍처럼 고차원적 학습과 추상적 추론이 요구되는 분야에 진출하고 싶을 때 일반 지능이 뛰어나다면 큰 이점인 건 두말할 나위가 없다. 지능 테스트에서 높은 점수를 받은 사람은 화이트칼라 직종에 따르는 사회경제적 성공 덕에 어쩌면 다른 사람보다 더 건강하고 더 오래 사는 성향마저 보이는 게 아닌가 싶다.

신경과학자들은 뛰어난 일반 지능의 원인이 될지도 모를 몇 가지

해부학적 차이를 찾아내기도 했다.[23] 머리가 좋은 사람은 이를테면 나무껍질처럼 생긴 대뇌피질이 더 두껍고 주름도 더 많은데다 뇌가 전반적으로 더 큰 경우가 많다.[24] 뇌의 서로 다른 부위를 연결하는 장거리 신경 연결망(백색 지방질 물질로 덮여 있어서 '백질'이라 불린다)도 다른 사람과 달라서, 신호를 좀 더 효율적으로 전달하는 것으로 보인다.[25] 이런 여러 차이가 모여 빠른 정보 처리 능력과 뛰어난 장단기 기억력으로 이어지고, 그러면서 일정한 유형을 더 쉽게 알아보고 복잡한 정보를 더 쉽게 처리하는 것으로 보인다.

이런 결과의 가치를 부정하고 우리 삶에서 지능이 차지하는 의심할 바 없이 중요한 역할을 부정한다면 어리석은 일일 것이다. 문제는 그런 척도가 그 사람이 가진 지적 잠재력의 전부인 양 그것을 지나치게 신뢰하면서,[26] 그 점수로 나타낼 수 없는 다양한 행동과 성과를 인식하지 못하는 것이다.[27]

예를 들어 변호사, 회계사, 엔지니어를 대상으로 설문조사를 해보면 IQ 평균이 대략 125 정도 나온다. 그런 일을 하는 데 지능이 도움이 된다는 뜻으로 볼 수 있다. 하지만 평균 점수는 변동 폭이 상당해서, 낮게는 95(평균 이하)에서 높게는 157(흰개미 영역)까지 올라간다.[28] 그리고 그런 전문 직종에서 개인의 성과를 놓고 보면, 지능 점수의 차이는 매니저가 평가한 실적에서 기껏해야 29퍼센트 정도의 차이로 나타날 뿐이다.[29] 그 정도면 상당히 의미 있는 차이가 분명하지만, 동기 부여 같은 요소를 고려한다면, 업무 성과에서 지능으로 설명할 수 없는 부분은 여전히 많다.[30]

어느 분야든 IQ가 다른 사람보다 훨씬 낮은데도 업무 성과는 더 높은 사람, 지능은 높지만 두뇌력을 최대한 활용하지 않는 사람이 한

둘이 아니다. 이는 창의력이니 지혜로운 전문적 판단이니 하는 자질은 숫자 하나로 설명할 수 없다는 뜻이다. 하버드대 교육대학원의 데이비드 퍼킨스David Perkins는 내게 "그것은 장신과 농구의 관계와 비슷하다"고 했다. 아주 기본적인 요건을 충족하지 않으면 발전하기 어렵지만, 그 요건을 충족해도 넘어야 할 산이 많다는 게 그의 말이다.

비네는 이 사실을 경고했었고, 데이터를 자세히 본다면 흰개미들의 삶에서도 그 점을 분명히 알 수 있다. 흰개미들은 전체로 보면 평균적인 미국인보다 훨씬 더 성공했지만, 많은 수가 자기 야심을 채우지 못했다. 심리학자 데이비드 헨리 필드먼David Henry Feldman은 IQ 180이 넘는 최상위권의 아주 똑똑한 흰개미 26명의 직업을 조사했다. 필드먼은 이 천재들이 모두 동료를 뛰어넘었으려니 생각했지만, 고작 4명만 높은 수준의 전문직(판사나 명성이 대단한 건축가 등)에 종사하고 있었다. 흰개미 전체로는 IQ가 30~40점 낮은 사람들보다 약간 더 성공했을 뿐이다.[31]

1장을 시작하면서 소개했던 IQ 192의 조숙한 여자아이 비어트리스와 새러 앤을 보자. 비어트리스는 조각가와 작가를 꿈꿨지만, 결국 남편 돈으로 부동산 투자를 해보는 정도에 그쳤다. 이 집단에서 IQ가 가장 낮았던 오펜하이머와는 정반대의 삶이다.[32] 한편 새러 앤은 박사 학위도 땄지만, 자기 분야에 집중하기 어려웠던 모양이다. 50대까지는 유목민처럼 친구 집을 전전하다가 잠깐 여럿이 함께 모여 살기도 했다. 새러는 훗날 이렇게 썼다. "어렸을 때 나도 모르게 '흰개미'라는 지위를 지나치게 의식했던 것 같다. (…) 하지만 타고난 머리로 실제로 한 건 거의 없었다."[33]

흰개미 중에는 아주 잘나가는 (그래서 스트레스를 받을 법한) 직업을 갖지 않기로 일부러 작정한 사람이 있을 수도 있지만, 일반 지능이 터먼의 애초 생각처럼 정말로 중요했다면, 흰개미 중에 과학, 예술, 정치에서 큰 성공을 거둔 사람이 조금 더 나왔으리라고 기대해볼 법도 하다.[34] 필드먼은 이렇게 결론 내렸다. "터먼이 처음에 피험자의 잠재력을 낙관했던 것을 생각하면, (…) 그들이 삶에서 그 정도의 성공에 그친 것이 다소 실망스럽다."

~

일반 지능이 문제 해결 능력과 학습 능력에 직결된다고 본다면 플린 효과Flynn Effect를 설명하기 어렵다. 플린 효과는 지난 수십 년간 IQ가 계속 올라간 기이한 현상을 말한다.

좀 더 자세한 내용을 알아보기 위해, 뉴질랜드에 사는 제임스 플린James Flynn이 옥스퍼드에 있는 아들 집에 왔을 때 그를 직접 만났다.[35] 플린은 현재 지능 연구에서 두각을 나타내고 있지만, 그는 그저 재미 삼아 잠깐 해볼 뿐이라고 말한다. "나는 도덕철학자라 심리학은 재미 삼아 해봤을 뿐인데, 지난 30년 동안 심리학이 내 시간의 절반을 잡아먹었지 뭐예요."

플린이 IQ에 흥미를 느끼기 시작한 것은 특정 인종이 유전적으로 지능이 떨어진다는 우려스러운 주장을 마주치면서다. 그는 IQ 차이가 환경 탓이 아닐까 생각했다. 이를테면 유복하고 교육 수준이 높은 집안일수록 어휘력이 풍부하고, 그런 아이들은 IQ 테스트 언어 영역에서 높은 점수를 받는다.

플린은 다양한 연구를 분석하던 중 더욱 당혹스러운 사실을 마주했다. 지난 수십 년간 모든 인종에서 지능이 계속 높아졌다는 점이다. 심리학자들은 이에 대응해 서서히 테스트 기준을 높여왔고, 따라서 예전과 같은 IQ를 받으려면 정답을 더 많이 맞혀야 했다. 그런데 기준을 조정하지 않은 원래의 데이터를 비교해보면 놀랍게도 지난 80년 동안 점수가 약 30점이나 껑충 뛰어올랐다. 플린이 말했다. "이상하다는 생각이 드는 거예요. '아니, 상황이 이런데 심리학자들은 왜 거리에 나와 춤을 추지 않지? 대체 무슨 상황이지?'"

지능은 대체로 유전된다고 믿은 심리학자들은 말문이 막혔다. 이들은 형제들과 낯선 사람들의 IQ를 비교한 뒤에, IQ 차이의 약 70퍼센트는 유전 탓이라고 추정했었다. 그런데 유전자 진화는 더디다. 우리 유전자는 플린이 목격한 IQ 상승의 원인이 될 만큼 빠르게 변할 수 없다.

따라서 플린은 사회의 큰 변화들을 고려해야 한다고 주장한다. 우리는 드러내놓고 IQ 테스트를 교육받지는 않더라도, 어렸을 때부터 상징이나 범주에서 일정한 유형을 찾는 식으로 생각하도록 교육받았다. 초등학교 수업에서 (자연의 여러 요소와 힘을 상징하는) 가지가 이리저리 뻗은 생명나무를 배웠던 때를 생각해보라. 학생들은 이런 "과학 안경"을 많이 접할수록 추상적 사고를 좀 더 일반적으로 쉽게 할 수 있고, 그러다 보니 시간이 흐르면서 IQ가 차츰 올라가지 않았겠느냐는 게 플린의 주장이다. 우리 머리가 터먼이 그려놓은 이미지 안에서 서서히 변해온 것이다.[36]

다른 심리학자들은 처음에는 회의적이었다. 하지만 플린 효과는 유럽, 아시아, 중동, 남아메리카 등 산업화와 서양식 교육 개혁을 겪은 곳이라면 어디서든 나타났다(41쪽 도표 참조). 이런 결과를 볼 때,

전 세계 지역별 플린 효과

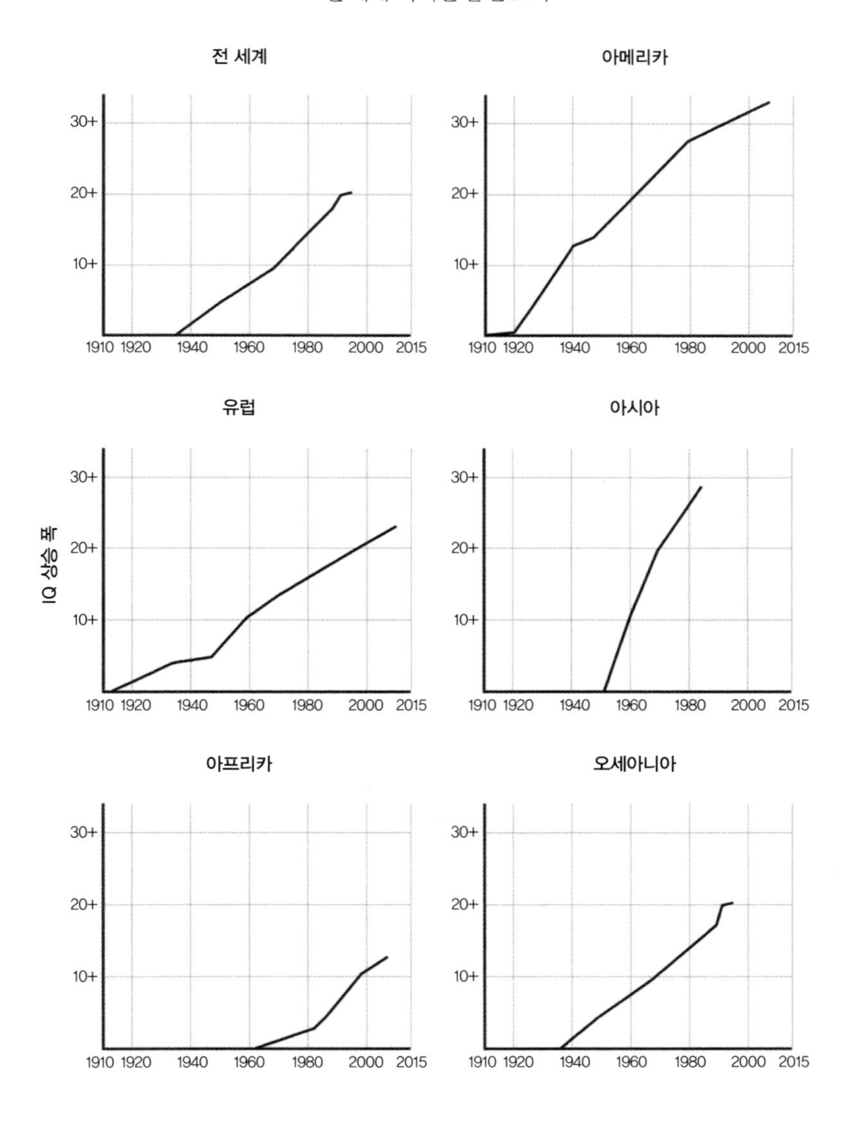
전 세계
아메리카
유럽
아시아
아프리카
오세아니아
IQ 상승 폭
30+
20+
10+
1910
1920
1940
1960
1980
2000
2015

일반 지능은 유전자가 우리 주변의 문화와 상호작용하는 방식에 좌우된다고 보인다. 중요하게는, 그리고 플린의 "과학 안경" 이론과 같은 맥락으로, IQ 테스트 점수 상승은 분야별로 고르지 않았다. 예를 들어 비언어 추론 능력은 어휘력이나 수리력보다 상승폭이 훨씬 컸고, 항해술처럼 IQ로 측정되지 않는 능력은 사실 더 나빠졌다. 그러니까 추상적 사고에 도움이 되는 몇 가지 능력만 더 나아졌을 뿐이다. "시대에 따라 사회가 요구하는 것은 크게 다르고, 사람들은 거기에 답을 해야 하죠." 이처럼 플린 효과는, 일부 이론의 예측처럼 논리적 사고 중 한 가지 유형만 훈련해도 뛰어난 지능과 관련 있는 **모든** 유용한 문제 해결력이 저절로 따라온다고 단정할 수 없다는 것을 보여준다.[37]

이는 일상에서도 쉽게 확인된다. IQ 상승이 곧 전반적인 사고력 상승을 의미한다면, (플린처럼) 머리가 아주 좋은 80세 노인은 밀레니얼 세대(1980년대 초부터 1990년대 후반 사이에 태어난 세대 — 옮긴이) 평균에 비하면 거의 '지적장애인' 수준이다. 또한 일반 지능 테스트로 측정한 능력이 이를테면 제스 오펜하이머가 일하는 분야에서의 기술 혁신에도 아주 중요하다면 특허가 늘었을 법도 한데, 실제로는 그렇지 않다.[38] 통찰력을 발휘해 결정을 내릴 때 일반 지능만이 중요한 요소라면, 지금처럼 지혜롭고 합리적인 정치 지도자가 다수를 차지하는 일도 없었을 것이다. 우리는 터먼이 살아서 플린 효과를 보았다면 꿈꿨을 법한 유토피아적 미래에 살고 있지 않다.[39]

~

일반 지능 테스트가 측정하는 능력은 우리 정신 체계에서 복잡한 추상 정보를 얼마나 빨리 처리하고 학습하느냐와 관련 있는 중요한 요소임은 틀림없다. 그러나 의사 결정과 문제 해결에 동원되는 인간의 모든 능력을 이해하려면, 우리 시야를 넓혀, IQ와 밀접한 관련이 없는 사고 능력과 사고 형태 같은 다른 많은 요소도 살펴봐야 한다.

지능을 다른 형태로 정의하려는 시도도 있었지만 대개는 실망스럽게 끝이 났다. 일례로, 한때 '감정 지능emotional intelligence'이라는 말이 유행했다. 사회성이 우리 삶에서 많은 것을 결정한다는 생각은 분명 일리가 있다. 물론 비평가들은 대중적인 감정지수EQ 테스트 일부가 문제가 있고, 성실성 같은 특성을 측정하는 표준 테스트나 IQ 테스트보다 성공 예측력이 더 뛰어나지도 않다고 주장한다.[40]•

한편 1980년대에 심리학자 하워드 가드너Howard Gardner는 '다중지능multiple intelligences' 이론을 만들었다. 개인 간 지능, 개인 내 지능, 운동 신경과 관련 있는 신체 운동 지능, 그리고 심지어 정원에 있는 여러 식물을 식별하는 재주나 엔진 소리만 듣고 차의 종류를 구별하는 재주와 관련한 '자연주의적 지능'을 포함한 여덟 가지 지능을 제시한 이론이다. 그러나 관련 연구를 해온 많은 사람들이 보기에, 가드너의 이론은 너무 광범위한데다 정확한 정의도 없고, 뒷받침할 테스

• 이런 비판에도 불구하고 보완된 감정 지능 이론들은 직감적 추론 이해와 집단 지능에 매우 중요하다는 사실이 증명되었으며, 이에 대해서는 5장과 9장에서 자세히 살펴볼 예정이다.

트나 믿을 만한 증거도 없다. 그저 특정 능력에서 남보다 더 뛰어난 사람이 있다는 상식적인 개념에 머물 뿐이다.[41] 누구는 운동을 잘하고 누구는 음악에 재주가 있다는 정도는 이미 다 아는 사실인데, 그것이 서로 다른 지능에서 나온다? "그렇다면 '콧구멍에 콩을 쑤셔넣는 지능'은 왜 없죠?" 플린의 말이다.

코넬 대학의 로버트 스턴버그Robert Sternberg는 절충안으로 '성공적 지능의 삼위일체 이론Triarchic Theory of Successful Intelligence'을 제시한다. 지능 중에서도 문화와 상황 등 다양한 영역에서의 결정에 통합적으로 영향을 미치는 세 가지 지능인 현실 지능, 분석 지능, 창의 지능에 주목하는 이론이다.[42]

하루는 오후에 스턴버그에게 전화를 걸었다. 그는 아이들이 마당에서 노느라 시끄럽다며 미안하다고 하더니, 아이들의 소란은 금세 잊은 채 오늘날의 교육에, 그리고 케케묵은 도구로 정신의 가치를 측정하는 행태에 답답함을 표했다.

그는 의학을 비롯한 다른 분야는 비약적으로 발전하는데 지능 테스트는 제자리라면서, 그것은 마치 의사가 목숨을 위협하는 질병을 19세기 약으로 치료하는 것과 같다고 했다. "아직도 수은으로 매독을 치료하는 수준이죠." 그는 또 이렇게 말했다. "SAT로 누가 좋은 대학을 갈지, 나아가 누가 좋은 직장을 구할지 정해지지만, 그렇게 추린 사람은 기껏해야 상식이 없는 훌륭한 기술자일 뿐이에요."

터먼과 마찬가지로 스턴버그도 어린 시절의 경험이 계기가 되어 이 분야에 관심을 갖게 되었다. 오늘날 그의 두뇌력에 의심을 품는 사람은 없다. 미국심리학회American Psychological Association는 20세기의 탁월한 심리학자를 꼽으면서 스턴버그를 6위에 올렸다(터먼보다 12위 앞선다).[43] 그런 그가 초등학교 2학년 때 IQ 테스트를 처음 받고는 그 결과에 할 말을 잃었다. 교사와 부모, 그리고 스턴버그 자신이 판단하기에도 그는 지적장애인이 분명했다. 낮은 IQ는 곧 자기실현적 예언이 되었고, 스턴버그는 4학년 때 담임 선생님이 아니었다면 틀림없이 성적이 계속 떨어졌을 거라고 말했다.[44] "선생님은 아이에게 IQ가 전부는 아니라고 생각하셨어요. 제 성적이 빠르게 올라간 건 선생님이 저를 믿어주셨기 때문이었죠." 어린 스턴버그는 선생님의 격려 덕에 발전하고 결실을 맺기 시작했다. 한때 이해할 수 없었던 애매한 개념들이 머리에 꽂히기 시작했고, 마침내 그는 최우수 학생이 되었다.

예일 대학 1학년이 되자, 스턴버그는 자신이 어렸을 때 왜 "멍청한" 아이로 간주됐는지 궁금한 마음에 심리학 기초 수업을 수강 신청했다. 이때 생긴 관심은 그를 스탠퍼드 대학원까지 이끌었고, 그곳에서 발달심리학을 연구하기 시작했다. IQ 테스트로 알 수 있는 정보가 그렇게 부실하다면, 성공에 도움이 되는 능력을 측정할 더 좋은 방법은 무엇일까?

운 좋게도 그는 제자들을 관찰하면서 연구에 필요한 영감을 얻기 시작했다. 그는 자신의 연구에 합류했던 앨리스라는 여학생을 기억했다. "시험[SAT]에서 높은 점수를 받은 모범생이었죠. 그런데 연구실에 왔을 때 창의력이라고는 조금도 없었어요." 그와 정반대로 바버라라는 여학생은 시험 점수가 그런대로 좋았지만 "탁월한" 정도는 아니었는데, 연구실에서 테스트와 관련한 아이디어를 쏟아냈다.[45] 그런가 하면 실리아도 있다. 앨리스처럼 시험 점수가 높지도, 바버라처럼 번득이는 아이디어를 내놓지도 않았지만, 실용적인 면에서 놀라운 능력을 보여준 여학생이다. 그는 실험을 계획해 실행하고, 팀을 효율적으로 구성하고, 논문을 게재하는 아주 특별한 방법을 생각해냈다.

스턴버그는 앨리스, 바버라, 실리아에게서 영감을 얻어 인간 지능에 관한 이론을 만들기 시작했다. 그는 인간의 지능을 "자신이 속한 사회문화적 맥락에서 자신이 정한 기준에 따라 삶에서 성공하는 능력"으로 정의했다. 가드너가 다중지능을 정의할 때처럼 (어쩌면 지나치게) 광범위한 정의를 내리지 않기 위해 스턴버그는 자신의 이론을 분석 지능, 창의 지능, 현실 지능이라는 세 지능 또는 능력에 한정해, 그것을 어떻게 정의하고, 테스트하고, 키울지 고민했다.

분석 지능은 터먼이 연구했던 사고에서 필수적인 지능으로, 앨리스가 SAT에서 아주 높은 점수를 받는 원동력이 되었던 능력을 포함한다. 반면 창의 지능은 (스턴버그에 따르면) "발명하고, 상상하고, 추측하는" 능력과 관련 있다. 학교에서는 이미 창의적 글쓰기 수업에서 이런 식의 사고를 장려하지만, 스턴버그는 역사, 과학, 외국어 같은 과목에서도 창의력을 측정하고 훈련하는 연습이 가능하다고 지적한다. 이를테면 유럽사 시간에 이런 질문을 던질 수도 있다. "프란츠 페르디난트Franz Ferdinand가 암살되지 않았다면 제1차 세계대전이 일어났을까?" "독일이 제2차 세계대전에서 승리했다면 세계가 오늘날과 같은 모습이었을까?" 동물의 시력을 배우는 과학 수업에서 "우리는 볼 수 없지만 벌은 볼 수 있는 것을 묘사해보라"는 질문을 던져, 어떤 장면을 벌의 눈으로 바라본다면 어떤 모습일지 상상해볼 수도 있다.[46]

학생들은 이런 질문에 대답할 때도 여전히 사실 지식을 과시할 수 있는데, 학생들에게 일어나지 않은 일을 상상해보라고 하면서 반사실적 사고, 즉 사후 가정적 사고를 연습시킬 수도 있다. 많은 창의적 직업에서 유용하게 쓰일 능력을 키우는 연습이다. 제스 오펜하이머는 시나리오 작가로서, 기술감독으로서 이런 사고를 연습했다.

반면, 현실 지능은 다른 종류의 혁신과 관련이 있다. 즉, 어떤 생각을 계획하고 실행하는 능력, 삶에서 일어나는 복잡하고 불분명한 문제들을 최대한 실용적인 방법으로 극복하는 능력과 관련 있는 지능이다. 여기에는 내 강점과 약점을 파악해 그것을 극복할 최선의 방법을 찾아내는 '메타인지metacognition'와 더불어 문제를 그때그때 해결하는 데 유용한, 경험에서 나온 무언의 암묵적 지식(주로 개인의 경험으로 터득해, 쉽게 정의하거나 표현하기 어려운 지식 — 옮긴이)이 포함된다. 그리고 사람들이 감정 지능 또는 사회 지능이라 부른 능력도 포함된다. 동기를 읽어내고, 상대에게 내가 원하는 것을 하도록 설득하는 능력이다. 흰개미 중에 셸리 스미스 마이댄스가 기자로 활동하며 보여준 빠른 사고나 일본 포로수용소에 있을 때 탈출로를 탐색한 능력은 이런 종류의 지능을 보여주는 전형적인 사례다.

생각의 세 가지 유형 중에 현실 지능은 명확하게 테스트하거나 가르치기가 가장 어려운 지능일 수 있지만, 스턴버그는 학교에서 이 지능을 키울 방법이 있을 것이라고 말한다. 경영 수업이라면 인력 부족을 다루는 여러 전략을 놓고 순위를 매겨볼 수 있고,[47] 노예 역사 수업이라면 탈출한 노예를 위해 지하철을 제공하는 문제를 고민해볼 수도 있다.[48] 어떤 과목에서든 핵심은 학생들에게 전에는 마주친 적 없을 문제를 주고 실용적 해법을 생각해보라고 하는 것이다.

결정적으로 스턴버그는 그 이후로 많은 다양한 상황에서 자신의 이론을 테스트할 수 있었다. 예를 들어 예일 대학에서는 재능 있는 고등학생을 대상으로 한 심리학 여름 프로그램 준비를 도왔다. 이 프로그램에서 학생들은 서로 다른 방법으로 지능 테스트를 치른 다음, 무작위로 몇 그룹으로 나뉘어 특정 지능 강화에 초점을 둔 수업을 받았다. 이를테면 오전에 우울증에 관한 심리학 수업을 진행한 뒤에 일부 학생에게는 배운 것을 토대로 자기만의 이론을 만들어보라고 했다. 창의 지능을 훈련하는 작업이다. 또 일부 학생에게는 지금 배운 지식을 활용해 정신질환으로 고생하는 친구를 어떻게 도울 수 있을지 물었다. 현실 사고를 자극하는 작업이다. 스턴버그가 내게 말했다. "자기 강점을 이용하는 학생도 있을 테고, 자기 약점을 고치는 학생도 있으리라는 생각에서 출발한 실험이었어요."

결과는 고무적이었다. 특정 지능에 초점을 맞춰 학생들을 가르쳤는데도 최종 시험에서는 여러 분야의 점수가 고르게 올라갔다. 결국 교육은 전반적으로, 좀 더 창의적인 사고를 하는 학생이든 좀 더 현실적인 사고를 하는 학생이든 모두를 고루 만족시킬 것이라는 뜻이다. 게다가 현실 지능 테스트와 창의 지능 테스트는 학생들의 굉장히 다양한 인종적·경제적 배경도 구별해낼 수 있었는데, 이런 배경은 학생들이 이번 프로그램에 참가하려고 도착하자마자 분명히 드러난 신선한 다양성이었다는 게 스턴버그의 말이다.

스턴버그는 그 뒤에 진행한 연구에서, 110개 학교(총 7,700명이 넘는 학생)를 모집해 수학, 과학, 영어 수업에서 같은 원리를 적용해보았다. 이번에도 결과는 명백했다. 현실 지능과 창의 지능을 개발하는 수업을 받은 학생들은 전반적으로 점수가 크게 올랐고, 심지어 분석력과 기억력에 의존하는 질문에서도 더 높은 점수를 받았다. 다양한 분야를 아우르는 교육을 할수록 학생들이 자료를 흡수하고 파악하는 데 전반적으로 도움이 된다는 이야기다.

스턴버그가 진행한 '레인보우 프로젝트Rainbow Project'는 아마도 가장 설득력 있는 프로젝트가 아닐까 싶은데, 여기서 그는 예일 대학, 브리검영 대학, 캘리포니아 대학 어바인 캠퍼스를 포함해 여러 대학의 입학처와 손잡고, 전통적인 SAT 점수에 현실 지능과 창의 지능 측정치를 합쳐 대안 입학시험을 만들었다. 이렇게 만든 시험으로 대학 1학년 학점 평균GPA을 예측했더니, SAT 점수만으로 예측할 때보다 정확도가 약 두 배 높았다. 이 시험이 고등교육에 중요한 사고력과 논리력의 여러 측면을 포착한다는 의미다.[49]

스턴버그는 학교뿐 아니라 업계에도 적용할 현실 지능 테스트를 개발해, 지역 부동산 중개인부터 '포천 500대 기업'의 임원과 영업사원에 이르기까지 여러 분야 사람들을 대상으로 시험했다. 테스트에는 여러 상황을 설정하고 그에 대처하는 다양한 방법에 순위를 매겨보라는 문제도 있었다. 이를테면 완벽주의자인 동료가 업무 속도가 너무 느려 팀 전체가 목표 달성에 어려움을 겪는다면 이 동료를 어떻게 해야 할지, 다양한 넛지nudge(사소한 개입으로 사람들의 선택을 더 나은 방향으로 이끄는 것 — 옮긴이) 기술 중에 골라보라는 식이다. 이외에, 재고가 다 떨어져가는 상황에서 영업 전략을 어떻게 바꿔야 할지 설명해보라는 문제도 있었다.

두 질문 모두 업무의 우선순위를 정하고 여러 선택의 가치를 따져보는 능력, 내 행동이 가져올 결과를 인식하고 잠재적 어려움을 예방하는 능력, 프로젝트가 무리 없이 진행되도록 실용적 타협안으로 동료를 설득하는 능력을 테스트한다. 결정적으로 스턴버그는 이런 테스트가 연간 이익, 전문직 관련 수상 가능성, 전반적 직업 만족도 같은 성공의 척도를 예측한다는 사실을 알게 됐다.

한편 스턴버그는 군사 영역에서도 소대장, 중대장, 대대장의 지도력을 보여주는 다양한 척도를 조사했다. 이들에게는 이를테면 병사의 불복종을 다루는 법이나 부여된 임무의 목표를 전달하는 최선의 방법 등을 물었다. 이번에도 전통적 방식으로 측정한 일반 지능보다 현실 지능이, 그중에서도 암묵적 지식이 군인의 지도력을 더 잘 예측했다.[50]

스턴버그 측정법은 IQ처럼 모든 곳에 두루 적용되는 깔끔한 맛은 없지만, 제스 오펜하이머와 셸리 스미스 마이댄스가 다른 흰개미들이 실패한 영역에서 성공하는 데 도움이 된 사고 영역을 측정한다는 점에서는 한 단계 더 발전한 셈이다.[51] 플린이 말했다. "스턴버그는 분석 능력 그 이상의 것도 측정이 가능하다는 사실을 보여줬다는 점에서 아주 탁월했어요."

안타깝게도 스턴버그의 측정 방식은 쉽게 받아들여지지 않았다. 터프츠 대학과 오클라호마 주립대학이 이 방식을 채택하기는 했지만, 널리 퍼지지는 않았다. "상황이 바뀔 거라고 말할 수도 있겠죠. 그런데 상황은 되레 예전 방식으로 돌아가고 있어요." 스턴버그의 말이다. 스턴버그의 어린 시절과 마찬가지로 교사들은 여전히 편협한 추상적 테스트로 아이들의 잠재력을 지나치게 성급히 판단한다. 스턴버그의 자녀들도 그런 식으로 교육을 받았다. 그중 한 명은 지금 실리콘밸리에서 잘나가는 사업가가 되었다. 스턴버그가 말했다. "우리 아이들이 다섯인데, 다섯 모두 한 번쯤은 잠재적 패배자라는 분석을 받았어요. 그런데 다들 잘살고 있어요."

~

비록 스턴버그의 연구가 (그의 바람대로) 교육을 혁신하지는 못했을지라도, 그가 말한 암묵적 지식은 다른 연구의 토대가 되었다. '문화 지능CQ, cultural intelligence'에 관한 흥미로운 연구도 그중 하나다.

싱가포르에 있는 난양 이공과대학 경영학 교수 순 앙Soon Ang은 이 연구의 상당 부분을 개척한 사람이다. 순 앙은 1990년대 후반에 몇몇 다국적 기업의 컨설턴트로 일했다. 기업들은 그에게 'Y2K 버그'에 대처할 다국적 프로그래머 팀을 이끌어달라고 의뢰했다.

프로그래머들은 두말할 나위 없이 머리가 좋고 경험도 많았지만, 순 앙이 관찰한 결과, 함께 일할 때는 실망스러울 정도로 비효율적이었다. 예를 들어 인도와 필리핀 프로그래머들은 문제 해결 방안에 동의하는 듯하다가도 막상 실행할라치면 서로 다른 목소리를 냈다. 순 앙은 팀원이 모두 같은 언어를 쓰는데도 문화 차이를 극복하고 서로 다른 업무 방식을 이해하느라 애를 먹는다는 걸 알게 됐다.

순 앙은 (어느 정도는 스턴버그의 연구에 영향을 받아) '문화 지능'을 알아보는 척도를 개발했다. 다른 문화 규범에 일반적으로 어느 정도나 민감한지 알아보는 척도다. 한 가지 단순한 예를 보자. 영국이나 미국 사람이 일본인 동료에게 아이디어를 설명했다가 아무런 반응이 없어 뜨악했을 수 있다. 문화 지능이 낮은 사람이라면 그 반응을 무관심의 표시로 해석할 수 있고, 문화 지능이 높은 사람이라면 일본에서는 상대의 반응이 궁금하면 피드백을 달라고 대놓고 말해야 한다는 걸 눈치챌 수 있다. 일본 사람은 긍정적인 느낌을 받았을 때도 쉽게 피드백을 주지 않기도 한다. 가벼운 대화로 분위기를 띄우는 상황도 생각해보자. 유럽의 일부 국가에서는 곧장 주제를 꺼내는 편이 훨씬 좋은 반면, 인도에서는 천천히 분위기를 띄우는 게 중요한데, 문화 지능이 높은 사람은 이런 사실을 쉽게 알아챈다.

순 앙은 그런 신호를 해석하는 데 남보다 뛰어난 사람이 있다는 걸 알게 됐다. 더 중요하게는 문화 지능이라는 척도는 특정 문화에 대한 지식을 테스트할 뿐 아니라 낯선 나라에서 오해를 불러일으킬 만한 부분에 전반적으로 얼마나 민감한지, 그리고 그것에 얼마나 잘 적응할지를 테스트한다. 스턴버그가 측정한 현실 지능과 마찬가지로 이 암묵적 능력 역시 IQ와도, 잠재적 학습 능력을 알아보는 다른 여러 테스트와도 밀접한 관련이 없는데, 이는 각각의 테스트가 서로 다른 대상을 측정한다는 생각을 다시 한 번 확인해주는 셈이다. 순 앙이 관찰한 프로그래머들이 그랬듯이, 일반 지능은 높은데 문화 지능은 낮을 수도 있다.

문화 지능은 이제까지 수많은 성공 척도와 연결되어, 외국에 거주하는 사람이 새로운 삶에 적응하는 속도, 국제적으로 활동하는 영업사원의 실적, 협상 참가자의 협상 능력을 예측했다.[52] 문화 지능은 업계를 넘어 해외 유학생, 재난 지역에서 일하는 자선단체, 국제학교 교사, 심지어 단순히 해외 휴가를 떠나는 사람에게도 영향을 미칠 수 있다.

~

나는 플린, 스턴버그와 대화를 나누면서 내가 얼마나 부족한지 깨닫게 되었다. 나는 학업 성적은 좋았지만, 어떤 사람에게는 너무 빤한 여러 형태의 암묵적 지식을 포함해 스턴버그 테스트가 측정한 다른 많은 능력은 부족하다는 사실을 인정하지 않을 수 없었다.

예를 들어 직장 상사가 사소한 것까지 시시콜콜 따지고 프로젝트마다 최종 결정권을 행사하려는 사람이라고 해보자. 많은 사람이 마주칠 문제다. 나는 스턴버그와 이야기를 나누면서, 현실 지능이 높은 사람이라면 그런 상사에게 두 가지 해법을 제시해 그의 거만함을 능숙하게 누그러뜨리리라는 것을 알게 됐다. 하나는 선택되면 좋을 해법이고, 하나는 상사가 자신이 영향력을 행사한다고 느끼되 거절할 법한 미끼용 해법이다. 나라면 전혀 생각하지 못한 전략이다.

이번에는 내가 교사라고 생각해보자. 운동장에서 아이들 여럿이 싸우고 있다. 아이들을 야단치겠는가, 아니면 간단한 놀이를 제안해 아이들이 싸움을 잊고 놀이에 집중하게 하겠는가? 옥스퍼드에서 초등학교 교사를 하는 내 친구 에마에게는 후자가 제2의 천성이 됐다. 에마의 머릿속에는 아이들의 행동을 은근슬쩍 다른 쪽으로 돌릴 게임과 사소한 아이디어가 가득하다. 반면에 나는 그 친구를 도우려다 어쩔 줄 모르고 쩔쩔매다가 금세 아이들에게 압도당한 적이 있다.

내가 유별난 경우는 아니다. 스턴버그의 현실 지능 테스트 결과를 보면 현실적 판단이 부족한 사람이 수두룩한데, 그들도 나처럼 다른 지능 점수는 평균보다 높았고, 심지어 관련 직종에서 다년간 일한 경험도 있었다. 이처럼 암묵적 지식과 IQ 사이에는 명확한 관련이 없다. 둘의 상관관계는 가장 높을 때라도 지극히 미미한 수준이고, 가장 낮을 때는 아예 음의 상관관계를 보인다. 실용적 문제 해결 규칙을 은연중에 쉽게 배우는 사람도 있지만, 그 능력은 일반 지능과 큰 관련이 없다.

여기서는 반사실적 사고, 즉 사후 가정적 사고에 특별히 주목해보는 것도 좋다. 사후 가정적 사고는 어떤 사건의 결과가 나온 뒤에, 가능한 다른 결과를 생각해보거나 상황이 다르다면 어떨지 생각해보는 것으로, 창의 지능의 한 요소다. 이는 "만약 …라면 어떨까?"라고 묻는 능력이며, 이 능력이 없다면 예상치 못한 도전에 부딪혔을 때 이러지도 저러지도 못할 수 있다. 지난 일을 재평가할 줄 모른다면, 실수에서 교훈을 얻어 나중에 더 좋은 해결책을 내놓기도 어렵다. 이 역시 학교 시험에서는 거의 무시되는 능력이다.

스턴버그 이론은 이런 식으로, 프로젝트를 계획한다거나 내 행동의 결과를 상상한다거나 문제가 생기기 전에 미리 막는다거나 하는, 초보적 업무 기술이 부족해 애를 먹는 머리 좋은 사람들의 갑갑함을 이해하는 데 도움이 된다. 사업에 실패한 사람도 하나의 예가 될 수 있다. 새로운 사업을 시작하는 사람 열에 아홉은 아이디어는 좋지만 그것을 실행하면서 마주치는 어려움을 다룰 능력이 부족해 실패한다.

SAT나 IQ 테스트가 모든 종류의 문제 해결을 주관하는 단일한 근본적 정신적 에너지, 즉 '원초적 두뇌력'을 나타낸다고 생각한다면, 그런 실패는 말이 안 된다. 일반 지능이 높은 사람이라면 그런 능력도 습득했어야 한다. 스턴버그 이론을 이용한다면, IQ와는 다른 능력을 찾아내 정의를 내리고 엄격한 과학으로 측정해, 그런 능력은 대체로 IQ와는 별개의 능력임을 입증할 수 있다.

그 작업은 영리하다는 사람이 학력과는 어울리지 않게 판단력이 부족한 이유를 이해하는 중요한 첫걸음이다. 하지만 그 정도는 시작일 뿐이다. 다음 여러 장에서는 심리학자들이 이제까지 외면해온 많은 본질적인 생각 유형과 인지력을 살펴보고, 지능이 높으면 실수를 안 하기는커녕 더 큰 실수를 저지를 수도 있는 이유를 알아볼 것이다. 스턴버그 이론은 단지 맛보기에 불과하다.

~

돌이켜보면, 루이스 터먼의 삶 자체가 이처럼 새로운 연구 결과를 증명하는 전형적인 예라 할 수 있다. 아주 어렸을 때부터 늘 학업 성적이 뛰어났던 터먼은 보잘것없는 출신 배경을 딛고 미국심리학회 회장이 되었다. 그가 역사상 최초의 그리고 가장 야심찬 코호트 연구를 지휘한 사람이라는 사실도 잊지 말아야 한다. 이때 그가 수집한 방대한 데이터는 그가 죽고 40년이 지나서까지 과학자들의 꾸준한 연구 대상이었다. 터먼은 대단히 혁신적인 사람이 분명하다.

그럼에도 그의 생각에 나타난 두드러진 결함을 이제는 아주 쉽게 찾을 수 있다. 훌륭한 과학자라면 온갖 검증을 다 거친 뒤에야 결론에 도달하겠지만, 터먼은 기존의 자기 생각을 반박할 수도 있는 데이터는 외면했다. 그는 지능은 유전된다고 확신한 나머지 가난한 동네에 사는 재능 있는 아이들은 연구 대상에 넣을 생각도 하지 않았다. 또한 실험 대상자의 삶에 끼어들면 결과가 왜곡되리라는 사실을 분명히 알았을 텐데도 흰개미들에게 금전적 지원을 해주고 전문직을 추천하면서 그들의 성공 가능성을 높였다. 경험 없는 학부생도 당연히 여기는 과학 연구의 가장 기초적인 (암묵적) 지식을 무시한 것이다.

터먼의 정치 성향 역시 문제가 많았다는 것은 말할 필요도 없다.

사회공학에 관심이 있었던 그는 인류개량재단Human Betterment Foundation에 가입했다. 바람직하지 않은 자질을 보이는 사람은 강제로 불임시켜야 한다고 주장한 단체다.[53] 게다가 터먼의 초기 논문을 읽어보면, 고작 몇 건의 사례 연구를 바탕으로 아프리카계 미국인과 히스패닉의 지적 잠재력을 얼마나 쉽게 무시하는지 깜짝 놀랄 정도다. 그는 점수가 낮은 포르투갈 남자아이 2명을 두고 이렇게 썼다. "그 아이들의 아둔함은 인종에서 기인한 것 같다. 아니면 적어도 가족 혈통에서 물려받았거나."[54] 그는 이후 연구에서도 "일반 지능에서 상당히 유의미한 인종 차이"가 나오리라고 확신했다.

어쩌면 터먼을 오늘날의 기준으로 판단하는 것이 부당할 수도 있다. 실제로 심리학자 중에는 터먼이 오래전 사람이니 그의 결점과 결과물을 야박하게 평가해서는 안 된다고 생각하는 사람도 있다. 터먼은 자기와 견해가 다른 사람도 있다는 것을 알고 있었다. 그리고 자신의 지능 테스트가 오용되고 있다고 우려하는 비네의 글도 틀림없이 읽었을 것이다.

지혜로운 사람이라면 이런 비판을 열심히 살폈겠지만, 터먼은 그런 비판에 직면했을 때 논리적 주장을 펴기보다는 곧바로 독설을 퍼부었다. 1922년, 기자이자 정치 평론가인 월터 리프먼Walter Lippmann이 《뉴 리퍼블릭New Republic》에 IQ 테스트의 신뢰성에 의문을 제기하는 기사를 썼다. "아이에게 문제 몇 개 던져준 뒤에 한 시간 동안 아이를 놀리다가 그 아이를 향해 혹은 아이의 부모를 향해 여기 C급 인간이 있다고 선언하는 것만큼 경멸스러운 짓이 또 있겠는가."[55]

리프먼의 회의주의는 이해하고도 남을 일이건만 터먼은 인신공격 수준의 반응을 보였다. "이제 보니 리프먼 씨가 울화가 치민 게 분명한데, 울화가 치밀면 똑바로 보기가 쉽지 않다. 무언가가 리프먼 씨의 감정적 콤플렉스 하나를 정통으로 건드린 게 틀림없다."[56]

흰개미들마저 자신의 삶이 끝나갈 무렵, 테스트 결과의 가치에 의문을 품기 시작했다. 시험 감독관에게 젤리 '뇌물'을 준 IQ 192의 매력적인 여자아이 새러 앤은 그 시험이 측정하지 않은 다른 인지력을 키우지 못해 억울한 듯했다. 앤은 이렇게 썼다. "제일 안타까운 건 좌뇌형 부모님이 내가 참가한 터먼의 집단 실험에 고무되어, 내게 있었을지 모를 다른 창의적 재능 따위는 전혀 격려하지 않고 지나친 것이다. 지금은 창의적 재능이 훨씬 더 의미 있고 지능은 보조 수단이라는 생각이 든다. 그걸 50년 전에는 깨닫지 못한 게 아쉽다."[57]

터먼은 해가 가면서 견해를 약간 누그러뜨렸고, 나중에는 "지능과 성취도의 상관관계는 결코 완벽하지 않다"고 말하곤 했지만, 여전히 자신이 개발한 테스트로 주변 사람들을 평가했다. 심지어 그 테스트 점수는 터먼과 가족들의 관계에도 어두운 그림자를 드리웠다. 터먼의 전기 작가 헨리 민턴Henry Minton에 따르면, 터먼의 자녀들과 손주들 모두 IQ 테스트를 치렀고, 터먼의 자식 사랑, 손주 사랑은 IQ에 따라 달랐다. 재능 있는 엔지니어이자 실리콘밸리의 초기 개척자인 아들 프레드에게 보낸 편지에는 자랑스러움이 가득한 반면, 딸 헬렌에게 보낸 편지에서는 마땅히 해야 할 말도 거의 하지 않았다.

그중 가장 인상적인 것은 손녀 도리스가 회상하는 가족 저녁식사가 아닐까 싶다. 식탁에 개인 그릇을 배열할 때에는 IQ 순서를 따랐는데, 프레드가 터먼 바로 옆 상석에 앉고, 헬렌과 헬렌의 딸 도리스는 반대편 끝에 앉아 하녀를 돕기도 했다.[58] 식구들의 자리 배치가 여러 해 전에 치른 테스트로 결정된 것인데, 이를 보면 터먼이 우리 모두를 어떻게 배열하고 싶어 했을지 얼핏 짐작할 수 있다.

2
뒤엉킨 주장
: '합리성 장애'의 위험

1922년 6월 17일, 중년 남성 둘이 뉴저지 애틀랜틱시티 해변에 앉아 있다. 한 명은 작은 키에 쪼그린 자세로 앉았고, 한 명은 큰 키에 덥수룩한 콧수염을 기른 얼굴로 몸을 무겁게 움직였다. 마술사이자 탈출 전문 곡예사인 해리 후디니Harry Houdini와 소설가 아서 코넌 도일로, 두 사람의 우정은 이날 저녁 이후로 돌이킬 수 없는 상태가 되었다.[1]

둘의 우정은 교령회交靈會, séance(산 사람이 모여 죽은 사람과 소통하려는 시도 — 옮긴이)로 시작해 교령회로 끝났다. 심령론spiritualism은 런던 부유층 엘리트 사이에서 크게 유행했는데, 코넌 도일은 일주일에 대여섯 번은 모임에 참석할 정도로 심령론을 굳게 믿었다. 심지어 그는 아내 진에게 초자연적 재능이 있어서, 자기들이 어디에 살아야 하고 언제 여행을 해야 하는지 지시하는 영적 인도자 피니어스Phineas와 교신하기 시작했다고 주장했다.

반면에 후디니는 심령론에 회의적이었지만 그래도 자신은 개방적인 사람이라고 주장했고, 2년 전 영국에 갔을 때는 코넌 도일을 만나 그즈음 코넌 도일이 심령론을 주제로 쓴 책을 두고 이야기를 나누기도 했다. 두 사람은 서로 달랐지만 곧바로 아슬아슬한 우정을 쌓기 시작했다. 코넌 도일이 자신이 제일 좋아하는 영매를 만나보라고 했을 때도 후디니는 마다하지 않았다. 자신의 입과 성기에서 영적 물질인 엑토플라즘이 나온다고 주장하는 영매였다. 후디니는 그 영매의 힘을 무대 마술일 뿐이라며 그 자리에서 무시했다(이 이야기는 나중에 자세히 다루겠다).

그 뒤 코넌 도일은 책 홍보 차 미국을 돌면서 후디니에게 자기가 있는 애틀랜틱시티로 와달라고 했다. 이 만남의 시작은 화기애애했다. 후디니는 코넌 도일의 아들에게 다이빙을 가르쳐주기도 했다. 일행은 해안가에서 쉬고 있었고, 이때 코넌 도일은 후디니를 호텔방으로 불러 아내 진을 영매 삼아 즉석에서 교령회를 열기로 마음먹었다. 코넌 도일은 후디니가 어머니를 잃어 슬픔에 빠져 있다는 걸 알고 있었고, 아내가 그 어머니와 접촉할 수 있으리라고 기대했다.

이들은 앰배서더 호텔로 돌아와 커튼을 치고 접신의 순간을 기다렸다. 진은 한 손에 연필을 쥐고 앉아 최면 비슷한 상태에 빠졌고, 두 남자는 곁에 앉아 진을 지켜보았다. 진은 손으로 탁자를 세게 두드리기 시작했다. 혼령이 내려왔다는 신호였다.

"하나님을 믿습니까?" 진이 혼령에게 물었고, 혼령은 진의 손을 움직여 탁자를 두드리는 식으로 대답했다. "그렇다면 내가 성호를 긋겠습니다."

진은 연필 쥔 손을 종이 위에 올렸고, 이어서 팔이 종이 위를 마구 날아다녔다.

혼령이 글을 썼다. "아, 하나님이시여, 감사합니다. 드디어 통했습니다. 그토록 오래 애썼는데. 이제 됐습니다. 아, 그럼요. 우리 아들과, 사랑하는 우리 아들과 이야기하고 싶습니다. 친구들이여, 진심으로 고맙습니다. 내 마음의 외침에, 우리 아들의 외침에 대답해주었군요. 아들에게 신의 축복이 함께 하길."

교령회가 끝날 때까지 진은 "뾰족뾰족하고 산만한 글씨체로" 스무 장 가까이 써내려갔다. 코넌 도일은 완전히 넋이 나갔다. "특이한 광경이었다. 아내의 팔은 펄펄 날아다녔고, 탁자를 두드리면서 맹렬한 속도로 글자를 휘갈겨 썼다. 나는 맞은편에 앉아 종이에 글이 가득 찰 때마다 한 장씩 떼어냈다."

반면에 후디니는 이런저런 질문을 계속 던져 속임수 쇼의 맥을 끊었다. 우리 어머니는 유대인인데 왜 기독교인이라고 하는 거죠? 우리는 헝가리 출신인데 어떻게 그렇게 완벽한 영어를 구사하죠? 어머니는 한 번도 영어를 배운 적이 없어요! 오늘이 어머니 생신인데 어머니가 왜 그 말씀은 안 하실까요?

후디니는 훗날 《뉴욕 선New York Sun》에 자신의 회의주의에 대해 글을 썼다. 이 글을 시작으로 두 사람은 공개적으로 거센 논쟁을 벌였고, 4년 뒤 후디니가 세상을 떠날 때까지도 둘의 우정은 결코 회복되지 않았다.[2]

그럼에도 코넌 도일은 이 문제를 넘겨버릴 수 없었다. 그는 (어쩌면 "영적 인도자" 피니어스의 꼬드김으로) 《더 스트랜드The Strand》에 글을 실어 후디니의 의심을 언급하고는 모두 묵살해버렸다. 이때 그는 자신의 어떤 소설에서보다도 더 공상에 의지해 논리를 폈는데, 심지어 후디니가 "비물질화한 재현의 힘"을 구사해 사슬에 묶이기도 하고 사슬을 끊고 탈출하기도 한다고 주장했다.

코넌 도일은 이렇게 썼다. "평생토록 매우 강력한 영매가 되어 그 힘을 꾸준히 사용하면서도 자신이 쓰는 재주가 세상에서 영매의 능력이라 불리는 것임을 한 번도 깨닫지 못할 수 있을까? 정말 그럴 수도 있다면, 우리는 후디니 수수께끼의 답을 쥔 셈이다."

~

이 두 남자를 처음 보는 사람이라면, 코넌 도일이 더 비판적 사고를 하는 사람이려니 생각하기 쉽다. 의대 출신이면서 베스트셀러 작가인 그는 터먼이 지능 테스트로 측정하기 시작한 바로 그 추상적 사고의 본보기라 할 만한 인물이다. 하지만 정작 사기를 눈치챈 사람은 교육을 열두 살까지밖에 받지 못한 헝가리 출신의 마술사 후디니였다.

일부 논평가들은 코넌 도일이 일종의 정신이상 증세를 앓았던 게 아닌가 의심했다. 하지만 그와 동시대 인물 중에 심령론을 믿었던 사람이 많다는 사실을 기억하자. 그중에는 전자기 연구로 무선전신을 가능케 한 물리학자 올리버 로지Oliver Lodge, 찰스 다윈과 동시대에 살면서 독자적으로 자연선택설을 생각해낸 박물학자 앨프리드 러셀 월리스Alfred Russel Wallace 같은 이들도 있다. 둘 다 머리가 비상했지만, 초자연적 현상을 부정하는 증거에는 계속 눈길을 주지 않았다.

우리는 지능의 정의가 어떻게 현실적 추론과 창의적 추론을 포함하는 영역으로 확장될 수 있는지 앞에서 살펴보았다. 하지만 그런 이론은 **합리성**을 드러내놓고 살펴보지는 않는다. 여기서 합리성이란 우리가 가진 자원으로 목표 달성에 필요한 **최적의** 결정을 내리고, 증거와 논리와 건전한 추론에 기초해 믿음을 형성하는 능력으로 정의한다.*

지난 수십 년간 심리학 연구는 인간의 비합리적 성향을 기록했지만, 과학자들이 개인에게 나타나는 그런 비합리성이 어떻게 지능과 연관되고, 합리성의 개인차가 과연 지능과 연관이 있는지를 알아보기 시작한 것은 비교적 최근의 일이다. 그 결과, 합리성과 지능의 상관관계는 결코 완벽하지 않다는 사실이 밝혀지고 있다. 예를 들어 SAT 점수는 매우 높지만(즉 추상적 사고는 뛰어나지만) 새로 나온 합리성 테스트에서는 낮은 점수를 받을 수 있다. '합리성 장애dysrationalia'라 알려진 부조화다.

코넌 도일의 삶, 특히 그와 후디니의 우정은 이 최첨단 연구를 들여다보기에 더없이 좋은 사례다.[3] 나는 신앙이나 믿음은 어떤 종류든 다 태생적으로 비합리적이라고 주장할 생각은 없다. 다만 사기꾼들이 코넌 도일의 믿음을 이용해 그를 번번이 속일 수 있었다는 사실이 흥미로울 뿐이다. 그는 후디니의 반박을 포함해 어떤 증거에도 아예 관심을 두지 않았다. 초자연적 현상을 전반적으로 믿느냐 안 믿느냐는 둘째치고, 그렇게 큰 개인적 비용을 치르면서까지 쉽게 속아 넘어갈 건 없지 않은가.

코넌 도일이 특히 흥미로운 까닭은 그의 글을 보면 그가 논리적

---

* 키스 스타노비치Keith Stanovich 같은 인지 과학자들은 합리성을 두 부류로 설명한다. 도구적 합리성instrumental rationality은 "목표를 가장 효율적으로 달성하기"로 정의하거나 조금 느슨하게는 "주어진 자원으로 원하는 것을 얻으려는 행위"로 정의한다. 반면에 인식적 합리성epistemic rationality은 "내 믿음이 세계의 실제 구조와 얼마나 잘 맞아 떨어지는가"에 관한 것이다. 사기성 영매에 속아 넘어간 코넌 도일은 인식적 합리성이 부족한 게 분명하다.

추론 법칙을 훤히 꿰고 있었다는 사실을 알 수 있기 때문이다. 실제로 그는 심령론에 재미를 붙이기 시작하는 **동시에** 셜록 홈스를 만들어냈다.[4] 이 시기에 그는 문학에서 가장 위대한 과학 인물을 가공해내고 있었지만, 그 추론 능력을 밤에는 발휘하지 못했다. 코넌 도일의 지능은 그의 말에 회의를 품는 사람들을 갈수록 독창적인 주장으로 무시하면서 자기 믿음을 정당화할 때에만 발휘되는 듯했다. 그는 자기 사슬에 후디니보다 더 단단하게 옥죄어 있었다.

코넌 도일 외에도 지난 100년 동안 영향력 있는 많은 사상가가 이런 식으로 지능의 함정에 빠졌다. 흔히 인간 지능의 정점으로 불리는 여러 이론을 내놓은 아인슈타인조차 이런 편협한 추론에 빠져 당혹스러운 실패를 거듭하며 생애 마지막 25년을 낭비했다.

이번 연구는 어떤 상황이든, 어떤 분야든, 왜 그토록 많은 사람이 주위 사람들에게는 너무도 빤한 실수를 저지르고, 진실이 명백히 드러난 지 한참이 지나서까지 그 실수를 되풀이하는지를 설명할 것이다.

후디니도 똑똑한 코넌 도일의 허점을 직감적으로 이해한 것 같다. 한번은 코넌 도일에게 이렇게 말했다. "대체로 머리가 좋은 사람일수록, 교육 수준이 높은 사람일수록, 어리둥절하게 만들기가 쉽더군."[5]

~

합리성 장애와 그 잠재적 해로움의 정체를 제대로 알아보기까지는 수십 년이 걸렸지만, 그 생각의 뿌리는 이스라엘 학자 대니얼 카너먼Daniel Kahneman과 아모스 트버스키Amos Tversky의 전설적 연구에서 찾을 수 있다. 두 사람은 논리적 사고를 왜곡할 수 있는 수많은 인지 편향과 (경험을 바탕으로 쉽고 빠르게 판단하는) 어림짐작법heuristic을 찾아냈다.

이들은 아주 흥미로운 실험을 했다. 실험 참가자에게 1부터 100까지 적힌 숫자 돌림판을 돌리게 한 뒤에 일반 상식 질문을 던진다. 이를테면 유엔 회원국 중 아프리카 국가는 몇 개인지 묻는 식이다. 돌림판에서 어떤 숫자가 나오든 질문의 답에는 당연히 영향을 미치지 않아야 한다. 하지만 결과는 대단히 놀라웠다. 돌림판에서 낮은 숫자가 나올수록 참가자가 답으로 내놓은 숫자도 낮았다. 돌림판에서 나온 임의의 값이 사람들 머릿속에 숫자를 심어놓은 것인데, 다시 말하면 돌림판 숫자가 사람들의 판단에 '기준점'이 된 셈이다.[6]

할인 기간 중에 물건을 사면서 기준점을 정했던 경험이 다들 있을 것이다. 이를테면 텔레비전을 산다고 해보자. 예산을 100파운드 정도로 잡았는데 할인 폭이 큰 물건이 눈에 들어온다. 200파운드짜리가 150파운드까지 할인 판매 중이다. 200파운드라는 정가를 본 순간, 예산으로 잡은 금액의 기준점이 바뀌고 애초 예산을 초과하게 된다. 만약 200파운드를 보지 않았다면, 150파운드가 너무 비싸다고 생각해 그냥 지나쳤을지 모른다.

'회상 용이성 어림짐작availability heuristic'에 당한 적도 있을 것이다. 이를테면 어떤 위험이 생생한 이미지와 함께 머릿속에 쉽게 떠오를수록 그 위험 가능성을 과장해 짐작하는 성향이다. 실제로는 비행기보다 차를 타는 게 훨씬 위험한데도 많은 사람이 차보다 비행기를 탈 때 더 걱정하는 이유도 비행기 사고가 뉴스에 나오면 훨씬 더 감정을 자극하기 때문이다.

'틀짜기framing'도 있다. 정보가 어떤 틀로 표현되느냐에 따라 의견이 바뀌는 현상이다. 이를테면 치명적인 병에 걸린 환자 600명을 치료한다고 생각해보자. 치료 성공률은 3명 중 1명꼴이다. 이때 "이 치료법을 쓰면 200명은 살아날 것이다"(이익 틀짜기)라고 말할 수도 있고, "이 치료법을 쓰면 400명은 죽을 것이다"(손실 틀짜기)라고 말할 수도 있다. 둘은 정확히 같은 뜻이다. 하지만 이익 틀로 표현했을 때 호응을 얻을 가능성이 높다. 사람들은 진짜 의미는 생각하지 않은 채 사실을 주어진 틀에 따라 수동적으로 받아들인다. 광고주들은 오래전부터 이 사실을 잘 알고 있었다. 식품에 "지방 5퍼센트"라고 표시하기보다 "지방 95퍼센트 제거"라고 표시하는 이유도 이 때문이다.

눈여겨볼 만한 다른 편향으로는 매몰비용 오류, 도박사 오류 등이 있다. 매몰비용 오류는 투자를 지속할수록 손해가 커지는데도 실패한 투자를 포기하지 않는 성향이고, 도박사 오류는 붉은색과 검은색이 번갈아 칠해진 룰렛을 돌려 검은색이 나왔다면 다음에는 붉은색이 나올 가능성이 높다고 믿는 것이다. 물론 다음에도 검은색과 붉은색이 나올 확률은 정확히 똑같다. 도박사 오류의 극단적 사례는 1913년 몬테카를로 도박장에서 일어난 일을 꼽을 수 있다. 룰렛은 무려 스물여섯 번이나 검은색에서 멈췄는데, 사람들은 룰렛이 돌아갈 때마다 붉은색에 더 많은 금액을 베팅해 결국 수백만 달러를 잃었다. 이 현상이 나타나는 건 비단 카지노만이 아니다. 가족계획도 마찬가지다. 많은 부모가 아들이 여럿 태어났으니 다음에는 딸이 태어나지 않겠느냐는 엉터리 믿음을 갖는다. 이런 논리로 애를 낳다가 남자아이로 축구팀을 만드는 일이 생길 수도 있다.

이런 연구에 기초해, 많은 인지 과학자가 우리 생각을 두 부류로 나눈다. 하나는 '시스템 1system 1'로, 무의식적 편향에 빠질 수도 있는 직감적이고 반사적인 '빠른 사고'다. 또 하나는 '시스템 2system 2'로, 좀 더 분석적이고 의도적인 '느린 사고'다. '이중 정보처리 이론dual-process theory'이라 불리는 이 견해에 따르면, 우리가 비합리적 결정을 내리는 이유는 대개 시스템 1에 지나치게 의존한 탓에 여러 편향이 끼어들어 우리 판단을 흐려놓기 때문이다.

하지만 카너먼과 트버스키의 초기 연구 중에 비합리성의 개인차를 테스트한 연구는 없다. 이를테면 누가 그와 같은 편향에 쉽게 빠지고, 누가 그런 편향에 영향을 받지 않을까? 그런 성향이 일반 지능과 어떤 관계가 있을까? 코넌 도일의 이야기가 놀라운 이유는 우리는 직감적으로, 머리가 좋은 사람이라면 분석력이 더 좋을 거라고, 좀 더 합리적으로 행동할 거라고 생각하기 때문이다. 하지만 트버스키와 카너먼이 증명했듯이, 우리 직감은 잘 속아 넘어간다.

똑똑한 사람이 왜 어리석은 짓을 하는지 이해하려면 그런 개인차에 관한 질문은 필수적이다.

1991년 케임브리지 대학에서 안식년을 보내던 캐나다 심리학자 키스 스타노비치는 이 문제를 정면으로 다뤄보기로 했다. 그는 학습장애를 전공한 아내와 함께 일부 정신 능력이 다른 능력보다 뒤처지는 방식에 오래전부터 흥미를 느껴왔고, 합리성도 다르지 않겠거니 생각했다. 그 결과, 합리성 장애를 난독증, 난산증 같은 장애와 거의 같은 부류로 소개하는 유명한 논문을 발표했다.

편향을 연구하는 모든 사람의 허를 찌르기 위한 도발적 발상이었다. 스타노비치는 내게 "그 분야를 한 번 뒤흔들어서 그동안 개인차가 무시되어왔다는 걸 알려주고 싶었다"고 했다.

스타노비치는 합리성 장애가 시스템 1에만 국한되지 않는다고 강조한다. 우리가 정신을 바짝 차리고, 직감이 틀렸을 때 그것을 감지해 직감을 뛰어넘는다 해도, 올바른 논리적 사고를 가능케 하는 지식과 태도인 '정신 도구mindware'를 제대로 사용하지 못할 수 있다.[7] 예를 들어 과학자를 불신하는 사람들 틈에서 자라면, 실증적 증거를 무시하고 입증되지 않은 이론을 신뢰하는 성향이 생길 수 있다.[8] 지능이 높다고 해서 처음부터 이런 태도가 생기지 않게 막을 수 있는 것은 아니며, 오히려 학습 능력이 뛰어나면 자신의 견해를 뒷받침하는 '사실'을 더 많이 모을 수도 있다.[9]

정황 증거로 보건대 합리성 장애는 흔하다. 예를 들어 IQ가 높은 사람들의 모임인 멘사Mensa를 연구한 자료를 보면, 멘사 회원의 44퍼센트가 점성술을 믿었고, 56퍼센트가 외계인이 지구를 찾아왔었다고 믿었다.[10] 그러나 지능과 합리성의 연관관계를 집중적으로 탐구한 엄격한 실험은 부족했다.

스타노비치는 이런 기초 위에서 지금까지 20년 넘게, 다른 조건을 엄격히 통제한 일련의 실험을 실시했다.

스타노비치의 연구 결과를 이해하려면 기초적인 통계 이론을 몇 가지 알아야 한다. 심리학과 일부 과학에서 두 변수의 관계는 주로 0과 1 사이의 상관계수로 표현한다. 완벽한 상관관계일 때는 그 값이 1인데, 이때 두 매개변수는 본질적으로 같은 것을 측정하고 있다는 뜻이다. (대단히 많은 변수에 좌우되는) 인간의 건강과 행동 연구에서는 비현실적인 수치다. 많은 과학자가 '보통'의 상관관계를 0.4에서 0.59 사이로 본다.[11]

스타노비치는 이 척도를 이용해, 합리성과 지능의 관계는 일반적으로 대단히 미약하다는 사실을 알게 됐다. 이를테면 SAT 점수를 틀짜기 편향, 기준점 설정anchoring 척도와 비교했더니 상관계수가 고작 0.1과 0.19로 나타났다.[12] 만족을 미루어 나중에 더 큰 보상을 받을지, 아니면 적은 보상이라도 빨리 받을지를 선택할 때도 지능의 역할은 아주 작은 듯했다. 보상이 늦어지면 보상 가치를 저평가하는 성향을 '시차 에누리temporal discounting'라 하는데, 어느 테스트에서는 이런 성향과 SAT 점수의 상관관계가 고작 0.02로 나타났다. 사람들은 분석력이 뛰어나면 그런 판단력은 으레 따라오려니 생각하지만, 실제로 둘의 상관관계는 극히 미미한 수준이다. 또 다른 연구에서는 매몰비용 편향 역시 SAT 점수와는 거의 관계가 없는 것으로 나타났다.[13]

한편 베이징 사범대학의 구이 쉐Gui Xue는 스타노비치의 뒤를 이어 동료들과 도박사 오류를 연구하면서, 그가 뽑은 표본 중에 학업 성적이 더 좋은 참가자들에게서 그 오류가 약간 더 흔하게 나타난다는 것을 알아냈다.[14] 기억해둘 만한 결과다. 룰렛 게임을 할 때는 내가 룰렛 회전판보다 더 똑똑하다고 생각하지 말 것!

훈련된 철학자도 오류에 약하다. 예를 들어 논리적 사고를 교육받았을 철학 박사도 실험에 참가하면 다른 사람들처럼 틀짜기 효과에 당할 수 있다.[15]

우리는 머리가 좋은 사람이라면 적어도 그런 문제를 알아보는 법을 배웠으려니 생각한다. 실제로 사람들 대부분이 자신은 남보다 그런 오류에 덜 취약하다고 생각하고, '똑똑한' 실험 참가자들 역시 그렇게 생각한다. 스타노비치는 전형적인 인지 편향을 알아보는 몇 가지 실험을 하면서, SAT 점수가 높은 사람은 점수가 낮은 사람에 비해 '편향 맹점'이 약간 더 크다는 사실을 발견했다.[16] 스타노비치가 내게 말했다. "인지력이 뛰어난 성인은 자기 지능이 높다는 걸 알아서 대부분의 인지적 업무를 남보다 더 잘해내리라고 기대하죠. 그런데 인지 편향은 본질적으로 인지적 업무의 형태로 나타나기 때문에, 이들은 인지 편향에서도 남들을 능가할 겁니다."

나는 스타노비치와 이야기를 주고받으면서, 그가 연구 결과를 널리 알리는 데 극도로 조심스러워한다는 인상을 받았다. 자신은 이를테면 대니얼 카너먼처럼 유명한 사람은 아니라는 뜻이다. 하지만 같은 분야 동료들은 스타노비치의 이론이 판세를 뒤집을 만하다고 생각했다. 캐나다 리자이나 대학 교수이자 마찬가지로 인간의 합리성을 집중적으로 연구한 고든 페니쿡Gordon Pennycook도 같은 생각이었다. "스타노비치의 연구는 인지 심리학에서 대단히 중요한 성과예요."

스타노비치는 이제 자신이 만든 여러 척도를 다듬고 통합해 '합리성 지수RQ, rationality quotient' 테스트를 만들었다. 그러면서 지능 테스트를 폄하할 뜻은 없다고 강조한다. 지능 테스트는 "애초 의도한 것을 꽤 정확히 측정"했다. 다만 우리 결정을 좌우할 다른 인지력을 제대로 이해하고, 그런 인지력도 기존의 인지력과 대등하게 취급하려는 뜻으로 테스트를 개발했다고 했다.

"우리 목표는 예나 지금이나 합리성에도 공정하게 귀를 기울이는 것이다. 마치 합리성이 지능보다 먼저 제안된 것처럼." 스타노비치가 이를 주제로 한 학술서에 쓴 글이다.[17] 카너먼이 노벨상을 수상한 연구에서 탐색했던 사고 능력이 오늘날 가장 잘 알려진 인지력 평가에서조차 여전히 무시되고 있다는 건 "대단한 모순"이라는 게 그의 말이다.[18]

수년 동안 다양한 하위 테스트를 신중하게 개발하고 검증한 끝에 2016년이 끝날 무렵 '합리적 사고 종합 평가Comprehensive Assessment of Rational Thinking' 첫 번째 버전이 발표되었다. 여기에는 흔한 인지 편향과 어림짐작 측정도 있지만, 합리성을 개선할 확률적, 통계적 논리력(위험 평가 능력 등) 측정도 있고, '오염된 정신 도구contaminated mindware'(반과학적 태도 등) 관련 설문도 담겼다.

맛보기로 다음 질문을 보자. '믿음 편향'을 알아보는 문제다. 아래에 제시된 두 가지 전제**만**을 기초로 논리적 결론에 도달했는지 살펴보라.

모든 생물은 물이 필요하다.
장미는 물이 필요하다.
따라서 장미는 생물이다.

타당한 결론인가? 스타노비치의 연구에 따르면, 대학생 70퍼센트가 타당한 결론이라고 생각했다. 사실은 그렇지 않다. 첫 번째 전제에서 "모든 생물은 물이 필요하다"고 했을 뿐, "물이 필요한 것은 모두 생물이다"라고 하지 않았다.

아직도 이해되지 않는다면, 다음 문장과 비교해보라.

모든 곤충은 산소가 필요하다.
쥐는 산소가 필요하다.
따라서 쥐는 곤충이다.

두 논리는 정확히 똑같다. 하지만 결론이 기존 지식과 충돌할 때 논리의 허점을 알아채기가 훨씬 쉽다. 첫 번째 문제에서는 기존 지식은 접어둔 채, 눈앞에 놓인 진술을 신중하고 비판적으로 생각해야 한다. 결론이 내가 이미 알고 있는 지식과 맞아떨어진다는 이유만으로 논리 전개가 옳다고 생각해서는 안 된다.[19] 이는 새로운 주장을 평가할 때 필요한 중요한 능력이다.

스타노비치가 이 하위 테스트를 모두 종합해 결과를 따져보니, SAT 점수 같은 일반 지능과의 전반적인 상관관계가 보통 수준인 약 0.47로 나타났다. 스타노비치 테스트 중에는 일반 지능과 겹치는 부분도 있을 것이다. 이를테면 확률 추론은 IQ 테스트와 SAT에서 측정하는 인지력과 수학 실력의 도움을 받을 테니까. "그렇다 해도, 합리성과 지능은 차이가 있어서 똑똑한 사람도 얼마든지 어리석은 행동을 할 수 있다고 주장할 여지는 충분하다"는 게 스타노비치의 말이다.

조금 더 보완하면, 합리성 지수는 직원 채용에서 지원자의 결정의 질을 평가하는 수단으로 활용할 수도 있다. 스타노비치는 이미 법률 사무소와 금융기관, 그리고 임원 헤드헌터들이 큰 관심을 보이고 있다고 했다.

스타노비치는 학생들이 수업을 받으면서 논리적 사고가 어떻게 변하는지를 평가하는 데에도 이 테스트가 유용하게 쓰일 수 있으리라고 기대한다. "제게는 가장 흥미진진한 용도 중 하나입니다." 만일 그렇다면, 합리적 사고를 키우는 데 어떤 수업이 가장 유용한지도 연구할 수 있다.

~

스타노비치 테스트가 실행되기를 기다리는 사이에 냉소적인 사람들은 합리성 지수가 실생활에서 우리가 어떻게 행동할지를 제대로 예측하겠느냐는 의문을 제기할 수도 있을 것이다. IQ 테스트도 더러 너무 추상적이라는 비난을 받지 않는가. 인위적인 상상의 시나리오에 기초한 합리성 지수라고 다르겠는가?

이 질문의 초기 답은 리즈 대학 완디 브룬 데 브룬Wändi Bruine de Bruin의 연구에서 나왔다. 브룬 데 브룬 팀은 스타노비치 연구에서 영감을 얻어 '성인의 결정 능력adult decision-making competence'이라는 등급을 처음 만들었다. 이 검사는 일곱 가지 과제로 틀짜기 같은 여러 편향, 위험 감지 능력, 매몰비용 오류에 빠지는 성향을 측정한다. 또한 일반 상식 질문을 던진 뒤 자신의 답이 정답이라고 확신하는 정도를 물어, 과도한 자신감도 조사했다.

브룬 데 브룬의 실험은 흔히 대학생을 실험 대상으로 삼는 다른 많은 심리학 연구와 달리 18세부터 88세까지 다양한 학력의 사람들을 두루 연구해, 전체 인구를 반영할 수 있게 했다.

스타노비치 테스트와 마찬가지로 이번에도 실험 참가자의 결정 능력과 지능의 연관관계는 미미한 수준에 그쳐, 학업 성적이 좋다고 해서 반드시 합리적 결정을 내리는 건 아니었다.

브룬 데 브룬은 그렇다면 합리성과 지능의 두 척도가 현실에서 행동과 어떤 관계가 있는지 알아보기로 했다. 이를 위해 참가자에게 비교적 사소한 스트레스(햇볕에 화상을 입거나 비행기를 놓치는 등)부터 심각한 스트레스(성병에 걸리거나 애인이 바람을 피우는 등), 누가 봐도 끔찍한 스트레스(교도소 수감 등)에 이르기까지 다양한 스트레스를 일상에서 얼마나 자주 겪는지 털어놓아보라고 했다.[20] 그 결과, 그런 상황에서 자신의 행동을 결정하는 데에 일반 지능도 약간의 영향을 미치는 듯했지만, 합리성 점수가 약 세 배 더 큰 영향을 미쳤다.

이런 테스트는 확실히 좀 더 일반적인 인지력 측정에는 반영되지 않는, 신중하게 생각하는 사람이 되는 데 필요한 좀 더 일반적인 성향을 포착한다. 즉, 스타노비치 연구에서도 나타났듯이, 어떤 사람은 머리가 좋은 동시에 비합리적이며, 이런 성향은 삶에 심각한 영향을 미친다.

브룬 데 브룬의 연구는 머리 좋은 사람의 다른 특이한 습관을 깊이 들여다보는 좋은 계기가 될 수 있다. 런던경제대학이 2010년에 발표한 연구에 따르면, IQ가 높은 사람은 술을 더 많이 마시는 성향이 있고, 흡연이나 불법 마약을 할 가능성도 더 높다. 머리가 좋다고 해서 단기적 이점과 장기적 결과를 따져보는 능력도 더 뛰어난 것은 아니라는 생각을 뒷받침하는 연구 결과다.[21]

IQ가 높은 사람은 주택 담보 대출금 미상환, 파산, 카드 빚 같은 재정 문제에 부딪힐 확률도 높다. IQ 140인 사람의 약 14퍼센트가 신용한도에 이른 반면, IQ 100인 사람은 그 비율이 8.3퍼센트에 불과했다. 또한 머리가 좋은 사람은 그렇지 않은 사람보다 장기투자나 예금에 돈을 더 많이 넣어두는 것도 아니어서, 연간 축적 재산은 아주 약간 더 많을 뿐이었다. 머리가 좋은 (그리고 교육을 많이 받은) 사람은 좀 더 안정적인 직장에서 더 높은 임금을 받는다는 걸 생각해보면 매우 놀라운 일이다. 말하자면 이들의 재정적 어려움은 결정의 문제이지, 벌이가 시원찮기 때문은 아니라는 것을 알 수 있다.[22]

이 연구를 진행한 사람들은 머리 좋은 사람이 "재정적 벼랑"에 가까이 다가가는 이유가 이후 결과를 잘 처리할 수 있다는 확신 때문이 아닐까 생각한다. 이유가 무엇이든, 이 연구 결과는 똑똑한 사람은 경제학자가 좀 더 합리적이라고 예상할 법한 곳에 돈을 투자하지 않는다는 것을 보여준다. 머리가 좋다고 해서 반드시 더 나은 결정을 내리는 것은 아니라는 점을 시사하는 또 하나의 표시다.

~

그 생생한 사례로, 폴 프램튼을 보자. 노스캐롤라이나 대학의 명석한 물리학자로, 새로운 암흑물질(우리 우주를 뭉치게 하는 보이지 않는 불가사의한 물질) 이론부터, 강입자 충돌기Large Hadron Collider 실험을 촉발한 '액시글루온axigluon'이라는 아원자 입자를 예측하는 이론까지 다양한 연구 업적을 쌓은 인물이다.

그런 그가 2011년에 온라인 데이트를 시작해 곧바로 데니즈 밀라니Denise Milani라는 전직 비키니 모델에 푹 빠졌다. 다음 해 1월, 밀라니는 볼리비아 라파스에서 화보 촬영을 할 예정이라며 그를 초대했다. 하지만 프램튼이 볼리비아에 도착해 보니 밀라니는 보이지 않고 메시지만 그를 기다리고 있었다. 밀라니가 아르헨티나로 떠나게 되었다. 그런데 가방을 두고 갔으니 가져다줄 수 있겠느냐는 메시지였다.

세상에나, 프램튼은 그 말에 아르헨티나까지 찾아갔지만 그곳에서도 밀라니의 흔적은 보이지 않았다. 참다못한 그는 미국으로 돌아가기로 결심하고 공항에서 밀라니의 가방을 자기 짐과 함께 수하물로 부쳤다. 몇 분 후 프램튼을 호출하는 방송이 나왔다. 게이트에 있는 공항 직원에게 오라는 내용이었다. 심각한 합리성 장애를 겪는 사람이 아니라면, 곧이어 무슨 일이 일어났을지 짐작할 수 있으리라. 프램튼은 코카인 2킬로그램을 운반한 혐의로 체포되었다.

나중에 밝혀진 바로는 사기꾼들이 밀라니 행세를 했고, 진짜 모델인 밀라니는 이 계획에 대해 아는 바가 전혀 없을뿐더러 프램튼과 연락한 적도 없었다. 사기꾼들은 프램튼이 국경을 넘으면 가방을 가로챌 계획이었다.

프램튼은 그 전에 밀라니와의 관계를 조심하라는 충고도 들었었다. 프램튼의 지인이자 동료 물리학자인 존 딕슨John Dixon은《뉴욕타임스New York Times》에 이렇게 말했다. "프램튼은 제정신이 아닌 것 같았어요. 제가 직접 그렇게 말도 해줬고요. 프램튼은 미모의 젊은 여성이 자기랑 결혼하고 싶어 한다고 철석같이 믿었죠."[23]

프램튼이 대체 무슨 생각이었는지 우리로서는 알 길이 없다. 어쩌면 "밀라니"가 마약 밀매 작전에 개입했다는 의심이 들었어도 그에게 자신의 능력을 보여줄 기회라고 생각했을지도 모른다. 어쨌거나 밀라니를 향한 사랑만큼은 진심이었던 모양이다. 사건의 진상이 밝혀진 뒤에도 교도소에서 밀라니에게 메시지를 보내려고 했던 걸 보면. 하지만 어떤 이유에서인지 프램튼은 위험성을 따지지 못했고, 가망 없는 충동적 희망에 휘둘리고 말았다.

~

애틀랜틱시티 교령회 이야기로 돌아가자. 아서 코넌 도일의 행동은 합리성 장애 이론에 딱 들어맞는 사례가 분명하고, 머리가 비상한 사람들 사이에서 초자연적 미신이 놀랄 정도로 흔하다는 설득력 있는 증거이기도 하다.

1,200명이 넘는 사람들을 조사한 결과 대학을 나온 사람들도 미확인비행물체UFO의 존재를 인정하기는 마찬가지였고, 초감각적 지각과 "심령 치유"에 관해서는 교육 수준이 낮은 사람보다 오히려 더 잘 속아 넘어갔다.[24] (교육 수준이 지능을 측정할 완벽한 척도는 못 되지만, 어쨌거나 대학 입학에 필요한 추상적 사고와 지식이 있다고 해서 좀 더 합리적인 믿음을 갖는 것도 아니라는 일반적인 생각을 확인할 수 있는 결과다.)

이 현상들 모두 믿을 만한 과학자들이 몇 번이고 틀렸다고 증명했음은 두말할 필요가 없다. 그런데도 똑똑한 사람들 중에는 여전히 그것을 믿는 사람이 많다. 생각하는 방식에는 빠른 사고와 느린 사고가 있다는 이중 정보처리 이론에 따르면, 이러한 믿음은 '인지 태만cognitive miserliness' 탓일 수 있다. 초자연적 현상을 믿는 사람은 분석적이고 비판적인 사고보다 육감이나 직감에 의지해 그런 믿음의 근원을 고민한다.[25]

모호하고 잘 정의되지 않는 믿음을 가진 사람들에게서도 이런 일이 나타날 수 있지만, 코넌 도일의 전기를 보면 그의 행동에는 쉽게 설명하기 힘든 특별한 요소가 몇 가지 있다. 그는 걸핏하면 시스템 2의 분석적 사고를 동원해 자기 의견을 합리화하고 증거를 무시한 것으로 보인다. 생각을 **너무 적게** 한 게 아니라 **너무 많이** 한 게 탈이었다.

코넌 도일이 두 여학생에게 속아 넘어간 유명한 사건을 보자. 후디니를 만나기 몇 년 전인 1917년, 열여섯 살의 엘시 라이트Elsie Wright와 열아홉 살의 프랜시스 그리피스Frances Griffith가 웨스트요크셔 코팅글리의 계곡 주변에서 이리저리 뛰어다니는 여러 요정의 사진을 찍었다고 주장했다. 이 사진은 지역 신지학협회神智學協會, Theosophical Society를 통해 마침내 코넌 도일의 손에 들어왔다.

코넌 도일은 지인들 다수가 매우 회의적인 반응을 보였음에도 두 여학생의 이야기를 의심치 않고 곧이곧대로 믿었다.[26] 그는《요정이 나타나다The Coming of the Fairies》에 이렇게 썼다. "이 지구상에 인류만큼이나 많을 수도 있는 개체군의 존재를 실제로 증명했다면, 그것이 궁극적으로 어떤 결과를 초래할지 가늠하기 어렵다."[27] 사실 그 사진은《메리 공주가 선물하는 책Princess Mary's Gift Book》[28]에서 오려낸 것이었는데, 이 책에는 코넌 도일의 글도 실려 있었다.[29]

아주 흥미로운 점은 코넌 도일이 요정을 곧바로 믿어버린 것보다는 그가 모든 의심을 해명하려고 안간힘을 다했다는 데 있다. 사진을 자세히 들여다보면 책에서 오리기 전에 두꺼운 종이를 고정하려고 핀을 꽂았던 흔적도 보인다. 하지만 사람들 눈에 핀 자국으로 보이는 것이 코넌 도일의 눈에는 땅속에 사는 요정의 배꼽으로 보였다. 그것은 요정들이 자궁에서 탯줄을 통해 어머니와 연결되어 있다는 증거였다. 그는 심지어 근대 과학을 끌어들여 요정의 존재를 설명하려 했다. 전자기 이론을 들먹이면서 요정이 "더 짧은 또는 더 긴 진동을 내보내는 물질로 이루어져" 인간의 눈에는 보이지 않는다고 주장한 것이다.

오리건 대학 심리학 교수 레이 하이먼Ray Hyman의 말마따나 "코넌 도일은 지능과 명석함으로 모든 반대 주장을 물리쳤고 (…) 그 좋은 머리로 자신을 속이는 재주가 있는 사람"이었다.[30]

자기 믿음이 틀렸을 때조차 시스템 2를 이용한 '느리게 생각하기'로 믿음을 합리화하는 행위에서 우리는 여러 가지 심각한 결과를 초래하는 가장 중요하고 만연한 지능의 함정을 발견할 수 있다. 코넌 도일 같은 사람의 어리석은 생각을 설명할 때만이 아니라 총기 범죄나 기후변화 같은 문제에서 정치적 의견이 크게 갈리는 현상도 이 지능의 함정으로 설명할 수 있다.

~

그 과학적 증거는 무엇일까?

1970년대와 1980년대에 진행된 일련의 고전적 연구에서 그 첫 번째 실마리를 찾을 수 있다. 당시 하버드 대학의 데이비드 퍼킨스는 학생들에게 시사 문제 몇 가지를 생각해보게 했다. 이를테면 "핵군축 협정이 세계대전 발발 가능성을 줄일까?" 같은 문제다. 정말 합리적으로 생각하는 사람이라면 양쪽 주장을 모두 고려해야 하지만, 퍼킨스는 머리가 좋은 학생이라고 해서 다른 견해를 더 고려하지는 않는다는 사실을 발견했다. 예를 들어 핵군축을 찬성하는 학생들은 모든 국가가 합의 내용을 이행하리라고 확신할 수 있는가 하는 신뢰 문제를 살피지 않는 성향을 보였다. 단지 추상적 논리와 사실 지식으로 자신의 견해를 좀 더 정교하게 정당화할 뿐이었다.[31]

이런 성향을 흔히 '확증 편향confirmation bias' 또는 퍼킨스를 비롯해 좀 더 일반적인 용어를 선호하는 몇몇 심리학자는 '내 편 편향myside bias'이라 부르는데, 자기 견해는 옹호하면서 다른 견해는 깎아내리는 데 동원하는 여러 방법을 이 편향으로 설명할 수 있다. 법적 논쟁에서 상대 의견을 고려하도록 특별히 훈련받는 학생 변호사조차 이런 성향을 보였다.

퍼킨스는 훗날 이 부분을 자신의 여러 연구 중 대단히 중요한 연구로 꼽았다.[32] 그는 이렇게 말했다. "소송 사건에서 상대편 입장을 생각해보는 것은 좋은 논리적 사고를 연습하는 완벽한 사례다. 그렇다면 IQ가 높고, 반대 주장을 예상하는 등의 논리적 사고를 훈련하는 학생 변호사가 왜 남들처럼 쉽게 확증 편향 또는 내 편 편향에 빠지는 걸까? 이 질문은 지능의 개념을 둘러싼 근본적인 문제를 제기하는 것과 같다."[33]

이후의 여러 연구도 같은 결과를 내놓았는데, 이런 편파적 사고는 우리 정체성과 관련한 주제에서 특히 문제를 드러내는 것으로 보인다. 오늘날 과학자들은 이처럼 감정에 휩쓸려 자기 방어적으로 머리를 쓰는 것을 '의도한 추론motivated reasoning'이라는 말로 설명한다. 의도한 추론에는 퍼킨스가 조사한 (자기 견해를 확증하는 정보를 우선적으로 찾고 기억하는) 내 편 편향/확증 편향 외에도 불확증 편향disconfirmation bias이 있다. 일단 회의부터 품고 다른 주장은 묵살하는 태도다. 이런 성향들이 합쳐지면 자기 의견에 점점 더 매몰될 수 있다.

예일 법학대학원의 댄 커핸Dan Kahan이 총기 규제를 바라보는 태도를 조사한 실험을 보자. 그는 실험 참가자에게, 지방 정부가 공개된 장소에서 총기 사용을 금지하는 방안을 검토 중인데 그 규제가 범죄율을 높일지 낮출지 확실치 않다고 일러주었다. 그래서 그런 규제가 있는 도시와 없는 도시에서 한 해 동안 범죄율 변화를 보여주는 데이터를 수집했다고 말했다. 그 데이터는 다음과 같다.

	범죄율 감소	범죄율 증가
공개된 장소에서 권총 소지를 금지한 도시	223	75
공개된 장소에서 권총 소지를 금지하지 않은 도시	107	21

그런 다음 커핸은 참가자에게 또 다른 전형적인 산수 문제를 냈고, 그들의 정치적 성향도 물었다.

독자들도 직접 해보시라. 이 데이터로 보면, 총기 소지 규제는 효과가 있는가?

커핸은 언뜻 봤을 때 총기 소지를 금지한 도시에서 범죄율이 크게 증가한 것처럼 보이도록 숫자를 조작했다. 정답을 내려면 비율을 따져야 하는데, 실제로 계산을 해보면 총기 소지를 금지한 도시의 약 25퍼센트에서, 총기를 금지하지 않은 도시의 약 16퍼센트에서 범죄율이 높아졌다. 다시 말하면, 총기 규제가 효과가 없었다는 이야기다.

예상대로 계산 실력이 좋을수록 규제가 효과가 없다는 답을 내놓았다. **단, 원래 총기 규제를 반대하는 성향이 강한 보수적인 공화당 지지자일 때만 그러했다.** 진보적인 민주당 지지자들은 뻔한 계산도 건너뛴 채, 지능과는 무관하게, 원래 갖고 있던 (틀린) 예감대로 총기 규제가 효과가 있다고 대답했다.

커핸은 공정성을 유지하기 위해 이번에는 똑같은 실험을 총기 소지 금지가 효과가 있는 쪽으로 숫자만 바꿔 실시했다. 그러자 이번에는 계산 실력이 좋은 진보주의자들이 주로 정답을 내놓았고, 보수주의자들은 계산 실력이 좋아도 대부분 틀린 답을 내놓았다. 전반적으로 계산 실력이 아주 좋은 참가자들은 데이터가 자신의 기대와 일치할 때 데이터를 정확하게 읽을 확률이 45퍼센트 높아졌다.

의도한 추론을 연구한 커핸과 다른 과학자들에 따르면, 똑똑한 사람은 그 좋은 머리를 올바르게 쓰지 않고, 자기 이익을 추구하고 자기 정체성에 가장 중요한 믿음을 지키기 위해 '기회주의적으로' 사용한다는 것이다. 이처럼 지능은 진실 추구가 아닌 선전을 위한 도구

가 될 수도 있다.[34]

이는 기후변화 같은 문제에서 극과 극으로 대립하는 상황을 설명할 중요한 발견이다(아래 도표 참고).[35] 인간이 배출하는 탄소가 지구 온난화로 이어지고 있다는 것은 과학계의 상식이다. 정치 성향이 진보적인 사람들은 계산 실력이 좋고 기본적인 과학 지식을 가지고 있을 경우 그 사실을 더 잘 받아들인다.[36] 얼마든지 그럴 수 있다. 그런 사람일수록 증거를 더 잘 이해할 테니까. 그런데 자유시장을 옹호하는 자본주의자들은 정반대다. 과학 지식이 많고 계산 실력이 좋을수록 과학계의 상식을 거부하고 기후변화 주장이 과장됐다고 믿는다.

"최근의 지구 온난화는 화석연료 사용 같은
인간 활동 탓이라는 확실한 증거가 있다."
참인가, 거짓인가?

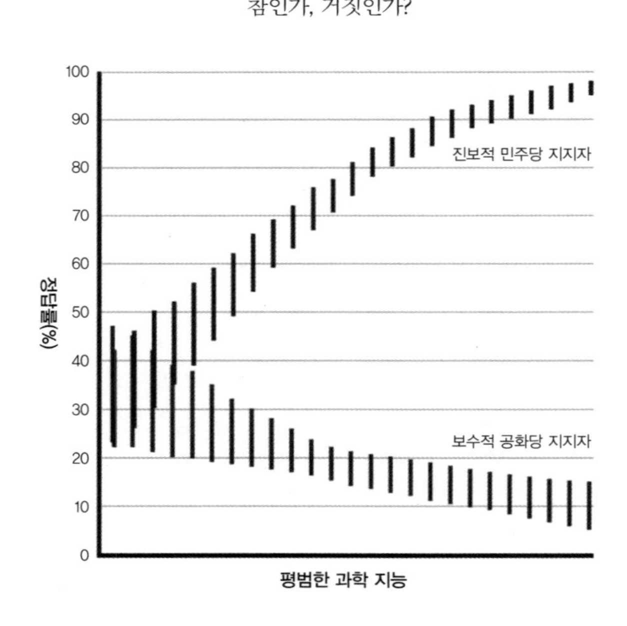

예방 접종,[37] 수압파쇄법,[38] 진화[39] 등의 문제에서도 사람들의 견해가 극과 극으로 나뉘는 걸 볼 수 있다. 사람들은 교육 수준과 지능이 높을수록 자신의 정치적·사회적·종교적 정체성과 맞는 믿음을 더 정당화했다. (백신이 안전하고 효과적이며, 탄소 배출은 기후변화를 초래하고, 진화가 사실이라는 증거는 차고 넘친다.)

심지어 의도한 추론 탓에 반대 견해를 보면 되레 역효과가 날 수 있다는 증거도 있다. 의도한 추론 탓에 사람들은 반대 주장을 거부할 뿐 아니라 그 결과로 자기 견해에 한층 더 매몰된다. 다시 말해서 머리 좋은 사람이 정확하지 않은 믿음 체계를 가지고 있으면, 진실을 듣고 나서 **더** 무지해질 수도 있다. 2009년과 2010년에 버락 오바마가 제시한 건강보험 개혁안인 '오바마케어Obamacare'에 대한 공화당 지지자들의 의견에서도 그런 현상을 볼 수 있다. 새로운 건강보험 체계가 시행되면 조지 오웰George Orwell의 소설에 등장하는 전체주의 국가가 탄생해, "사망 선고단"이 나서서 누가 살고 누가 죽을지 결정할 것이라는 주장을 더 쉽게 믿은 것은 머리가 아주 좋은 사람들이었다. 그리고 이 믿음은 그런 주장이 거짓임을 밝힐 증거가 제시되자 오히려 더 견고해졌다.[40]

커핸은 정답이 없는 정치적 결정에서 의도한 추론이 어떤 역할을 하는지를 주로 조사했지만, 이 연구가 믿음의 다른 형태까지 확장될 수도 있을 것이라고 말한다. 그는 그 예로 텍사스 대학 오스틴 캠퍼스의 조너선 쾰러Jonathan Koehler가 실시한 연구를 지목한다. 당시 쾰러는 실험에서 초심리학자와 회의적 과학자들에게, 초감각적 지각 실험에서 나왔다며 가짜 데이터를 건넸다. 실험도 가짜였다.

실험 참가자들은 논문과 실험 설계의 질을 객관적으로 측정했어야 했다. 하지만 쾰러는 이들이 연구 결과가 초자연적 현상에 대한 자신의 믿음과 맞느냐 맞지 않느냐에 따라 종종 매우 다른 결론을 내놓는다는 사실을 알게 됐다.[41]

~

의도한 추론의 힘을 생각하면 코넌 도일이 사기성 영매를 믿었던 것을 큰 모순이라고 보기도 어렵다. 그의 정체성은 그의 초자연적 현상 실험에서 멈췄다. 심령론은 아내와의 관계와 많은 대인관계에 밑바탕이 되었다. 그는 심령교회에 큰돈을 투자했고,[42] 심령을 주제로 20여 권의 책과 소책자를 썼다. 차츰 나이가 들면서, 믿음은 사후 세계를 확신시켜주는 위안도 되었다. 그는 "믿음 덕에 죽음에 대한 모든 두려움이 완전히 사라졌다"고 했다. 그리고 믿음은 그를 이미 잃어버린 것들과 연결해주었다.[43] 코넌 도일이 심령론에 빠진 가장 강력한 동인은 이 두 가지임이 거의 확실하다.

이 모두가 믿음은 무엇보다도 감정적 필요에서 생길 수 있다는 것을 보여준 연구와 잘 들어맞는 듯하다. 그 뒤에 지능이 끼어들어 아무리 기이한 감정이라도 애써 합리화한다.

코넌 도일은 물론 자신이 객관적이었다고 주장했다. 생애 마지막 순간이 다가올 때는 "지난 41년 동안 기회 있을 때마다 이 문제에 대해 읽고, 연구하고, 실험했다"며 자랑스러워했다.[44] 하지만 그는 자기 견해를 뒷받침하는 증거만 찾았을 뿐, 다른 증거는 무시했다.[45]

그런 그가 "완벽한 추리와 관찰 기계" 셜록 홈스를 탄생시킨 인물이라는 사실은 중요치 않았다. 코넌 도일은 의도한 추론 덕에, 셜록 홈스를 만들어낸 바로 그 창의성으로 후디니의 회의주의를 빠져나갔다. '코팅글리 요정' 사진을 봤을 때에도 심령 현상을 세상에 알릴 설득력 있는 증거를 찾았다고 생각했다. 그는 흥분한 나머지 그것이 장난일 가능성은 진지하게 생각해보지 않은 채 그럴듯한 과학적 해명을 꾸며냈다.

두 여학생은 코넌 도일이 죽은 지 수십 년이 지나 진실을 고백하며, 어른들이 그렇게 속아 넘어가고 싶어 안달하는 줄은 몰랐다고 했다. 프랜시스 그리피스는 1985년 인터뷰에서 이렇게 말했다. "저는 그걸 한 번도 사기라고 생각해본 적이 없어요. 엘시하고 제가 그냥 장난 삼아 한 거예요. 사람들이 왜 거기에 속아 넘어갔는지 지금도 이해가 안 가요. **속고 싶었던** 모양이에요."[46]

후디니와 코넌 도일 사이의 의견 충돌이 점점 더 널리 알려지면서, 후디니는 코넌 도일에 대한 존경심을 모두 잃어버렸다. 그는 코넌 도일을 "지적 거물"이라고 여겨 만나기 시작했지만 "덜떨어진 사람만이 그런 걸 믿는다"라며 관계를 끝냈다. 하지만 의도한 추론을 생각하면 정반대로, 지적 거물만이 그런 걸 믿을지도 모른다.*

---

* 키스 스타노비치는 《합리성 지수》에서, 조지 오웰이 국가주의 또는 민족주의를 뜻하는 내셔널리즘nationalism의 다양한 형태를 설명하면서 똑같은 결론에 이른 유명한 사례를 지적한다. 오웰은 이렇게 썼다. "그런 느낌에 빠지면 바보짓을 끝도 없이 저지른다. (…) 오직 지식 계급만이 그런 걸 믿는다. 보통 사람이라면 그런 바보짓을 할 수가 없다."

~

머리가 뛰어난 사람 중에 편협한 생각 탓에 분별력을 잃은 사람은 그 외에도 많다. 유령이나 요정을 믿는 건 아니라 해도, 방어할 수 없는 것을 기를 쓰고 방어하느라 여러 해 동안 헛수고를 하고 실망에 빠진다.

천재와 동의어가 된 알베르트 아인슈타인을 보자. 1905년, 젊은 아인슈타인은 특허청 직원으로 일하면서 양자역학, 특수상대성, 그리고 그 유명한 질량에너지 등가 방정식($E=mc^2$)의 개략적 기초를 마련했다.[47] 그리고 10년 뒤, 일반상대성이론을 발표해 아이작 뉴턴의 중력 법칙을 끝장내버렸다.

그러나 그의 야심은 여기서 멈추지 않았다. 아인슈타인은 남은 생애 내내, 전자기와 중력을 통합된 하나의 이론에 집어넣어 우주를 이해하는 더 원대하고 포괄적인 이론을 만들려 했다. 그는 앞서 이렇게 썼다. "창조주가 이 세상을 어떻게 창조했는지 알고 싶다. 이 현상 또는 저 현상, 이 요소 또는 저 요소의 스펙트럼 따위는 관심 없다. 창조주의 생각이 알고 싶을 뿐이다." 그는 창조주의 생각을 통째로 포착하려 했다.

1928년, 한동안 앓고 난 그는 자신이 그 일을 해냈다고 생각했다. 그는 이렇게 썼다. "멋진 알을 낳았다. (…) 이 알에서 나온 새가 살아남아 오랜 수명을 누릴지는 신들의 손에 달렸다." 하지만 신은 곧 그 새를 죽였고, 이후 25년 넘게 훨씬 더 많은 희망이 깨져나간다. 그는 새 통합이론을 여러 차례 발표했지만, 하나같이 제 무게를 못 이기고 추락했다. 그는 죽기 직전에야 그 사실을 인정했다. "내 자식 대부분이 어린 나이에 좌절된 희망이라는 묘지에 묻혔다."

아인슈타인의 실패는 주위 사람들에게 놀랄 일이 아니었다. 아인슈타인의 전기를 썼던 물리학자 한스 오해니언Hans Ohanian은 《아인슈타인의 실수Einstein's Mistakes》에 이렇게 썼다. "아인슈타인의 기획은 모조리 헛고생이었다. (…) 처음부터 아예 쓸모가 없었다." 하지만 이론에 많은 투자를 할수록 물러서기는 더 어려워졌다. 프린스턴 대학 동료 프리먼 다이슨Freeman Dyson은 아인슈타인의 모호한 생각이 너무 당혹스러웠던 나머지 8년 동안이나 캠퍼스에서 그를 피해 다녔다고 했다.

문제는 1905년에는 그 유명한 직감의 덕을 봤지만 그 이후에는 직감 때문에 갈피를 못 잡고 헤맨 것인데, 아인슈타인은 자신의 이론을 반박할 만한 것에는 무조건 눈과 귀를 받아버렸다. 이를테면 그의 원대한 아이디어와 상충하는 핵력의 증거를 무시했고, 한때 자신이 기여한 분야인 양자론에서 나온 결과도 우습게 보았다.[48] 과학자들 모임에서는 경쟁 상대들의 오류를 증명하기 위해 점점 더 복잡한 반례를 찾는 데 온종일 매달리다가 결국 저녁이 되면 자기가 틀렸음을 증명하곤 했다.[49] 프린스턴 대학 동료 로버트 오펜하이머Robert Oppenheimer는 아인슈타인이 아무렇지도 않게 "실험에 등을 돌렸고" "진실을 벗어던졌다"고 했다.[50]

생을 마감할 즈음에는 아인슈타인도 많은 것을 깨달았다. 그는 친구인 양자 물리학자 루이 드 브로이Louis de Broglie에게 이렇게 썼다. "나는 사악한 양자를 보지 않으려고 상대성이라는 모래에 영원히 머리를 처박은 타조 꼴이었겠지." 하지만 그는 헛된 수고를 멈추지 않았고, 천재성의 불꽃이 사그라지는 임종에서조차 자신의 틀린 이론을 옹호할 방정식을 여러 장 갈겨썼다. 이 모두가 의도한 추론 탓에 한껏 확대된 매몰비용 오류의 사례라 할 수 있다.

아인슈타인은 다른 방면에서도 이런 고집스러운 태도를 자주 보였다. 이를테면 공산주의를 옹호했던 그는 소련의 몰락도 외면했다.[51]

아인슈타인은 적어도 자기 전문 분야를 떠나지는 않았다. 하지만 내가 옳다는 것을 증명하고야 말겠다는 생각 하나로 똘똘 뭉친 태도는 과학자가 자기 영역을 벗어났을 때 특히 해로울 수 있다는 게 심리학자 한스 아이젱크Hans Eysenck의 지적이다. 그는 1950년대에 이렇게 썼다. "과학자는 특히 자기 전문 분야를 벗어나면 다른 사람과 마찬가지로 평범하고 고집 세고 비상식적인 사람일 뿐이다. 게다가 머리가 비상한 탓에 원래의 편견이 더 위험해지기 일쑤다."[52] 아이러니하게도 아이젱크마저 초자연에 관한 이론을 믿음으로써 자신이 개탄스러워했던, 증거를 분석하는 편협한 시각을 드러내고 말았다.

일부 과학 작가는 노벨상 수상자들이 다양한 사안에서 의심쩍은 태도를 취하는 안타까운 습관을 설명하기 위해 '노벨상 병Nobel Disease'이라는 말을 만들었다. 가장 눈에 띄는 사례는 물론 이 책을 시작하면서 소개했던, 이상한 음모론을 제기한 유명한 생화학자 캐리 멀리스다. 그의 자서전《정신의 들판에서 나체로 춤추기Dancing Naked in the Mind Field》는 머리 좋은 사람이 기존의 자기 생각을 정당화하려고 왜곡된 해명을 지어내는 사례를 보여주는 교과서 같은 책이다.[53]

다른 사례로는 원자 간 화학 결합의 본질을 발견하는 한편, 비타민 보충제가 암을 치유할 수 있다는 엉터리 주장을 수십 년 동안 편 라이너스 폴링Linus Pauling,[54] HIV 바이러스 발견에 공을 세운 반면, 아주 묽게 희석한 DNA도 물에서 구조 변화를 일으켜 전자기파를 방출할 수 있다는 기이한 이론을 신봉해온 뤼크 몽타니에Luc Montagnier를 들 수 있다. 몽타니에는 이 현상이 자폐증이나 알츠하이머, 기타 심각한 다른 질병과 연관이 있을 수 있다고 믿었다. 하지만 다른 많은 과학자들은 그 주장을 거부했고, 결국 노벨상 수상자 35명이 에이즈 연구센터에서 그를 내보내달라는 탄원을 제출했다.[55]

우리가 지금 대통합이론을 만들려는 건 아니지만, 여기에는 우리 모두가 교훈으로 삼을 것이 있다. 과학자든, 다른 어떤 사람이든, 의도한 추론과 편향 맹점이 결합하면, 주변 사람들에 대한 편견을 정당화하고, 한번 시작한 프로젝트는 잘못된 것이라도 계속 추진하고, 가망 없는 열정을 합리화할 수 있다는 것이다.

~

끝으로 두 가지 사례를 살펴보자. 역사상 가장 혁신적인 인물로 꼽히는 토머스 에디슨과 스티브 잡스다.

자신의 이름으로 1,000여 건의 특허를 낸 토머스 에디슨은 창의성이 특별한 인물임에 분명하다. 하지만 한번 어떤 아이디어에 꽂히면 마음을 돌리는 데 많은 노력이 필요했다. "전류 전쟁"에서처럼.

1880년대 말, 최초의 업무용 전구를 생산하던 에디슨은 미국 가정에 전기를 공급할 방법을 찾으려 고심했다. 그의 생각은 안정된 '직류DC' 방식의 전력망을 갖추는 것이었지만, 경쟁자 조지 웨스팅하우스George Westinghouse는 이미 오늘날 우리가 사용하는 '교류AC'를 이용한 더 값싼 송전 방식을 찾아냈다. 직류는 하나의 전압을 일렬로 연결하는 방식인 반면, 교류는 두 전압 사이를 빠르게 왔다 갔다 하는 방식이어서 장거리 송전에서도 에너지 손실이 없다.

에디슨은 교류 방식이 감전사를 더 쉽게 유발한다는 이유를 들어 교류가 너무 위험하다고 주장했다. 근거 없는 우려는 아니지만, 그 위험은 적절한 절연 장치와 규제로 줄일 수 있었다. 반면에 교류의 경제적 이익은 쉽게 무시할 수 없었다. 전기를 시장에 대량으로 공급할 방법은 사실상 교류 방식뿐이었다.

합리적인 사람이라면 직류를 고집하기보다 새로운 기술인 교류를 이용하면서 안전성을 개선하려고 노력했을 것이다. 에디슨의 직원이었던 엔지니어 니콜라 테슬라Nikola Tesla도 에디슨에게 그렇게 말했지만, 에디슨은 테슬라의 조언을 받아들이기는커녕 그의 생각을 무시한 채 교류 연구비마저 주지 않았고, 테슬라는 결국 자기 아이디어를 가지고 웨스팅하우스에게로 떠나버렸다.[56]

패배를 인정하고 싶지 않았던 에디슨은 대중이 교류에 등을 돌리도록 흑색선전을 해댔고, 그 정도는 점점 심해졌다. 처음에는 떠돌이 개와 말을 감전사시키는 등 대중을 상대로 섬뜩한 실험을 해보였다. 그러다가 뉴욕 법원이 전기를 이용한 사형 집행을 검토한다는 소식을 듣고 기회는 이때다 싶어, 교류를 영원히 죽음과 연결시킬 생각으로 법원에 전기의자 개발을 조언했다. 한때 "사형제를 완전히 폐지하는 데 진심으로 노력하겠다"고 선언했던 사람이 도덕적 양심을 내팽개쳐버린 충격적인 순간이었다.[57]

피도 눈물도 없는 장사꾼의 짓이라고 치부해버릴 수도 있겠지만, 이 전류 전쟁은 백해무익한 싸움이었다. 1889년, 한 잡지에 이런 글이 실렸다. "이제는 누구도, 어떤 무리의 사람들도, 교류 개발에 반대할 수 없게 됐다. (…) 여호수아라면 해에게 꼼짝 말라고 명령할 수 있겠지만, 에디슨은 여호수아가 아니다."[58] 1890년대에 들어서 에디슨은 패배를 인정해야 했고, 그제야 비로소 다른 프로젝트로 관심을 돌렸다.

과학사학자 마크 에시그Mark Essig는 이렇게 썼다. "문제는 에디슨의 작전이 왜 실패했는가가 아니라 에디슨은 왜 그 작전이 성공하리라고 생각했는가다."[59] 그러나 매몰비용 효과, 편향 맹점, 의도한 추론 같은 인지 오류를 이해하면, 머리가 그토록 비상한 사람이 왜 그런 재앙의 길로 계속 빠져드는지 어느 정도 설명할 수 있다.

애플의 공동 설립자인 스티브 잡스도 마찬가지로 머리가 비상하고 창의력이 뛰어난 인물이지만, 그는 이따금 위험할 정도로 세상을 왜곡해 인식했다. 월터 아이작슨Walter Isaacson의 공식 전기에 따르면, 잡스의 지인들은 '현실왜곡장reality distortion field'이라는 말을 만들었는데, 잡스의 옛 동료 앤디 허츠펠드Andy Hertzfeld는 그 말을 이렇게 설명했다. "카리스마 있는 번드르르한 말솜씨, 불굴의 의지, 어떤 사실도 당장의 목적에 맞게 얼마든지 바꿔버리려는 태도가 뒤섞인 황당한 상태."

잡스는 이 같은 외골수적 결단 덕에 기술을 혁신할 수 있었지만, 사적인 삶에서는 그런 태도가 역효과를 낳았다. 2003년에 췌장암 진단을 받은 뒤로는 특히 더했다. 그는 의사의 충고를 무시한 채 약초 치료, 영적 치유, 엄격한 과일주스 다이어트 같은 엉터리 치유법을 택했다. 주변 사람들은 잡스가 암을 스스로 치유할 수 있다고 확신했고 머리가 워낙 좋아 반대 의견을 죄다 무시한 것 같다고 입을 모았다.[60]

결국 수술대에 올랐을 때는 이미 암이 치료 불가능한 상태로 번져 있었고, 일부 의사는 잡스가 의사 지시만 따랐어도 지금까지 살아 있었을 거라고 믿었다. 에디슨과 잡스 모두 비상한 머리로 논리적 사고를 하기보다 합리화와 정당화를 하기에 급급했다.

~

이제까지 머리 좋은 사람이 어리석은 행동을 하는 이유를 크게 세 가지로 살펴봤다. 삶의 여러 도전에 대처하는 데 필수인 창의 지능이나 현실 지능이 부족한 탓일 수도 있고, 편향된 직감적 판단에 따라 결정을 내리는 '합리성 장애'를 겪기 때문일 수도 있으며, 의도한 추론으로 내 견해와 반대되는 증거는 무조건 무시하는 쪽으로 지능을 잘못 쓰기 때문일 수도 있다.

이 중 마지막 지능의 함정을 가리켜 하버드 대학의 데이비드 퍼킨스는 마치 "성 주변에 해자를 두르는 것"과 같다고 했는데, 더없이 적절한 비유다. 한편 작가 마이클 셔머Michael Shermer는 그 함정이 우리 생각에 '논리 차단실'을 만든다고 했다. 그런데 나는 개인적으로 그 함정을, 방향을 바로잡아줄 조향 장치(스티어링)나 내비게이션 없이 멋대로 달리는 차에 즐겨 비유하곤 한다. 데카르트는 이런 말도 했다. 천천히 앞으로 나아가는 사람은 옳은 길로만 간다면, 너무 서두르다가 길을 잃는 사람보다 더 멀리 갈 수 있다.

어떤 비유를 쓰든, 우리가 왜 이런 식으로 진화했는가는 진화심리학자가 진지하게 고민하는 수수께끼다. 진화심리학자들은 인간 본성에 관한 이론을 만들 때, 인간에게서 공통된 성향이 나타난다면 인간의 생존에 이로운 점이 분명히 있으리라 기대한다. 그런데 머리가 좋으면서 비합리적인 경우는 대체 인간에게 어떤 이로움이 있을까?

한 가지 그럴듯한 답은 프랑스 국립과학연구센터의 위고 메르시에Hugo Mercier와 부다페스트에 있는 중앙유럽대학의 댄 스퍼버Dan Sperber의 최근 연구에서 찾을 수 있다. 메르시에는 나와의 인터뷰에서 이렇게 말했다. "우리에게 내 편 편향이 있다는 게 이제 워낙 명백해져서 심리학자들은 그게 얼마나 이상한지 잊어버린 것 같더군요. 그런데 진화 관점에서 보면 아주 잘못 적응한 사례예요."

인간 지능은 적어도 어느 정도는 좀 더 복잡한 사회를 관리할 인지적 필요성에 따라 진화했다는 것이 이제는 정설이 되다시피 했다. 고고학에서도 그 증거를 찾을 수 있는데, 실제로 우리 조상이 좀 더 큰 집단을 이루며 살기 시작하면서부터 두개골도 커지기 시작했다.[61] 우리는 두뇌를 이용해 다른 사람의 기분이 어떤지, 누굴 신뢰할 수 있고 누가 도움이 될지, 누구의 비위를 맞춰야 할지 파악한다. 그런데 언어가 발달하면서, 집단 내에서 지지를 끌어내고 다른 사람에게 내 생각을 설득하려면 말을 잘해야 했다. 그러려면 꼭 논리적 주장이 필요한 건 아니다. 설득력만 있으면 그만이다. 이 미묘한 차이가 바로 비합리성과 지능이 함께 나타나는 이유를 설명해줄지도 모른다.[62]

의도한 추론과 내 편 편향을 보자. 인간의 생각이 애초부터 진실 추구에 관심이 있었다면, 양쪽 주장을 주의 깊게 따져야 옳다. 하지만 내가 옳다고 상대를 설득하는 게 유일한 관심사라면, 내 견해를 뒷받침하는 증거를 많이 끌어올수록 설득력은 더 커질 것이다. 반대로 속아 넘어가지 않으려면 상대의 주장에 회의적이어야 한다. 따라서 커핸이 보여주었듯이, 내 생각과 맞지 않는 증거는 무조건 꼬치꼬치 캐고 따져보는 데 특히 관심을 가져야 한다.

다시 말하면, 편향된 추론은 높은 두뇌력의 안타까운 부작용만은 아니다. 거기에도 나름의 존재 이유가 있을 수 있다.

우리 조상이 작은 집단을 이루고 서로 얼굴을 맞대며 살던 시대에는 좋은 주장으로 나쁜 주장에 맞서고, 전반적인 문제 해결력이 향상되어 공동의 목표를 달성하고, 그러면서 우리 편향은 타인의 편향에 의해 누그러졌을 수도 있었다. 그러나 이런 메커니즘은 우리가 기술적·사회적 거품의 시대에 살 때, 그리고 우리 편향을 바로잡을 논쟁을 주고받으며 살지 못할 때 오히려 역효과를 낼 수 있고, 결국 내 견해와 맞는 정보만 축적하게 된다는 게 메르시에와 스퍼버의 주장이다.

그런 실수를 바로잡을 방법을 살펴보기 전에 우선 또 하나의 지능의 함정인 '전문성 저주'부터 자세히 알아봐야 한다. (대개는 타고나는 일반 지능과 반대로) 후천적으로 획득한 지식과 전문성이 역효과를 내는 경우다. 이제 곧 FBI가 저지른 가장 악명 높은 실수에서 보겠지만, 너무 많이 알아도 탈이 될 수 있다.

3

지식의 저주

: 전문성의 장점과 허점

2004년 4월 어느 금요일 저녁, 변호사 브랜든 메이필드Brandon Mayfield는 겁에 질려 어머니에게 전화를 걸었다. "우리가 갑자기 안 보이면 (…) 정부 비밀 요원이 몰래 들이닥쳐서 우리를 체포하면, 첫 비행기로 포틀랜드에 오셔서 아이들을 캔자스로 데려가주세요. 꼭 부탁드려요."[1]

변호사이자 전직 미군 장교인 메이필드는 평소 피해망상증에 시달리는 사람이 아니었다. 하지만 미국은 여전히 9·11 사태의 후유증으로 비틀거리던 때였다. 무슬림으로 전향한데다 이집트 여성과 결혼한 메이필드는 주위에서 "히스테리와 이슬람공포증"의 기운을 느끼며 몇 가지 이상한 일을 겪었는데, 이제 와 돌이켜보면 당시 자신이 수사 선상에 올랐던 게 아닌가 싶었다.

하루는 아내 모나가 퇴근해 집에 와보니 현관 잠금장치 중에 위쪽에 있는 것까지 잠겨 있었다. 가족들은 평소에 문을 이중으로 잠그지 않았다. 또 하루는 메이필드가 사무실에 출근했을 때, 밤사이 출입할 사람이 없었는데도 책상 위에 지저분한 발자국이 찍혀 있고, 책상 위쪽 천장에는 타일 하나가 떨어져 없어졌다. 그런가 하면 그가 이슬람 사원을 드나들 때면 건장한 50~60대 남자가 운전하는 낯선 차가 그를 미행하는 것 같았다.

정치적 상황이 상황인 만큼 메이필드는 감시 대상이 된 것 같아 두려웠다. 그는 나와의 인터뷰에서 "정부 비밀 요원일 수 있겠구나 싶었다"고 말했다. 그가 어머니에게 다급히 연락했을 때는 이미 "다가오는 파멸"의 운명을 느끼기 시작했고, 세 아이에게 어떤 일이 닥칠지 두려웠다고 했다.

5월 6일 오전 9시 45분경, 사무실 문을 세 번 세차게 두드리는 소리와 함께 그 두려움이 현실로 나타났다. FBI 요원 3명이 나타나 메이필드를 체포했다. 그해 3월 11일, 192명이 죽고 2,000여 명이 다친 끔찍한 마드리드 폭탄 공격에 연루되었다는 혐의였다. 그는 등 뒤로 두 팔에 수갑이 채워진 채 차 안으로 던져져 지방 법원으로 향했다.

그는 마드리드 폭탄 공격에 대해 아는 바가 없다고 항변하면서, 그 소식을 처음 들었을 때 "몰상식한 폭력"에 충격을 받았다고 진술했다. 하지만 FBI 요원은 현장에 남겨진 승합차에서 폭발물이 담긴 파란색 쇼핑백이 발견됐는데, 거기서 메이필드의 지문이 나왔다고 했다. FBI는 그 지문이 "100퍼센트 일치"했다며, 그것이 틀릴 가능성은 없다고 주장했다.

메이필드가 쓴 책《있을 수 없는 원인Improbable Cause》에 따르면, FBI가 대배심에 제출할 사건 자료를 정리하는 동안 그는 구치소에 갇혀 있었다. 손목에는 수갑이, 발목에는 족쇄가, 허리에는 쇠고랑이 채워

졌으며, 수시로 알몸 수색을 당했다.

그의 변호사들은 암울한 전망을 내놓았다. 대배심에서 그가 폭탄 공격에 관여했다는 결론이 나오면 그는 배를 타고 관타나모 수용소로 이송될 수도 있었다. 판사가 첫 번째 진술을 듣는 자리에서 말했듯이, 지문은 과학수사에서 핵심 증거로 인식된다. 과거에는 지문 하나만으로 살인 사건에서 유죄 선고를 받기도 했다. 서로 다른 두 사람의 지문이 같을 확률은 수십억 분의 1로 추정되었다.[2]

메이필드는 자신의 지문이 어떻게 미국 대륙과 대서양을 가로질러 약 8,700킬로미터 떨어진 곳의 쇼핑백에서 발견되었는지 도무지 이해할 수 없었다. 하지만 어쩔 도리가 없었다. 변호사들은 그렇게 강력한 증거를 부인하다가는 자칫 위증죄로 기소될 수 있다고 경고했다. 메이필드가 내게 말했다. "퍼뜩 그런 생각이 들더군요. 이름 모를 사람들이 내게 누명을 씌우고 있구나."

결국 변호사들은 법정을 설득해 특별 조사관 케네스 모지스Kenneth Moses를 고용해 지문을 재분석하기까지 했다. 모지스의 실력도 FBI 전문가 못지않았다. 그는 샌프란시스코 경찰서에서 27년간 근무하면서 수많은 상과 훈장을 받았다.[3] 이번이 메이필드에게는 마지막 기회였다. 구치소에 갇힌 지 2주 가까이 되던 5월 19일, 영상 회의로 진행되는 모지스의 진술을 듣기 위해 법정 10층에 다시 섰다.

모지스가 진술을 하는 사이, 메이필드가 우려한 최악의 상황이 현실로 나타났다. 모지스가 법정을 향해 진술했다. "저는 잠재 지문(육안으로 보이지 않고 특별 처리를 해야 보이는 지문 — 옮긴이)을 이미 알려진, 제출된 지문과 비교했습니다. 그리고 그 잠재 지문이 메이필드 씨의 왼쪽 검지 지문이라고 결론 내렸습니다."[4]

바로 그날 아침, 메이필드는 대서양 반대편에서 놀라운 반전이 일어나 곧 그를 구해주리라고는 꿈에도 생각하지 못했다. 스페인 경찰청이 폭탄 공격과 관련 있는 인물로 알제리 남성 우나네 다우드Ouhnane Daoud를 지목한 것이다. 메이필드보다 그의 지문이 FBI가 무시했던 애매한 영역을 포함한 검지 지문에 더 잘 맞을 뿐 아니라 그의 엄지도 쇼핑백에서 발견된 다른 지문과 일치했다. 경찰이 쫓던 남자가 틀림없었다.

메이필드는 다음 날 풀려났고, FBI는 그달 말까지 굴욕적인 사과문을 공개적으로 발표해야 했다.

대체 무엇이 문제였을까? 여러 설명이 가능하겠지만, 단지 기술 부족은 답이 될 수 없다. FBI의 과학수사팀은 세계 최고로 평가받는다.[5] 사실 FBI의 실수를 더 자세히 들여다보면, 지문 감식반의 지식에도 **불구하고** 문제가 생긴 것이 아니라 감식반의 지식 **때문에** 문제가 생겼을 수도 있다는 걸 알 수 있다.

IQ나 SAT로 측정되는 추상적 논리력인 일반 지능이 어떻게 역효과를 내는지 1장과 2장에서 살펴보았다. 여기서 강조할 말은 '일반'이다. 다년간의 경험으로 좀 더 전문적인 지식을 쌓는다면 그런 실수를 줄일 수 있지 않을까 기대할 수도 있겠지만, 안타깝게도 그런 전문성 또한 예상치 못한 실수로 이어질 수 있다는 사실이 최신 연구 결과에서 밝혀졌다.

이런 연구 결과를 (폴 프램튼 같은) 학자들은 '현실'과 동떨어져 '상아탑'에 산다는 식의 모호한 비판으로 해석해서는 안 된다. 최신 연구 결과가 강조하는 것은 경험이 많으면 그런 실수를 하지 않겠거니 하고 대다수 사람들이 기대할 법한 특정 상황의 위험성이다.

심장 수술을 받는다거나, 비행기를 타고 지구 반대편으로 간다거나, 횡재를 기대하고 투자를 고심한다면 경력 많은 성공한 의사나 조종사, 회계사의 도움을 받고 싶게 마련이다. 세간의 주목을 받는 사건에서 지문 일치를 증명할 특별 증인이 필요하다면, 모지스를 선택하기 쉽다. 하지만 전문가의 판단이 가장 절실할 때 더러는 잘못된 판단이 나오기도 하는데, 이제 그 까닭을 설명할 다양한 사회적·심리적·정신적 이유가 밝혀지고 있다. 그런 실수의 근원은 대개 전문가의 업무 수행력을 높이는 절차와 긴밀하게 얽혀 있다.

이 같은 연구의 중심에 선 유니버시티 칼리지 런던의 인지신경과학자 이티엘 드로Itiel Dror는 이렇게 설명한다. "전문가가 전문가답게 일을 능률적이고 빠르게 처리하게 하는 원동력 중에 많은 부분이 취약함도 동반하는데, 그 취약함을 떨쳐내고 전문성만 얻기란 불가능합니다. 전문성이 뛰어난 사람일수록 많은 방면에서 취약함은 더 커지죠."

그럼에도 여전히 대다수 전문가가 옳은 판단을 내리는 건 분명하다. 하지만 어쩌다 틀리면 대단히 심각한 상황이 초래될 수 있으며, 그런 상황을 막으려면 흔히들 간과하는, 전문가가 실수를 저지를 가능성을 제대로 이해해야만 한다.

이제 곧 살펴보겠지만, 전문가의 그런 취약함 탓에 FBI 감식반의 판단이 흐려져 연이어 잘못된 결정이 나왔고, 결국 메이필드가 체포되는 일이 벌어졌다. 그리고 이런 실수가 항공 업계에서는 조종사와 민간인의 어이없는 죽음으로, 금융 업계에서는 2008년 금융 위기로 이어졌다.

~

관련 연구를 살펴보기 전에 우선 핵심이 되는 몇 가지 단정부터 살펴보자. 전문가가 실수를 저지르는 원인 중 하나는 지나친 자신감일 수 있다. 자기 능력을 과신해 나는 절대 틀리지 않는다고 믿는 경우다. 2장에서 설명한 편향 맹점에 딱 들어맞는 경우가 아닌가 싶다.

그런데 최근까지도 많은 연구가 무능한 사람이 자기 능력을 과신한다는 정반대 결과를 내놓았다. 미시간 대학 데이비드 더닝David Dunning과 뉴욕 대학 저스틴 크루거Justin Kruger가 실시한 고전적인 연구를 보자. 두 사람은 1995년에 피츠버그 은행 두 곳을 털려고 했던 맥아더 휠러McArthur Wheeler의 애처로운 사건에서 영감을 얻었다고 알려져 있다. 휠러는 벌건 대낮에 범행을 저질렀고, 경찰은 불과 몇 시간 만에 그를 체포했다. 휠러는 진심으로 당황해 소리쳤다. "아니, 주스를 발랐는데!" 그는 레몬주스(투명 잉크의 재료)를 바르면 CCTV에 찍히지 않는다고 믿었던 것으로 드러났다.[6]

이 이야기를 접한 더닝과 크루거는 무식과 과신은 단짝이 아닐까 하는 의심이 들어 일련의 실험으로 그 생각을 테스트하기 시작했다. 이들은 학생들에게 문법과 논리력 시험을 치르게 한 다음, 시험을 얼마나 잘 본 것 같은지 점수를 매겨보라고 했다. 그러자 학생들 대부분이 자기 능력을 잘못 판단했는데, 이런 성향은 시험 점수가 안 좋은 학생일수록 심했다. 자기 실력이 얼마나 안 좋은지 모른다는 뜻이다. 결정적으로 더닝과 크루거는 관련 능력을 훈련하면 그런 과도한 자신감을 줄일 수 있다는 사실을 발견했다. 학생들은 훈련으로 능력이 향상됐을 뿐 아니라 늘어난 지식 덕에 자신의 한계를 더 잘 이해하게 되었다.[7]

더닝과 크루거가 1999년에 이 연구 결과를 처음 발표한 이후로 다른 문화권에서도 같은 결과가 여럿 나왔다.[8] 오스트레일리아부터 독일, 브라질, 한국에 이르기까지 34개국에서 15세 학생들의 수학 실력을 살펴본 어느 설문조사에서도 실력이 가장 떨어지는 학생들이 과도한 자신감을 보이는 때가 많았다.[9]

어쩌면 당연하게도 언론은 '더닝 크루거 효과The Dunning-Kruger Effect'를 재빨리 받아들이면서 "사회 낙오자들이 자기가 대단하다는 망상"에 빠지는 이유와 "무능한 사람들이 자신을 멋지다고 생각하는 이유"가 바로 그 때문이라며, 도널드 트럼프 대통령이 자신은 대단하다는 투로 말하는 이유 또한 그 때문이라고 했다.[10]

하지만 더닝 크루거 효과에는 좋은 면도 있을 것이다. 대단히 무능하면서 자신감이 넘치는 사람이 권력을 잡는다면 아찔하겠지만, 적어도 우리 바람대로, 교육과 훈련으로 지식뿐 아니라 메타인지와 자기인지가 향상될 수 있다니 안심이 된다. 말이 나온 김에 덧붙이자면 이런 생각은 버트런드 러셀Bertrand Russell의 수필 〈어리석음의 승리The Triumph of Stupidity〉에도 나온다. 러셀은 "고통의 근원은 근대 사회에서 어리석은 자들은 기세등등한 반면에 지식인들은 의심으로 가득한 것"이라고 단언했다.

안타깝게도 이런 연구 결과는 전체 그림을 보여주지 못한다. 자신이 생각하는 능력과 실제 능력의 불일치를 설명할 때, 이런 실험들은 이를테면 대학의 좀 더 전문적이고 광범위한 학문 탐구를 살피기보다는 일반 능력과 지식에 초점을 맞춰왔다.[11] 그런데 고등교육을 받은 전문가를 연구하다 보면 그들 뇌에서 불안한 조짐이 보이기 시작한다.

2010년에 수학자, 사학자, 운동선수에게 각 분야별로 인물 이름을 주고 중요한 인물인지 알아맞히는 문제를 냈다. 이를테면 요하네스 드 그루트Johannes de Groot나 베노이트 시어런Benoit Theron이 유명한 수학자인지 판단해 그렇다, 아니다, 모르겠다 중 하나로 대답해야 했다. 예상대로 전문가는 자기 분야 인물이 나오면 정답을 잘 맞혔다(예를 들어 요하네스 드 그루트는 실제 수학자다). 하지만 허구의 인물(여기서는 베노이트 시어런)이 나와도 안다고 대답할 확률이 높았다.[12] 그리고 자기 전문 지식이 의심스럽다 싶으면 무지를 인정하고 "모르겠다"고 대답하기보다 추측을 하거나 자기 지식의 범위를 넘어선 주장을 펼치곤 했다.

예일 대학 매슈 피셔Matthew Fisher는 대학 졸업자들에게 그들의 전공과 관련해 간단한 문제를 냈고, 그 연구 결과를 2016년에 발표했다. 그는 우선 졸업자들이 자기 분야 핵심 주제를 얼마나 잘 아는지 알아보기 위해 이를테면 물리를 전공한 사람에게는 열역학을, 생물을 전공한 사람에게는 크렙스 회로를 제시하는 등 전공 분야의 몇 가지 기본 원리를 주고, 그것을 얼마나 잘 이해한다고 생각하는지 판단해 보라고 했다.

그런 다음 참가자가 눈치채지 못하는 사이에 깜짝 테스트를 던졌다. 그들이 안다고 주장한 원리를 글로 자세히 설명하게 하는 테스트였다. 많은 사람이 자기 지식수준을 높게 평가해놓고는 정작 조리 있게 설명할 때는 애를 먹었다. 그런데 중요한 점은 이런 현상이 자기 전공 분야에서만 나타난다는 것이다. 전공 분야를 넘어선 주제나 좀 더 일반적이고 일상적인 주제에서는 자신의 지식수준을 훨씬 더 현실적으로 파악하는 성향을 보였다.[13]

이런 현상이 나타나는 이유를 생각해본다면, 우선 학위를 딴 뒤로 관련 지식을 얼마나 많이 잊어버렸는지 모를 수 있다(피셔가 '메타건망증meta-forgetfulness'이라 부른 현상이다). 피셔가 내게 말했다. "사람들은 현재의 이해 수준을 예전에 지식이 최고조였을 때와 혼동하죠." 우리 교육의 심각한 문제점을 시사하는 말일 수도 있다. "이 현상을 아주 냉소적으로 해석하면, 우리가 학생들에게 꾸준히 사용할 수 있는 지식을 주지 않는다는 뜻이에요. 그저 무언가를 안다는 느낌을 줄 뿐이죠. 실제로는 모르면서요. 그리고 그게 역효과를 내는 것 같아요."

내가 전문가라는 착각은 사람의 마음을 더 폐쇄적으로 만들기도 한다. 시카고 로욜라 대학 빅터 오타티Victor Ottati는 사람들에게 자기 지식이 풍부하다고 느끼도록 부추기면 자기와 생각이 다른 사람의 견해를 찾아보거나 그런 견해에 귀 기울이려 하지 않는다는 사실을 알아냈다.* 오타티는 전문성과 관련한 사회 규범을 생각해볼 때 그럴 만도 하다고 지적한다. 우리는 전문가라고 하면 애초부터 자기 의견을 고집할 자격이 있다고 생각하는데, 오타티는 이를 '자초한 교조

* 일본 사람들은 '초심初心'이라는 말로 이런 생각을 표현했는데, '초심'은 초보자에게 나타나는 정신의 자유로움, 새로운 생각을 기꺼이 받아들이려는 자세를 압축한 말이다. 선종 승려 스즈키 순류鈴木俊隆는 1970년대에 이렇게 말했다. "초보자의 마음으로 보면 수많은 가능성이 있고, 전문가의 마음으로 보면 가능성이 거의 없다."

주의earned dogmatism'라 부른다.[14]

물론 많은 경우, 전문가는 자기 일을 남보다 더 정확히 판단할 수 있을 것이다. 하지만 피셔의 연구에서 보듯이, 전문가가 자기 지식을 과대평가하고 다른 사람의 의견을 찾아보거나 인정하기를 완강히 거부한다면, 빠른 속도로 아주 깊은 수렁에 빠질 수 있다.

오타티는 일부 정치인이 자기 생각에 점점 매몰되어 자기 지식을 보완하지 않거나 타협책을 찾지 않는 이유도 여기서 찾을 수 있으리라 생각한다. 그는 이런 마음 상태를 '근시안적 자기과신myopic over-self-confidence'이라 일컫는다.

자초한 교조주의 역시 캐리 멀리스처럼 '노벨상병'에 걸린 과학자들의 기이한 주장을 설명할 수 있을지 모른다. 노벨상을 받은 인도 태생 미국 천체물리학자 수브라마니안 찬드라세카르Subrahmanyan Chandrasekhar는 동료들에게서 이런 성향을 목격했다. "통찰력도 대단하고 심오한 사실을 발견해낸 사람들이다. 이들은 자기 분야에서 크게 성공한 탓에 자기에게는 과학을 바라보는 특별한 방식이 있으며 그 방식은 틀림이 없다고 생각한다. 하지만 과학은 그런 사고방식을 용납하지 않는다. 제아무리 똑똑한 사람도 자연의 밑바탕에 깔린 진실을 다 알 수 없다는 것을 자연은 거듭 증명해왔다."[15]

~

부풀려진 자신감과 자초한 교조주의는 전문가에게 나타나는 단점의 시작일 뿐이다. FBI의 실수를 이해하려면 전문성과 관련한 신경과학을 깊이 이해하고, 광범위한 훈련이 어떻게 우리 뇌의 자각 능력을 좋게 또는 나쁘게 영원히 바꿔놓는가를 깊이 들여다봐야 한다.

이 이야기는 아드리안 드 그루트Adriaan de Groot로 시작한다. 인지심리학의 선구자로 인식되곤 하는 네덜란드 심리학자다. 제2차 세계대전 중에 일을 시작한 드 그루트는 대학을 포함한 학창시절에 놀라운 재능을 보였고, 특히 음악, 수학, 심리학에서 장래가 촉망되는 학생이었다. 그러나 전쟁이 터지기 직전의 긴박한 정치 상황 탓에 졸업 후 학문을 계속할 기회가 거의 없었던 그는 결국 고등학교 교사 자리를 간신히 구했고, 나중에는 철도회사에서 심리학자로 일하게 되었다.[16]

그런데 드 그루트의 진짜 관심사는 체스였다. 체스 실력이 상당했던 그는 부에노스아이레스에서 열린 국제대회에 국가 대표로 참가했다.[17] 그는 다른 선수들을 인터뷰하면서 전략을 물어 놀라운 실력의 비법을 알아보기로 마음먹었다.[18] 이때 선수들에게 다음 수를 결정하는 전략을 자세히 묻기 전에 체스판 하나를 예로 보여주었다.

처음에는 선수들의 재능이 암기 실력에서 나오는 건 아닐까 추측했다. 단지 암기한 것 중에 가능한 다음 수를 빠르게 찾아내어 그 결과를 머릿속에 그려보는 능력이 뛰어난 것일지도 몰랐다. 그런데 그건 아닌 것 같았다. 전문 선수들이 직접 말한 내용을 보면 가능한 수를 돌아가며 다 훑어보지는 않는 것 같았다. 이들은 고작 몇 초 만에 결정을 내렸는데, 여러 전략을 다 고려할 만한 시간이 아니었다.

그런데 이후의 후속 실험에서 언뜻 직감으로 보이는 능력이 사실은 오늘날 '덩이짓기chunking'라고 알려진 놀라운 기억법에서 나온다는 사실이 드러났다. 전문 선수는 체스를 둘 때 개별 말에 주목하지 않고 여러 말을 한 덩어리로 묶어, 체스판을 몇 개의 큰 덩이로 쪼개서 보았다. 단어가 모여 더 큰 문장이 되듯 이 덩이가 다시 모여 '도식schema'이라 알려진 심리적 각본script 또는 '형판形板, template'이 되는데, 이때 덩이 하나하나가 서로 다른 상황과 전략을 나타낸다. 이렇게 되면 체스판은 **의미**를 갖게 된다. 체스 고수가 체스 여러 판을, 심지어 눈을 가린 채 동시에 할 수 있는 이유도 이 때문이라고 생각된다. 도식을 이용하면 뇌에서 작업 처리량이 크게 줄어든다. 체스 전문가는 백지 상태에서 다음 수를 일일이 계산하기보다 머릿속에 있는 거대한 도식 창고에서 눈앞에 놓인 체스판에 맞는 수를 찾아낸다.

드 그루트는 시간이 흐르면서 도식이 선수 머릿속에 깊이 "스며들어" 체스판을 얼핏 보기만 해도 적절한 답이 저절로 떠오를 수 있다는 점에 주목했다. 우리가 전문가의 직감과 연관 짓는 번득이는 천재성도 그런 식으로 깔끔하게 설명이 된다. 저절로 나오는 몸에 밴 행동 역시 뇌의 작업기억(특정 작업을 위해 정보를 일시적으로 간직하는 기억 — 옮긴이)을 좀 더 자유롭게 만드는데, 이는 전문가들이 힘든 환경에서 어떻게 행동하는지를 설명해줄 수도 있을 것이다. 드 그루트는 훗날 이렇게 썼다. "이런 이유가 아니라면, 일부 체스 선수들이 술에 취해서도 여전히 체스를 아주 잘 두는 이유를 설명할 길이 없다."[19]

드 그루트는 이 연구로 지루한 고등학교 교사와 철도회사 직원 생활에서 벗어나 마침내 암스테르담 대학에서 박사 학위를 받게 된다. 이후로 그의 연구는 여러 영역에 걸쳐 수많은 연구에 영감을 주면서, 포커나 스크래블(알파벳을 이어붙여 단어를 만드는 보드게임 — 옮긴이) 같은 게임 챔피언의 재능부터 세리나 윌리엄스Serena Williams 같은 뛰어난 운동선수의 놀라운 실력과 세계 최고 컴퓨터 프로그래머의 빠른 코딩 실력에 이르기까지 여러 재능을 설명하는 데 기여했다.[20]

전문가의 업무 처리 과정은 분야마다 다르겠지만, 어떤 경우든 거대한 도식 창고에 의지해 가장 중요한 정보를 뽑아내 그 바탕에 깔린 일정한 유형과 동력을 알아보고, 앞서 익힌 각본에서 거의 즉각적인 반응을 내놓는다.[21]

런던 시내 2만 5,000개 거리를 누비는 택시 기사의 재능처럼 덜 유명한 재능도 이 전문가 이론으로 이해할 수 있을지 모른다. 이들은 런던 시내를 통째로 외우기보다 '알려진 경로'라는 도식을 만들어, 머릿속에 도시 지도를 떠올리지 않고도 랜드마크를 보는 즉시 그때그때의 도로 사정에 따라 A에서 B까지 가는 최선의 경로를 찾아낼 것이다.[22]

심지어 빈집털이범도 똑같은 신경 처리 과정을 거칠 수 있다. 실제로 재소자들에게 그들의 범죄를 재현해놓은 가상현실에 참여하게 했더니, 경험이 많은 빈집털이범일수록 친숙한 영국 가정집 구조를 기초로 진화한 도식을 확보해두고, 집으로 들어가는 최선의 통로와 귀중품이 있을 만한 곳을 그 자리에서 직감적으로 찾아냈다.[23] 한 재소자는 연구를 진행하는 사람에게 이렇게 털어놓았다. "통로를 찾는 건 자연스러운 본능이 되어버리죠. 군사 작전처럼요. 흔한 일상이 되는 거예요."[24]

전문가의 직감은 그들이 마주치는 대다수 상황에서 업무를 대단히 효율적으로 처리하는 수단이라는 사실은 부인하기 어렵다. 그리고 거의 초인적인 천재성의 한 형태로 칭송받는 경우도 많다.

그러나 안타깝게도 여기에는 값비싼 희생이 따를 수 있다.

그중 하나가 융통성이다. 전문가는 기존의 행동 도식에 지나치게 의지한 탓에 변화에 대처하기 힘들 수 있다.[25] 예를 들어 20세기 말에 런던의 노련한 택시 기사들을 상대로 기억력을 테스트한 결과, 그들은 신도시 카나리 워프Canary Wharf의 빠른 발전에 애를 먹는 듯했다. 새로 생긴 랜드마크를 기억에 통합해 머릿속에 있는 런던의 낡은 형판을 수정, 보완하는 작업이 그들에게는 한마디로 불가능했다.[26] 마찬가지로 게임 챔피언은 새로운 규칙을 배우는 데 애를 먹을 테고, 회계사는 새로운 세법에 적응하느라 진땀을 뺄 것이다. 이런 현상을 인지적 '고착entrenchment'이라 하는데, 전문가가 기존 도식을 뛰어넘어 난관을 극복할 새로운 방법을 찾아야 할 때에도 이런 고착 탓에 문제를 창의적으로 해결하지 못할 수 있다. 기존 도식은 익숙한 행동 방식으로 고착화한다.

전문가의 직감에 희생될 수 있는 두 번째 대상은 세부적인 것을 보는 눈이다. 전문가의 뇌는 미가공 정보를 좀 더 의미 있는 요소들로 덩이짓기를 하고 그 바탕에 깔린 광범위한 유형을 알아보려고 노력하는 사이에 더 작은 요소들을 놓쳐버린다. 이 현상은 방사선 전문의의 뇌를 실시간으로 촬영하면서 드러났다. 촬영 결과, 일정한 유형과 상징적 의미를 감지하는 능력과 연관된 측두엽에서 활발한 활동이 감지된 반면, 세부적인 것들을 샅샅이 살피는 활동과 연관된 시각 피질은 활동이 다소 둔해 보였다.[27] 이렇게 되면 관련 없는 정보를 걸러내고 집중력을 높이는 장점이 있는 반면 관련 요소를 하나하나 체계적으로 고려하는 능력은 떨어져, 머릿속 지도에 딱 들어맞지 않는 중요한 뉘앙스를 놓칠 수 있다.

문제는 여기서 끝나지 않는다. 전문가가 세심한 분석보다 핵심 요지에 기초해 결정을 내릴 경우, 감정과 기대 그리고 틀짜기나 기준점 설정 같은 인지 편향에 쉽게 흔들릴 수 있다.[28] 결국 훈련으로 합리성 지수가 되레 **떨어졌을** 수도 있다. 이티엘 드로가 내게 말했다. "전문가의 사고방식은 자신의 기대, 희망, 그날의 기분에 따라 정보를 바라보는 방식에 영향을 미칩니다. 그리고 전문성 획득에 필요한 뇌 체계, 그러니까 실제 인지 구조는 그런 것에 아주 취약해요."

전문가도 물론 직감을 뛰어넘어 좀 더 세부적이고 체계적인 분석에 집중할 수 있을 것이다. 하지만 2장에서 살펴보았듯이, 전문가는 편향 맹점이 강해 직감의 위험성을 아예 모르는 경우도 허다하다.[29] 이처럼 무지하거나 경험이 부족한 사람보다 오히려 전문가가 그런 실수를 더 자주 하다 보니 전문가의 정확성에 한계가 생긴다. 핵심 요지에 근거한 부정확한 업무 처리가 과신이나 '자초한 교조주의'와 만나면 지능의 함정이 생기고, 그 결과는 대단히 파괴적일 수 있다.

FBI가 마드리드 폭탄 공격 사건을 다룬 일화는 그와 같은 업무 처리 방식이 실제로 어떻게 구현되는가를 보여주는 완벽한 사례라 할 수 있다. 지문 대조는 극도로 복잡한 과정이어서 지문의 소용돌이무늬가 왼쪽을 향하는지 오른쪽을 향하는지, 회오리 형태인지 아치 형태인지를 따지는 일반적 유형 분류부터, 지문에서 위로 솟아오른 줄무늬를 살피며 그 줄이 둘로 갈라졌는지, 몇 개의 조각으로 나뉘었는지, '눈'이라고 불리는 고리 모양인지, 돌연 뚝 끊기는 모양인지를 살피는 미세한 분석에 이르기까지, 점점 정교해지는 세 단계 작업을 거친다. 전반적으로 약 열 가지 특징을 찾아내는 게 목표다.

안구의 움직임을 관찰한 연구 결과, 전문가는 이 과정을 흔히 반자동적으로 수행하면서,[30] 드 그루트가 연구한 체스 고수들처럼 가장 유용한 비교 방식이라 여겨지는 덩이짓기로 지문을 분석하며 특징을 찾아냈다.[31] 그 결과, 초보자라면 하나하나 체계적으로 확인하고 점검해야 할 것도 전문가 눈에는 감식의 핵심이 한눈에 들어오곤 한다. 그런데 이처럼 큰 틀에 집중한 뒤 세세한 부분을 살피는 하향식으로 결정을 내리면 편향에 휘둘리기 쉽다.

아니나 다를까 전문가 감식에서 드로는 그와 같은 자동적 처리 과정에서 나올 수 있는 다양한 인지 오류를 발견했다. 가령 용의자가 범죄를 자백했다는 소식을 들으면 지문이 일치한다는 결론을 내릴 확률이 높아졌고,[32] 피살자의 피투성이 사진처럼 감정을 자극하는 것을 보았을 때도 그 확률이 높아졌다. 그리고 범인을 잡겠다는 의욕과 결심이 강하면, 그런 감정이 객관적 판단에 영향을 미치지 말아야 하는데도 지문이 일치한다는 결론을 내릴 확률이 높아졌다.[33] 드로는 특히 주어진 자료가 모호하고 지저분할 때 이런 문제가 발생하며 마드리드 사건의 증거를 다룰 때가 정확히 그랬다고 지적한다. 구겨진 쇼핑백에서 나온 지문은 심하게 오염되어 애초부터 식별이 힘들었다.

FBI는 처음에 컴퓨터 분석을 돌려, 등록된 수백만 개의 지문에서 용의자를 찾아냈고, 용의선상에 오른 20명 중 네 번째에 메이필드의 이름이 놓여 있었다. 이 단계에서는 FBI도 그의 배경을 전혀 모르는 상태였다. 메이필드는 십대에 저지른 사소한 위법 행위로 지문이 등록되어 있었다. 하지만 범인 색출이 절박했던 FBI는 일단 메이필드에 마음이 꽂히자 자기들의 결정에 심각한 문제가 있다는 신호를 무시한 채 메이필드에 집중했다.

FBI는 범인과 메이필드의 지문에서 약 열다섯 가지 유사점을 찾아냈지만 동시에 중요한 차이점은 계속 무시했다. 가장 놀라운 점은 잠재 지문인 왼손 윗부분 전체가 메이필드의 검지와 맞지 않았다는 사실이다. 그러자 FBI는 해당 부분이 다른 시기에 쇼핑백을 만진 다른 사람의 지문이거나, 메이필드가 혼란을 일으킬 목적으로 애초 지문 위에 지문을 하나 더 찍어놓은 것일 수 있다고 주장했다. FBI는 어떤 경우든, 그 이례적인 부분은 제외한 채 메이필드의 지문과 대단히 닮은 부분에만 집중해도 된다고 생각했다.

그런데 그 이례적인 부분이 다른 사람의 지문이라면 그 사실을 알 수 있는 신호가 있었을 것이다. 이를테면 두 손가락은 각도가 달랐을 테고, 그렇다면 위로 솟아오른 줄무늬가 겹치면서 교차했을 것이다. 아니면 두 손가락이 쇼핑백을 서로 다른 압력으로 만지면서 첫 지문보다 다음 지문이 더 흐리다거나 하는 식으로 지문에 압력 차이가 나타났을 것이다. 그런데 이 경우에는 두 신호 모두 나타나지 않았다.

FBI의 설명이 말이 되려면 두 사람이 쇼핑백을 똑같은 힘으로 쥐었어야 하고, 두 사람의 지문은 기적처럼 나란히 찍혀야 한다. 그런 일이 일어날 가능성은 희박하다. 그보다 훨씬 더 설득력 있는 설명은 그 지문은 한 사람 것이고, 그 사람은 메이필드가 아니라는 것이다.

이는 결코 사소한 문제가 아니다. FBI의 주장에 심각한 타격을 주는 큰 구멍이다. 그 뒤 미국 감찰국Office of the Inspector General이 낸 보고서는 그러한 가능성을 완전히 배제한 것은 대단히 부적절했다며, 이렇게 결론 내렸다. "그 설명이 타당하려면 우연이 아주 예외적으로 연이어 일어났다고 인정해야 한다."[34] 이런 문제가 발생하자 특별 지

문 감식반이 사건을 다시 조사했고, 메이필드를 용의선상에서 빼야 한다는 결론을 내놓았다.[35]

FBI 수사가 이 같은 순환논리에 빠진 경우는 이외에도 더 있다. 감찰국이 FBI의 지문 감식 전반을 살핀 결과, 감식 전문가가 자신의 예감과 맞지 않는 부분은 외면하거나 무시해버리고 자신의 예감과 일치할 것 같은 부분은 꼼꼼하게 살피지 않을 가능성이 높다는 사실을 발견했다.

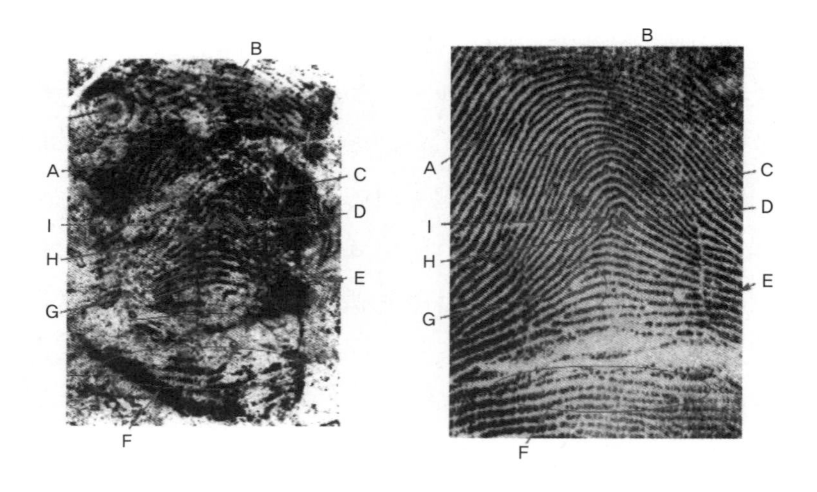

위 지문은 누구나 자유롭게 볼 수 있는 감찰국 보고서에 실린 사진이며, 표시된 부분은 FBI가 실수한 부분이다. 실수가 얼마나 많은지 보라. 왼쪽은 마드리드에서 발견된 지문이고, 오른쪽은 메이필드의 지문이다. 생초보라면 발견하기 쉽지 않겠지만, 아주 자세히 들여다보면 한쪽에는 명백히 나타나는 어떤 특징이 다른 쪽에서는 눈에 띄지 않는다는 사실을 알 수 있다.

감찰국은 이 사건이 확증 편향을 보여주는 명백한 사례라고 결론 지었지만, 앞서 살펴본 대로 전문가에게서 나타나는 하향식 결정 과정과 선별적 주의 집중을 생각해본다면, 이 감식반도 처음에는 그런 세부적인 부분을 보지 못했을 수 있다. 자신의 기대 때문에 말 그대로 눈이 멀다시피 했을 것이다.

감식반원이 철저하게 독립적으로 분석했다면 이런 잘못이 발견될 수도 있었을 것이다. 하지만 지문 감식에 동원되었던 여러 전문가는 다들 동료가 내린 결론을 알고 있던 터라 동료의 판단에 휘둘리고 말았다. (드로는 이를 '편향 폭포bias cascade'라 불렀다.[36]) 이런 현상은 메이필드와 그 가족을 몰래 감시한 사람들에게서도 나타났다. 그들은 심지어 메이필드 딸아이의 스페인어 숙제를 마드리드 공격 당시 메이필드가 현장에 있었음을 보여주는 여행 서류로 착각하기까지 했다.

FBI는 메이필드의 과거를 살피다가 그가 무슬림이며 한때 '포틀랜드 세븐Portland Seven'이라는 테러 집단에 소속된 사람을 변호해 양육 재판을 진행했다는 사실을 발견하면서 그러한 편향이 더욱 굳어졌을 것이다. 하지만 그 사실들은 그를 유죄라고 추정할 근거가 되지 못한다.[37]

FBI는 워낙 자신만만했던 탓에 스페인 경찰청이 내놓은 추가 증거도 무시했다. 4월 중순이 되자 스페인 경찰청은 감식 결과 두 지문이 일치한다는 증거를 찾지 못했다고 말했지만, FBI는 그들의 우려를 그 자리에서 묵살해버렸다. 스페인 경찰청의 지문 감식 반장인 페드로 루이스 멜리다 예도는 메이필드가 혐의를 벗은 직후 《뉴욕타임스》에 이렇게 말했다. "그들은 모든 것을 정당화할 이유를 갖고 있었어요. 하지만 제가 보기에는 말이 안 됐죠."[38]

FBI의 내부 이메일 기록을 보면 감식반원은 스페인 경찰청의 이견에 흔들리지 않았다는 사실을 알 수 있다. 어느 FBI 요원은 이렇게 썼다. "오늘 아침에 감식반 사람들과 이야기했는데, 지문 일치를 절대적으로 확신하더군요. 100퍼센트 틀림없어요!!!!! 그 사람들은 어떤 법정에서도 지문이 일치한다고 증언할 거예요."[39]

스페인 경찰청이 메이필드의 무죄를 증명하는 증거를 찾지 못했더라면 FBI는 그런 절대적 확신으로 메이필드를 관타나모만이나 사형수가 수감되는 곳에 보냈을지도 모른다. 스페인 경찰청은 사건이 터진 지 몇 주 뒤에, 마드리드 교외에 있는 어느 집을 급습했다. 용의자들은 순순히 체포되지 않고 자살 폭탄을 터뜨렸지만 경찰은 우나네 다우드라는 이름이 적힌 서류를 찾는 데 성공했다. 알제리 국적의 이 남자는 이주민 관련 사건으로 지문이 등록되어 있었다. 메이필드는 석방되었고, 일주일 안에 마드리드 폭탄 공격에 관련된 모든 혐의에서 벗어났다. 그리고 체포의 부당성을 주장하며 이의를 제기해 200만 달러의 손해배상을 받았다.

여기서 심리적인 부분만이 아니라 사회적인 부분도 눈여겨봐야 한다. 메이필드 사건은 전문가가 자기 실력을 과신하고 사람들이 그 실력을 맹목적으로 신뢰하면, 전문가의 편향은 더 부풀려지고 결국 파괴적인 결과를 초래할 수 있음을 보여주는 완벽한 사례다. 메이필드가 미국을 벗어났다는 증거조차 부족한 상황에서 FBI와 법정이 점점 더 빠른 속도로 오판을 거듭한 것은 있을 수 없는 일이다.

~

이런 사실을 염두에 둔다면, 기존의 안전 절차들이 효율성이 꽤 높은데도 왜 전문가의 실수는 막지 못하는지가 이해되기 시작한다.

항공 분야를 보자. 흔히 지구상에서 가장 신뢰할 만한 산업으로 꼽히는 항공 분야에서 공항과 조종사는 수많은 안전망을 이용해 순간적인 판단 실수를 바로잡는다. 지금은 다른 분야에서도 널리 사용되는, 점검 목록을 이용한 중요 절차 점검은 안전한 이착륙 등을 위해 조종실에서 처음으로 시작되었다.

그런데 이 전략은 특히 전문성에서 나오는 맹점을 다루지 못한다. 경력이 많은 조종사는 안전 절차가 몸에 배어 그 절차를 특별히 의식하지 못한다. 19건의 중대 사고를 검토한 어느 연구에 따르면, 그 결과로 "자기도 모르는 사이에 덜 조심스러운 판단을 내리고" 조종사가 지식을 이용해 실수를 피했어야 하는 상황에서 그러지 못해 승객이 희생되기도 한다.[40]

2006년 8월 27일 오전 6시, 켄터키 렉싱턴에 있는 블루그래스 공항에서 일어난 사고도 그런 경우다. 컴에어 5191편은 22번 활주로에서 오전 6시경에 이륙할 예정이었지만, 조종사는 그보다 짧은 활주로에 줄을 섰다. 폭넓은 경험에서 오는 편향 탓에 조종사와 부조종사 모두 자기들이 엉뚱한 곳에 줄을 섰다는 적신호를 알아보지 못했다. 항공기는 결국 주변 울타리를 뚫고 지나가 둑을 들이받고 튀어오른 뒤 나무에 부딪혀 불길에 휩싸였다. 이 사고로 승객 47명과 조종사가 숨졌다.[41]

항공 분야에서 전문성 저주는 여기서 끝나지 않는다. FBI 과학수사

담당자들도 그랬듯이, 여러 실험 결과 조종사의 전문성은 그들의 시각 지각에도 영향을 미쳤다. 가령 조종사는 폭풍우가 칠 때 자신의 사전 기대를 기초로 구름의 깊이를 실제보다 얕게 예측하기도 한다.[42]

지능의 함정을 생각한다면 "바보도 실수할 수 없는" 절차를 만드는 데 그치지 말고 "전문가도 실수할 수 없는" 절차를 만들어야 한다. 핵발전 산업은 오랜 경험에서 오는 무의식적 업무 처리에 대처하는 몇 안 되는 분야 중 하나로, 일부 핵발전소는 안전성 점검 순서를 수시로 바꿔 업무를 무의식적으로 처리하지 못하게 한다. 항공 산업을 비롯해 다른 많은 분야도 이런 방식을 본받을 만하다.[43]

~

전문성 저주와 무지의 장점을 제대로 이해한다면 왜 어떤 조직은 혼돈과 불확실성을 헤쳐 나가고 어떤 조직은 바람의 방향만 바뀌어도 무너지는지 설명할 수 있다.

조지타운 대학의 로한 윌리엄슨Rohan Williamson은 최근에 금융 위기 때의 은행 자산을 조사한 연구 결과를 내놓았다. 그는 조직 관리에 대해 자문을 얻고자 조직 밖에서 영입해 온 '사외 이사'의 역할에 관심을 두었다. 이들은 바람직한 자기 규제 방식을 제안해야 했는데, 어느 정도 전문성이 필요한 일이었다. 실제로 이들 중 다수가 다른 금융 조직 출신이었다. 하지만 어떠한 이해충돌도 없는 실력 있는 전문가를 구하기가 어려운 탓에 더러는 다른 분야에서 사외 이사를 영입해 오기도 하는데, 이 경우 복잡한 금융 거래 절차에 대한 전문 지식이 부족할 수 있다.

경제협력개발기구OECD 같은 단체는 이런 금융 전문성 부족이 2008년 금융 위기에 한몫했다고 주장했다.[44]

그런데 사실은 정반대로, 그런 무지가 오히려 장점이 되었다면 어떨까? 윌리엄슨은 이를 알아보기 위해 100개 은행을 상대로 금융 위기 이전과 이후의 자료를 조사했다. 지식이 많으면 항상 결정에 이롭다고 생각할 수 있는데, 2006년까지의 자료 조사 결과는 정확히 그랬다. 금융 전문가를 이사로 둔 은행은 전문성을 갖춘 사외 이사가 적은 (또는 아예 없는) 은행보다 실적이 약간 더 좋았다. 금융 전문가는 위험이 따르는 전략을 채택할 가능성이 높고, 결국 그 전략이 유효했기 때문이다.

그런데 금융 위기 사태가 터진 뒤에는 은행 자산에 극적인 반전이 일어나, 전문가가 적은 은행이 실적이 더 높았다. '전문' 이사진은 이미 위험이 높아진 결정에 워낙 깊이 발을 들여놓은 탓에 애초의 전략에서 물러나 새 전략을 짜지 않은 반면에 전문 지식이 적은 사외 이사들은 생각이 덜 고착되고 덜 편향되어, 금융 위기를 거치는 동안 은행의 손실을 줄일 수 있었다.[45]

비록 이번 증거가 합리성을 늘 인정받지는 못하는 금융 분야에서 나왔지만, 다른 분야에서도 이 교훈을 새겨볼 만하다. 어려운 시기에는 경험이 적은 팀원이 팀을 혼란에서 구출할 최적의 안내자일 수 있다.

~

적어도 과학수사에서는 FBI가 브랜든 메이필드를 조사하면서 드러낸 전문가의 실수를 줄여보려는 움직임이 있었다.

"브랜든 메이필드 사건 이전까지 지문을 감식하는 사람들은 실수를 모두 무능이라는 말로 설명했습니다. 그러다가 메이필드 사건이 발생하면서 실력자도 감식에서 실수할 수 있다고 말할 여지가 생기기 시작했습니다."[46] 캘리포니아 대학 로스앤젤레스 캠퍼스 법학 교수 제니퍼 므누킨Jennifer Mnookin의 말이다.

이티엘 드로는 과학수사에서 나타날 수 있는 이런 실수를 조목조목 따지고 그 여파를 줄일 방법을 제시하는 일에서 선도적 역할을 해왔다. 예를 들어 편향을 제대로 이해하고 토론하는 등의 고급 훈련을 실시해, 과학수사를 하는 사람은 누구나 자신의 판단이 어떤 식으로 흐려지는지, 그 영향을 최소화할 현실적 방법이 무엇인지 알아야 한다고 주장한다. 그가 말했다. "알코올 중독자 모임에 참가한 사람과 마찬가지로, 문제 파악이 문제 해결의 첫걸음입니다."

또 한 가지 명심해야 할 점은 과학수사에서는 상대가 어떤 판단을 내렸는지 몰라야 한다는 것이다. 눈앞에 놓인 직접적 증거 외에는 모든 정보가 차단되어야 특정한 기대를 품지 않고 증거를 가능한 한 객관적으로 볼 수 있다. 이는 여러 의견이 필요할 때 특히 중요하다. 과학수사를 하는 사람들은 서로가 어떤 판단을 내렸는지 몰라야 한다.

증거는 이티엘 드로가 "순차적 정체 밝히기 기법Linear Sequential Unmasking"이라 부른 절차에 따라 올바른 방법과 올바른 순서로 제출되어야 마드리드 폭탄 공격에서 감식반의 판단에 영향을 미친 순환논리를 피할 수 있다.[47] 이를테면 지문을 감식하는 사람은 용의자의 지문을 보기 전에 현장에 있는 잠재 지문부터 자세히 살피면서 비교할 부분을 미리 정한다. 그리고 증거를 보고 판단을 내리기 전에는 사건의 맥락을 알려주는 어떤 정보도 받지 말아야 한다. 이 시스템은 현재 미국 FBI를 비롯해 여러 나라에서 정보기관과 경찰이 사용 중이다.

드로의 주장은 처음에는 그가 연구한 전문가 집단에게 환영받지 못했다. 런던에 있는 웰컴컬렉션Wellcome Collection에서 나와 이야기를 나누던 드로는 과학수사 학술지에 실린 편지를 보여주었다. 지문학회Fingerprint Society 회장이 화가 나서 보낸 편지였는데, 지문을 감식할 때 감식원 자신의 기대와 기분에 영향을 받을 수 있다는 드로의 생각에 지문을 감식하는 많은 사람이 몹시 분노했다는 이야기였다. 편지 내용은 이랬다. "지문을 감식해 신원을 확인하는 사람이 관련 사연이나 끔찍한 모습에 휘둘려 결론을 내린다면, 숭고한 임무를 수행할 능력이 전무하거나 아니면 너무 미성숙하다는 뜻인데, 그런 사람은 차라리 디즈니랜드에서 일자리를 알아보는 게 좋을 겁니다."

하지만 드로는 최근 점점 더 많은 곳에서 그의 제안을 받아들인다고 했다. "상황이 바뀌고 있어요. (…) 하지만 더디죠. 특정 감식반을 꼬집어 말하면, 여전히 '그렇지 않다. 우리는 객관적이다'라는 반응을 보일 거예요."

메이필드는 이번 사건이 순전히 무심결에 일어난 실수였는지 아니면 의도한 결과였는지 아직도 확신이 서지 않지만, 지문 감식의 허점을 드러내는 일이라면 무엇이든 지지한다고 말했다. "법정에서 증거 하나하나는 벽을 이루는 벽돌 한 장과 같아요. 문제는 지문 분석을 마치 전체 벽인 양 다룬다는 거예요. 하지만 지문은 벽은커녕 튼튼한 벽돌 한 장도 못 돼요."

메이필드는 지금도 변호사로 일한다. 또한 활동가로서 활발히 활동할 뿐 아니라 딸 샤리아와 함께 자신이 겪은 수난을 담은《있을 수 없는 원인》을 출간해 미국에서 정부 감시가 엄격해짐에 따라 시민의 자유가 잠식되고 있음을 알리려고 노력한다. 그는 나와 이야기하는 중에 자신이 겪은 수난에 놀랍도록 침착한 모습을 보였다. "분명히 말씀드리지만, 저는 관타나모에 갇힌 게 아니라 부조리한 카프카적 상황에 갇혔습니다. (…) 그런 점에서 정의는 분명히 작동되었다고 보아야죠. 하지만 아주 많은 사람이 저보다도 못한 처지에 놓였을 겁니다."

~

이 정도면 이제 2부로 넘어가도 좋다. 흰개미, 아서 코넌 도일, FBI 과학수사팀의 이야기에서 우리는 네 가지 형태의 지능의 함정을 살펴보았다.

- 계획을 실행하고 활동 결과를 예측하는 데 꼭 필요한 **암묵적 지식**과 **사후 가정적 사고**가 부족할 수 있다.
- 내 생각의 단점을 인지하지 못한 채 실수를 합리화하고 영구화하는 **합리성 장애, 의도한 추론, 편향 맹점**에 빠질 수 있다. 그러다 보니 존재하는 증거를 모두 무시하고 내 믿음 주변에 '논리 차단실'을 세운다.
- **자초한 교조주의** 탓에 내 판단을 지나치게 확신해 더 이상 내 한계를 인지하지 못하고 내 능력을 과도하게 확장할 수 있다.
- 마지막으로, 전문성 탓에 **고착된 행동이 자동적**으로 튀어나오고, 그

러다 보니 심각한 상황을 예고하는 뻔한 적신호를 망각한 채 편향에 더 깊이 빠져들 수 있다.

앞에서 뇌를 자동차에 비유했던 상황으로 돌아가보면, 이 연구는 지능은 엔진이고 교육과 전문성은 연료임을 다시 한 번 확인시켜준다. 기초적인 추상적 논리와 전문 지식을 갖추면 생각이 작동하지만, 연료를 더 넣는다고 해서 자동차를 안전하게 운전할 수 있는 것은 아니다. 사후 가정적 사고력과 암묵적 지식이 없으면 막다른 길에 들어설 수 있다. 의도한 추론, 자초한 교조주의, 고착에 빠졌다면 같은 자리를 맴돌거나 나아가 낭떠러지 아래로 떨어질 수도 있다.

이제 문제가 무엇인지는 분명히 알았지만, 눈에 띄지 않는 이런 함정을 더욱 조심스레 헤쳐 나가려면 아직도 배울 게 많다. 이를 위해 새롭게 등장한 과학이 증거 기반 지혜이며, 이제 2부에서 이 내용을 다루고자 한다.

Escaping the intelligence trap:

A toolkit for reasoning and decision making

지능의 함정 탈출하기 :

논리적 사고와 결정에 필요한 도구

4

심리 대수학

: 증거 기반 지혜 과학을 지향하며

1787년 여름, 펜실베이니아의 답답한 의회의사당 안. 숨 막히는 불볕더위가 한창이지만, 외부에서 안을 들여다보지 못하도록 창문과 출입문은 모두 잠겼고, 두꺼운 모직 정장을 차려입은 주 대표들은 땀을 흘리며 격렬한 논쟁을 벌인다.[1] 이들의 목표는 미국의 새 헌법을 만드는 것인데, 각자의 이해관계가 첨예하게 부딪힌다. 미국이 영국으로부터 독립을 선언한 지 고작 11년이 지나 미국 정부는 자금 부족으로 기능이 마비되다시피 하면서 여러 주 사이에서 심각한 내분이 일고 있다. 나라를 통합할 새 권력 구조가 절실하다.

가장 첨예하게 대립하는 사안은 아마도 의회에서 주민 대표를 어떻게 구성할 것인가의 문제일 것이다. 주민이 투표로 뽑아야 할까, 지방 정부가 선발해야 할까? 큰 주는 대표가 더 많아야 할까, 각 주가 규모에 상관없이 대표 수가 같아야 할까? 델라웨어 같은 작은 주는 버지니아 같은 큰 주에 지배받지 않을까?[2]

문을 걸어 잠근 의사당 내부 분위기는 무더운 날씨만큼이나 뜨거워서 압력솥이 따로 없다. 제헌회의는 그해 여름이 끝날 때면 자체 연소되어 사라질지도 모를 일이다. 이 긴장을 완화할 책임은 필라델피아 대표 벤저민 프랭클린Benjamin Franklin의 몫이다.

81세의 프랭클린은 제헌회의 최고 연장자다. 한때 혈기 왕성하고 쾌활했지만 지금은 많이 노쇠해 더러는 가마를 타고 움직여야 한다. 미국 독립선언서에 개인적으로 서명한 그는 세계의 눈에 비치는 미국의 평판이 이번 사안의 성공 여부에 달렸다는 게 두렵다. 해외에 있던 토머스 제퍼슨Thomas Jefferson에게는 이런 편지를 썼다. "이번 일은 미국에 이롭거나 해롭거나 둘 중 하나입니다. 잘못되면, 우리는 자치를 할 만큼 지혜로운 사람들이 아니라는 걸 증명하겠죠."[3]

프랭클린은 현실적인 진행자로서 회의를 이끈다. 하루의 토론이 끝나면 대표들을 회의장 근처에 있는 자기 집 정원으로 초대해 함께 먹고 마시며, 뽕나무 아래 시원한 그늘에서 좀 더 차분한 토론을 유도한다. 그러면서 가끔은 과학 수집품을 꺼내는데, 더러는 머리 둘 달린 아기는 뱀을 꺼내, 우유부단과 이견을 상징하는 은유로 사용한다.

의사당에서는 말을 하지 않는 편이며, 주로 미리 써 온 원고를 읽는 식으로 토론에 영향을 미친다. 토론에 끼어들 때는 화합을 강조할 때다. 토론이 한창 달아오른 6월 어느 날, 그는 이렇게 말했다. "목수가 넓은 탁자를 만드는데 판자 가장자리가 안 맞으면, 양쪽에서 조금씩 덜어내 아귀를 맞출 겁니다."[4]

이런 현실적인 '목공' 접근법 덕에, 제헌회의를 파국으로 몰아가던 대표 구성 문제에서 마침내 해법을 찾을 수 있었다. 코네티컷 대표인 로저 셔먼Roger Sherman과 올리버 엘스워스Oliver Ellsworth가 의회를 둘로 나눠 서로 다른 방식으로 투표하자고 제안한 것인데, 하원에서는 인구수에 따라 대표를 할당하고(인구가 많은 주에 이로움), 상원에서는 인구수에 상관없이 각 주에 같은 수의 대표를 할당하는 방식이다(인구가 적은 주에 이로움).

대표들은 처음에 이 '대타협Great Compromise'을 거부한다. 프랭클린이 이 방식을 옹호하기 전까지는. 프랭클린은 대타협 안을 다듬어 하원은 조세와 지출을, 상원은 주의 권리와 행정 명령 등을 담당한다는 안을 내놓았고, 한 차례 투표에서 이 안이 승인된다.

9월 17일, 대표들이 최종 문서에 자기 이름을 올릴지 말지 결정할 시간이다. 여전히 성공을 장담할 수 없는 상태에서 프랭클린은 격정적인 연설로 상황을 마무리한다.

"솔직히 말씀드리자면 이 헌법에는 저도 현재로서는 찬성하지 않는 부분이 몇 군데 있습니다. 하지만 앞으로도 절대 찬성하지 않으리라고는 장담할 수 없습니다. 제가 오랜 세월 살아오면서 맞닥뜨린 중요한 문제에서, 더 나은 정보를 얻거나 더 깊이 고민한 끝에 한때 옳다고 생각했던 견해를 바꿀 수밖에 없었던 경우가 많았습니다. 그러다 보니 나이가 들수록 제 판단은 의심스러워지고 다른 사람의 판단을 더 존중하게 되더군요."

그는 이처럼 똑똑하고 다양한 사람들로 이루어진 집단에는 편견과 열정도 따라오게 마련이라며, 자신의 판단이 틀리지는 않을지 자문해보라는 말로 연설을 마무리한다. "이곳 참석자 중에 여전히 그렇게 생각하지 않을 분도 계실 수 있지만, 이번에는 모두 저와 함께, 나는 절대 틀리지 않는다는 생각을 의심해보고, 이 문서에 각자 이름을 올려 우리가 만장일치로 합의했음을 분명히 보여주었으면 하는 게

제 바람입니다."

대표단은 프랭클린의 조언을 받아들였고, 대다수가 문서에 차례차례 서명한다. 안도한 프랭클린은 수평선에 걸친 해가 새겨진 조지 워싱턴의 의자를 바라본다. 그는 그 조각이 해돋이인지, 해넘이인지 오랫동안 궁금했었다. "이제 드디어 알았습니다. 그 모습은 해넘이가 아니라 해돋이입니다."

~

프랭클린의 침착하고 기품 있는 논리는 머리가 좋고 전문성이 뛰어난 사람들에게서 흔히 나타나는 편향되고 근시안적인 사고와 크게 대조된다. 프랭클린의 전기 작가 월터 아이작슨은 프랭클린이 "교조적 낌새에 알레르기 반응"을 보였다고 했다. 프랭클린은 이런 열린 태도에 현실적 분별력, 기민한 사회성, 영악한 감정 조절력을 두루 갖춘 "열정에 휩쓸리는 것을 싫어하는 실증적 기질의 소유자"였다.[5]

그가 모든 문제에 항상 깨어 있었던 것은 아니다. 예를 들어, 나중에 펜실베이니아 노예제 폐지회Pennsylvania Abolition Society 회장이 되기는 했지만, 노예제를 바라보는 그의 초기 견해는 정당화하기 어렵다. 하지만 전반적으로, 특히 말년에는 놀라운 지혜를 발휘해 대단히 복잡한 딜레마를 헤쳐 나갔다.

이런 사고방식과 태도 덕에 그는 독립전쟁 중에 이미 프랑스와 동맹을 협상하고 영국과 평화 협정을 맺었다. 어떤 학자는 이런 프랭클린을 "미국 역사상 가장 중요하고 가장 성공한 외교관"으로 평가했다.[6] 그리고 그런 사고방식과 태도 덕에 헌법에 서명할 때 한없이 복잡하고 까다로워 보이는 정치적 이견을 두고 대표들의 의견을 모아 해법을 찾을 수 있었다.

다행히도 심리학자들은 '증거 기반 지혜'라는 새로운 과학에서 그런 종류의 사고방식과 태도를 연구하기 시작했다. 이 연구는 과거에 인간의 논리적 사고를 좁게 이해하던 방식과 정반대로, 이제까지 탐구해온 많은 어려움을 설명할 통합된 이론을 선보이면서, 좀 더 지혜로운 사고 습관을 기르고 지능의 함정을 피해갈 현실적 기술도 제시한다.

앞으로 살펴보겠지만, 이 원리는 대단히 사적인 결정부터 중요한 세계적 사건에 이르기까지 명확한 사고가 필요한 모든 상황에 두루 적용된다. 세계적인 '초예측자'가 내놓는 놀라운 예측의 이면에도 이와 똑같은 전략이 숨어 있다.

우선 몇 가지 정의부터 살펴보자. 증거 기반 지혜라는 과학은 지혜의 은밀하고 영적인 개념이 아니라 철학에서 나온 비종교적 정의에 주목하는데, 현실적 지혜를 바라보는 아리스토텔레스의 관점도 그중 하나다. 철학자 발레리 티베리우스Valerie Tiberius에 따르면, 아리스토텔레스는 현실적 지혜를 "삶에서 무엇이 좋고, 살면서 그것을 추구할 최선의 방법은 무엇인지를 이해하고 고민하는 데 도움이 되는 능력, 성향, 정책 일체"로 정의했다. (어쩌다 보니 이 정의는 프랭클린이 말한 정의와 상당히 닮았다.[7]) 그런 능력과 특성은 불가피하게 우리가 1장에서 살펴본 '암묵적 지식'의 여러 요소, 그리고 다양한 사회적·감정적 능력을 포함할 수 있으며, 합리성에 관한 새로운 연구도 아우를 수 있다. 티베리우스는 이렇게도 말했다. "자, 이제 지혜로운 사람이 되고 싶으면, 우리에게는 그와 같은 편향이 있다는 것을, 그리고 그런 편향을 무사히 지나치려면 어떤 정책을 쓰는 게 좋은지를 아는 것이 중요하다."[8]

그렇다 해도 과학자들이 지혜를 하나의 구성개념으로 제대로 연구하기 시작한 것은 비교적 최근의 일이며,[9] 이 연구가 좀 더 실증적인 틀을 갖추기 시작한 시기는 1970년대다. 이때 민족지 연구에서 사람들이 일상에서 지혜를 어떻게 경험하는지 탐구하고, 여러 이해관계를 조율하는 능력 등 지혜와 연관된 생각의 여러 요소가 살면서 어떻게 바뀌는지 알아보는 설문을 실시했다. 당연한 이야기지만 지혜로운 추론 능력은 나이가 들면서 더 향상되는 것으로 보인다. (1장에서 살펴본 현실 지능과 창의 지능의 과학적 정의를 내린) 로버트 스턴버그는 이 초기 연구를 지지한 대표적 인물이며, 연구의 신뢰도를 강화하는 데 기여했다. 이 연구는 그가 만든 대학 입학시험에도 일부 영향을 미쳤다.[10]

지혜를 과학적으로 측정하는 것에 관심이 커지기 시작한 때는 2008년 금융 위기 사태가 터진 이후다. 시카고 대학 신경과학자 하워드 누스바움Howard Nusbaum에 따르면, "사회에 손해를 끼친 '똑똑함'에 대한 일종의 사회적 반감"이 있었고, 그러다 보니 지능의 전통적인 정의를 넘어서 논리적 사고를 새롭게 규정할 방법을 고민하는 사람이 점점 많아졌다. 이런 관심 덕에 이 주제를 정면으로 다룰 새로운 연구 기관들이 생겼고, 누스바움이 센터장을 맡아 2016년에 문을 연 시카고의 '현실지혜연구센터'도 그중 하나다. 지혜 연구는 최근에 흥미로운 결과를 잇달아 내놓으면서 일종의 임계점에 이른 것으로 보인다.

캐나다 워털루 대학의 우크라이나 태생 심리학자 이고르 그로스먼Igor Grossmann은 이 새로운 움직임의 선두에 선 인물이다. 그는 이 연구에 무작위 대조 같은 과학 실험을 동원해, 의학을 비롯한 다른 과학 분야에서 흔히 기대되는 수준의 정확도를 달성하는 것이 목표라고 말한다. 토론토에 있는 그의 아파트에서 진행한 인터뷰에서 그는 내게 이렇게 말했다. "사람들에게 '이렇게 하면 문제를 해결할 수 있다'고 설득하려면, 그 전에 그런 기초 작업부터 해야 합니다." 그는 이런 이유로, 이 분야를 흔히 말하는 '증거 기반 의학'을 본떠 '증거 기반 지혜'라 부른다.

그로스먼의 첫 번째 작업은 지혜 추론 테스트를 만들고, 그 테스트 결과가 일반 지능, 교육, 전문성과 별도로 현실적 중요성을 갖는다는 사실을 증명하는 것이었다. 그는 우선 지혜의 다양한 철학적 정의를 살피면서, 그것을 여섯 가지 구체적인 생각의 원칙으로 나누었다. "메타인지 요소라고 부를 수도 있을 거예요. 상황을 좀 더 다채롭고 복합적으로 이해하게 하는 지식과 인지 과정의 다양한 측면입니다." 그의 설명이다.

여기에는 우리가 이미 살펴본 논리적 사고의 요소도 일부 포함된다. 이를테면 애초의 내 견해와 반대되는 정보를 찾아 흡수하는 능력인 "서로 충돌하는 여러 사람의 관점을 고려하는" 능력, 그리고 가능한 몇 개의 시나리오를 상상할 때 (스턴버그가 창의 지능을 측정하며 연구한 사후 가정적 사고가 필요한) "갈등이 생길 법한 방식을 알아차리는"

능력 등이다.

하지만 논리적 사고 중에 우리가 아직 살펴보지 않은 요소들도 들어가는데, 이를테면 "변화 가능성을 눈치채는 능력" "타협을 모색하는 능력" "갈등 해결책을 예측하는 능력" 등이다.

마지막으로, 그로스먼이 고려한 중요한 한 가지는 지적 겸손intellectual humility이다. 내 지식의 한계와 내 판단의 피치 못할 불확실성을 인식하는 것이며, 본질적으로는 내 편향 맹점을 들여다보는 것이다. 지적 겸손은 약 2,000년 전에 소크라테스를 인도한 철학이자 미국 헌법에 서명하는 자리에서 프랭클린이 했던 연설의 핵심이 된 철학이다.

이런 여러 특징을 인식한 그로스먼은 실험 참가자에게, 국제적 갈등을 다룬 신문 기사부터 가정불화를 상담하는 '애비 선생님께Dear Abby' 칼럼에 이르기까지 다양한 딜레마를 주고 그에 대해 생각나는 대로 말해보라고 했고, 그로스먼의 동료들은 참가자들을 다양한 특성에 따라 점수를 매겼다.

테스트 맛보기로, 아래 딜레마를 보자.

> 애비 선생님께
>
> 제 남편 '랠프'에게는 누나 '돈'과 남동생 '커트'가 있습니다. 시부모님은 6년 전에 몇 달 간격으로 돌아가셨어요. 그 뒤로 1년에 한 번씩 돈 형님은 시부모님의 묘비를 사야 한다는 이야기를 꺼냅니다. 저도 대찬성이에요. 하지만 형님은 거기에 거금을 쓰려 하고, 다른 형제들도 같이 부담하길 바라네요. 최근에는 제게 묘비에 쓰려고 2,000달러를 모아두었다고 했어요. 그러더니 얼마 전에 묘비 디자인도 고르고 묘비명도 써서 주문을 했다고 전화로 통보를 하시더군요. 형님은 지금 제 남

편과 시동생 커트도 '자기 몫'을 내길 바라는 상황입니다. 형님은 부모님께서 돌아가신 지 여러 해가 지났는데도 아직 묘비 하나 없는 게 죄책감이 들어 직접 가서 주문을 하셨다네요. 저는 형님 혼자 하신 일이니 형제들은 한 푼도 낼 필요가 없다고 생각합니다. 남편과 시동생이 돈을 안 내면 형님은 계속 재촉할 테고, 저한테도 그러실 거예요. 어떻게 하면 좋을까요?

겸손에서 낮은 점수를 받은 한 참가자는 이 문제를 대략 아래와 같이 보았다.

저 사람들은 결국 자기 몫을 낼 것 같다. (…) 안 그러면 잔소리가 끝이 없을 거다. 그들은 **분명히** 기분이 상했지만, 결국 포기하고 돈을 낼 게 **틀림없다**.[11]

중요한 정보가 빠졌다는 걸 눈치챈 아래 반응은 겸손에서 높은 점수를 받았다.

보아하니 '돈'은 이 문제를 해결하기에는 인내심이 부족하고, 다른 사람들은 문제를 6년이나 끌었거나, 적어도 6년 동안 손놓고 있었던 것 같다. **돈이 최종적으로 분담금을 얼마로 정했는지는 나와 있지 않다. (…) 그게 문제의 발단인지는 모르겠고,** 그게 문제를 해결할 합리적 방법 같다. **전적으로 관련된 사람들의 성격에 달린 문제인데, 성격이야 내가 알 수 없는 노릇이다.**

마찬가지로, 다른 관점 받아들이기가 잘 안 되는 사람은 한 가지 견해만 살피기 쉽다.

이후에 커트와 랠프가 자진해서 묘비 값을 내지는 않기로 작정해, 관계가 틀어졌을 수도 있겠다. 그렇다면 형제들끼리 소통 문제가 생길 것이다.

좀 더 지혜로운 사람이라면 여러 다양한 원인을 깊이 생각해보기 시작한다.

누군가는 부모님을 그런 식으로 공경해야 한다고 생각할 수도 있고, 누군가는 그런 건 다 필요 없다고 생각할 수도 있다. 아니면 무언가를 할 경제적 형편이 안 될 수도 있다. 아니면 남자 형제들에게는 그 문제가 중요하지 않을 수도 있다. 중요한 상황에서 관점이 다른 경우는 흔하다.

높은 점수를 받은 사람은 갈등을 해결했을 가능성까지도 내다보았다.

아마도 어느 정도 타협하지 않았을까 싶은데, 커트와 랠프는 묘비 같은 게 있어야 할 것 같다고 생각하고, 누나인 돈은 형제들에게서 힘을 보태겠다는 약속도 받지 않고 일을 추진해 묘비를 주문했지만, 형제들은 누나가 원하는 만큼은 아닐지라도 어느 정도 힘을 보탰을 것이다. 어쨌거나 어떤 식으로든 부담했다면 좋겠다.

참가자들은 말하듯이 자유롭게 대답했고, 그 대답에 대단한 철학이 담겨 있지는 않다. 하지만 좀 더 지혜로운 참가자는 상황에 담긴 미묘한 의미를 파악하려고 더 고민한다.

연구를 진행한 사람들은 참가자의 생각에 점수를 매겼고, 그로스먼은 그 점수를 행복을 가늠하는 다른 측정치와 비교했다. 2013년 《실험심리학 저널Journal of Experimental Psychology》에 발표된 첫 번째 결과에 따르면, 지혜로운 추론에서 높은 점수를 받은 사람은 삶의 거의 모든 면에서 더 나은 모습을 보였다. 만족도는 더 높고 우울함은 적었으며, 가까운 사람들과의 관계에서 전반적으로 더 큰 행복을 느꼈다.

놀랍게도 이런 사람들은 이후 5년 동안 사망할 확률도 약간 더 낮았다. 지혜로운 추론을 하다 보니 다른 활동에서도 건강상의 위험을 더 잘 판단했기 때문일 수도 있겠고, 스트레스에 더 잘 대처했기 때문일 수도 있겠다. (그로스먼은 이 사실을 확인하려면 추가 연구가 필요하다고 강조한다.)

여기서 중요한 사실은 참가자의 지능은 지혜 추론 점수와는 대체적으로 관련이 없고, 건강과 행복을 나타내는 다른 어떤 수치와도 별다른 관련이 없다는 점이다.[12] "내가 지혜로운 이유는 내가 아는 게 없다는 걸 알기 때문이다"라는 말은 이제 상투어가 된 것도 같지만, 다른 사람의 관점을 이해하는 능력과 지적 겸손 같은 자질이 행복을 예견하는 지표로서 **지능보다 뛰어나다**는 사실은 여전히 다소 놀랍다.

이 결과는 지능, 합리적 결정, 삶의 여러 측면을 탐구한 최근의 다른 연구를 보완해준다. 이를테면 앞서 소개했듯이 완디 브룬 데 브룬도 매우 비슷한 결과를 얻었는데, 그가 측정한 '결정 능력'은 파산이나 이혼 같은 스트레스를 예측하는 척도로서 IQ보다 훨씬 뛰어났다.[13] "지능이 지혜로운 추론에 미치는 영향이 아주 적다는 게 거듭 밝혀지고 있어요. 아마 5퍼센트 정도일 텐데, 그보다 적으면 적었지 절대 그 이상은 아닙니다." 그로스먼의 말이다.

놀랍게도 그로스먼의 연구 결과는 키스 스타노비치의 합리성 연구와도 맞닿아 있다. 예컨대 스타노비치의 하위 테스트 중 하나는 '적극적 열린 사고actively open-minded thinking'라 불리는 특성을 측정했는데, 이는 지적 겸손 개념과 겹치고, 다른 관점을 생각하는 능력도 포함하는 특성이다. 이를테면 "새로운 정보나 증거가 나오면 예전 믿음을 항상 다시 생각해보는 게 좋다"거나 "할 일을 정하기 전에 여러 유형의 증거를 모아야한다"는 말에 어느 정도나 동의하는가? 스타노비치는 이런 질문에 대한 참가자의 반응이 전반적인 합리성을 예측하는 척도로서 일반 지능보다 훨씬 낫다는 걸 발견했는데, 편향되지 않은 결정이 지혜의 핵심이어야 한다는 점을 생각할 때 다행스러운 결과다.[14]

그로스먼은 이런 작업과 관련된 복잡한 사고를 하려면 지능이 어느 정도는 필요하다는 데 동의한다. "심각한 학습 장애가 있는 사람에게는 이런 지혜의 원칙을 적용할 수 없을 겁니다." 하지만 일정 수준을 넘어가면, 삶에서 정말로 중요한 결정을 내리는 데는 지적 겸손이라든가 열린 사고 같은 다른 특성이 더 중요해진다.

그로스먼은 이 연구로 미국심리학회에서 '떠오르는 스타상Rising Star Award'을 받았고, 그의 이론은 심리학자들에게 폭넓은 찬사를 받았다.[15] 그는 이 초기 결과를 토대로 이후에도 마찬가지로 흥미로운 연구 결과를 내놓았다. 예를 들어 헨리 칼로스 산토스Henri Carlos Santos와 함께 건강과 행복에 관한 과거 설문조사에서 나온 종적 자료를 연구했는데, 운 좋게도 이 설문조사에는 그로스먼이 지혜를 정의하며 지혜의 중요한 요소로 꼽은 지적 겸손과 열린 태도 등이 포함되어 있었다. 연구 결과, 설문을 실시할 때 이 같은 특성에서 높은 점수를 받은 사람은 대개 이후에도 더 행복하게 살았다.[16]

그는 아주 많은 사람을 테스트할 방법도 개발했다. 한번은 참가자들에게 9일 동안 인터넷에 일기를 쓰라고 했다. 그들에게 닥친 문제를 자세히 쓰고, 각 경우마다 그들의 생각을 알아보는 설문조사에 답하게 했다. 이 조사에서 꾸준히 남들보다 높은 점수를 받은 사람도 있었지만, 대개는 눈앞에 닥친 상황에 따라 행동이 크게 달라져서 이를테면 가장 지혜로운 사람조차 상황이 꼬이면 바보처럼 행동하곤 했다.[17]

그로스먼에 따르면, 이런 식으로 날마다 행동이 달라지는 현상은 외향성 같은 성격 특성에서도 나타나는데, 이때 사람들의 행동은 고정된 설정점에서 멀어진다. 다소 내성적인 사람은 조용히 혼자 일하는 걸 좋아하다가도 신뢰하는 사람들과 함께 있으면 사교적인 사람이 될 수 있다. 마찬가지로 남들과 마찰이 잦은 동료를 지혜롭게 다루는 사람이라도 자신의 과거 배우자나 과거 애인을 만나면 이성을 잃을 수 있다.

그렇다면 고정된 설정점을 어떻게 바꿀 수 있을까?

벤저민 프랭클린의 자서전에 나온 일화를 보면, 노력하면 지혜도 더 쌓을 수 있다는 사실을 알 수 있다. 그는 젊었을 때 “논쟁을 좋아”

했지만, 소크라테스의 심판에 관한 글을 읽고 그런 성향이 바뀌었다고 했다.[18] 그리스 철학자 소크라테스의 겸손한 질문법에 감동한 그는 자신의 판단에 늘 의문을 제기하고 타인의 판단을 존중하기로 결심했다. 그리고 대화에서는 "'틀림없이'나 '의심할 바 없이'처럼 확신하는 투의 말"을 쓰지 않기로 했다. 이런 마음가짐은 이후로도 지속되었다. 그는 이렇게 썼다. "지난 50년 동안 누구도 내 입에서 교조적인 표현이 나오는 걸 듣지 못했다."

그 결과 프랭클린은 그로스먼의 증거 기반 지혜 연구에서 대단히 중요하다고 밝혀진 겸손과 열린 태도를 갖게 되었다. "자신의 무지를 솔직히 인정한다면 어려움을 아주 쉽게 극복할 수 있을 뿐 아니라 정보를 얻을 공산도 매우 커진다는 걸 알게 됐네. 그래서 그걸 연습하는 중이야." 1755년에 프랭클린이 최신 과학 연구 결과를 보며 느낀 혼란스러움을 이야기하며 쓴 글이다. "모든 걸 다 아는 사람으로 평가받는 척하면서 모든 걸 설명하겠다고 나서는 사람은 덜 자만해 보였더라면 남들이 가르쳐주었을 많은 것을 오랫동안 모른 채 살아가는 경우가 많지."[19]

안타깝게도 그게 마음먹는다고 되는 일이 아닌 모양이다. 1970년대 후반 찰스 로드Charles Lord가 실시한 고전적 심리학 연구 결과에 따르면, 사람들에게 "최대한 객관적이고 편향되지 않게" 생각하라는 말만 해서는 '내 편 편향'을 막기 어렵거나 불가능했다. 이를테면 사형제에 관해 토론할 때, 참가자들은 로드가 미리 경고했음에도 기존의 자기 견해와 일치하는 결론을 내리고 자기 견해와 반대되는 증거는 여전히 무시하는 성향을 보였다.[20] 공정하고 객관적이고 싶다는 바람만으로는 충분치 않다. 편협한 사고를 바로잡는 현실적인 방법이 필요하다.

프랭클린은 다행히도 몇 가지 전략을 개발했는데, 심리학자들은 이 방법을 몇 세기가 지나서야 알아보았다.

이 방법은 1772년 조지프 프리스틀리Joseph Priestley에게 보낸 편지에 가장 잘 나타나지 않았나 싶다. 영국 성직자이자 과학자인 프리스틀리는 귀족 셸번 경에게서 자녀들의 교육을 관리해달라는 제안을 받았다. 보수가 짭짤한 이 기회를 잡으면 퍽 아쉬운 돈 걱정을 덜겠지만, 스스로 "가장 고귀한 직업"이라고 생각한 성직을 희생해야 했다. 그는 프랭클린에게 조언을 부탁했다.

프랭클린이 답했다. "자네가 그렇게 중대한 일에 조언을 구했는데, 판단을 내릴 만한 근거가 충분치 않아 **어떤** 결정을 내리라고 말해줄 수는 없지만, 정 부탁한다면 **어떻게** 결정을 내려야 할지는 알려주겠네." 프랭클린은 이 방법을 '심리 대수학moral algebra'이라 불렀다. 종이 한 장을 반으로 나눠 한쪽에는 장점을, 한쪽에는 단점을 쓰는 방법인데, 오늘날 찬반 목록이라 부르는 것과 아주 비슷하다. 그런 다음 장단점 항목을 찬찬히 살피면서 중요도에 따라 번호를 매기고, 중요도가 같은 찬성 하나와 반대 하나를 목록에서 지워나간다. "이렇게 하다 보면 나중에 항목이 남는 쪽이 있지. 하루나 이틀 더 생각해봐도 중요한 장단점이 더 생각나지 않는다면, 남은 항목을 보고 결정을 내리면 돼."[21]

프랭클린은 각각의 장단점에 부여한 중요도가 과학과는 거리가 멀다는 점을 인정하면서도 "각 항목을 이처럼 개별적이고 상대적으로 고려하면서 전체를 눈앞에 펼쳐놓고 보면 판단을 더 잘할 수 있고, 성급한 판단을 내릴 가능성도 줄어들 것 같다"고 했다.

이처럼 프랭클린의 전략은 우리가 대충 휘리릭 적어보는 장단점 목록보다 더 계획적이고 더 집중적이다. 특히 중요한 점은 그가 각 항목의 중요도를 저울질하려 했던 치밀함, 자기 생각이 확정되기까지 판단을 보류하려는 세심한 노력이다. 프랭클린은 사람들이 머릿속에 가장 쉽게 떠오르는 항목에 가장 크게 의지하는 성향이 있다는 사실을 잘 알고 있던 것 같다. 그가 다른 편지에서 언급했듯이, 어떤 사람은 "어쩌다 머릿속에 떠오른" 사실을 기초로 판단을 내리는데, 정작 가장 중요한 근거는 "없는" 때도 있다.[22] 이런 성향은 논리적 판단을 내릴 때 편향에 빠지는 가장 중요한 원인이며, 모든 주장이 내 앞에 모습을 드러낼 때까지 시간을 갖고 기다리는 게 중요한 이유도 바로 이 때문이다.[23]

우리가 프랭클린의 심리 대수학을 철저히 따르든 안 따르든 간에, 심리학자들은 일부러 시간을 내어 "반대 관점을 고려"한다면 논리적 사고를 할 때 기준점 설정,[24] 과신,[25] 내 편 편향 같은 다양한 실수를 줄일 수 있다는 사실을 발견했다.[26] 이렇게 하면, 건강과 관련한 미심쩍은 주장을 비판적으로 검토하고,[27] 사형제에 의견을 내고, 성차별적 편견을 줄이는 등[28] 많은 결정에 큰 도움이 된다. 각 경우 모두 내 의견에 반대되는 의견을 적극 주장해보고 애초의 내 판단이 왜 틀릴 수도 있는지 고민하는 것이 목적이다.[29]•

• 13세기 철학자 토마스 아퀴나스Thomas Aquinas도 신학적·철학적 탐구에서 비슷한 기술을 사용했다. (오늘날 지적 겸손의 최고봉으로, 8장에서 살펴볼) 철학자 제이슨 베어Jason Baehr가 지적하듯이, 아퀴나스는 어떤 의견에 관해서든 의도적으로 자신의 애초 가설에 반대되는 주장을 폈는데, 이때 그는 "반대 의견을 최대한 강력하게 주장하려고 최선을 다했다." 그런 다음 그 논지에 반대되는 논지를 똑같이 강력하게 주장하면서 자신의 견해가 어느 정도 균형을 이루게 했다.

결정 중요도에 따라 이 과정을 몇 차례 반복하면, 반복할 때마다 처음에는 간과했던 정보를 마주하게 되고, 그러면서 결정에 도움을 받을 수 있다.[30] 자신의 직감에 반대되는 증거를 고려하는 방식에도 특별한 주의를 기울이면 좋다. 반대되는 증거가 있다는 걸 인정한 뒤에도 그 자리에서 무시해버리고 싶은 충동을 느낄 수 있기 때문이다. 이때 이렇게 자문하는 수도 있다. '이 증거가 정반대 결과를 내놓았어도 내가 지금처럼 평가했을까?'

이를테면 프리스틀리처럼 일자리 제안을 받아들일지 말지 고민하며 친구에게 물었더니 친구가 받아들이라고 했다고 생각해보자. 이때 이렇게 자문할 수 있다. '친구가 반대로 말했어도 친구의 판단에 지금과 똑같은 무게를 두었을까?'[31] 복잡하게 들리겠지만, 로드의 연구는 이 방법이야말로 내 관점과 맞지 않는 증거는 무시하는 성향을 극복할 수 있다는 점을 시사했다.

그런가 하면 내가 정당하다고 생각하는 이유를 누군가가 자세히 들여다볼 것이라고 상상하거나, 나아가 그 이유를 친구나 동료에게 설명해야 한다고 상상할 수도 있다. 많은 연구 결과, 내 생각을 다른 사람에게 설명해야 한다고 생각하면 다른 관점을 더 고려한다는 사실이 밝혀졌다.[32]

프랭클린이 심리 대수학을 모든 상황에 적용했는지는 알 수 없지만, 의도적으로 열린 사고를 한다는 일반적 원칙은 그가 중대한 결정을 내릴 때 지침이 되었던 것으로 보인다. 역사학자 로버트 미들카우

프Robert Middlekauff는 이렇게 썼다. "소방 부서를 조직하거나 도로를 포장하거나 도서관을 세우거나 형편이 어려운 사람을 위한 학교를 지원하는 등 프랭클린이 공익을 위해 했던 일을 보면, 그에게 사람의 마음을 읽는 능력과 그 자신이 원하는 일을 하도록 사람들을 설득하는 능력이 있었음을 알 수 있다. 그는 계산하고 측정하고 무게를 재고 평가했다. 그는 생각을 하면서 일종의 수량화를 하는 게 습관이 되어 있었다. (…) 프랭클린의 머릿속에서 가장 합리적인 부분이 바로 이 점이다."[33]

그러나 이런 사고방식이 늘 존중받는 건 아니다. 특히 위기가 닥칠 때면 우리는 늘 자기 신념에 충실한 '강하고' 외골수적인 지도자를 숭배한다. 프랭클린조차도 한때는 독립전쟁에서 영국과 협상하기에는 너무 '무르다'는 평가를 받았다. 비록 나중에는 협상단의 한 사람으로 임명되어 명석한 협상가임을 증명했지만.

성공한 많은 지도자가 알고 보면 이처럼 개방적인 방식을 썼을 것이라는 증거도 있다. 이를테면 1947년부터 1976년까지 중동 분쟁과 관련한 유엔 총회 연설문을 살펴보며, 연설자가 다른 관점을 고려하고 받아들인 정도를 점수화한 연구가 있다. 그로스먼의 지혜 측정에서 대단히 중요한 요소인 일종의 열린 사고다. 연구 결과, 전쟁이 일어나기 전에는 이 점수가 꾸준히 떨어진 반면, 중간에 평화가 길게 이어진 시기에는 이 점수가 높았다.

사후분석에서 너무 많은 의미를 찾는다면 어리석은 일일 것이다. 긴장이 고조될 때 사람들은 으레 마음을 더 닫게 마련이니까.[34] 하지만 여러 연구에 따르면, 이 점수가 낮은 사람은 공격적 전술을 사용할 가능성이 더 높은 것으로 드러났다. 이를 뒷받침하는 연구도 있다.

존 F. 케네디가 쿠바 미사일 위기에 대처한 일이라든가, 리처드 닉슨이 1970년 캄보디아 침공과 1973년 욤 키푸르 전쟁을 다룬 일 등 지난 100년간 미국의 주요 정치 위기를 조사한 연구가 그것이다.

대통령과 국무장관의 연설문, 편지, 공식 성명을 분석한 결과를 보면 생각이 얼마나 개방적인가는 협상 결과를 예측하는 훌륭한 척도임을 알 수 있다. 케네디는 쿠바 미사일 위기에 성공적으로 대처한 데서, 그리고 드와이트 아이젠하워Dwight Eisenhower는 1950년대 중국과 대만의 두 차례 갈등에 대처한 방식에서 높은 점수를 받았다.[35]

좀 더 최근의 정치를 보면, 앙겔라 메르켈Angela Merkel 독일 총리는 결정을 내리기 전에 여러 관점을 다 청취하는 "분석적 거리 두기"로 유명하다. 정부의 한 고위 관리는 메르켈을 두고 "어느 때든 주어진 상황을 그렇게 잘 분석하는 사람은 처음 본다"고 말하기도 했다.

독일 사람들은 이처럼 진득하고 신중한 태도를 가리켜 '메르켈하다merkeln'라고 하는데, 이 말이 꼭 칭찬의 뜻은 아니어서 답답할 정도로 우유부단한 태도를 의미하기도 한다.[36] 메르켈은 직접 이렇게 말하기도 했다. "저는 더러 줄곧 미루기만 하는 사람으로 인식되지만, 정치 회담에서는 사람의 말을 진심으로 들어주는 게 필수이고 더없이 중요합니다." 이 방식은 아주 유효해서, 메르켈은 심각한 경제 위기 중에도 유럽에서 재임 기간이 무척 긴 지도자로 남았다.

앞에서 머리 좋은 사람 다수를 길 안내 장비 없이 또는 조심성 없이 달리는 자동차에 비유했는데, 그렇다면 메르켈, 아이젠하워, 프랭클린은 참을성 있고 조심스러운 운전자에 견줄 만하다. 엔진 성능도 어마어마하지만, 브레이크를 밟아야 할 때를 알고, 노선을 정하기 전에 지형을 살필 줄 아는 사람들이다.[37]

~

프랭클린의 심리 대수학은 지혜를 키우는 여러 방법 중 하나일 뿐이다. 우리는 그로스먼이 기원전 10세기 이스라엘의 전설적인 왕 솔로몬의 이름을 따서 지칭한 '솔로몬의 역설Solomon's Paradox'에서 더 많은 통찰력을 얻을 수 있다.

성경에 따르면, 하나님이 솔로몬의 꿈에 나타나 그가 통치를 시작하면 특별한 재능을 주겠다고 제안했다. 솔로몬은 부나 명예 또는 장수가 아닌 지혜로운 판단력을 달라고 했다. 얼마 안 가 솔로몬의 통찰력이 시험대에 오르는 순간이 왔다. 매춘부 둘이 솔로몬을 찾아와 한 남자아이를 두고 서로 자기 아이라고 우겼다. 사연을 들은 솔로몬은 아이를 둘로 나누라고 명령했다. 진짜 엄마라면 아들이 죽는 모습을 지켜보느니 아이를 단념할 것이라는 생각에서다. 흔히 공정한 판단의 전형으로 여겨지는 이 판결 이후, 그의 조언을 얻고자 전국 각지에서 사람들이 모여들었다. 솔로몬은 이스라엘을 부국으로 이끌고 예루살렘 성전을 건설했다. 하지만 사생활에서는 그 유명한 지혜로운 판단력을 발휘하지 못해 애를 먹었다고 전해진다. 그의 삶은 무절제한 열정에 지배됐다. 이를테면 그는 유대교 최고 성직자이면서 토라의 계명을 어기고 아내와 첩을 1,000명이나 두고, 엄청난 부를 축적했다. 그는 무자비하고 탐욕스러운 폭군이 되었고, 일에 지나치게 휘말린 나머지 아들을 교육해 권좌에 앉힐 준비를 하는 데 소홀했다. 이스라엘 왕국은 결국 대혼란과 전쟁에 빠져들었다.[38]

그 뒤 3,000년이 흘러, 그로스먼은 사람들의 지혜를 테스트하면서 그와 똑같은 '불균형'을 발견했다. 많은 사람이 솔로몬처럼 타인의 딜레마는 지혜롭게 판단하면서도 자기 문제는 명확하게 생각하지 못해 애를 먹었다. 이를테면 자기 문제에 대해서는 더 오만한 태도를 보였고 타협 능력도 떨어졌다. 또 하나의 편향 맹점이다. 이런 실수는 우리가 위협을 느낄 때, 편협하고 폐쇄적인 소위 '뜨거운' 감정이 촉발되면서 특히 문제가 되는 것으로 보인다.

반가운 소식이라면 '나와 거리 두기'를 연습해 솔로몬의 역설을 우리에게 이롭게 이용할 수 있다는 점이다.[39] 이 연습의 효과를 잠깐 맛보기 위해 최근에 화가 났던 때를 떠올려보자. 그리고 마치 내가 저쪽에서 나를 보듯이, 또는 영화관 화면에 나타난 나를 보듯이 "한 걸음 떨어져서" 당시 상황을 나 자신에게 설명해보자. 어떤 느낌이 드는가?

미시간 대학의 이선 크로스Ethan Kross는 몇 차례의 실험을 통해 이 단순한 과정만으로도(그러니까 '뜨거운' 방식보다는 '차가운' 방식으로) 자기 문제를 좀 더 성찰할 수 있다는 사실을 보여주었다. 이를테면 사람들은 당시 상황을 좀 더 중립적인 말로 묘사하면서 사소한 것에 집중하기보다는 자신이 만족하지 못하는 근본적인 이유를 찾기 시작했다.[40]

아래 두 가지 예를 보자. 첫 번째는 1인칭 관점에 '매몰된' 채 상황을 바라본다.

> 남자친구는 내가 지옥에 갈 것 같아서 나와 연락할 수 없다고 했고, 나는 그 말에 오싹했다. 나는 울면서 기숙사 복도 바닥에 앉아 있었고, 내가 그 친구와 종교가 같다는 걸 증명해 보이려고 애썼다.

두 번째는 상황을 멀리 떨어져서 바라본다.

나는 그와의 말다툼을 좀 더 선명하게 볼 수 있게 됐다. (…) 처음에는 나 자신에게 더 공감했지만, 나중에는 그 친구가 느낄 감정을 이해하기 시작했다. 그 감정이 비합리적일 수도 있지만, 그 동기는 이해할 수 있었다.

두 번째 사람은 상황을 덜 사적이고 더 추상적으로 바라보면서 나만의 경험을 넘어 그 갈등을 이해하기 시작했다는 걸 알 수 있다.

크로스는 이것이 일종의 회피나 억제가 아님을 강조한다. "우리 목적은 사람들을 상황에서 떼어놓는 게 아니라 약간의 거리를 두고 뒤로 물러나게 하는 거예요. 좀 더 건강한 입장에서 감정에 대처하게 하는 거죠." 그가 나와의 인터뷰에서 한 말이다. "매몰된 관점에서 상황을 바라보면 내게 닥친 상황에만 집중하기 쉬워요. 그런데 거리 두기로 의미를 부여하는 상태가 되면 상황을 더 넓은 관점과 맥락에서 바라보게 되죠."

크로스는 이후로도 나와 거리 두기를 여러 형태로 실험했는데, 매번 같은 결과를 얻었다. 예를 들어 나를 벽에 붙은 파리나 선의의 관찰자로 상상할 수도 있다. 아니면 먼 미래에서 좀 더 나이 들고 지혜로워진 내가 과거를 돌아본다고 상상할 수도 있다. 내 경험을 3인칭 시점으로 이야기하는 것만으로도 상황을 다른 관점에서 바라볼 수 있다.

크로스는 많은 사람이 거북한 감정을 다룰 때 자연스럽게 자신과 거리를 둔다는 점을 강조한다. 그러면서 농구 선수 르브론 제임스LeBron James가 (자신의 이력을 키워준) 클리블랜드 캐벌리어스에서 마이애미 히트로 이적을 결심한 이유를 설명한 인터뷰를 예로 든다.

"제가 피하고 싶었던 건 감정적 결정이었습니다. 저는 **르브론 제임스**에게 최선인 것, **르브론 제임스**가 행복해하는 것을 하고 싶었습니다."

그런가 하면 말랄라 유사프자이Malala Yousafzai(여성의 교육을 강조한 활동으로 노벨 평화상을 받은 파키스탄의 여성인권운동가 — 옮긴이)는 비슷한 방법으로 스스로 용기를 북돋아 탈레반에 저항했다. "탈레반이 와서 나를 죽일 거라는 생각을 하곤 했습니다. 하지만 그럴 때면 [제게] 말했습니다. 그 사람이 오면, **말랄라**, 너는 어떻게 하겠니? 그리고 제게 대답합니다. **말랄라**는 신발을 집어 들어 그 사람을 때려주겠어."

이런 식으로 그때그때 새로운 관점에서 바라보면 걱정과 고민이 줄어드는 등 다양한 이점이 있다.[41] 이 같은 거리 두기는 오늘날 많은 사람이 겁을 내는, 사람들 앞에서 말하기에도 도움이 된다. 연설에 앞서 나와 거리 두기를 하며 마음의 준비를 한 사람들은 1인칭 시점에 매몰된 통제집단에 비해 위협을 느낄 때 나타나는 심리적 신호가 적고, 실제로 두렵다고 말한 사람도 적었다. 이런 이점은 연설을 심사하는 사람들에게도 눈에 띌 정도여서, 거리 두기를 한 사람들의 연설이 더 자신감 있고 힘차다는 평가를 받았다.[42]

각 경우 모두 나와 거리 두기는 편향을 부추기는 자기중심적 '뜨거운' 인지'hot' cognition를 피해, 스스로 분노하거나 위협받지 않게 한다. 아닌 게 아니라 그로스먼은 나와 거리 두기가 (배우자 또는 애인이 다른 사람을 만나는 등의) 사적인 위기를 고민할 때 나타나는 솔로몬의 역설을 해결해준다는 사실을 발견했다. 다시 말해 더 겸손하고 열린 마음으로 절충점을 찾고, 상충하는 시각을 모두 고려하는 것도 마다하지 않았다.[43] 그로스먼이 내게 말했다. "관찰자가 되면 곧바로 호기심이 많아지고 상황을 이해하려고 노력합니다. 이때 대개는 다른 관점을 고려하고 그것을 통합하려는 지적 겸손도 따라오죠."

이런 태도는 대인관계에도 큰 영향을 줄 수 있다. 노스웨스턴 대학의 엘리 핀켈Eli Finkel이 이끄는 팀은 부부 120쌍을 2년 동안 관찰했다. 관찰 초기에 이들의 관계를 보여주는 곡선은 희망적이지 않았다. 처음 1년 동안은 실망과 분노가 쌓이기 시작했고, 관계 만족도에서 대부분 하향 추세를 보였다. 그리고 1년이 지나, 핀켈은 부부 절반을 대상으로 좀 더 냉정한 관찰자의 눈으로 논쟁을 상상하게 하는 등 나와 거리 두기 수업을 짧게 진행했다.

이 수업은 전형적인 대인관계 상담에 비해 간단해서 총 20분 정도 걸렸다. 그런데 이 짧은 수업이 부부 관계를 완전히 바꿔놓았다. 이들은 서로의 차이점을 건설적으로 극복하면서 이듬해에 친밀감과 신뢰를 한껏 끌어올렸다. 반면에 통제집단은 분노가 점점 커지면서 이듬해에도 관계가 계속 나빠졌다.[44]

대단히 사적인 문제를 두고 진행한 실험이었지만, 거리를 두고 바라보기는 이보다 덜 사적인 문제에서도 편향을 바로잡는 치료법이 될 수 있을 것으로 보인다. 이를테면 그로스먼이 실시한 실험에서, 다가오는 선거를 다른 나라 시민이 어떻게 바라볼지 상상해보라고 하자 참가자는 상충하는 견해를 좀 더 열린 마음으로 바라보았다. 실험이 끝난 뒤 양쪽 견해를 두고 토론하는 모임에 참여하지 않겠느냐는 제안을 했을 때에도 실험 참가자들은 더 기꺼이 참여했는데, 거리 두기 수업을 통해 좀 더 열린 마음으로 대화할 준비가 되었다는 것을 보여주는 또 하나의 객관적인 증거였다.[45]

연구가 진전되면서 그로스먼은 논리적 사고를 개선하는 '나와 거리 두기' 기술 중에서도 좀 더 효과적인 기술을 찾아내기 시작했다.

그중 특히 효과가 있음직한 방법은 해당 문제를 열두 살 아이에게 설명해준다고 상상하는 것이다. 그로스먼은 이 방법을 쓰면 다들 아이를 보호하려는 마음이 생겨, 순진한 어린아이의 마음에 영향을 미칠 편향은 피하려 들지 않을까 생각한다.[46]

그로스먼 팀은 이 현상을 막강한 히브리 왕의 자기중심적 열정을 바로잡은 겸손한 그리스 철학자의 이름을 따 '소크라테스 효과Socrates Effect'라 부른다.

~

이런 원리가 결정을 내리는 데 도움이 된다는 게 아직도 의심스럽다면, '초예측자' 마이클Michael의 성공 사례를 보자. 마이클은 미국 정부의 자금 지원으로 지능 프로그램을 개발하는 '좋은 판단 프로젝트Good Judgment Project'로 처음 자신의 재능을 알렸다.

좋은 판단 프로젝트는 지능 분석가들 사이에서 이미 파장을 일으킨 정치학자 필립 테틀록Philip Tetlock의 작품이다. 텔레비전 뉴스를 틀거나 신문을 펼치면 평론가라는 사람들이 이런저런 주장을 펼친다. 선거에서 누가 이길지 또는 테러가 임박했는지 안다고 큰소리치고, 정보 분석가들이 비밀리에 정부에 전쟁을 종용하거나 비정부기구의 구조 활동을 지휘하거나 은행에 다음 대규모 합병에 대한 조언을 해준다고 주장하는 식이다. 하지만 테틀록은 이 전문가들의 예측이 눈 감고 찍는 수준보다 나을 게 없으며, 오히려 그보다 더 못한 경우도 많다는 것을 진작 증명해 보였다.

이후에 나온 연구를 보면 많은 정보 분석가가 직감에 의존해 빠른 결정을 내리다가 틀짜기 같은 편향에 쉽게 빠져, 합리성 테스트에서 평범한 학생들보다 낮은 점수를 받았다.[47]

미국 정보기관은 2003년에 미군 주도로 이라크를 침공해 사담 후세인의 '대량 살상 무기'를 수색하다가 처참한 결과만 남긴 채 돌아선 뒤에야 비로소 무언가 조치를 취하기로 하고, 정보고등연구기획청Intelligence Advanced Research Projects Activity을 신설했다. 그리고 마침내 2011년부터 4년 동안 진행되는 좋은 판단 프로젝트 대회에 자금 지원을 약속했고, 연구원들은 대회 참가자를 여러 집단으로 나눠 여러 전략을 테스트했다.

이들이 던진 질문은 이를테면 다음과 같다. "북한은 올해가 가기 전에 핵 무기를 사용할까?" "2012년 올림픽 메달 집계 1위는 누구일까?" "앞으로 8개월 안에 추가적으로 몇 개국이 에볼라바이러스 감염 사례를 보고할까?" 참가자들은 이런 질문에 정확한 예측치를 내놓고, 동시에 자기 판단을 어느 정도나 확신하는지도 분명히 밝혀야 했다. 그런 다음 자신의 예측에 지나치게 낙관적인지(또는 비관적인지) 대단히 엄격한 판단을 받게 된다.

테틀록 팀은 좋은 판단 프로젝트 팀이라 불렸다. 첫해가 지나고 테틀록은 자신이 "초예측자"라 부른 상위 2퍼센트를 뽑아 그들이 혼자 예측할 때보다 팀으로 예측할 때 정확도가 높은지 알아보았다.

마이클은 대회가 진행 중인 두 번째 해에 참가했다가 금세 두각을 나타냈다. 다큐 제작 등 다양한 일을 했던 그는 석사 학위를 따기 위해 학업을 다시 시작하던 차에 어느 경제 블로그에서 이번 대회 광고를 보고는 자신의 예측을 테스트하고 수량화한다는 발상에 곧바로 마음이 끌렸다.

마이클은 다른 '초예측자들'을 처음 보았을 때를 지금도 기억했다. "우리는 사소하지만 괴상한 공통점이 아주 많아요." 그가 내게 말했다. 이들은 세부적인 것에 집착하고 정확성을 중시하면서 꼬치꼬치 캐묻는데, 이런 성향은 삶과 관련한 결정에서도 그대로 나타났다. 그의 지인 한 명은 이런 상황을 영화《이티》에서 "이티가 고향 행성으로 돌아가 다른 이티들을 만나는" 결말에 비유했다.

초예측자들이 서로를 보고 느낀 점들은 테틀록이 정식으로 조사한 내용과 일치한다. 이들 모두 일반 지능이 높았지만 그렇다고 해서 "점수가 대단히 높은 건 아니어서 거의 다 소위 천재의 영역에는 한참 못 미쳤다"고 테틀록은 기록했다. 하지만 그는 이들의 뛰어난 예측력이 다른 많은 심리적 특성에서 나온다는 것을 발견했다. 열린 사고라든가 불확실성을 받아들인다든가 하는 특성인데, 그로스먼의 연구에서도 매우 중요한 요소들이다. 마이클은 내게 "전에 마음이 수차례 바뀌었으며, 앞으로도 얼마든지 바뀌리라는 것을 인정하는 태도"라고 말했다. 초예측자들은 자기 예측을 확신하는 정도도 대단히 정확해서, 이를테면 20퍼센트가 아닌 22퍼센트 확신한다고 구체적인 수치로 대답했다. 아마도 전반적으로 세부적인 것과 정확성에 초점을 두는 성향을 반영한 결과일 것이다.

테틀록은 앞선 실험에서 이미 이런 조짐을 확인했었다. 최악의 전문가는 자기 생각에 과도한 확신을 보이는 성향이 있는 반면, 예측력이 뛰어난 사람들은 자기 말에 회의를 품으면서 "'그러나' '하지만' '비록' '반면에'와 같이 상황을 전환하는 접속사를 자주 사용"했다.

벤저민 프랭클린이 "'틀림없이'나 '의심할 바 없이'처럼 확신하는 투의 말"을 쓰지 않겠다고 결심했던 것을 기억하는가? 그 뒤 200년

이상 지나 초예측자들이 정확히 똑같은 사실을, 즉 내 지식의 한계를 인정하면 내게도 이롭다는 사실을 다시 한 번 증명했다.

그로스먼의 연구와 같은 맥락으로, 초예측자들도 외부 관점을 찾아보는 성향을 보였다. 눈앞에 어떤 상황이 닥쳤을 때 세부적인 것에 빠지기보다 넓게 보면서 (언뜻 관련이 없어 보이는) 다른 사건과의 유사점을 찾는 것이다. 예를 들어 '아랍의 봄'을 연구할 때 중동 정치를 넘어 남미에서 일어났던 비슷한 혁명을 살펴볼 수도 있다.

흥미롭게도 마이클을 포함한 초예측자 다수는 외국에 거주하면서 일한 경험이 있었다. 우연일 수도 있지만, 다른 문화를 깊이 체험한 적이 있으면 생각이 트일 수 있다는 꽤 그럴듯한 증거도 있다. 일시적으로 선입견을 버리고 새로운 사고방식으로 살아야 하기 때문이 아닐까 싶다.[48]

그런데 더 흥미로운 결과는 이런 능력이 훈련으로 향상되었다는 점이다. 대회 참가자 중에는 규칙적으로 피드백을 받자 정확도가 서서히 높아진 사람이 많았다. 참가자들은 특정 수업에도 반응했다. 예를 들어 인지 편향을 알아보는 한 시간짜리 온라인 수업을 받자 이듬해에 예측 정확도가 약 10퍼센트 높아졌다.

편향을 피하는 가장 단순한 방법으로는 '기저율base rate'에서 출발하는 방법을 꼽을 수 있다. 이를테면 독재자의 집권 기간을 예측할 때, 독재자들의 평균 집권 기간을 미리 알아보고 예측을 조절하면 좋다. 또 한 가지 좋은 방법은 각 상황마다 최악의 시나리오와 최선의 시나리오를 알아보는 것인데, 그렇게 하면 일정한 한도 안에서 예측할 수 있다.

전반적으로 초예측자들은 지혜로운 결정을 내릴 때 표준 측정법으로 측정하는 인지력 외에도 대안이 될 만한 여러 유형의 사고에 의존한다는 사실을 완벽하게 증명해 보였다. 테틀록은 자신의 저서 《슈퍼 예측, 그들은 어떻게 미래를 보았는가Superforecasting》에 이렇게 썼다. "퍼즐을 아주 잘 푸는 사람이라면 예측에 필요한 미가공 재료를 확보했다고 볼 수도 있지만, 그가 감정에 휩쓸린 근본적 믿음에 의문을 제기하는 걸 좋아하지 않는다면, 덜 똑똑하지만 자기 비판적 사고력이 뛰어난 사람보다 불리할 때가 많을 것이다."[49]

그로스먼은 내게, 자기 연구와의 유사점을 이제 막 알아보았다고 했다. "서로 공통점이 많은 것 같습니다."

마이클은 현재 좋은 판단 프로젝트를 상업적으로 발전시킨 '굿 저지먼트Good Judgment Inc.'에서 일하면서, 여러 가지 훈련 프로그램을 제공하고 있다. 그는 훈련과 피드백으로 판단이 향상될 수 있다고 확신한다. 어떤 식으로 판단하든 실패를 두려워하지 않는 것이 중요하다. 마이클은 내게 "실패에서 배운다"고 했다.

~

나와 그로스먼은 대화를 마치기 전에 마지막으로 흥미로운 실험 하나를 두고 이야기를 나눴다. 그로스먼의 지혜 추론 테스트를 일본인에게 실시했던 실험이다.

그로스먼의 앞선 다른 실험에서처럼 이번에도 참가자들에게 뉴스 기사와 고민 상담 칼럼을 주고 답하게 했고, 그 답을 토대로 지적 겸손, 다른 관점을 폭넓게 받아들이는 능력, 타협안을 제시하는 능력 등 지혜로운 추론의 다양한 측면에서 점수를 매겼다.

참가자는 25세부터 75세까지 나이대가 다양했는데, 미국에서는 나이가 많을수록 지혜롭다는 결과가 나왔었다. 삶을 많이 경험할수록 마음이 더 열린다니 다행스러운 결과였다. 브룬 데 브룬의 '성인의 결정 능력 평가' 같은 다른 측정에서도 나이 든 사람이 점수가 높은 성향을 보였다.

그런데 도쿄에서 실시한 실험은 전혀 다른 결과가 나와 그로스먼도 깜짝 놀랐다. 여기서는 나이에 따른 변화가 없어서, 젊은 일본인이 가장 나이 든 미국인만큼 지혜로웠다. 이들은 25세에 이미 그보다 수십 년을 더 산 미국인만큼 삶의 교훈을 흡수했다.[50]

구스미 다카시Takashi Kusumi는 동료들과 함께, 최근에 일본 오키나와와 교토, 그리고 뉴질랜드 오클랜드 학생들을 대상으로 대학에서 무엇이 가장 중요하다고 생각하는지 묻는 설문조사를 실시했는데, 이 결과 역시 그로스먼의 실험 결과를 뒷받침했다. 세 집단 모두 개방적 시각의 가치를 알고 있었지만, 놀랍게도 일본 학생들은 나와 거리 두기와 상당히 비슷한 구체적인 전략을 언급했다. 이를테면 교토의 한 학생은 "제3자의 관점에서 생각하기"의 가치를 강조했고, 오키나와의 어떤 학생은 "반대 의견을 토대로 융통성 있게 생각"하는 게 중요하다고 말했다.[51]

이런 문화 차이는 어떻게 설명할 수 있을까? 단지 추측만 해볼 뿐이지만, 일본인들은 세계를 좀 더 전체적이고 상호의존적으로 바라볼 수도 있으리라는 점을 시사하는 연구 결과가 많다. 이들은 맥락에 집중하면서 어떤 사람이 어떤 행동을 하는 이유를 더 넓은 관점에서 생각하고, '나'에는 덜 집중하는 성향을 보였다.[52]

그로스먼은 일본인들은 어려서부터 다른 사람의 관점을 생각하고 내 약점을 인정하도록 배운다는 것을 보여주는 민족지학적 증거를 지적한다. "초등학교 교과서에는 삶의 의미를 상호의존적 측면에서 생각하고 지적으로도 겸손한 인물들의 이야기가 나옵니다."

이런 태도가 일본어에도 녹아 있다고 주장하는 학자들도 있다. 인류학자 로버트 J. 스미스Robert J. Smith는 일본어는 모든 문장에 사람들의 상대적 지위를 담아야 하는 반면에, 고정된 인칭대명사라 할 만한 게 별로 없다는 점을 지적했다. 나 자신을 가리키는 표현은 많지만 "그중 어느 것도 거의 모든 상황에 쓰일 수 없으며" 아이들이라면 더욱 그렇다. "나를 가리키는 그 어떤 말도 압도적으로 많이 쓰이지는 않는다."

심지어 자기 이름을 말할 때에도 대화 상대가 누구냐에 따라 발음이 달라진다. 스미스에 따르면, 나를 가리키는 일본어는 "관계를 반영하고" "끊임없이 바뀌어서" "개인이 독립적인 존재임을 주장할 고정된 중심 같은 게 없다."[53] 나를 이런 식으로 표현해야 하다 보니 나와 거리를 두는 성향이 저절로 생기는지도 모른다.

그로스먼이 지혜 추론 테스트를 아직 다른 나라에서 실험해보지는 않았지만, 이 같은 차이는 더욱 광범위한 지리적 성향을 반영한다는 증거가 점점 많아지고 있다.

전 세계를 대상으로 연구하기가 현실적으로 어렵다 보니 심리학자들은 한동안 주로 서양인에 초점을 맞췄고, 다수의 연구 결과가 미국 대학생들에게서, 그러니까 머리가 좋고 대개는 중산층에 속한 사람들에게서 나왔다. 하지만 지난 10년간 생각, 기억, 지각 등의 주제에서 여러 문화를 비교하려는 상당한 노력이 있었다. 그리고 다양한 평가에서 북미나 유럽처럼 "서양이고Western, 교육받고Educated, 산업화하고Industrialized, 부유하고Rich, 민주화한Democratic"(WEIRD) 지역은 우리 편견의 이면에 자리 잡은 자기중심적 사고와 개인주의 점수가 높게 나온다는 사실을 알게 되었다.

이를테면 아주 단순한 내재적 의미 테스트에서, 참가자에게 가족과 지인, 그리고 그들과 나의 관계를 단순한 원형 도표로 나타내보라고 했다. (독자들도 다음 내용을 읽기 전에 한번 그려보시라.)

그러자 미국 같은 WEIRD 나라에서는 자신을 지인보다 더 크게 (평균 약 6밀리미터) 그린 반면, 중국이나 일본 같은 나라에서는 자신을 주변 사람들보다 약간 작게 그리는 성향을 보였다.[54] 이런 성향은 자신을 묘사할 때 사용하는 단어에서도 나타난다. 서양인은 주로 자기 성격과 성취를 묘사하는 반면, 동아시아인은 주로 공동체에서 자신의 위치를 묘사하는 성향을 보인다. 우리 주변 세계를 덜 개인적이고 더 '전체적인' 시각으로 바라보는 이런 방식은 인도, 중동, 남미에서도 나타나는데, 이처럼 좀 더 상호의존적인 문화에서는 다른 관점에서 바라보거나 타인의 견해를 흡수하기가 훨씬 쉽다는 증거가 점점 많아지고 있다. 둘 다 우리 생각을 발전시킬 지혜의 중요한 요소다.[55]

과도한 자신감 측정치도 살펴보자. 이제까지 보았듯이 WEIRD 나라에서는 참가자 대부분이 자기 능력을 꾸준히 과대평가한다. 이를테면 미국 교수의 94퍼센트가 자신을 "평균보다 우수하다"고 평가하고, 자동차 운전자의 99퍼센트가 자기 운전 실력을 평균보다 높게 평가했다.[56] 그러나 중국, 한국, 싱가포르, 대만, 멕시코, 칠레에서도 비슷한 연구가 무수히 많았지만 그런 성향은 좀처럼 나타나지 않았다.[57] 물론 이들 나라에서는 누구나 **항상** 겸손하고 지혜롭게 생각한다는 뜻이 아니다. 사람들의 생각은 이랬다저랬다 하기 마련이라 상황에 따라 생각하는 방식도 다를 게 분명하다. 게다가 사람들의 일반적 특성은 시간이 흐르면서 바뀔 수 있다. 그로스먼의 최근 조사에 따르면, 전통적으로 상호의존적 관점을 보인 지역을 포함해 전 세계에서 개인주의가 늘어가는 추세다.[58]

그럼에도 동아시아를 비롯한 여러 문화권처럼, 우리는 내 능력을 좀 더 현실적으로 바라볼 필요가 있다. 이는 '편향 맹점'을 줄이고 논리적 사고 전반을 향상시키는 것과 직결될 수 있다.

~

이제까지 우리는 특정 성향이, 특히 지적 겸손과 적극적 열린 사고가 어떻게 지능의 함정 주변을 항해하는 데 도움이 되는지 살펴보았다. 그리고 프랭클린의 심리 대수학과 나와 거리 두기를 활용하면 결정을 그 즉시 개선할 수 있다는 것도 알게 되었다. 이 두 기술이 높은 지능이나 좋은 교육을 대체할 수는 없지만, 두뇌를 덜 편향되고 더 풍부하게 활용하면서 지적 지뢰를 피할 수 있도록 도와준다.

증거 기반 지혜 과학은 아직 걸음마 수준이다. 하지만 앞으로 이 책 여러 장에 걸쳐, 감정과 자기 성찰에 관한 최신 이론이 위험 부담이 높은 상황에서 더 나은 결정을 내리기 위한 실용적 전략을 찾아내는 데 어떻게 도움이 되는지를 보여주는 연구 결과를 살펴볼 예정이다. 또 개방적이고 겸손한 태도에 세련된 비판적 사고 능력이 더해지면 어떻게 위험한 거짓 믿음에 빠지지 않는지, 어떻게 '가짜 뉴스'에 속지 않는지도 살펴볼 것이다.

~

벤저민 프랭클린은 마지막 순간까지 지적 겸손을 잃지 않았다. 1787년, 헌법 서명은 그의 마지막 위대한 행동이었고, 그는 조국의 발전에 만족스러워했다. "올해 우리는 이 땅에서 가장 풍요로운 결실을 거두었고, 우리 국민은 전쟁 이후 생긴 사치스러운 습관, 게으른 습관에서 빠르게 벗어나 정반대로 절제, 절약, 근면의 습관을 진지하게 몸에 익힌 것 같네. 이는 앞으로 온 국민이 큰 행복을 누릴 더없이 기쁜 조짐이 아닌가 싶어." 1789년 프랭클린이 런던에 있는 한 지인에게 쓴 편지다.[59]

1790년 3월, 신학자 에즈라 스타일스Ezra Stiles가 프랭클린에게 하나님을 믿는지, 내세의 존재 가능성을 얼마나 믿는지 자세히 물었다. 프랭클린은 이렇게 대답했다.

"저는 영국국교회에 반대하는 개신교도 대다수와 마찬가지로 [예수의] 신성에 다소 의문을 가지고 있습니다. **그렇다고 해서 그 생각을 절대적으로 주장하는 건 아닙니다.** 그 점에 대해 연구해본 적도 없으니까요. 조금 있으면 진실을 쉽게 알 수 있을 텐데 구태여 지금 그 문제로 전전긍긍할 필요는 없는 것 같습니다.

그저 나 자신을 존중하는 마음으로 덧붙이자면, 오랜 세월 저를 풍요로운 삶으로 인도한 그 존재의 선함을 경험한 저는 이후에도 그 선함이 지속되리라는 걸 의심치 않습니다. 그런 선함을 받을 자격이 있다는 자부심은 눈곱만큼도 없지만요."[60]

그리고 프랭클린은 한 달여 뒤에 세상을 떠났다.

5

감정 나침반

: 자기 성찰의 힘

레이 크록Ray Kroc은 햄버거와 감자튀김을 정신없이 먹으면서 벌써부터 사업의 윤곽을 그리기 시작했다. 52세 영업사원인 그는 도박꾼은 아니지만 팔꿈치에 강렬한 본능적 감각이 느껴지면 행동할 때라는 걸 알고 있었고, 이 직감이 이번처럼 강렬했던 적은 없었다.

아직까지 이런 본능 탓에 엉뚱한 길로 빠진 적은 없었다. 술집과 윤락 업소에서 재즈 피아노를 연주하던 그는 종이컵 업계에 뛰어들어 회사에서 가장 잘나가는 영업사원이 되었다. 그러다가 제2차 세계대전 직후에 밀크셰이크 믹서기 사업의 가능성을 알아보았고, 지금은 식당에 믹서기를 팔면서 적잖은 수익을 올리고 있다.

그러면서도 늘 새로운 가능성에 마음을 열어두었다. "설익은 동안은 계속 자라는 것이고, 익으면 곧 썩기 시작한다." 그가 즐겨 하는 말이다. 몸은 비록 달리 말할지라도(그는 당뇨병을 앓았고 관절염 초기 증세를 보였다) 레이는 여전히 자신이 자기 나이의 절반 정도로 설익었다고 느꼈다.

그래서 캘리포니아 샌버너디노에 있는 두 형제의 햄버거 가게에서 레이의 셰이크 믹서기를 추천해 믹서기를 사려는 사람이 몰려들었다는 걸 알았을 때, 햄버거 가게에 한번 가봐야겠다고 생각했다. 매장의 어떤 점이 그리 대단해서 그토록 많은 사람이 더 좋은 셰이크 믹서기를 사야겠다고 생각했을까?

그는 가게에 들어서면서 우선 매장의 청결함에 깊은 인상을 받았다. 다들 산뜻한 유니폼을 깨끗이 차려입었고, 다른 도로변 식당처럼 파리 떼가 꼬이지도 않았다. 메뉴는 간소했지만 서비스가 빠르고 효율적이었다. 음식을 조리하는 공정은 각 단계가 꼭 필요한 핵심만으로 단순화되었고, 주문과 동시에 돈을 내면 종업원에게 팁을 주며 빈둥거리는 일 없이 바로 나갈 수 있었다. 여기에 아이다호 감자를 신선한 기름에 완벽하게 튀겨낸 감자튀김과 패티를 속까지 바싹 구워 한쪽에 치즈를 올린 버거의 맛이 특별했다. 가게 밖 간판에는 "봉투에 담아드려요."라고 쓰여 있었다.

레이는 이런 버거 가게를 본 적이 없었다. 이런 곳이라면 아내와 아이들도 기꺼이 데려올 것 같았다. 게다가 운영 방식은 매장을 확장하기도 쉬워 보였다. 레이는 본능적인 흥분을 느꼈고, "주자가 없을 때의 투수처럼 긴장했다." 그는 프랜차이즈 사업권을 사들여 이 가게를 미국 전역에 퍼뜨려야 한다고 생각했다.[1]

몇 년 뒤, 레이는 저축해둔 돈을 모두 털어 두 형제에게서 가게를 사들였다(처음에는 프랜차이즈 사업권을, 나중에는 사업권 전체를 사들였다 – 옮긴이). 그는 원래 있던 금색 아치 장식은 계속 둘 계획이었다. 험악한 싸움 끝에 두 형제와 갈라서기는 했지만, 두 형제의 이름인 맥도날드McDonald 역시 모든 프랜차이즈 식당 간판에 계속 남겨두기로 했다.

레이의 변호사들은 그가 미쳤다고 생각했다. 아내는 사업에 대단히 부정적이었고, 두 사람은 결국 갈라서고 말았다. 하지만 레이는 한 번도 사업성을 의심하지 않았다. "팔꿈치에서 이건 무조건 되는 사업이라는 느낌이 들었다."[2]

~

역사는 레이 크록의 본능이 옳았음을 입증하는지도 모른다. **매일** 7,000만 명에 가까운 손님이 맥도날드를 찾는다. 그러나 합리성 장애라는 과학의 관점에서는 모든 것을 팔꿈치 느낌에 따라 도박하듯 처리하는 사람을 매우 회의적으로 보는 것이 당연하다.

본능에 따라 생각하는 건 프랭클린의 느리고 주의 깊게 생각하는 심리 대수학이나 이고르 그로스먼의 증거 기반 지혜와는 정반대가 아닌가? 예감을 따랐다가 낭패를 본 사람이 우리 주위에 한둘이 아니지만, 크록만큼은 예외로 보일 수 있다. 지능을 좀 더 합리적으로 사용하려면 이런 식으로 감정이나 육감에 휘둘려 행동하지 않도록 항상 조심해야 하지 않는가.

하지만 그런 생각은 연구를 심각하게 오해한 것일 수 있다. 육감적인 반응은 분명 믿을 만한 게 못 되지만, 그리고 그런 느낌을 과신하면 합리성 장애로 이어지지만, 감정과 직감은 값진 정보원일 수 있으며, 한없이 복잡한 결정을 내릴 때 우리 생각을 지휘하고, 의식적으로 고민하던 중에 간과해버린 세부적인 것에 주의하게 한다.

문제는 일반 지능과 교육 수준이 높고 전문성을 갖춘 사람을 비롯해 대다수가 자기 성찰이 부족한 나머지 값진 신호를 올바로 해석하지 못하고, 엉뚱한 길로 안내하는 신호를 눈치채기 어렵다는 것이다. 연구에 따르면 편향은 직감이나 감정 그 자체에서 생기는 게 아니라 그런 느낌의 실체를 알아보지 못해서, 그리고 그 느낌을 무시해야 할 때 무시하지 못해서 생긴다. 이때 우리는 지능과 지식을 동원해 그 느낌에서 나온 잘못된 판단을 정당화한다.

아주 최근에 나온 실험들은 직감을 더 효과적으로 분석하는 데 필요한 능력을 정확히 짚어내기 시작했다. 그러면서 지금처럼 전통적인 방식으로 지능을 정의한다면 알아볼 수 없는, 지혜로운 결정에 필수인 여러 능력을 알려준다. 이처럼 인간 정신을 새롭게 이해할 때 더없이 좋은 사례가 크록이 말한 "팔꿈치 느낌"이다.

반가운 소식이라면 이런 성찰 기술은 학습이 가능하며, 이 능력을 증거 기반 지혜의 원칙과 결합하면 그 결과는 대단히 막강하다는 것이다. 이 전략은 기억의 정확도를 높이고 사회적 감수성을 강화함으로써 뛰어난 협상가가 되게 하고 창의력에 불을 붙인다.

이런 통찰력은 직감에서 편향을 없애 3장에서 살펴본 전문성 저주를 비롯해 지능의 함정의 여러 형태를 해결할 수 있다. 이미 일부 전문 분야에서는 여기에 주목하고 있다. 예를 들어 의학계에서는 의사들의 오진을 줄이고자 이런 전략을 활용하는데, 잘만 활용하면 연간 수만 명의 목숨을 구할 수도 있다.

~

감정을 이처럼 새롭게 이해하기까지는 뇌의 작동 원리를 알아낼 때와 마찬가지로 뇌의 특정 부위에서 신경이 손상된 사람들의 극단적 경험이 토대가 되었다.

이 경우, 관련 부위는 비강(코 안) 바로 위쪽에 있는 복내측 전전두엽인데, 수술이나 뇌졸중, 감염, 선천성 결함으로 손상되기도 한다.

이 부위가 손상되었다가 회복되면 겉으로는 인지력에 큰 문제가 없어 보인다. 지능 검사도 잘 나오고, 사실 지식도 그대로다. 하지만 행동은 극도로 이상해져서 끊임없이 머뭇거리다가도 돌연 무분별하게 충동적인 행동을 하는 등 극과 극을 오간다.

이를테면 사무실 서류 하나를 보관하는 방법을 두고도 여러 시간 고민하는가 하면 그동안 모은 돈을 몽땅 어설픈 벤처사업에 투자하기도 하고, 모르는 사람과 즉흥적으로 결혼하기도 한다. 결정할 사안의 중요성에 따라 고민의 정도를 정하는 능력이 없는 게 아닌가 싶다. 더 불행한 점은 피드백도 개의치 않는 것 같다는 점이다. 이들은 비판을 무시해버려 같은 실수를 계속 반복한다.

신경학자 안토니오 다마지오Antonio Damasio는 1990년대 초에 잘 알려진 그의 환자 중 한 사람인 엘리엇에 대해 이렇게 썼다. "그와 교육 수준이 비슷한 평범하고 머리 좋은 다른 사람들도 실수를 하고 잘못된 결정을 내리지만, 그렇게 체계적으로 끔찍한 결과를 낳는 실수는 하지 않는다"고 썼다.[3]

처음에는 전두엽이 다치면 왜 그런 이상한 행동을 하는지 설명할 길이 없었다. 그러다가 엘리엇을 여러 달 관찰한 뒤에야 비로소 그 수수께끼를 풀 또 한 가지 증상을 발견했다. 엘리엇은 눈앞에서 삶이 통째로 망가지는데도 항상 기이하리만치 차분했다. 처음에 다마지오는 엘리엇이 감정이 거의 결여된 사람처럼 윗입술이 뻣뻣하다고

만 생각했다. 그러다 훗날 이렇게 썼다. "내면의 감정 울림을 억제하거나 내면의 소용돌이를 잠재우고 있는 게 아니었다. 잠재울 소용돌이가 아예 없었다."

다마지오는 이런 관찰 끝에 감정과 결정의 '신체 표식 가설somatic marker hypothesis'을 제안했다. 이 이론에 따르면 어떤 경험이든 그 즉시 무의식적으로 처리되며, 이때 우리 몸 안에서는 심박동이 요동친다거나 속이 더부룩하다거나 땀이 많이 난다거나 하는 여러 변화가 촉발된다. 이러한 '신체 표식somatic marker'을 감지한 뇌는 그것을 그때그때의 상황에 따라 그리고 감정 상태에 관한 지식에 따라 해석한다.

이 과정은 진화의 관점에서 봐도 일리가 있다. 뇌는 혈압, 근육 긴장, 에너지 소모를 꾸준히 관찰하고 수정하면서 몸이 반응해야 할 때 행동할 준비를 하게 하고, 항상성을 유지하게 한다. 신체 표식 가설은 생물적 토대에서 감정을 설명하는 최고 이론 중 하나다. 흥분이 손가락 끝으로 요동쳐 흘러가는 느낌이 든다거나 슬픔이 참을 수 없는 무게로 가슴을 짓누른다면 신경이 피드백 회로를 가동하기 때문이다.

그런데 이 책의 주제와 관련해 더 중요한 사실은 신체 표식 가설이 의사 결정에서 직감의 역할을 설명할 수도 있다는 점이다. 다마지오에 따르면, 신체 표식은 재빠른 무의식적 과정의 산물로, 의식적 추론이 따라잡기도 전에 특유의 신체 변화를 이끌어낸다. 그 결과 우리가 육감이라 부르는 느낌이 생기고, 왠지 모르게 '이게 옳은 선택 같다'는 기분이 든다.

다마지오는 우리 경험을 토대로 신체 신호를 만들어내는 중심 중 하나가 복내측 전전두엽일 수 있다면서, 엘리엇 같은 환자가 감정을 느끼지 못하는 이유, 곧잘 안 좋은 결정을 내리는 이유도 그 때문일 것이라고 했다. 이들은 뇌 손상 탓에 선택의 길잡이가 될 수 있는 무의식적 정보에 접근하지 못했다.

아니나 다를까, 다마지오는 엘리엇 같은 사람들은 당혹스러운 이미지(끔찍한 살인 등)를 보았을 때 땀을 흘리는 등의 생리적 반응을 보이지 않는다는 사실을 알아냈다. 다마지오 팀은 신체 표식 이론을 좀 더 테스트할 목적으로 '아이오와 도박 과제'라 불리는 정교한 실험을 만들었다. 이 실험에서는 사람들에게 카드 네 벌을 나눠주는데, 각 카드마다 작은 금전적 보상 또는 벌금이 따른다. 이때 네 벌 중 두 벌은 보상이 조금 더 크고 벌금은 훨씬 더 커서 게임하는 사람에게 약간 불리하게 조작되어 있었다. 물론 게임을 하는 사람은 이 사실을 알지 못한다.

건강한 참가자 대부분은 특정한 선택을 할 때 특유의 신체 변화를 보이기 시작했다. 불리한 카드를 선택할라치면 그게 불리한 카드인지 알기도 전에 스트레스 신호가 나타난다거나 하는 식이다. 몸속 변화를 민감하게 감지하는 사람일수록, 즉 '몸속 상태 감지interoception'가 뛰어난 사람일수록 어떤 카드가 이기는 카드인지 빨리 터득한다.

다마지오가 예상한 대로 엘리엇처럼 뇌가 손상되었던 사람은 특히 아이오와 도박 과제에서 고전을 면치 못했다. 그들은 남들이 유리한 카드를 선택하기 시작한 지 한참 지나서까지 불리한 선택을 반복했다. 카드를 선택하기 전에 특유의 신체 변화가 일어나지 않은 탓이다. 이들은 다른 사람들과 달리 큰 손해를 볼 수 있다고 경고하는 카드에 확실한 본능적 반응을 나타내지 않았다.[4]

뇌가 손상되지 않았어도 감정과 멀어질 수 있다. 건강한 사람이라도 몸속 상태 감지력은 개인차가 커서, 직감적 결정이 유난히 뛰어난 사람이 있다.

이를 쉽게 측정하는 방법이 있다. 양팔을 내리고 앉아 친구에게 맥박수를 세어달라고 한다. 그와 동시에 내 가슴에서 심장을 느껴보고 (가슴에 손을 얹지는 않는다) 심박동수를 직접 세어본다. 1분이 지나 두 수를 비교한다.

결과가 어떻게 나왔는가? 사람들의 심박동수 추정치는 대개 실제 박동수에서 적어도 30퍼센트는 벗어나는데,[5] 더러는 100퍼센트에 가깝게 정확히 맞히는 사람도 있다. 여기서 내 추정치가 실제와 얼마나 차이 나는지 알면, 아이오와 도박 과제 같은 문제에서 내가 어떤 직감적 결정을 내릴지 짐작할 수 있다. 박동수 추정치가 실제와 가까울수록 유리한 카드를 선택할 확률도 높다.[6]

심박동수 추정에서 나온 점수로 현실에서 금전적 성공을 가늠할 수도 있는데, 실제로 그 점수로 영국 헤지펀드 투자자의 수익을 예측하고 금융시장에서 얼마나 오래 살아남을지를 예측할 수 있다는 것을 보여준 연구도 있다.[7] 우리 예상과 반대로 거래 실적이 가장 좋은 사람은 '육감'에 가장 민감한 사람, 즉 몸속 상태 감지력이 가장 정확한 사람이었다.

그 중요성은 여기서 끝나지 않는다. 몸속 상태 감지의 정확도는 사회성도 결정한다. 우리는 다른 사람에게서 본 신호를 그대로 따라하는 습성이 있다. 공감의 가장 초보적 형태인데, 신체 표식에 민감한 사람은 다른 사람의 기분에도 민감하다.[8]

이런 신호에 귀 기울이면 기억을 꺼내는 데도 도움이 될 수 있다. 인간의 기억은 대단히 부실하지만 신체 표식이 (확신이든 추측이든) 나는 알고 있다는 자신감을 표시한다는 것은 이제 잘 알려진 사실이다.[9] 도쿄 게이오기주쿠 대학에서 실시한 연구에 따르면, 신체 표식은 기억할 것이 있을 때 그것을 상기시키는 역할도 할 수 있다. '미래 계획 기억prospective memory'이라 부르는 기억이다.[10]

이를테면 저녁에 어머니에게 생신 축하 전화를 할 계획이라고 해 보자. 이때 몸속 상태 감지력이 좋은 사람이라면, 낮 동안 속이 불편하다거나 손발이 저릴 수 있다. 기억해야 할 **무언가**가 있다는 신호여서, 그것을 기억해낼 때까지 머리를 쥐어짜게 만든다. 이런 신체 신호에 둔감한 사람은 몸이 상기시켜주는 것을 눈치채지 못한 채 그 일을 까맣게 잊기 쉽다.

〈백만장자 퀴즈쇼Who Wants to Be a Millionaire?〉 같은 텔레비전 프로그램을 보자. 상금을 타느냐 못 타느냐가 지능과 일반 상식에 달렸다는 건 의심할 바 없지만, 확실치 않은 답에 선뜻 도박을 할지 아니면 내 불확실성이 어느 정도인지 정확히 측정해 찬스를 이용할지를 결정하는 데에는 피부 표식 민감도가 큰 역할을 한다.

두 사례 모두 우리 의식이 제대로 표현하지 못하는 무언가를 무의식이 몸을 통해 표현하는 경우다. 삶에서 중요한 선택을 할 때, 특히 사랑과 관련한 선택을 할 때 "마음 가는 대로"라고 말하는데, 다마지오의 신체 표식 가설에 따르면 이 멋진 비유에는 과학적 진실이 숨어 있다. 어떤 결정을 내릴 때든 신체 신호는 피할 수 없으며, 엘리엇 같은 사람들의 사례가 보여주듯, 그 신호를 무시하면 위험을 각오해야 한다.

~

크록이 팔꿈치에 심상찮은 느낌을 받고 "투수처럼 긴장"했을 때, 그는 영업사원으로서 평생의 경험을 바탕으로 무의식이 만들어낸 신체 표식을 이용한 게 거의 틀림없다.

그는 그런 기분에 의지해 직원을 채용하고 해고했다. 맥도날드 프랜차이즈 사업권을 사들이기로 처음 결심한 계기도, 맥도날드 형제와 관계가 틀어진 뒤 그들에게서 사업권을 몽땅 사들인 계기도 그런 기분 때문이었다. 맥도날드가 아닌 새 이름을 썼다면 수백만 달러를 절약할 수 있었는데도 원래 이름을 계속 쓰기로 한 것도 육감에서 나온 결정이었다. "맥도날드라는 이름이 딱이라는 강렬한 본능적 느낌이 왔다."[11]

크록의 설명은 육감에 기댄 결정 과정을 가장 생생하게 보여주는 사례지만, 이런 사례는 크록 말고도 많다. 특히 창의적인 산업에서는 본능적 반응을 배제한 채 엄격한 분석만으로 새로운 아이디어를 판단하기가 매우 힘들다.

코코 샤넬Coco Chanel이 새 디자인을 알아보는 감각을 설명한 사례를 보자. "패션은 공기 중에 있고, 바람결에 생겨난다. 사람들은 패션을 직감한다. 패션은 하늘에 있고, 길에 있다." 1990년대에 망해가는 크라이슬러Chrysler를 구한 크라이슬러의 상징과도 같은 자동차 닷지 바이퍼Dodge Viper 개발을 감독한 밥 루츠Bob Lutz도 있다. 당시 이 자동차를 개발하겠다는 그의 선택을 뒷받침할 어떤 시장 조사도 없었지만, 그는 기존의 크라이슬러 자동차보다 한참 비싼 이 스포츠카가 크라이슬러의 엄숙한 이미지를 바꿔놓으리라는 확신이 들었다. 급진

적인 새 디자인을 밀어붙인 결단에 대해 그는 이렇게 말한다. "무의식적이고 본능적인 느낌이었다. (…) 그 느낌이 옳았다."[12]

다마지오의 이론과 몸속 상태 감지에 관한 더 광범위한 연구는 이런 본능적 느낌이 어디서 오는 것이며 사람마다 직감에 민감한 정도가 다른 이유가 무엇인지를 이해하는 과학적 근거를 제공한다.

그러나 그것이 전부는 아니다. 크록이나 샤넬, 루츠 같은 사람도 있지만, 직감 탓에 큰 낭패를 보는 사람도 있다. 좋은 결정을 내리려면 나를 속이는 신호를 알아보고 무시하는 법도 배워야 한다. 이를 위해 감정 나침반emotional compass의 두 가지 요소를 더 알아야 한다.

보스턴 노스이스턴 대학의 심리학자이자 신경과학자 리사 펠드먼 배럿Lisa Feldman Barrett은 이 연구를 주도한 인물이다. 그는 기분과 감정이 어떻게 우리를 엉뚱한 길로 이끄는지, 어떻게 하면 그런 실수를 피할 수 있는지를 탐색했다. 한 예로, 펠드먼 배럿이 대학원에 다닐 때 동료가 데이트 신청을 해온 적이 있었다. 펠드먼 배럿은 그에게 그다지 끌리지 않았지만 일에 지쳐 쉬고 싶은 마음에 근처 카페에 가자는 제안을 받아들였다. 그런데 그와 수다를 떨던 중에 얼굴이 붉어지면서 심장이 두근거렸다. 육체적으로 끌릴 때나 나타날 법한 신체 표식이었다. 진짜 사랑이었을까?

카페를 나올 때는 이미 다음 약속을 잡은 뒤였고, 집에 돌아와 구토를 한 뒤에야 그 신체 느낌의 정체를 깨달았다. 독감이었다.[13]

안타깝게도 신체 표식은 아주 허술해서 우리는 실수로 해당 상황과 무관한 느낌을 그 상황에 끼워 맞춰 해석하기도 한다. 특히 우리 자각의 주변에만 머무는 '주변 느낌'인데도 그 느낌을 토대로 행동을 결정할 때는 더욱 그러하다.

이를테면 취업 면접이 있으면 비가 오지 않기를 바라는 게 좋다. 연구 결과, 면접관이 지원자를 처음 봤을 때 날씨가 안 좋으면 그를 뽑지 않을 확률이 높았다.[14] 또 스프레이로 방귀 냄새를 뿌리면 혐오감을 촉발해 도덕적 문제에서 판단을 방해할 수 있다.[15] 반대로 월드컵 승리와 그 나라의 경제적 생존력은 서로 무관한데도 월드컵 승리의 기쁨이 그 나라의 주식시장에 영향을 미치기도 한다.[16]

위 경우 모두 뇌가 주변 느낌을 당장의 결정과 관련 있다고 해석해 반응한 경우다. 펠드먼 배럿은 "느낌은 믿음이다"라고 말한다. '감정 사실주의affective realism'라 부르는 현상이다.[17]

직감을 이용하려는 시도에 찬물을 끼얹는 발언처럼 들린다. 하지만 펠드먼 배럿은 그런 감정의 영향에서 벗어나는 데 뛰어난 사람이 있으며, 그것은 전적으로 감정을 묘사하는 단어에 달렸다는 사실을 발견했다.

인터넷 주식시장에 참여한 투자자를 한 달 동안 관찰한 결과가 아마도 가장 좋은 사례가 아닐까 싶다. "냉정한 사람이 늘 승리한다"라는 일반적 믿음과 반대로, 그리고 런던 헤지펀드 투자자들을 연구한 결과에서도 나타났듯이, 펠드먼 배럿은 최고의 수익을 올린 사람들은 투자할 때 대단히 격렬한 감정을 느낀다는 사실을 발견했다.

하지만 중요한 점은 이들이 이런 감정을 묘사할 때 좀 더 정확한 어휘를 사용한다는 것이다. 예를 들어 어떤 사람은 'happy(기쁘다)'와 'excited(흥분되다)'를 구별 없이 같은 뜻으로 쓰는 반면에, 어떤 사람은 두 단어를 아주 구체적인 기분을 묘사하는 말로 구별해 쓰는데, 펠드먼 배럿은 이런 능력을 "감정 구별"이라 부른다.[18]

수익을 내지 못하는 투자자들이 어휘력이 부족하다는 뜻은 아니다.

자기 느낌을 정확히 파악한 뒤 딱 맞는 단어로 표현하는 데 큰 관심이 없을 뿐이다. 이를테면 이들에게 'content(만족하다)'와 'joyful(신나다)'은 모두 기쁜 상황을 나타낼 뿐이며, 'angry(화나다)'와 'nervous(초조하다)'는 부정적인 기분일 뿐이다. 이런 사람들은 자기 기분을 명확히 구별하는 데 관심이 없는 듯했고, 이런 성향이 궁극적으로 투자 결정에도 악영향을 끼쳤다.

감정 사실주의에 관한 과거의 연구도 이 점을 뒷받침한다. 연구에 따르면 날씨나 악취 탓에 관련 없는 감정에 영향을 받는 것은 그 감정이 의식적 자각 밑에 어른거리기 때문인데, 그런 관련 없는 요소에 의식적으로 주목하는 순간, 감정이 결정에 미치는 영향도 사라진다. 따라서 자기 감정을 쉽게 표현하는 사람은 주변 느낌도 쉽게 감지할 수 있을 것이며, 그 느낌을 무시하기도 쉽다. 느낌에 개념을 부여하면, 그 느낌을 비판적으로 분석해 관련이 없는 경우 무시하기가 쉬워진다.[19]

감정 구별의 이점은 여기서 끝나지 않는다. 감정을 표현하는 어휘를 정확하게 구사하는 사람은 감정의 근원에 더 쉽게 다가갈 뿐 아니라 감정이 손쓸 수 없이 커지려 할 때 좀 더 세련된 방법으로 감정을 조절할 수도 있다. 이런 사람이 주식거래를 한다면 연이어 손해를 보고 나서 절망에 빠지거나 손해를 만회하려고 점점 더 위험한 도박을 하기보다는 다시 출발할 가능성이 높다.

합리적 감정 조절 전략으로는 4장에서 살펴본 나와 거리 두기, 그리고 감정을 새로운 관점에서 해석하는 재평가가 있다. 유머 역시 전략이 될 수 있는데, 농담으로 긴장을 풀거나 상황을 전환할 수 있다. 아니면 단순히 자리에서 빠져나와 크게 심호흡을 하는 방법도 있다. 그러나 어떤 전략을 쓰든 감정의 정체를 알아야 조절이 가능하다.

이런 이유로 몸속 상태 감지력이 떨어지는 사람,[20] 감정 구별력이 떨어지는 사람은 감정이 걷잡을 수 없이 커지기 전에 감정을 숨기지 못할 가능성이 높다.• 따라서 감정 조절은 감정 나침반의 마지막 톱니다. 감정 나침반의 세 요소인 몸속 상태 감지, 감정 구별, 감정 조절은 서로 연결된 채 함께 움직이면서 직감과 결정의 질을 지휘한다.[21]

~

이쯤에서 독자들도 자기 감정에 개입하는 것은 좋은 논리적 사고에서 벗어나는 게 아니라 논리적 사고에 필수라는 확신이 생겼다면 좋겠다. 감정을 표면으로 끌어올리고 그 근원과 영향을 해부함으로써 그것을 또 하나의 정보이자 정보의 중요한 잠재적 원천으로 간주할 수 있다. 감정이 위험한 때는 무조건적으로 받아들일 때다.

이런 능력을 감정 지능이라 부르는 사람도 있는데, 틀린 말은 아니지만 1부에서 이야기한 다소 미심쩍은 감정지수와 혼동을 막기 위해 감정 지능이라는 말은 피하고자 한다. 그 대신 성찰적 사고reflective

• 크록의 자서전 《사업을 한다는 것Grinding It Out》을 지나치게 깊이 파고들면 위험하다. 하지만 이 책은 걷잡을 수 없는 감정을 조절하는 고도의 전략 몇 가지를 설명하는데, 크록은 그런 전략을 사회생활 초기에 터득했다고 썼다. "초조한 긴장감을 꺼버리고 성가신 문제를 차단하는 시스템을 알아냈다. (…) 나는 머릿속을 다급한 메시지가 가득한 칠판으로 생각하곤 하는데, 손에 그 칠판을 말끔히 지울 지우개가 있다고 상상하는 연습을 했다. 그러면서 머릿속을 텅 빈 상태로 만들었다. 어떤 생각이 막 떠오르면 그 생각이 구체화되기 전에 휙! 지워버리는 식이다."(61~62쪽)

thinking라는 말을 쓰려 하는데, 어떤 면에서는 내면에 눈을 돌려 내 생각과 느낌을 인식하고 해부하는 과정을 포함하기 때문이다.

4장에서 살펴본 전략과 마찬가지로, 이 능력 또한 지능과 전문성이라는 전통적 척도와 경쟁하는 개념으로 보지 말고, 우리를 엉뚱한 길로 빠뜨릴 엉뚱한 감정에 휘둘리지 않으면서 논리적 사고를 가장 생산적으로 적용할 수 있는 상호보완적 개념으로 보았으면 한다.

중요한 점이면서도 심리학 문헌에서조차 흔히 무시되는 점은, 이런 성찰 기술이 카너먼과 트버스키가 연구한 아주 특정한 인지 편향을 다루는 훌륭한 방법이 될 수 있다는 사실이다. 그 기술은 합리성 장애를 막는 보호막 역할을 한다.

아래 시나리오를 보자. 2장에서 언급한 결정 테스트를 만든 완디 브룬 데 브룬의 연구에서 가져온 시나리오다.

> 휴가 목적지까지 차로 절반은 왔다. 이번 목표는 혼자 시간을 보내는 것이다. 그런데 지금 속이 안 좋아 차라리 주말을 집에서 보내는 편이 훨씬 낫겠다는 생각이 든다. 이미 차로 절반이나 왔다는 게 안타깝다. 차라리 집에 있는 게 나을 뻔했는데.

이런 상황이라면 어떻게 하겠는가? 계획을 밀어붙이겠는가, 취소하겠는가?

매몰비용 오류를 알아보는 문제다. 많은 사람이 이미 운전한 게 아까워 포기하지 않으려 한다. 애초 목적지까지 가면 몸이 안 좋은 상태로 휴가를 보낼 게 뻔한데도 소비한 시간만 따져 결국 어떻게든 이제까지 운전한 걸 최대한 활용해보기로 한다. 하지만 브룬 데 브룬의 관찰에 따르면, 펠드먼 배럿을 비롯한 여러 사람이 연구한 대로, 자기 느낌을 좀 더 성찰할 줄 아는 사람은 그렇게 행동하지 않는다.[22]

루마니아의 한 연구에서는 틀짜기에서도 비슷한 현상을 발견했다. 이를테면 확률 게임에서 알고 보면 똑같은 제안인데도 이익에 초점을 맞춰 제안하면(예: 이길 확률 40퍼센트) 손실에 초점을 맞춰 제안할 때(예: 질 확률 60퍼센트)보다 더 쉽게 받아들여지는 식이다. 하지만 감정 조절에 좀 더 능한 사람은 그런 이름 붙이기 효과에 저항하고, 확률을 좀 더 합리적으로 따져본다.[23]

내 감정을 재평가할 줄 알면 긴장이 고조된 정치 토론에서 의도한 추론에 휘둘리지 않을 수도 있는데, 이스라엘과 팔레스타인 사이에 긴장이 고조됐을 때 이스라엘 학생들이 팔레스타인의 입장을 고려한 사례도 그런 경우다.[24]

그렇다면 내 감정을 깨닫는 것을 4장에서 살펴본 지적 겸손, 열린 사고의 전제조건으로 보아야 한다는 건 어쩌면 당연한 이야기다. 아닌 게 아니라 이고르 그로스먼의 증거 기반 지혜 연구에서도 지혜 추론 테스트에서 최상위 점수를 받은 사람들은 자기 감정에 더 귀 기울였고, 자기 기분을 세밀하게 구별하는 동시에 그 감정을 조절하고 균형을 잡으면서 열정에 휩쓸려 행동하지 않는 능력을 보였다.[25]

물론 철학자에게는 이런 사실이 새롭지 않다. 소크라테스, 플라톤에서 공자에 이르기까지 많은 사상가가 나부터 파악하지 못하면 주변 세상을 지혜롭게 생각할 수 없다고 했다. 가장 최근의 연구에서도 이는 고상한 철학적 이상이 아니며, 일상에서 잠깐만 나를 성찰해도 살면서 결정을 내릴 때마다 편향을 피하기 쉽다는 사실이 밝혀졌다.

~

반가운 소식이라면 사람들 대부분은 살면서 이런 성찰 기술이 저절로 좋아진다는 점이다. 독자도 10년 뒤에는 내 기분의 정체를 파악하고 기분을 지휘하는 능력이 오늘보다 약간 더 좋아질 게 거의 확실하다.

그런데 이 시기를 조금 앞당길 방법은 없을까?

한 가지 확실한 전략은 '마음챙김mindfulness' 명상하기다. 내 몸의 감각에 귀 기울이면서 그 감각을 심판하지 않은 채 오롯이 성찰하는 훈련이다. 마음챙김을 규칙적으로 훈련하면 이미 증명된 건강상의 많은 이점 외에도, 내 감정 나침반의 각 요소(몸속 상태 감지, 감정 구별, 감정 조절)를 향상시킬 수 있다는 강력한 증거도 있다. 마음챙김이 결정에서 편향을 배제하고 직감적 본능을 연마하는 가장 쉽고 빠른 방법이란 뜻이다.[26] (이 사실이 미덥지 않거나 마음챙김의 장점을 지겹게 들었더라도, 내 말을 끝까지 들어주기 바란다. 같은 효과를 내는 다른 방법을 이제 곧 소개할 예정이다.)

당시 프랑스 인시아드 경영대학원에 있던 앤드루 하펜브랙Andrew Hafenbrack은 2014년에 이 인지 효과를 처음 기록한 사람 중 하나다. 그는 브룬 데 브룬의 테스트를 이용해, 마음챙김을 15분만 실시해도 매몰비용 편향을 34퍼센트나 줄일 수 있다는 사실을 알아냈다. 매우 짧은 개입만으로도 아주 흔한 매몰비용 편향을 크게 줄일 수 있다는 뜻이다.[27]

마음챙김은 멀찌감치 떨어져 감정을 해부함으로써 자아가 위협받을 때 나오는 내 편 편향을 바로잡을 수 있다는 사실도 밝혀졌다.[28]

다시 말해, 비판에 직면했을 때 고집스럽게 내 관점을 고수하기보다[29] 방어적 태도를 줄이고 다른 사람의 관점을 더 생각하려 한다는 이야기다.[30]

타인의 불공정한 대우에 어떻게 반응하는지 알아보는 '최후통첩 게임'에서도 명상을 하는 사람들은 합리적 선택을 할 가능성이 높았다. 이 게임은 두 사람씩 짝을 지어 하는데, 둘 중 한 사람에게 일정한 현금을 준 다음 거기서 상대에게 주고 싶은 만큼 떼어주라고 한다. 이때 중요한 점은 상대가 그 액수를 부당하다고 생각하면 돈을 거절할 수 있다는 것인데, 그럴 경우 둘 다 모든 걸 잃게 된다.

적은 액수를 제안받은 사람은 대개 상대를 괘씸하다고 생각해 돈을 거절한다. 거절하면 자기도 손해인 걸 알면서도 비합리적인 결정을 내린다. 하지만 명상을 하는 사람은 이 게임을 여러 차례 반복하는 동안 그런 비합리적 선택을 내리는 경우가 적었다. 예를 들어 상대가 최대 20달러까지 줄 수 있는 상황에서 고작 1달러를 제시했을 때, 명상을 하지 않는 사람은 28퍼센트만 그 돈을 받았지만, 명상을 하는 사람은 54퍼센트가 그 돈을 받았다. 분노는 접어두고 합리적 선택을 한 경우다. 무엇보다도 이런 참을성은 명상을 하는 사람들의 몸속 상태 감지력과 연관이 있어서, 좀 더 세련된 감정 처리로 더 지혜로운 결정을 내렸다고 볼 수 있다.[31]

내 감정을 지휘하는 것은 거래 협상에서 특히 중요하다. 이때는 타인의 미묘한 감정 신호에 신경을 곤두세워야 하며, 협상이 뜻대로 풀리지 않더라도 땀을 흘리는 등의 반응을 보여서는 안 된다. (같은 맥락에서, 터키에서 모의 거래 협상을 실시했는데 이때 감정 조절력의 차이가 협상 결과 차이에서 43퍼센트를 차지한다는 결과가 나왔다.[32])

대학원에 있을 때 스트레스를 풀려고 명상을 시작했던 하펜브랙은 명상의 여러 장점을 체험하고 있다고 말한다. "내 반응과 그것을 촉발한 자극을 분리할 수 있게 되었어요. 단지 몇 초만의 명상으로도 과민 반응을 생산적 반응으로 바꿀 수 있어요. 엄청난 차이죠. 명상을 하면, 지금 당장 무엇이 최선의 결정인지 쉽게 판단할 수 있어요." 하펜브랙은 현재 포르투갈 카톨리아 리스본 경영경제대학원에서 조직 과학 교수로 재직 중이다.

마음챙김은 나와 영 맞지 않는다 싶은 사람은 직감을 연마하고 감정을 더 적절히 조절할 다른 방법을 써볼 수도 있다. 최근 일련의 연구에서 (현악기 연주자와 가수를 비롯한) 뮤지션과 전문 댄서는 몸속 상태 감지력이 더 정교하다는 사실이 밝혀졌다.[33] 이 연구를 진행한 과학자들은 이들이 감각 피드백에 의지해 정확한 동작을 구사해야 하는 훈련을 하면서 자연스레 신체 자각력이 높아지는 게 아닐까 추측한다.

감정 구별을 훈련할 때도 꼭 열심히 명상을 해야 하는 건 아니다. 한 연구에서, 참가자들에게 보기 불편한 사진을 여러 장 보여주면서 어떤 느낌이 드는지 가급적 정확한 단어로 표현해보라고 했다.[34] 예를 들어 고통스러워하는 아이 사진을 보면 슬픈지, 동정심이 생기는지, 화가 나는지 생각해보고, 그런 감정의 차이를 곰곰이 생각해보도록 유도했다.

여섯 번의 시도만으로도 참가자는 서로 다른 감정을 좀 더 의식적으로 구별하게 되었는데, 이 훈련 덕에 이후 도덕적 판단을 할 때 외부 자극에 덜 휘둘렸다. (이 방식으로 감정 조절력을 높여 거미공포증을 극복한 사례도 있다.[35])

이 효과는 대단히 놀랍다. 마음챙김과 마찬가지로 이 개입도 대단히 짧고 단순하며, 단 한 번의 훈련만으로도 그 장점이 한 주 이상 지속되기 때문이다. 아주 잠깐 시간을 내어 내 기분을 가만히 생각해보기만 해도 지속적인 효과를 볼 수 있다.

우리는 아주 초보적 수준에서 복잡한 감정의 타래를 하나하나 풀어보고, 우려와 두려움과 초조, 경멸과 답답함과 혐오, 자부심과 만족과 감탄 같은 감정을 일상적으로 구별해야 한다. 펠드먼 배럿은 이 연구 결과를 토대로 한 걸음 더 나아가 새로운 단어를 익히거나 자기만의 단어를 만들어서라도 감정 인지의 틈을 메우라고 제안한다.

'hangry(행그리)'라는 말을 보자. 비교적 최근에 생긴 말로, 배고프다는 뜻의 'hungry(헝그리)'와 화난다는 뜻의 'angry(앵그리)'가 합쳐져 배가 고파 화가 나는 상태를 말한다.[36] 혈당이 낮아지면 기분이 가라앉고 위험할 정도로 발끈할 수 있다는 건 구태여 심리학 연구 결과를 들여다보지 않아도 알 수 있지만, 그런 상태에 이름을 붙여주면 그 상황이 되었을 때 내가 그런 기분이라는 걸 더 잘 알 수 있고, 그 기분이 내 생각에 영향을 미치는 방식을 더 잘 설명할 수 있다.

작가이자 예술가인 존 쾨니그John Koenig는 본인의 온라인 사이트이자 유튜브 채널인 '모호한 슬픔에 관한 사전The Dictionary of Obscure Sorrows'에서 펠드먼 배럿이 말하는 바로 그 감수성을 보여주는데, 그가 만든 'liberosis(라이브로시스)'라는 말은 무언가에 크게 신경 쓰고 싶지 않은 욕구이고, 'altschmerz(알트슈메르츠)'는 오래 지속된 문제로 지친 상태를 가리킨다. 연구에 따르면 이렇게 어휘력을 확장하면 시를 쓰는 연습만 되는 게 아니다. 미묘한 감정 차이를 찾아보고 정의하다 보면 실제로 생각의 깊이가 깊어진다.[37]

감정 나침반을 정확히 조율하고픈 마음이 간절하다면, 몇 분만 시간을 내 그날의 생각과 감정, 그리고 그것이 내 결정에 어떤 식으로 영향을 미쳤을지 대충 적어보라는 게 이 연구를 한 많은 사람의 조언이다. 이렇게 적다 보면 내 기분을 더 깊이 성찰하고 정확히 구별해 직감적 본능을 자연스럽게 개선할 수 있을 뿐 아니라 어느 것은 효과가 있고 어느 것은 효과가 없는지 배우고 기억해 같은 실수를 되풀이하지 않는다.

너무 바빠서 그런 성찰을 할 시간이 없다고 생각할 수도 있겠지만, 몇 분만 투자하면 장기적으로는 더 큰 보상이 돌아온다는 게 이들의 조언이다. 이를테면 하버드 대학의 프란체스카 지노Francesca Gino는 인도 벵갈루루에 있는 어느 IT센터의 수습사원들에게 하루에 15분만 투자해 그날 배운 내용을 적으면서 곱씹어보고, 일상적 업무 수행에서 좀 더 직감적인 요소는 무엇이었는지 떠올려보라고 했다. 그러고서 11일이 지난 뒤에 분석해보니, 그 시간에 능력 개발에만 힘쓴 사람들에 비해 이들의 업무 성취도가 23퍼센트 높아졌다.[38] 출퇴근 시간은 이런 성찰을 하기에 더없이 좋은 시간이다.

Comprenez-vous cette phrase? Parler dans une langue étrangère modifie l'attitude de l'individu, le rendant plus rationnel et plus sage!

(이 문장이 무슨 뜻인지 알겠는가? 외국어로 말하기는 사람의 태도를 바꾸어 좀 더 합리적이고 지혜로운 사람이 되게 한다!)

이제 곧 성찰적 사고가 어떻게 목숨도 구할 수 있는지 살펴볼 텐데, 그 전에, 두 가지 언어를 구사할 줄 아는 행운아라면, 또는 다른 언어를 배울 마음이 있는 사람이라면, 새 결정 도구함에 '외국어 효과foreign language effect'라 불리는 마지막 전략을 추가하면 좋다.

이 효과는 어떤 단어를 말할 때 그 단어에서 맴도는 감정의 울림에서 나온다. 언어학자와 작가는 제2언어에서 느끼는 감정은 모국어에서 느끼는 감정과 사뭇 다르다는 사실을 진작부터 알고 있었다. 이를테면 블라디미르 나보코프Vladimir Nabokov는 자신이 구사하는 영어가 모국어인 러시아어에 비해 "딱딱하고 인위적인" 느낌이 난다고 했다. 그는 영어를 능숙하게 구사하기로 손꼽히는 사람인데도 그에게 영어는 러시아어만큼 깊은 울림을 주지 않는 모양이다.[39] 이런 느낌은 땀을 흘리는 등의 신체 표식으로도 나타나는데, 감정적 내용이라도 다른 언어로 들으면 몸을 덜 자극한다.

나보코프 같은 작가에게는 그런 현상이 갑갑한 노릇이겠지만, 시카고 대학 현실지혜연구센터의 보아즈 카이저Boaz Keysar는 그것이 감정을 조절하는 또 하나의 방법이 될 수 있다는 사실을 보여주었다.

2012년에 발표한 첫 번째 실험은 틀짜기 효과에 관한 연구였다. 일본어와 프랑스어를 공부하는 영어 원어민과 영어를 공부하는 한국어 원어민을 관찰한 실험이다. 실험 참가자에게 그들의 모국어로 된 시나리오를 주었을 때는 그 시나리오가 '이익'에 초점을 두어 표현되었는지, '손실'에 초점을 두어 표현되었는지에 따라 영향을 받았다. 그런데 제2언어로 된 시나리오를 주었을 때는 그런 효과가 사라졌다. 표현에 영향을 덜 받아 좀 더 합리적인 판단을 했다는 뜻이다.[40]

이후로 이런 '외국어 효과'는 이스라엘과 스페인을 비롯해 다른 나라에서도 여러 차례 똑같이 나타났고, 운동 경기나 도박에서 어쩌다 한 번 이기거나 돈을 따면 다음에도 비슷한 행운이 따르리라고 생각하는 '뜨거운 손 착각hot hand illusion' 같은 다른 많은 인지 편향에서도 효과를 보였다.[41]

각 경우 모두 모국어보다 제2언어로 생각하게 했을 때 좀 더 합리적인 판단을 내렸다. 나보코프 말마따나 이때 우리 생각이 "딱딱해"질 수도 있겠지만, 감정과 약간의 거리를 둔다면 해당 문제를 좀 더 깊이 성찰할 수 있다.[42]

외국어 학습은 이런 즉각적 효과 외에도 감정 구별 능력을 높여준다. '번역할 수 없는' 새로운 용어를 만나면 자기 기분의 미묘한 차이를 살피는 데 도움이 되기 때문이다. 더불어 다른 문화의 안경을 끼고 세상을 봐야 하는 상황에서는 적극적 열린 사고를 연습할 수 있을 뿐 아니라 모르는 말과 씨름하다 보면 '모호함 인내tolerance of ambiguity'를 키울 수 있다. 모호함 인내는 불확실하다는 느낌이 들 때 성급히 결론을 내리기보다 그 느낌을 곱씹어보는 태도다. 이런 태도는 편향을 줄이기도 하지만 창의력의 핵심 요소로도 간주되어 이를테면 기업 혁신으로 연결되기도 한다.[43]

언어를 배운다는 게 보통 일이 아니어서 논리적 사고를 키운다는 이유 **하나만으로** 언어를 배우라고 하기는 어렵다. 하지만 이미 외국어를 구사할 줄 알거나 학교에서 배웠던 외국어를 다시 살리고 싶은 마음이 들었던 사람이라면 외국어 효과가 감정을 조절하고 더 나은 결정을 내리는 새로운 전략이 될 수 있다는 사실을 기억하라.

다른 건 몰라도 외국어가 다른 나라 동료와의 업무 관계에 어떤 영향을 줄지 생각해볼 수도 있을 것이다. 내가 어떤 언어를 쓰느냐에 따라 상대는 그 말 이면의 감정에 좌우될 수도 있고 사실에 좌우될 수도 있다. 넬슨 만델라는 이런 말을 했었다. "상대가 알아듣는 언어로 말하면 그 말은 상대의 머리로 가고, 상대의 언어로 말하면 그 말은 상대의 가슴으로 간다."

~

감정 인지와 성찰적 사고 연구가 시사하는 대단히 흥미로운 점 하나는 그것이 '전문성 저주'를 해결할 방법을 제시할 수도 있다는 것이다. 3장에서 보았듯이 전문가는 오랜 경험 탓에 핵심 골자에 근거한 모호한 직감에 의지하기도 하는데, 그러다 보니 빠르고 효율적인 결정을 내릴 때도 많지만 실수를 할 때도 있다. 그렇다면 효율성을 다소 희생해야 할까? 그렇지 않다. 최근에 이처럼 직감에서 오는 번득이는 통찰력을 이용하되 불필요한 실수를 줄일 방법이 있다는 연구 결과가 나왔다.

의학 분야는 이런 탐색의 선두에 서왔는데, 여기에는 그럴 만한 이유가 있다. 현재 의사의 첫 진단 중에 약 10~15퍼센트가 오진이다. 많은 의사가 적어도 환자 6명당 1명꼴로 오진을 내린다는 뜻이다. 이런 실수는 대개 환자에게 피해가 가기 전에 바로잡히지만, 미국 병원에서만 사망 환자 10명 중에 약 1명이, 즉 연간 4만~8만 명이 오진으로 사망하는 것으로 보인다.[44]

혹시 사고방식을 조금만 바꾼다면 이들을 살릴 수 있을까? 이를 알아보기 위해 로테르담에 있는 시끌벅적한 에라스무스 대학병원에서 실비아 마메드Silvia Mamede를 만났다. 10여 년 전에 브라질 세아라에서 네덜란드로 건너온 마메드는 나를 보자마자 아주 진한 커피를 한 잔 내준 뒤에("여기서 흔히 마시는 묽은 커피가 아니에요.") 손에 노트를 들고 내 맞은편에 앉았다. "연필과 종이가 있으면 생각을 정리하기가 좋아요." (아닌 게 아니라 말하면서 뭔가를 끄적거릴 수 있으면 기억이 더 활발하게 작동한다는 심리 연구 결과도 있다.)[45]

마메드의 목표는 진단을 내릴 때 성찰을 하도록 의사를 교육하는 것이다. 의사이자 작가인 아툴 가완디Atul Gawande가 '점검 목록'만 작성해도 수술 중 깜빡하는 일을 아주 효과적으로 막을 수 있다고 증명했듯이, 마메드도 언뜻 단순해 보이는 방법을 제시한다. 멈추고, 생각하고, 내 단정에 의문을 품어라. 하지만 느린 사고, 분석적 사고인 '시스템 2'를 가동하려던 초기 시도는 실망스러웠다. 직감 **대신** 순수한 분석을 이용하라(이를테면 대안이 될 만한 모든 가정을 그 자리에서 나열해보라)는 말을 들은 의사들은 생각을 덜 하고 직감에 더 의존한 의사들보다 결과가 안 좋았다.[46]

신체 표식 가설의 관점에서 보면 일리 있는 결과다. 너무 일찍 성찰부터 하라고 하면, 경험에 의존하지 않고 하찮은 정보에 지나치게 집중할 수 있다. 그리고 감정 나침반을 쓰지 못해 (뇌가 손상된 다마지오의 환자처럼) '분석 마비' 상태에 빠질 수 있다. 시스템 1과 시스템 2를 모두 써야지, 둘 중 하나만 쓰면 안 된다.

때문에 마메드는 의사들에게 육감이 느껴지면 가급적 빨리 그걸 적으라고 말한다. 그래야만 육감을 뒷받침하는 증거를 분석해 다른 가설과 비교할 수 있기 때문이다. 마메드는 이 단순한 방법으로 진단 정확도를 40퍼센트까지 끌어올릴 수 있다는 사실을 알아냈다. 아주 사소한 조치로 놀라운 성과를 올린 것이다. 데이터를 재검토하라거나 새로운 아이디어를 내라는 등의 구체적 지시 없이 애초의 가정을 다시 생각해보라고만 말해도 정확도를 10퍼센트 끌어올렸는데, 이 역시 아주 작은 노력으로 놀라운 개선을 이룬 경우다.

게다가 중요한 점은 (더욱 광범위한 감정 연구에서도 나왔듯이) 이런 성찰적 추론이 의사의 직감을 흔들 수 있는 '감정 편향'을 줄일 수 있다는 것이다. 마메드가 말했다. "'시스템 1'을 교란할 요소는 아주 많아요. 환자의 외모, 환자가 부자인지 가난한지, 시간 압박, 환자가 진단을 방해하는지 등등. 하지만 한 가지 희망은 성찰하며 추론하면 한 걸음 물러나 상황을 볼 수 있다는 겁니다."

마메드는 최근에 그런 요소를 하나 연구할 목적으로, 이를테면 의사의 결정에 무례하게 따지고 드는 "골치 아픈" 환자에게 의사가 어떻게 반응하는지 테스트했다. 마메드는 의사와 환자가 실제로 대면하는 상황은 객관적으로 관찰하기 어려울 것 같다는 생각에 가정의학과 의사 여러 명에게 가상 상황을 적은 짧은 글을 보여주었다. 환자의 증세와 테스트 결과를 간단히 설명하고, 환자의 행동을 자세히 묘사한 한두 문장을 덧붙인 글이다.

그 결과, 많은 의사가 전후 사정에 해당하는 정보는 아예 주목하지도 않았으며, 어떤 의사는 그런 추가 정보가 왜 자세히 적혔는지 의아해했다. "의사들이 그러더군요. '그건 중요하지 않아요! 우리는 그런 건 넘어가라고, 행동은 보지 말라고 훈련받아요. 그런 행동으로 상황이 달라지지 않아요.'" 감정 연구에 따르면 환자의 행동은 대단히 중요한 정보다. 좀 더 복잡한 상황이라면 골치 아픈 환자를 대할 때 오진 확률이 42퍼센트 높아졌다.[47]

하지만 의사에게 좀 더 깊이 생각해보라고 하면, 짜증나는 마음은 접어두고 정확한 진단을 내릴 확률이 높아졌다. 감정 구별과 감정 조절 이론이 예상하듯, 생각을 일시적으로 멈추기만 해도 자기 감정을 살펴보고 짜증스러움을 다잡는 것으로 보인다.

마메드는 회상 용이성 편향도 설명했다. 의사가 최근에 언론 매체에서 어떤 병을 보고 아직 그 기억이 남아 있다면, 그 병이라고 진단할 확률이 높아진다는 이야기다. 이때도 의사가 좀 더 성찰하는 과정만 거치면, 편향을 경고하는 특별한 지시나 설명 없이도 실수가 사라진다고 했다.[48] 마메드가 말했다. "이런 연구에서 나온 그래프를 보면 정말 놀라워요. 매체에서 질병 보도를 보지 않은 의사는 진단 정확도가 71퍼센트이고, 질병 보도를 보고 편향에 사로잡힌 의사는 정확도가 50퍼센트밖에 안 돼요. 그랬다가 성찰 과정을 거치면, 정확도가 70퍼센트로 돌아가죠. 편향이 완전히 사라진 거예요."

사소한 개입치고는 아주 놀라운 결과지만, 직감을 좀 더 깊이 성찰하라고 하면 누구나 자신을 인지하는 능력이 대단히 높아진다.

마메드의 제안을 거부하는 의사도 있을 수 있다. 그렇게 오랜 훈련을 받았는데, 아주 단순한 과정만으로 실수를 바로잡을 수 있다는 게 자존심에 상처가 될 수 있다. 빠른 직감 능력에 대단한 자부심을 가진 의사라면 특히 더 그렇다. 예를 들어, 마메드가 컨퍼런스에서 화면에 환자의 사례를 띄우고 의사들에게 진단을 내려보라고 할 때가 있다. "어떤 때는 20초면 충분해요. 고작 네다섯 줄 읽고 '맹장염'이라고 대답하죠. 농담조로 이런 말까지 있어요, 생각을 해야 하는 의사라면 진료실을 떠나라."

하지만 최근의 심리학 연구 결과를 의사의 일상적 진료에 적용하려는 움직임이 의학계에서 점점 속도를 내고 있다. 캐나다 댈하우지 대학의 패트릭 크로스케리Patrick Croskerry는 의사를 대상으로 비판적 사고 프로그램을 진행하는데, 그의 조언 중 상당 부분이 5장에서 우리가 살펴본 연구와 일치한다. 이를테면 마음챙김으로 우리 결정에서 감정 요소를 찾아내라든가, 실수를 했을 때 '인지, 감정 부검'을 실시해 우리 직감이 역효과를 내는 이유를 찾아내라는 등의 조언이다. 크로스케리는 '인지 예방 접종cognitive inoculation'을 적극 권장한다. 사례 연구를 보면서 편향을 일으킬 요인을 미리 찾아내는 방법인데, 그러려면 의사는 자기 생각에 영향을 미치는 요소에 좀 더 유념해야 한다.

크로스케리는 지금도 강의 중에 데이터를 모은다. 장기적으로 진단 정확도가 어떻게 변하는지 알아보기 위해서다. 이 방법으로 연간 4만~8만 명에 이르는 사망자를 조금이라도 줄일 수 있다면 중요한 신약 발견 이상의 공을 세우는 셈이다.[49]

~

이런 움직임을 주도하는 곳은 의학계이지만, 다른 몇몇 전문 분야에서도 이런 식의 사고방식에 관심을 보이고 있다. 이를테면 법조계는 편향이 만연하기로 유명하다. 이런 연구 결과에 따라, 미국판사협회는 마음챙김을 더 나은 판결을 위한 핵심 전략 중 하나로 보고 이를 지지한다는 백서를 발표하는 한편, 펠드먼 배럿 같은 신경과학자와 심리학자의 제안대로, 각 판사에게 잠깐 짬을 내어 "감정 나침반을 읽고" 자기 기분을 자세히 들여다보라고 조언했다.[50]

궁극적으로 이런 연구 결과는 전문가가 된다는 것이 무엇인가에 대한 우리 생각을 바꿀 수도 있다.

과거에 심리학자들은 학습을 네 단계로 명확히 구분했었다. 생초

전문성의 5단계

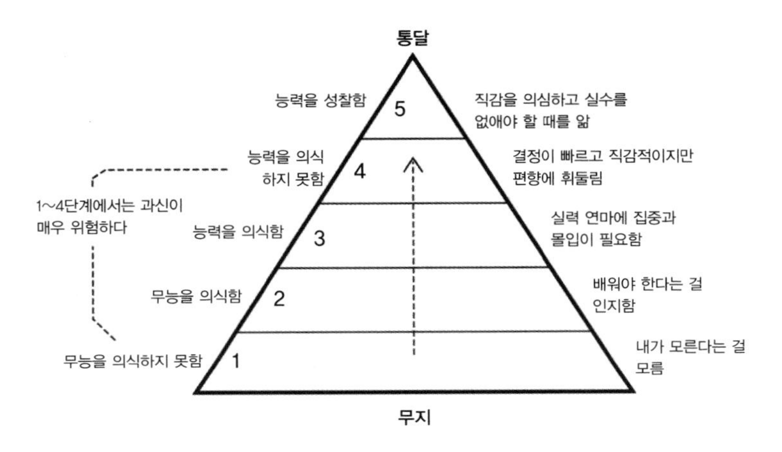

보는 무능을 의식하지 못한다. 즉, 자기가 모른다는 사실조차 모른다(이는 과도한 자신감으로 이어질 수 있는데, 3장에 나온 더닝 크루거 효과다). 그러나 시간이 조금만 지나면 능력 부족을 깨닫고, 실력을 쌓으려면 무엇을 해야 하는지 알게 되는데, 무능을 의식하는 단계다. 여기서 더 노력하면 드디어 능력이 생기고, 능력이 있다는 것도 안다. 거의 모든 문제를 해결할 수 있지만, 결정을 내릴 때는 많이 생각해야 하는 단계다. 마지막으로, 여러 해에 걸친 훈련과 현장 경험이 쌓이면 결정이 제2의 천성이 되고, 이때는 무의식적으로 능력을 발휘한다. 전통적으로 이 지점을 전문성의 정점으로 본다. 그러나 앞에서 보았듯이 어쩌면 이때 일종의 '한계'에 도달하고 3장에서 언급한 전문성 편향의 결과로 결정의 정확도가 정체될 수 있다.[51] 이 한계를 깨려면 마지막 단계가 하나 더 필요할 수 있는데, 바로 능력을 성찰하는 단계, 달리 말하면 '성찰 능력reflective competence' 단계다. 느낌과 직감을 살피고 그것

에 휘둘리기 전에 거기서 생기는 편향을 알아보는 능력이다.[52]

레이 크록이 캘리포니아 버거 가게에서 그랬듯이, 직감의 위력은 막강할 수 있다. 단, 그러려면 팔꿈치 느낌을 읽을 줄 아는 게 먼저다.

6
헛소리 감지 도구
: 거짓말과 오보 알아보는 법

새천년에 접어들 때 미국에서 인터넷을 보고 있었다면, “살을 먹는 바나나”라는 낭설을 읽어본 적이 있을 것이다.

1999년 말, 널리 퍼뜨려달라는 말과 함께 이메일이 돌기 시작했다. 중앙아메리카에서 수입하는 과일이 ‘괴사성근막염’을 일으킬 수 있다는 내용이었는데, 괴사성근막염은 검붉은 종기와 함께 피부가 짓무르고 벗겨져 근육과 뼈가 드러나는 희귀병이다. 이메일 내용은 다음과 같다.

> 최근에 이 질병으로 코스타리카에서 원숭이가 떼죽음을 당했다. (…) 미국에 수입된 바나나가 이 질병을 옮길 수도 있는 기간을 고려해, 앞으로 3주 동안은 바나나를 사지 않는 게 좋다. 최근 2~3일간 바나나를 먹은 사람 중에 열이 나고 피부 감염 증세를 보이는 사람이 있다면 **반드시 치료 받을 것!!!**

> 괴사성근막염에 따른 피부 감염은 매우 고통스러우며, 피부가 시간당 2~3센티미터씩 썩어 들어간다. 심하면 팔다리를 절단해야 할 수 있고, 사망에 이를 수도 있다. 병원에 도착하기까지 한 시간이 넘게 걸린다면 감염 부위를 미리 불에 지져야 감염 확산 속도를 늦출 수 있다. 미국 식품의약청FDA은 사람들이 공포에 사로잡힐 것을 우려해 전국적 주의보 발령을 꺼려왔다. FDA는 미국인 감염자 수가 1만 5,000명 이상이라고 암암리에 인정하고 있지만, 그 정도면 "감당할 만한 수준"이라고 여긴다. 1만 5,000명은 감당할 만한 수준이 아닐 것이며, 이 메일을 내가 아끼는 주변 사람들에게 가급적 널리 퍼뜨리자.

사람들의 우려가 커지자 2000년 1월 28일에 미국 질병통제예방센터CDC가 그 위험성을 부인하는 성명을 발표했다. 그러나 이 성명은 불에 기름을 부은 꼴이 됐다. 사람들이 정부 발표는 잊은 채 살을 먹는 바나나라는 끔찍하고 생생한 말만 기억한 것이다. 나아가 일부 이메일이 질병통제예방센터를 소문의 진원지로 언급하기 시작하면서 소문에 신빙성이 더해졌다.

이후 몇 주 동안 질병통제예방센터에 우려를 표하는 전화가 빗발쳐 결국 바나나 전문 상담 전화를 개설해야 했고, 그해 말이 되어서야 우려했던 병이 퍼지지 않자 공포가 수그러들었다.[1]

~

괴사성근막염 이메일은 거의 최초의 인터넷 밈meme* 이라고 볼 수도 있으나, 오보 자체는 새로운 현상이 아니다. 18세기 작가 조너선

스위프트Jonathan Swift는 빠르게 퍼지는 정치적 거짓에 관한 글을 쓰면서 "거짓은 날아다니고, 진실은 그 뒤를 절뚝절뚝 따라온다"고 했다.

오늘날에는 이른바 '가짜 뉴스'가 그 어느 때보다 널리 퍼져 있다. 2016년에 실시한 한 설문조사에 따르면, 페이스북에서 대단히 많이 공유된 의학 이야기 중에 의사들이 가짜로 판정한 것이 50퍼센트가 넘는데, 그중에는 "민들레가 면역체계를 강화해 암을 치료할 수 있다"는 주장도 있고, 인유두종바이러스HPV 백신이 암 발병 가능성을 높인다는 보도도 있었다.[2]

이런 현상은 결코 서양만의 문제가 아니다. 이를테면 인도에서는 가짜 소문이 왓츠앱WhatsApp이라는 메신저를 통해 3억 개의 스마트폰에 들불처럼 번지고 있는데, 그 내용은 특정 지역의 소금 부족 사태부터 정치 선전과 대규모 납치 주장에 이르기까지 다양하다. 2018년에는 이런 소문 탓에 곳곳에서 폭력 사태가 벌어졌다.[3]

교육을 잘 받으면 이런 거짓에 속지 않겠거니 생각할 수 있다. 미국의 위대한 철학자 존 듀이John Dewey도 20세기 초에 이렇게 썼다. "우리 학교가 학생들에게 어느 분야에서든 좋은 판단을 내릴 수 있는 기본자세를 가르친다면, 단지 방대한 정보나 특정 영역의 학위를 주는 것 이상을 제공하는 셈이다."[4]

안타깝게도 합리성 장애 연구에 따르면 현실은 전혀 그렇지 않다. 대학 졸업자들이 정치적 음모론을 믿을 확률은 평균보다 낮지만, 의

• [옮긴이주] 리처드 도킨스가 《이기적 유전자The Selfish Gene》에서 처음 사용한 말로, 유전자가 생물체 안에서 자기 복제를 하며 퍼지듯이 사람들의 생각과 행동 등도 사회 안에서 복제되며 퍼지는데, 이때 복제되는 생각과 행동 등을 유전자gene에 빗대어 밈meme이라 불렀다.

학 관련 오보에 속을 확률은 오히려 조금 더 **높았다.** 이를테면 그들은 제약 회사가 이익을 챙기려고 암 치료제를 쥐고 안 내놓는다거나, 백신이 오히려 질병을 **유발한다**는 사실을 의사들이 숨긴다고 믿었다.[5] 검증되지 않은 대체 의학에 의존할 확률도 더 높았다.[6]

살을 먹는 바나나 공포를 캐나다에 처음 알린 사람 중 한 명은 놀랍게도 오타와 대학 의학 교수 아를레트 멘디치노Arlette Mendicino였다. 그런 소문에 누구보다도 먼저 의심을 품었어야 할 사람이다.[7] 멘디치노는 자신이 속았다는 걸 안 뒤 CBC뉴스에 이렇게 말했다. "가족이 걱정되고, 친구가 걱정됐습니다. 나쁜 뜻은 아니었어요." 하지만 그 가짜 뉴스는 며칠 만에 전국에 퍼졌다.

앞서 지능의 함정을 처음 이야기할 때, IQ가 높을수록 오히려 자기 생각과 반대되는 정보를 무시하고 기존의 믿음을 더 완강하게 고수하는 이유를 살펴보았지만, 그것만으로는 멘디치노 같은 사람이 그렇게 잘 속아 넘어가는 이유를 설명하기 어렵다. 그런 거짓과 소문에 속지 않으려면 전통적 의미의 일반 지능에는 포함되지 않는, 다른 논리적 사고력이 필요한 게 분명하다.

다행이라면 쉽게 속는 것을 방지할 비판적 사고 기술이 있다는 점이다. 하지만 그 기술을 익히기 전에 우선 오보가 어떻게 만들어지기에 눈치채지 못하는지, 그리고 기존 방식으로 오보를 바로잡으려다가는 되레 크게 당하는 이유가 무엇인지 알아야 한다. 이처럼 오보를 새롭게 이해해야 오보에 속지 않는 법을 배울 수 있을 뿐 아니라 많은 국제 조직이 근거 없는 소문에 대처하는 방식도 바꿀 수 있다.

~

그 전에 먼저, 아래 문장 중에 어느 것이 참이고 어느 것이 거짓인지 말해보라.

꿀벌은 인상파 화가와 입체파 화가를 구별하는 법을 배워서 알고 있다

꿀벌은 왼쪽과 오른쪽을 기억하지 못한다

마찬가지로 아래 문장에서도 참과 거짓을 구별해보라.

커피를 마시면 당뇨병 발생 위험이 줄어든다

손가락 마디를 꺾으면 관절염이 생길 수 있다

아래 문장을 읽고 어느 쪽이 맞는 것 같은지 말해보라.

Woes unite foes. (비통함은 적을 결집시킨다.)

Strife bonds enemies. (갈등은 적을 통합시킨다.)

아래 온라인 판매자 중에 어떤 사람에게 물건을 사겠는가?

rifo0073 구매자 평점: 3.2

edlokaq8 구매자 평점: 3.6

사람들의 반응은 잠시 뒤에 자세히 살펴보기로 하고, 우선 독자들

은 위 문장을 한 쌍씩 읽으면서 둘 중 하나가 더 진실일 것 같다거나 더 신뢰가 간다는 느낌을 받았을 것이다. 왜 그럴까? 과학자들은 그 이유를 토대로 '진실스러움truthiness'을 연구하고 있다.

'진실스러움'이라는 말을 처음 널리 퍼뜨린 사람은 미국 코미디언 스티븐 콜베어Stephen Colbert다. 2005년에 그는 조지 W. 부시의 결정과 그에 대한 사람들의 인식을 이야기하면서 그것은 "책이 아닌 육감에서 나오는 진실"이라고 했다. 그리고 얼마 안 가 진실스러움이라는 개념은 많은 상황에 적용될 수 있다는 게 분명해졌고,[8] 이제는 급기야 진실스러움을 진지하게 연구하기에 이르렀다.

노르베르트 슈바르츠Norbert Schwarz와 에린 뉴먼Eryn Newman은 이 연구를 이끌어온 이들로, 나는 관련 내용을 자세히 알아보기 위해 로스앤젤레스 서던캘리포니아 대학 연구실로 두 사람을 찾아갔다. 슈바르츠는 마침 5장에서 잠깐 언급한 감정적 결정이라는 새로운 과학의 선두주자이기도 해서, 이를테면 객관적 선택이라는 것이 어떻게 날씨에 휘둘리는지를 밝히기도 했다. 진실스러움 연구는 이 생각을 확장해, 새로운 정보의 가치를 어떻게 직감적으로 판단하는지 알아본다.

슈바르츠와 노먼은 진실스러움이 두 가지 특정한 느낌에서 나온다고 말한다. 친숙함(비슷한 걸 예전에 어디서 들은 것 같은 느낌)과 매끄러움(그 말이 머릿속에 아주 쉽게 받아들여지는 느낌)이다. 중요한 점은 겉으로 쉽게 드러나지 않는 이 두 가지 느낌이 판단에 영향을 미친다는 사실을 사람들 대부분이 모른다는 것인데, 그럼에도 두 느낌은 어떤 말에 깔린 전제에 의심을 품지 않거나 논리적 모순에 주목하지 않은 채 그 말을 믿게 만든다.

단순한 예로, 슈바르츠가 이 주제를 연구하던 초기에 만든 아래 질문을 보자.

모세는 동물을 한 종류당 몇 마리씩 방주에 태웠을까?

정답은 물론 '0'이다. 모세는 방주와 관련이 없다. 방주에서 홍수를 견딘 건 노아였다. 하지만 슈바르츠가 일류 대학의 머리 좋은 학생들에게 이 질문을 던졌을 때 그 사실을 눈치챈 사람은 고작 12퍼센트였다.[9]

문제는 이 질문의 표현 방식이 성경을 이해하는 우리의 초보적 수준과 맞아떨어지다 보니, 인물의 이름이 아니라 동물의 수에만 마음을 빼앗긴다는 것이다. 슈바르츠가 내게 말했다. "어차피 성경과 관련 있는 오래전 인물이니 질문의 전반적 요지는 문제가 없다는 식이죠." 다시 말해 이 문제는 우리를 '인지 태만'에 빠뜨려서, 똑똑한 대학생조차 그 오류를 눈치채지 못하게 했다.

직감을 부채질하는 다른 많은 느낌과 마찬가지로 매끄러움과 친숙함 역시 정확한 신호일 수 있다. 매사에 아주 세부적인 내용까지 꼼꼼히 살피는 건 몹시 피곤한 일인데 특히 오래된 뉴스는 더욱 그렇다. 우리가 무언가를 여러 번 들었다면 그건 다수의 공통된 생각일 테고, 그렇다면 사실일 가능성이 높지 않겠는가. 게다가 언뜻 보기에 뻔한 소리 같으면 더욱 그렇다. 거기에 무슨 꿍꿍이가 있겠는가. 그러니 매끄럽게 들리는 말을 신뢰한다는 건 일리가 있다.

그런데 표현 방식만 살짝 바꾸는 식으로 이 두 신호를 조종해, 중요한 세부사항을 놓치게 하기가 대단히 쉽다는 건 다소 충격이다.

슈바르츠는 이와 관련해 이후에 상징이 되다시피 한 실험에서, 사람들은 깔끔한 글씨체로 쓰여 읽기 쉬운 문장을 읽을 때는 조잡한 이탤릭체로 쓰여 잘 안 읽히는 문장을 읽을 때보다 '모세 착각Moses illusion'에 빠질 확률이 높다는 사실을 알아냈다. 비슷한 이유로, 우리는 알아듣기 어려운 말투로 이야기하는 사람보다 알아듣기 쉬운 말투로 이야기하는 사람을 더 신뢰하고, 인터넷 쇼핑을 할 때는 판매자의 아이디가 발음하기 좋으면 평점이나 리뷰에 상관없이 그 사람을 신뢰한다. 심지어 간단한 운율만 넣어도 그 말의 '진실스러움'이 높아질 수 있는데, 단어가 입안에서 잘 맴돌면 머릿속에서 그 말이 쉽게 처리되기 때문이다.[10]

6장 도입부에 나온 질문에 답할 때 독자들도 이런 요소에 영향을 받았는가? 분명히 말해두자면, 실제로 벌을 훈련시키면 인상파와 입체파를 구별하게 할 수 있다(그리고 벌은 왼쪽과 오른쪽을 구별할 수 있는 것으로 보인다). 커피는 당뇨병 발생 위험을 줄이는 반면 손가락 마디를 꺾는다고 해서 관절염이 생기지는 **않는** 것으로 보인다.[11] 그러나 독자들도 다른 대부분의 사람들과 다르지 않다면, 문장을 표현하는 방식의 미묘한 차이에 영향을 받았을 수 있다. 다시 말해서 사실인 문장도 흐리고 조잡한 서체로 써놓으면 읽기가 어려워 덜 '진실스러워' 보인다. 또한 뜻이 비슷해도 "woes unite foes"가 단지 운을 맞췄다는 이유로 "strife bonds enemies"보다 더 신뢰가 간다.

더러는 관련 없는 사진을 한 장 추가한다든가 하는 단순한 방법으로도 진실스러움을 높일 수 있다. 2012년에 뉴먼은 다소 기이한 실험을 했다. 참가자들에게 유명 인사와 관련된 지문을 여럿 보여주었는데, 그중에는 인디밴드 가수 닉 케이브Nick Cave가 죽었다는 거짓 주장도 있었다.[12] 그런데 여기에 그 가수의 사진을 추가했더니 글만 보여줄 때보다 사람들이 더 잘 속았다.

사진은 당연히 닉 케이브가 살아 있는 모습이었다. 뉴먼이 내게 말했다. "그걸 증거로 쓴다는 건 말이 안 되죠. 그 사진은 그 사람이 밴드에 속한 뮤지션이라는 걸 보여줄 뿐이니까요. 그런데도 심리적 관점에서 보면, 말이 돼요. 무언가를 머릿속에 쉽게 그려볼 수 있거나 쉽게 상상할 수 있으면 판단에 영향을 미치거든요." 뉴먼은 다양한 일반 상식이 담긴 지문으로 그 원리를 시험해보았다. "마그네슘은 온도계 안에 있는 액체 금속이다"라거나 "기린은 뛸 수 없는 유일한 포유동물이다"라는 말에 온도계나 기린 사진을 덧붙이면 사람들이 그 말을 더 잘 믿었다. 이번에도 사진은 증거 능력이 없었지만 말의 신뢰도를 크게 높였다.

흥미로운 사실은 유명인의 신체적 특징 등을 말로 자세히 묘사해도 비슷한 효과를 낸다는 점이다. 닉 케이브가 살아 있는지 죽었는지에 관심이 있다면, 그가 백인 남자 가수라는 사실을 새로 알았다고 해서 달라질 건 없어야 한다. 그런데도 그런 관련 없는 사소한 말이 설득력을 더한다.

진실스러움을 끌어올리는 최고의 전략은 아마도 단순 반복일 것이다. 슈바르츠의 동료들은 실험 참가자들에게 여러 진술이 담긴 문서를 나눠주며 '벨기에 전국 동맹당'(실험을 위해 만든 가짜 당) 당원들의 발언이라고 말해줬다. 그런데 몇몇 문서는 인쇄 오류가 난 것처럼 한 사람이 뱉은 똑같은 발언이 세 번이나 인쇄되었다. 이러한 인쇄 오류가 새로운 정보를 알려주는 건 분명 아닌데도, 반복된 지문을 읽은 참가자들은 그 발언이 전체 집단의 합의를 반영한다고 생각하는 경우가 많았다.

그런가 하면 초점집단(전체 집단을 대표할 만한 소수 인원으로 구성된 집단. 다수 의견을 알아보되 심층 토론이 필요할 때 구성한다 — 옮긴이)이 지역 공원 보호 대책을 논의한 내용을 읽은 실험 참가자들에게서도 같은 효과가 나타났다. 참가자 중에 어떤 사람은 초점집단 중 말 많은 사람이 같은 주장을 세 번 반복한 문서를 읽었고, 어떤 사람은 초점집단 중 3명이 같은 주장을 한 문서를 읽었으며, 어떤 사람은 3명이 서로 다른 주장을 한 문서를 읽었다. 이 중 참가자가 가장 크게 끌린 경우는 예상대로 서로 다른 사람이 같은 주장을 펴는 문서를 읽었을 때다. 하지만 한 사람이 같은 주장을 여러 번 되풀이한 문서를 읽었을 때도 비슷하게 끌렸다.[13] "차이가 거의 없었어요. 사람들은 누가 뭘 말했는지 따지지 않아요." 슈바르츠의 말이다.

더욱 난처한 것은 어떤 사람을 자주 볼수록 그 사람이 더 친숙해지고, 그 사람을 더 신뢰하게 된다는 사실이다.[14] 거짓말에서도 '전문가'가 될 수 있다. 한 사람의 목소리도 자꾸 들으면 여러 사람의 합창처럼 들리기 시작한다는 걸 기억한다면.

이런 전략은 오보를 전문적으로 퍼뜨리는 사람들에게 오래전부터 알려진 기법이다. 아돌프 히틀러는 《나의 투쟁Mein Kampf》에서 "아무리 뛰어난 선전 기술이라도 근본 원칙 하나가 머릿속에 뿌리내린 채 지속적인 관심을 끌기 전에는 승리할 수 없다"면서, "몇 가지 요점만 뽑아 그것을 계속 반복해야 한다"고 썼다.

이 전략은 지금도 여전히 널리 퍼져 있다. 이를테면 가짜 약이나 반짝 유행하는 다이어트 식품을 만드는 사람들은 대중을 안심시키는 전문적 도표를 들고 나와 자기 주장을 포장하는데, 그런 도표는 해당 주장을 뒷받침할 근거가 없는데도 큰 효과를 낸다. 실제로 엉터리 과학 주장을 펴면서 뇌 사진을 보여주기만 해도, 심지어 평균적

독자가 보기에 의미 없는 사진이라 해도 가짜 주장의 신뢰도를 높인다는 연구 결과도 있다.[15]

그런가 하면 작지만 강한 목소리를 내는 소수집단이 반복의 위력을 활용하면, 그들의 의견을 대중에게 실제보다 더 인기 있는 것처럼 보이게 할 수도 있다. 1960년대와 1970년대에 담배 업계 로비스트들이 이 방법을 꾸준히 이용했다. 담배협회Tobacco Institute 부회장 프레드 팬저Fred Panzer도 내부 문서에서 이 사실을 인정했다. 그는 담배 업계가 과학자들을 모집해 의학계의 압도적 의견에 지속적으로 의문을 제기하게 하는 "대단히 훌륭한 전략"을 세워, "건강 관련 비난을 대놓고 부정하지 않으면서도 그 비난을 의심하게" 만들었다고 자평했다.[16]

다른 많은 낭설에도 이와 똑같은 전략이 사용되리라는 건 거의 확실하다. 기후변화를 부정하는 유명인(영국의 나이젤 로슨Nigel Lawson 등)이 언론 매체에 등장하는 일은 아주 흔하다. 이들은 과학 전문가가 아닌데도 인간의 활동과 해수면 온도 상승의 연관성에 꾸준히 의문을 제기한다. 이렇게 꾸준히 반복하면, 소수집단이 같은 말을 계속 되풀이하는 것에 불과한데도, 이들의 주장이 점점 그럴듯하게 들리기 시작한다. 마찬가지로 독자들도 휴대폰이 암을 유발한다거나 백신이 자폐증을 유발한다는 주장을 언제 처음 들었는지는 기억나지 않겠지만, 그 당시에는 아마 말도 안 되는 소리라고 생각했을 것이다. 하지만 그런 기사 제목을 보면 볼수록 점점 진실처럼 보이고, 따라서 그 주장을 의심하는 정도가 예전보다 훨씬 줄었을 것이다.

설상가상으로 그런 주장을 뒤집으려는 시도가 종종 역효과를 일으켜 되레 그 낭설을 더 퍼뜨리기도 한다. 슈바르츠는 한 실험에서 대학생들에게 미국 질병통제예방센터에서 나온 전단을 보여주었다.

예컨대 독감 예방 주사를 맞으면 병이 나을 수 있다는 식의 백신 접종에 관한 오해를 바로잡기 위해 만든 전단이다. 참가자들은 전단을 읽은 지 고작 30분 만에 거기에 실린 가짜 주장의 15퍼센트를 진실로 기억하기 시작했고, 앞으로 어떻게 행동할 생각인지를 묻자 예방 주사를 맞을 생각이 줄었다고 대답했다.[17]

오해를 바로잡는 내용은 너무 자세하고 지루해서 쉽게 잊힌 반면, 엉터리 주장은 기억에 오래 남아 더 친숙해졌기 때문이다. 엉터리 주장을 바로잡는답시고 그 주장을 반복하면 오히려 진실스러움을 더 해주는 꼴이 되어버린다. "경고를 하려다가 추천하는 꼴이 되어버려요." 슈바르츠의 말이다.

질병통제예방센터는 바나나 헛소문을 잠재우려다가 이 사실을 똑똑히 깨달았다. 그도 그럴 것이, 당시 기사 제목이 이랬다. "괴사성근막염과 바나나의 연관성에 관한 인터넷 허위 보도." 소화하기 어려운 제목이다. 전문 용어로 말하면 '인지적 매끄러움'과는 거리가 먼 제목이다. 그에 반해 "살을 먹는 바이러스"라든가 "정부의 은폐" 같은 말은 얼마나 생생한가(그리고 얼마나 끔찍한가).

의도한 추론 연구에서도 알 수 있듯이, 세상을 더 넓은 시각으로 바라보면 오보를 받아들일 가능성도 높은 게 거의 틀림없다. 내 견해와 잘 들어맞으면 머릿속에서 더 매끄럽게 처리되고 더 친숙한 느낌을 받기 때문이기도 하다. 교육을 많이 받은 사람이 특히 엉터리 의학 정보에 더 취약한 이유는 이 때문일 수 있다. 의료 서비스에 관한 두려움은 일반적으로 부유한 중산층에서 더 자주 나타나는데, 이런 사람들은 대개 학력 수준도 높다. 의사와 관련된 음모론, 그리고 대체 의학에 관한 믿음은 이들의 믿음 체계와 자연스럽게 들어맞을 수 있다.

정치인의 거짓말은 거짓임이 밝혀진 뒤에도 한참 동안 사라지지 않는데, 그것도 어쩌면 같은 이유 때문일지도 모른다. 버락 오바마는 미국에서 태어나지 않았다는 도널드 트럼프의 '설'도 그중 하나다. 의도한 추론 연구로 예상해볼 수 있듯이, 이 설을 믿은 건 주로 공화당원이었지만 민주당원들 역시 14퍼센트가 2017년까지도 그렇게 생각했다.[18]

이런 정신적 타성은 우리 머릿속에서 사라지지 않는 특정 광고 메시지에서도 볼 수 있다. 구강 세척제 리스테린Listerine 광고를 보자. 리스테린 광고는 지난 수십 년간 구강 세척이 목구멍 통증을 완화하고 감기를 예방한다는 거짓 주장을 해왔다. 미국 연방거래위원회Federal Trade Commission는 긴 법정 싸움 끝에 1970년대 말, 리스테린 판매사에 그 낭설을 바로잡는 광고를 내라고 명령했다. 그에 따라 16개월에 걸쳐 1,000만 달러를 들여 과거 주장을 철회하는 광고를 했지만, 그 효과는 미미했다.[19]

~

이처럼 오보를 새롭게 이해하기 시작하면서, 진실을 알리려는 여러 조직이 진지한 자기 탐구를 시작했다.

당시 퀸즐랜드 대학에 있던 존 쿡John Cook과 당시 웨스턴오스트레일리아 대학에 있던 스테판 르완도스키Stephan Lewandowsky는 영향력 있는 백서에서 대부분의 조직이 오해를 지식 부족 탓이라고 단정하는 '정보 결핍 모델'을 따른다고 지적했다.[20] 이 모델에 따르면, 예방 접종 같은 주제에서 오보를 바로잡으려면 사실을 제시하고 가급적 많은 사람이 그 사실을 보게 하면 그만이다.

우리는 지능의 함정을 이해하면서 이것만으로는 부족하다는 사실을 알게 됐다. 똑똑하고 교육받은 사람이라고 해서 우리가 전달하는 사실을 그대로 흡수하리라고 장담할 수 없다. 쿡과 르완도스키의 말마따나 "중요한 것은 사람들이 '무엇을' 생각하느냐가 아니라 '어떻게' 생각하느냐다."

두 사람은 《거짓 까발리기The Debunking Handbook》에서 몇 가지 해법을 제시한다. 그중 하나는 오보와 싸우려는 조직은 잘못된 개념을 강조한 뒤 사실을 설명하는 '낭설 깨기' 접근법을 버리는 게 좋다는 것이다. 예를 들어 국민건강서비스NHS 홈페이지에서 백신 관련 페이지로 들어가면 페이지 맨 위 오른쪽에 열 가지 낭설이 굵은 글씨로 나열되어 있다.[21] 그리고 그 아래에 열 가지 낭설이 하나씩 굵은 제목으로 다시 한 번 나온다. 최근의 인지과학 연구에 따르면 이런 식의 접근법은 오히려 오보를 지나치게 강조하는 꼴이 되고 만다. 오보를 반복해 띄운 탓에 머릿속에서 오보가 더 친숙해질뿐더러 진실보다 더 매끄럽게 처리된다. 앞에서 보았듯이 인지적 매끄러움과 친숙함은 진실스러움을 더해주는데, 그러다 보니 어지간한 예방 접종 거부 운동보다 더 큰 거부 효과를 내고 말았다.

쿡과 르완도스키는 낭설을 바로잡으려면 진실이 눈에 띄도록 홈페이지를 신중하게 디자인해야 한다고 말한다. 가급적이면 낭설은 그대로 반복하지 말아야 한다. 예를 들어 백신 공포와 싸울 때, 과학적으로 증명된 긍정적 장점에 초점을 맞춰야겠다고만 생각하기 쉽다. 그러나 낭설을 파헤쳐야 한다면, 적어도 오보가 내가 전달하려는 진실보다 더 두드러져 보이면 안 된다는 점을 명심해야 한다. 따라서 제목은 '낭설: 백신을 맞으면 독감에 걸릴 수 있다'보다 '독감 백신은 안전하고 효과적이다'라고 뽑는 게 좋다.

아울러 쿡과 르완도스키는 많은 조직이 진실을 알리는 데 지나치게 진지하다는 점도 지적한다. 그러다 보니 자신의 주장을 지나치게 복잡하게 전개하고, 전달하려는 내용의 매끄러움을 떨어뜨린다. 이때는 전달하려는 증거를 선별해야 하는데, 더러는 증거 10개보다 증거 2개가 훨씬 더 막강하다는 게 두 사람의 주장이다.

좀 더 논쟁적인 주제를 다룰 때는 틀짜기 효과를 이용해 의도한 추론을 줄이는 것도 한 가지 방법이다. 예를 들어 화석 연료를 소비하는 기업에게 관련 비용을 청구할 필요성을 논의할 때, 그 비용을 '세금'이 아니라 '탄소 상쇄 비용'이라고 부르면 보수적인 사람들에게 표를 얻기가 더 쉬워진다. '세금'은 꿍꿍이속이 있어 보이고, 정치적 성향을 자극할 수 있기 때문이다.

공공보건기관 홈페이지를 살펴보면 아직도 많은 기관이 갈 길이 멀다 싶지만, 그래도 변화의 움직임이 보인다. 2017년, 세계보건기구World Health Organization는 '예방 접종 거부' 운동을 벌이는 사람들이 퍼뜨리는 오보에 대처하기 위해 앞서 설명한 것과 같은 지침을 도입했다고 발표했다.[22]

~

오보에 속지 않으려면 어떻게 해야 할까?

이 질문에 답하려면 '인지 성찰'이라 부르는 메타인지의 또 다른 형태를 알아보아야 한다. 이 메타인지는 5장에서 살펴본 성찰의 형태와 관련이 있지만, 내 감정을 깨닫는 것과 관련이 있다기보다 사실 정보에 대응하는 방식과 더 관련이 깊다.

인지 성찰은 세 개의 질문을 던져 간단히 테스트할 수 있는데, 맛보기로 아래 예를 보자.

- 야구 방망이와 공 세트가 1달러 10센트다. 방망이는 공보다 1달러 비싸다. 공은 얼마겠는가? 답: ___센트
- 호수에 수련 잎이 한 무더기 떠 있다. 수련 잎이 차지하는 면적은 날마다 두 배로 늘어난다. 수련 잎이 호수 전체를 뒤덮는 데 48일이 걸린다면, 호수 절반을 뒤덮는 데는 며칠이 걸리겠는가? 답: ___일
- 기계 다섯 대가 5분 동안 가발 5개를 만든다면, 기계 100대로 가발 100개를 만들려면 몇 분이 걸리겠는가? 답: ___분

초등교육만 받으면 계산할 수 있는 문제다. 그러나 미국 명문대 아이비리그 학생들을 비롯해 대다수가 세 문제 중에 한두 문제만 정답을 맞혔을 뿐이다.[23] 무심코 오답(10센트, 24일, 100분)을 떠올리도록 만든 문제이기 때문이다. 정답(5센트, 47일, 5분)을 생각해내려면 맨 처음 떠오르는 생각을 의심해야만 한다.

1장에서 살펴본 IQ 문제와는 사뭇 다른 문제다. IQ 문제는 복잡한 계산을 요구할 때도 있지만, 언뜻 떠오르는 오답의 유혹에 의문을 제기하는지는 묻지 않는다. 이런 식으로 인지 성찰 테스트Cognitive Reflection Test가 제시하는 간단하고 깜찍한 방법을 이용해 정보 평가 능력을 알아보고, 문제의 뜻이 모호하고 메시지도 혼란스러운 현실에서 엉터리 신호를 마주쳤을 때 그 신호를 무시하는 능력을 알아볼

수 있다.[24]

예상하겠지만, 이 테스트에서 높은 점수를 받은 사람은 다양한 인지 편향에 휘둘릴 확률이 낮다. 그리고 이 테스트 점수로 키스 스타노비치의 합리성 지수에서 어떤 결과가 나올지도 쉽게 예상할 수 있다.

그런데 2010년대 초, 당시 워털루 대학에서 박사 과정을 밟던 페니쿡은 인지 성찰이 우리 믿음 전반에까지 광범위하게 영향을 줄 수 있는지 연구하기 시작했다. 잠시 멈춰 직감을 의심해보고 다른 가능성을 고려하는 사람은 미심쩍은 증거를 액면 그대로 받아들일 확률이 적고, 따라서 오보에 덜 취약할 것이다. 연구 결과 좀 더 분석적으로 생각하는 사람은 주술적 사고나 대체 의학을 두둔할 가능성이 낮은 것으로 나타났다. 이후 추가 연구에서, 그런 사람들은 진화론을 거부하고 9·11 음모론을 믿을 확률도 낮았다.

중요한 점은 지능이나 교육 같은 다른 잠재적 요소를 통제해도 같은 결과가 나오는 것으로 보아 정말 중요한 것은 두뇌력뿐 아니라 두뇌력을 사용하느냐 안 하느냐라는 것이다.[25] 페니쿡은 내게 "인지력과 '인지스러움'을 구별해야 한다"고 했다. 단도직입적으로 말하면 "생각하기 싫어하는 사람은, 솔직히 말해 머리가 좋은 사람이 아니에요." 사고나 논리력 같은 다른 척도에서 보았듯이, 우리는 그런 척도에서 내 능력이 어느 정도인지 가늠하는 데 무척 서툴 때가 많다. "실제로는 분석적 [성찰] 사고력이 낮은 사람이 자기는 분석적 사고를 아주 잘한다고 생각하죠."

페니쿡은 이런 결과를 바탕으로 이후에도 연구를 계속했는데, 그중에는 "처음에는 웃기다가 차츰 생각하게 하는" 연구에 수여하는 이그 노벨상Ig Nobel Award을 받는 등 특히 많은 주목을 끈 연구가 있다. 소셜 미디어에 곧잘 올라오는, 소위 영감을 준다는 '그럴듯한 헛소리pseudo-profound bullshit'에 주목한 연구다. 페니쿡은 사람들이 얼마나 잘 속는지 알아보기 위해 실험 참가자에게 다양한 엉터리 지문을 준 뒤 그 심오함에 등급을 매겨보라고 했다. 그중에는 정신적인 의미가 담긴 막연한 단어들을 무작위로 섞어서 만든 지문도 있는데, 이를테면 이런 식이다. "숨은 의미는 비할 바 없는 추상적 아름다움으로 탈바꿈한다." 지문에는 디팩 초프라Deepak Chopra가 실제로 트위터에 올린 글도 있었다. 소위 '양자 치유quantum healing'를 주창하는 '뉴에이지'의 정신적 스승이라 불리는 그는 《뉴욕타임스》 베스트셀러 목록에 20권이 넘는 저서를 올린 베스트셀러 작가이기도 하다. 초프라는 이런 문장도 썼다. "주목attention과 의도intention는 발현manifestation의 역학mechanics이다." "자연은 스스로 규제하는 인식awareness 생태계다."

모세 문제와도 약간 닮은 이런 지문은 언뜻 말이 된다고 느껴질 수도 있다. 언론 등에서 많이 쓰는 이런 말들은 영감을 주는 따뜻한 내용을 담고 있는 듯 보이기도 한다. 그 내용을 본격적으로 따져보기 전까지는. 아니나 다를까 인지 성찰 테스트 점수가 낮은 사람 중에는 (분석적 사고를 하는 사람에 비해) 심오한 척하는 이런 지문에 담긴 대단한 의미를 이해한다는 사람이 많았다.[26]

이때부터 페니쿡은 소셜 미디어에 스며든 흔히 진짜 뉴스의 탈을 쓴 근거 없는 주장인 가짜 뉴스를 쉽게 받아들이는 게 이처럼 헛소리에 솔깃해하는 성향 탓인지 알아보기 시작했다. 그는 2016년 미국 대통령 선거 기간 중에 나온 가짜 뉴스를 두고 토론을 한 뒤에, 실험 참가자 수백 명에게 뉴스 기사 제목을 여러 개 보여주었다. 이 중에는 증명과 사실 확인 작업을 거쳐 사실로 확인된 것도 있었고 거짓으로 판명 난 것도 있었다. 기사는 민주당에 호의적인 것과 공화당에 호의적인 것을 같은 수로 섞었다.

예를 들어 《뉴욕타임스》에 실린 "도널드 트럼프, 무슬림 등록제 '절실' 주장"이라는 제목의 기사는 사실로 입증되었다. 반면에 "마이크 펜스: 나는 게이 전환 치료 덕에 결혼했다"라는 제목의 기사는 사실 확인 없이 가짜 뉴스 사이트였던 NCSCOOPER.com에 실렸다.

페니쿡이 데이터를 분석한 결과, 인지 성찰이 뛰어난 사람은 뉴스 출처를 알든 모르든, 자신의 정치 성향과 맞든 안 맞든, 그 둘을 잘 구별했다. 이들은 제시된 지문으로 자신의 기존 편견을 강화하기보다는 지문의 진위 여부를 따져보았다.[27]

페니쿡의 연구는 우리가 좀 더 성찰하려고 노력한다면 오보에 속지 않을 수 있다는 점을 시사한다. 심지어 약간의 자극만으로도 그런 효과를 낼 수 있다는 최근 연구도 있다. 2014년, 당시 웨스트민스터 대학에 있던 비렌 스와미Viren Swami는 실험 참가자에게 단순한 단어 완성 게임을 하게 했는데, 어떤 게임은 '이성' '숙고하다' '합리적인' 같은 인지 관련 단어 위주로 구성한 반면, 어떤 게임은 '망치' '점프' 같은 물리적 개념 위주로 구성했다.

게임에서 '생각'과 관련 있는 말들을 보았던 참가자는 이후에 모세 문제에서 잘못된 부분을 더 쉽게 찾아냈다. 정보를 좀 더 신중하게 처리한다는 뜻일 것이다. 흥미롭게도 이들은 음모론을 받아들이는 척도에서도 낮은 점수를 받아, 기존의 자기 믿음을 좀 더 신중하게 성찰하기 시작했음을 시사했다.[28]

문제는 이런 결과를 일상생활에 어떻게 적용하느냐다. 마음챙김 기술 중에는 좀 더 분석적인 관점을 키우는 훈련도 있어서 정보가 주어졌을 때 속단하지 않게 한다.[29] 명상을 한 번만 해도 인지 성찰 테스트에서 높은 점수를 받을 수 있다는 사실을 보여주는, 귀가 솔깃한 실험도 있다. 오보를 처리하는 방식에 명상이 어떻게 영향을 미치는지를 구체적으로 살피는 연구가 이루어지고, 그 결과로 명상의 위력이 다시 한 번 입증된다면 대단히 반가운 일일 것이다.[30] 그러나 슈바르츠는 의지와 선의만으로 과연 **모든** 오보를 물리칠 수 있겠느냐는 데에는 회의적이다. 오보가 홍수처럼 쏟아지는 이때, 늘 의심의 눈초리로 바라보기란 대단히 어려운 일일 것이다. 슈바르츠가 말했다. "하루 종일 사실을 확인하고 진의를 따지며 살 수는 없는 노릇이죠."•

예를 들어 시사나 정치에서 우리는 어떤 뉴스 출처가 신뢰할 만한지, 《뉴욕타임스》인지, 폭스뉴스Fox News인지, 브라이트바트Breitbart인지, 아니면 삼촌 말인지에 대해 이미 수많은 단정을 가지고 사는데, 이런 편견은 극복하기 어렵다. 최악의 상황은 기존의 자기 관점과 일치하는 정보는 아예 의심을 품지 않은 채, 자신이 이미 좋아하지 않는 매체만을 분석하는 경우다. 그 결과 나쁜 생각은 하지 않겠다는 좋은 의도 탓에 되레 의도한 추론이라는 함정에 빠지고 만다. "그런 태도는 자기 시각을 양극화할 뿐입니다." 슈바르츠의 말이다.

그렇다면 한 가지 명심할 게 있다. 지금의 환경에서 **모든** 오보를 막을 강력한 심리적 방패막이를 마련하기란 불가능하겠지만, 어이

• 페니쿡의 연구에서 성찰적 사고가 스마트폰 사용과 반비례 관계가 있다는 사실도 부수적으로 밝혀졌는데, 페이스북, 트위터, 구글을 자주 체크할수록 인지 성찰 테스트 점수가 낮았다. 인과관계는 분명치 않지만, 그러니까 어느 쪽이 원인이고 어느 쪽이 결과인지는 단정할 수 없지만, 기술 발전 탓에 생각이 게을러졌을 수도 있다. "기술 발전으로 예전만큼 성찰에 익숙지 않다 보니, 무언가를 검색하지 않고 깊이 생각하던 시절보다 직감에 더 많이 의지하는지도 모릅니다." 페니쿡의 말이다.

없는 오류에 속지 않도록 방어막을 세우고, 전반적으로 좀 더 성찰적이고 좀 더 지혜로운 사고방식을 키울 수 있음을 보여주는 훌륭한 증거가 있다.

패트릭 크로스케리가 의대생의 편향을 없애려고 시도했던 방법처럼 이 전략도 종종 '예방 접종' 형태를 띤다. 즉, 한 가지 형태의 헛소리에 자기를 노출시킴으로써 나중에 다른 헛소리를 들었을 때 쉽게 알아보도록 단련하는 방법이다. 이 전략의 목적은 경고 신호를 알아보도록 훈련하면서 머릿속에 자그마한 '붉은 깃발'을 세워두어 필요할 때 저절로 분석하고 성찰하게 하는 것이다.

존 쿡과 스테판 르완도스키의 연구는 이 방법이 매우 효과적임을 시사한다. 2017년, (함께 《거짓 까발리기》를 썼던) 두 사람은 인간이 유발한 기후변화를 둘러싼 오보, 특히 과학적으로 합의된 내용을 두고 의심을 퍼뜨리려는 시도에 대항해 싸우는 법을 연구했다.

이들은 실험 참가자를 대상으로 기후변화 낭설을 직접 반박하기 앞서, 담배 업계가 '가짜 전문가'를 동원해 흡연과 폐암의 연관관계를 증명한 과학 연구에 어떤 식으로 의문을 제기하는지를 알려주었다.

그런 다음 기후변화에 관련된 오보를 보여주었다. 생화학자 아서 B. 로빈슨Arthur B. Robinson이 주도한 이른바 '오리건 청원Oregon Petition'이다. 이 청원은 인간이 배출한 온실가스가 지구 기후를 교란한다는 주장에 의문을 제기하면서, 과학 학위가 있는 3만 1,000명에게 받은 서명을 첨부했다. 서명인 이름은 진짜인지 증명할 길이 없었는데, 스파이스 걸스의 멤버였던 제리 할리웰Geri Halliwell '박사'라는 서명도 있었다.[31] 그리고 서명인 중에 기후 과학을 정식으로 연구한 사람은 1퍼센트도 안 됐다.

앞선 연구에서는 이 청원을 읽은 많은 사람이 여기 서명한 전문가란 사람들의 자질을 의심하지 않은 채 청원 내용을 믿었다. 의도한 추론 이론으로도 짐작할 수 있듯이, 이 믿음은 우파적 시각을 가진 사람에게서 특히 더 강하게 나타났다.

그러나 쿡 실험에서, 담배 업계의 수법을 배운 참가자들은 대부분이 오보를 좀 더 의심 어린 눈길로 바라보았고, 전반적으로 오보에 흔들리지 않았다. 더 중요한 점은 이 예방 접종법이 **정치 성향에 관계없이 모든 사람에게서** 오보의 영향을 무력화했다는 것이다. 곧잘 거짓을 믿고 사실을 배척하게 하는 의도한 추론은 더 이상 설 자리가 없어졌다.[32] 쿡이 내게 말했다. "제게는 그 결과가 가장 흥미로워요. 내 정치 성향과 무관하게 예방 접종이 효과가 있다는 것이죠. 정치 이념이 무엇이든 논리적 허점에 끌려가기를 원하는 사람은 없어요. 그 점이 아주 고무적이고 흥미진진해요."

또 한 가지 흥미로운 사실은 한 영역(흡연과 폐암의 연관관계)에서 오보 예방 접종을 받으면 다른 영역(기후변화)에서도 효과가 있다는 것이다. '진실스러운' 정보를 무조건 받아들이기보다 마치 머릿속에 작은 알람을 켜두어, 잠을 깨고 분석적 사고를 효과적으로 적용해야 할 순간을 놓치지 않는 듯했다. "나를 보호하는 우산이 되는 셈이죠." 쿡의 말이다.

~

오보 예방 접종의 위력이 알려지자 대학을 비롯한 일부 학교는 오보를 집중적으로 교육할 때의 장점을 알아보기 시작했다.[33]

물론 많은 기관에서 이미 비판적 사고 수업을 하고 있지만 대개는 철학적·논리적 원칙을 무미건조하게 설명할 뿐이다. 그러나 예방 접종 이론은 평소에 사람들을 속이는 가짜 주장의 실제 사례를 보여주면서 오보를 좀 더 직접적으로 배울 필요가 있음을 알려준다.[34] 오보가 얼마나 널리 퍼져 있는지, 오보가 우리 판단을 어떻게 흔드는지를 보여주지 않은 채, 일상에서 얼마든지 비판적 사고를 할 수 있다고 단정하는 것은 무리가 있어 보인다.

결과는 꽤나 고무적이었다. 오보 예방 접종 수업을 한 학기 진행한 뒤로 학생들이 사이비과학, 음모론, 가짜 뉴스를 믿는 확률이 크게 떨어졌다. 더 중요한 점은 이런 수업이 비판적 사고를 전반적으로 개선하는 것 같다는 데 있다. 통계를 해석한다든가, 논리적 허점을 찾아낸다든가, 대체할 다른 설명을 생각한다든가, 결론을 내려면 정보가 더 필요하다는 걸 안다든가 하는 식이다.[35]

이 같은 비판적 사고법은 5장에서 살펴본 지혜 추론 테스트와 정확히 일치하지는 않지만, 자기 단정에 의문을 품고 다른 설명을 탐색하는 능력을 비롯해 일부 공통점이 있다. 더 중요하게는 이고르 그로스먼의 증거 기반 지혜 연구와 마찬가지로, 그리고 5장에서 살펴본 감정 구별과 감정 조절 점수와 마찬가지로, 이 비판적 사고법 역시 일반 지능과 큰 관련이 없으며, 실제 생활에서 어떤 결과가 나올지 예측하는 데에는 일반 지능 테스트보다 뛰어나다.[36] 여기서 높은 점수를 받은 사람은 이를테면 증명되지 않은 반짝 유행하는 다이어트를 할 가능성이 낮고, 온라인에서 낯선 사람과 개인 정보를 공유하거나 콘돔 없이 성관계를 맺을 가능성도 낮다. 똑똑하지만 어리석은 실수는 하고 싶지 않다면, 더욱 비판적으로 생각하는 법을 반드시 배워야 한다.

이런 결과는 이 책을 읽는 독자에게 반가운 소식이다. 다양한 낭설과 오해의 심리학을 공부한다는 것부터가 이미 거짓에 속지 않을 준비가 되었다는 뜻이기 때문이다. 그렇다면 어떻게 시작해야 할까? 기존의 인지 예방 접종 프로그램은 이미 이에 대한 답을 제시한다.

우선 첫 번째 단계로, 적절한 질문을 던지는 법부터 배워야 한다.

- 누가 그런 주장을 하는가? 자격은 있는 사람들인가? 그들은 어떤 이유로 그런 생각을 하는가?
- 그 주장의 전제는 무엇인가? 그 전제에 허점은 없는가?
- 애초의 내 단정은 무엇인가? 그 단정에 허점은 없는가?
- 그들 주장을 뒷받침할 대체 가능한 설명은 무엇이 있는가?
- 그들 주장의 증거는 무엇인가? 그 증거를 대체 가능한 설명과 어떻게 비교할 수 있는가?
- 판단을 내리기 전에 어떤 정보가 더 필요한가?

진실스러움에 관한 연구를 고려한다면, 주장을 드러내는 방식도 살펴보아야 할 것이다. 주장에 증거가 있는가? 아니면 증거가 있다는 착각에 빠지게 했는가? 같은 사람이 계속 같은 주장을 되풀이하거나, 여러 사람이 목소리를 내지만 사실은 견해가 같은 사람들은 아닌가? 관련 일화는 유용한 정보를 제공하고, 그 일화를 증명할 확실한 데이터가 있는가? 아니면 본래 이야기에 매끄러움을 더해줄 뿐인가? 상대를 신뢰하는 이유가 단지 그의 말투가 친숙하고 말을 이해하기 쉽기 때문은 아닌가?

마지막으로 좀 더 흔한 논리적 허점을 몇 개 찾아두면 이것이 머릿속에서 '붉은 깃발'이 되어, '진실스러운' 가짜 정보를 만났을 때 경고를 보내줄 것이다. 이때 출발점으로 삼으면 좋을 가장 흔한 논리적 허점을 다음 표(214쪽)에 정리해두었다.

이 단순한 단계가 언뜻 너무 뻔해 보인다 싶겠지만 많은 사람이 대학까지 나오고도 이런 기술을 일상에 적용하는 법을 배우지 못한 것 같다.[37] 그리고 과신 편향을 봐도, 나는 절대 그런 실수를 하지 않는다고 장담하는 사람이 사실은 그런 실수에 가장 취약할 수 있다.

헛소리에 속지 않으려면 이 규칙들을 내면화하고, 이미 의심하던 이론뿐 아니라 내가 좋아하는 이론에도 수시로 이 규칙을 적용하는 게 다른 무엇보다 중요하다. 이 과정이 도움이 된다 싶으면 인터넷에 이런 능력을 개발하는 과정이 아주 많으니 찾아보면 좋을 것이다.

예방 접종 원리에 따르면, 비교적 논란이 없는 소재(살을 먹는 바나나 등)로 회의적 사고의 기초를 연습한 다음 의문을 제기하기 힘들 만큼 깊이 뿌리내린 믿음(기후변화 등)으로 옮겨 가는 게 좋다. 후자의 경우에 내가 왜 특정한 관점에 강하게 끌리는지, 그것이 정말로 내 정체성의 중심인지, 틀짜기를 달리하면 덜 위협적으로 보일 수 있는지 질문을 던져보면 좋다.

몇 분만 투자해 나에 관해, 그리고 내가 가장 소중히 여기는 것에 관해 긍정적이고 자기 확신적인 글을 써본다면 새로운 생각을 더 쉽게 받아들일 수 있다. 연구에 따르면, 이런 훈련을 통해 특정 문제에서 내가 옳아야만 내 존재 가치가 있는 게 아니라는 깨달음과, 특정 견해와 내 정체성을 구분할 수 있다는 깨달음을 얻어 의도한 추론을 확실하게 줄일 수 있다.[38] (이를테면 기후변화를 믿는다고 해서 보수적 성향

허점	설명	예
무지에 호소	증거 부족을 증명의 한 형태로 간주한다.	"이집트인이 피라미드를 세운 방법을 설명할 길이 없으니, 피라미드는 외계인이 세운 게 틀림없다."
권위에 호소	전문가의 말이 기존 증거와 모순되어도 전문가라는 이유로 그 말이 **틀림없다**고 생각한다. 그러나 전문가의 의견이라도 해당 분야에서 논란이 있다면 그 판단은 문제가 될 수 있다.	"노벨상을 받은 생물학자 캐리 멀리스는 HIV가 에이즈를 유발하지 않는다고 주장하는데, 그렇게 똑똑한 사람이 그런 주장을 한다면, **사실이 틀림없다.**" 운동선수가 건강 보조 식품을 선전할 때도 이런 문제가 나타나는데, 운동선수가 몸이 좋다고 해서 그들의 영양 관련 조언까지 옳다는 보장은 없다.
상관관계가 곧 인과관계	어떤 두 사건이 동시에 일어나면, 다른 원인은 생각해보지도 않고 둘 중 한 사건이 다른 사건의 원인이라고 생각한다.	반짝 유행하는 다이어트를 한 사람이 더 오래 살 수도 있지만, 그 원인은 그 사람이 건강을 더 챙기고 운동을 더 많이 했기 때문일 수 있다.
허수아비 때리기 논증	상대 주장을 일부러 엉터리로 전달해 터무니없는 주장처럼 보이게 만든다. 대화 중에 "그러니까 당신 말은…"이라고 시작해 상대의 말을 부정확하게 또는 너무 단순하게 요약해 덧붙이는 것도 그런 방법 중 하나다.	"다윈의 이론은 인종차별을 정당화하는 데 이용되었으므로 진화론 자체가 인종차별적 이념이다."(루이지애나주 입법부가 교육 정책을 검토할 때 실제로 고려했던 주장이다.[39]) 비슷한 방법이 IQ를 무시하는 근거로 곧잘 사용된다. 그러나 루이스 터먼의 정치 신념이 미심쩍다 해도, 그것을 근거로 그의 연구 결과를 판단해서는 안 된다.
시류에 호소	많은 사람이 주장한다면 의미 있는 주장이라고 생각한다.	"경험담을 근거로 동종요법이 증세를 개선한다고 주장하는 사람이 수백만이다. 따라서 동종요법은 효과적인 치료법이 틀림없다."
가짜 이분법	복잡한 시나리오를 소개하면서, 다양한 의견이 있는데도 마치 의견이 둘 뿐인 양 말한다.	"모든 지역의 모든 국가가 이제 결단을 내려야 합니다. 우리 편입니까, 테러리스트 편입니까?" – 9·11 사태 이후 조지 부시 연설에서.
관심 돌리기	관련 없는 정보로 사람들의 주의를 돌려, 실제 주장의 허점에 주목하지 못하게 한다.	"간접흡연도 해로울 수 있다. 그러나 흡연을 금지해도 사람들은 늘 과식하고 과음할 것이다." 두 번째 문장은 당연히 첫 번째 문장과 무관한데도 마치 그것을 추가 증거인 양 제시한다.
특별 변론	해당 문제에는 일반적 논리나 증거를 적용할 수 없다고 주장한다.	심령을 연구하는 사람들은 과학 실험이 (그리고 의심을 품는 과학자들의 태도가) 자기들의 능력을 방해한다고 곧잘 주장한다. 아서 코넌 도일은 이 허점에 특별한 책임이 있다.

이 훼손되는 것은 아니다. 오히려 사업과 혁신의 기회로 볼 수 있다.) 그런 뒤에야 내가 왜 그런 결론에 도달했을 수도 있었는지 알아보기 시작하고, 내 앞에 놓인 정보를 살펴 내가 그 정보의 매끄러움과 친숙함에 흔들리지는 않을지 테스트해볼 수 있다.

이렇게 알아낸 사실에 스스로도 깜짝 놀랄 수 있다. 나 역시 이런 전략을 사용하면서 유전자 변형 같은 특정 과학 주제에서 생각을 바꿨다. 많은 진보주의자처럼 나 역시 한때는 환경상의 이유로 유전자 변형 작물을 반대했었다. 그런데 내가 접하는 뉴스의 출처를 알면 알수록 그린피스 같은 소수의 활동가에게서 나온 반대 목소리만 듣고 있다는 걸 알게 되었고, 따라서 그 우려가 실제로는 내가 생각하는 만큼 그렇게 널리 퍼져 있지 않다는 걸 알게 되었다. 그리고 그 프랑켄슈타인 작물의 치명적 부작용과 그것이 걷잡을 수 없이 번져나가는 것에 대한 그들의 경고는 내 머릿속에서 매끄럽게 이해되었고, 환경을 바라보는 내 직관적 견해와도 맞아떨어졌지만, 관련 증거를 좀 더 자세히 들여다보니, 그 위험성은 아주 적은 반면에(주로 그랬다더라, 하는 식의 데이터가 토대가 되었다), 병충해에 저항력을 타고나는 작물을 만들고 농약 사용을 줄이면 그 잠재적 장점은 이루 헤아릴 수 없었다.

최근에는 그린피스의 전직 대표조차 불안감을 조장하는 전직 동료들을 공격하며 "이념을 인도적 행동보다 앞세우는 행위를 (…) 도덕적으로 용납할 수 없다"고 말하기도 했다.[40] 나는 기후변화를 부정하는 사람들, 예방 접종을 거부하는 사람들을 늘 경멸했었다. 그런데 다른 명분과 관련해서는 나 역시 편협한 시각을 갖고 있었다.

~

헛소리 감지 기술의 마지막 수업 차, 작가 마이클 셔머를 그의 고향인 캘리포니아 샌타바버라에서 만났다. 셔머는 지난 30년간 사람들의 삶에서 합리적 논리와 비판적 사고를 키우기 위해 회의주의 운동에 목소리를 높인 대표적인 인물이다. 그가 내게 말했다. "처음에는 아주 쉬운 것부터 시작했어요. 텔레비전에 나오는 심령술이라든가 점성술, 타로 점 같은 것이죠. 그러다 여러 해가 지나면서 좀 더 '주류'에 속하는 주장으로 옮겨 갔어요. 지구 온난화, 창조론, 예방 접종 거부 운동, 최근의 가짜 뉴스까지."

셔머가 늘 그랬던 건 아니다. 승부욕이 강한 사이클 선수였던 그는 한때 좋은 성적을 내기 위해 (합법적이지만) 증명되지 않은 의료 처치에 눈을 돌려, 소화를 돕는 장세척이라든가 몸의 결합조직을 조종해 '에너지 장'을 강화하는 격렬한 (그리고 고통스러운) 물리치료인 롤핑 등을 받았다. 게다가 밤에는 치유 효과가 있는 뇌파인 '알파 파' 분비를 촉진한다는 전기 기구를 머리에 썼다.

1983년, 캘리포니아 샌타모니카에서 뉴저지 애틀랜틱시티까지 이어지는 아메리카 횡단 경주에서 '일생일대의 순간'이 찾아왔다. 셔머는 이 경기를 위해 영양 전문가를 고용했고, 그에게서 새로운 '종합비타민 요법'을 권유 받아, 냄새가 지독한 정제를 한입 가득 삼키다가 결국 "미국에서 가장 비싸고 화려한 색깔의 소변"을 보았다. 사흘째가 되자 더 이상은 안 되겠다 싶었고, 콜로라도 러브랜드패스의 가파른 오르막에서 한입 가득 물었던 시큼한 정제를 뱉어버리고 나서는 다시는 이런 호구 짓을 하지 않겠다고 맹세했다. 그는 훗날 이렇게 썼다. "의심을 품는 게 쉽게 믿는 것보다 백 배는 안전한 것 같았다."[41]

이처럼 새롭게 깨달은 회의주의를 제대로 테스트할 기회가 며칠 뒤에 찾아왔다. 사이클 코스 중간쯤인 네브래스카 헤이글러 근처에서 벌써 심각한 탈진 증세가 나타났다. 45분간 잠을 자고 일어난 그는 자신이 외계인에게 둘러싸였다는 확신이 들었다. 그들은 마치 승무원인 양 그를 모선母船으로 데려가려고 했다. 다시 잠이 들었다가 맑은 정신으로 깨어난 셔머는 방금 육체적·정신적 탈진으로 환각에 빠졌었다는 사실을 깨달았지만, 그 환각은 마치 현실인 양 생생했다. 그 당시 환각이란 걸 깨닫지 못했다면 그때 일을 진짜 유괴로 착각했을 법했다. 앞서 많은 사람이 그랬듯이.

과학사학자이자 작가이면서 대중을 상대로 강연도 하는 셔머는 그 이후로 심령술사, 돌팔이 의사, 9·11 음모론자, 홀로코스트를 부정하는 사람들의 문제를 다루었다. 그러면서 지능이 어떻게 진실을 밝힐 수도, 교란할 수도 있는 강력한 도구가 되는지 보여주었다.

그토록 여러 해 동안 헛소리의 정체를 폭로했다면 이제는 염세적이고 냉소적인 사람이 되었겠거니 생각할 수도 있지만, 직접 만난 그는 놀랍도록 상냥했다. 나중에 알고 보니 다정한 태도는 그의 수많은 적을 무장해제시키는 데 아주 중요한 요소였고, 그 덕에 그는 그들의 동기부여 요소가 무엇인지 이해하기 시작했다. 그가 말했다. "제가 [홀로코스트를 부정하는] 데이비드 어빙David Irving 같은 사람들과 어울릴 수 있었던 이유는 술을 한두 잔 기울이면서 서로 마음을 터놓고 깊은 속내를 주고받았기 때문이 아닐까 싶습니다."[42]

셔머는 현재 채프먼 대학에서 '회의주의 101Skepticism 101' 수업을 진행하며 가장 복합적인 '예방 접종'을 제시한다. 물론 그가 '예방 접종'이라는 말을 직접 쓰지는 않겠지만.[43] 그의 말에 따르면, 그 첫 단계는 자동차에서 "타이어를 발로 차보고 보닛 밑을 점검하는 것"과 같다. "누가 그런 주장을 하는가? 출처는 어디인가? 다른 누군가가 그 주장을 증명한 적이 있는가? 증거는 무엇인가? 누군가가 그 증거를 무너뜨리려 한 적이 있는가? 이런 물음이 허튼소리를 감지하는 기초 단계입니다."

내가 이야기해본 다른 심리학자들과 마찬가지로 그도 오보의 생생한 실제 사례가 이런 원칙을 가르치는 데 아주 중요하다고 확신했다. 기존 교육 방식으로도 그런 거짓에 속지 않을 방법을 가르칠 수 있다고 생각해서는 안 된다. "기존 교육은 대부분 학생들에게 특정 분야의 사실과 이론을 가르치는 데 그칩니다. 전반적으로 의문을 품는 사고 방법, 과학적 사고 방법을 가르치려 하지 않아요."

셔머는 내게 수업의 맛보기를 보여주는 차원에서, 얼마나 많은 음모론이 '이례적인 증거' 전략을 이용해 무언가가 잘못됐다는 주장을 그럴듯하게 펼치는지 설명했다. 예를 들어 홀로코스트를 부정하는 사람들은 (심각하게 훼손된) 아우슈비츠 비르케나우의 크레마II 가스실 구조가, 지붕에 난 구멍으로 과립 형태의 독가스 물질을 떨어뜨렸다는 나치 친위대의 증언과 맞지 않는다고 주장한다. 그들은 이를 근거 삼아 누구도 크레마II 방에서 독가스를 마실 수 없었을 것이며, 따라서 누구도 아우슈비츠 비르케나우에서 독가스를 마시고 죽지 않았으며, 결국 유대인은 나치에게 조직적으로 살해되지 않았고, 홀로코스트도 없었다고 주장한다.

어떤 주장을 이런 식으로 매끄럽게 전개하면 분석적 사고에도 걸리지 않을 수 있다. 크레마II 지붕에 구멍이 있었든 없었든 몰살을 보여주는 항공사진, 공동묘지의 수백만 유골, 수많은 나치 대원의 자백 등 방대한 증거가 있지만, 그런 매끄러운 전개 앞에서는 죄다 무용지물이다. 크레마 가스실의 구조를 복원하려는 노력 덕에 결국 지붕에 구멍이 있었다는 사실이 밝혀졌고, 홀로코스트를 부정하는 주장이 가짜 전제를 토대로 했다는 사실도 드러났지만, 중요한 점은 그 이례적인 주장이 행여 사실이라 해도 홀로코스트 역사 전체를 다시 쓰기에는 부족했다는 점이다.

9·11 공격이 '내부자 소행'이라고 믿는 사람들도 비슷한 전략을 이용한다. 이들의 핵심 주장 중 하나는 항공기에서 나온 제트 연료는 세계무역센터 쌍둥이 빌딩의 강철 보를 녹일 만큼 뜨겁게 탈 수 없으며, 따라서 쌍둥이 빌딩을 무너뜨릴 수 없다는 것이다. (강철은 약 1,510℃에서 녹는 반면, 제트 연료는 약 825℃에서 타오른다.) 하지만 엔지니어들은 강철이 그 온도에서 액체로 변하지는 않아도 강도가 많이 약해져 빌딩 무게를 견디지 못하고 휘어졌을 거라고 말한다. 여기서 배울 점은, 이례적인 단서로 방대한 데이터에 의문을 제기하지 않도록 주의하고, 애매하고 사소한 내용 하나를 근거로 역사를 다시 쓰기 전에 대체 가능한 다른 설명을 고려하라는 것이다.[44]

셔머는 늘 열린 마음을 갖는 게 중요하다고 강조한다. 예컨대 홀로코스트를 둘러싼 새로운 증거가 더 나온다면, 이미 인정된 사건의 거대한 실체를 깎아내리지 않고도 애초의 설명을 수정할 수 있다는 것을 인정하는 게 중요하다.

셔머는 자기 말만 울려대는 메아리 방을 나와 다른 사람의 더 넓은 세계관을 살피라고 조언한다. 예를 들어 기후변화를 부정하는 사람과 이야기한다면 화석 연료 소비 규제에 관해 경제적으로 무엇이 걱정되는지 자세히 묻고, 그들이 어떤 단정을 기반으로 과학을 해석하는지 알아보면 좋을 것이다. "지구 온난화와 관련한 사실들은 정치와 관련이 없으니까요. 지구 온난화는 지구 온난화일 뿐입니다." 우리가 늘 반복해 듣는 원칙이다. 탐색하고 듣고 배우고, 머릿속에 가장 쉽게 떠오르는 생각에 의지하기보다 다른 설명과 다른 견해를 찾아보고, 내가 모든 답을 다 가지고 있지는 않다는 점을 인정하라.

셔머는 학생들에게 이런 접근법을 가르치면서, 세상을 열린 마음으로 바라보되 새로운 정보는 출처를 꼼꼼히 따지기를 기대한다. "앞날을 대비하는 거죠. 학생들이 앞으로 20년 뒤에 제가 상상도 못한 어떤 주장을 마주쳤을 때 '아, 이거 셔머 선생님 수업에서 배운 건데' 그렇게 생각할 수 있다면 좋겠죠. 누구나 언제든지 사용할 수 있는 도구함일 뿐이에요. (…) 모든 학교가 해야 하는 수업이죠."

~

1부에서 지능의 함정과 관련한 기초를 탐색한 데 이어 2부에서는 증거 기반 지혜라는 새로운 분야가 지적 겸손, 적극적 열린 사고, 감정 구별과 감정 조절, 인지 성찰 같은 다른 사고 능력과 성향을 어떻게 드러내고, 인간의 강력한 사고 엔진을 어떻게 조절하며, 흔히 머리 좋고 교육받은 사람들을 괴롭히는 함정을 피해가는 데 어떤 식으로 도움을 주는지 살펴보았다.

나아가 더 나은 결정을 내릴 현실적 전략도 몇 가지 살펴보았다. 벤저민 프랭클린의 심리 대수학, 나와 거리 두기, 마음챙김, 성찰적 추론, 그리고 그 외에 내 감정을 깨닫고 내 직감을 미세하게 조정하는 다양한 기술 등이 모두 그러한 전략이다. 6장에서는 이런 방법들이 어떤 식으로 좀 더 발전한 비판적 사고와 결합해 오보에 휘둘리지 않게 하는지 알아보았다. 이로써 인지적 매끄러움의 함정에 주의하고, 정치·보건·환경·비즈니스와 관련해 더 지혜로운 견해를 가질 수 있게 되었다.

다양한 전략의 기초가 되는 공통된 결론은 지능의 함정이 생기는 이유가 잠시 멈춰 서서 가장 쉽게 떠오르는 생각과 느낌을 뛰어넘어 좀 더 깊이 생각하고 주변의 다른 시각을 고려하기가 힘들기 때문이라는 것인데, 이는 아주 기초적인 수준의 상상력이 부재한 탓일 수도 있다. 이제 여기서 배운 여러 기술을 사용하면 지능의 함정을 피할 수 있으며, 앞서 실비아 마메드가 증명했듯이 아주 잠깐만 생각을 멈춰도 큰 효과를 볼 수 있다.

그러나 이런 구체적인 전략보다 더 중요한 것은 이런 결과가 그 실행 가능성을 증명해 보였다는 것이다. 지능을 적재적소에 사용할 수 있게 하는 중요한 사고 능력은 학교에서 표준 테스트로 측정하는 것 외에도 많다. 현재의 교육 체계에서는 그런 능력을 키울 수 없을지라도, 마음만 먹으면 **얼마든지 배울 수 있다.** 좀 더 지혜롭게 생각하는 법을 우리 스스로 훈련할 수 있다.

3부에서는 이런 생각을 확장해, 증거 기반 지혜가 학습과 기억을 어떻게 촉진하는지 알아본다. 그런 자질을 키우면 좀 더 전통적인 지능이 희생되리라는 오해 또한 확실히 잠재울 것이다. 이를 위해 우선 세상에서 가장 호기심이 많은 사나이를 만나보자.

The art of successful learning:

How evidence-based wisdom can improve your memory

학습의 기술 :

증거 기반 지혜가 어떻게 기억력을 높이는가

7

토끼와 거북이

: 똑똑한 사람은 왜 배우지 못하는가

1920년대 말 미국으로 돌아가보자. 캘리포니아에서 루이스 터먼의 천재들은 이제 막 고등학교를 다니기 시작했고, 그들 앞에 화려한 미래가 펼쳐져 있었다. 그런데 그중에서도 뉴욕 파로커웨이의 집 실험실에서 무언가를 만지작거리는 남자아이 리티Ritty가 흥미롭다.

낡고 큼지막한 운송용 나무 상자가 아이의 '실험실'인데, 안에는 선반, 히터, 축전지, 전기회로가 딸린 전구, 스위치, 저항기가 갖춰져 있다. 리티가 매우 자랑스러워하는 것 하나는 부모님이 그의 방에 들어올 때 벨이 울리도록 그가 직접 만든 침입 경보기다. 리티는 현미경으로 자연계를 연구했고, 더러는 화학 실험 세트를 밖으로 가지고 나가 아이들에게 선보이기도 했다.

실험이 항상 계획대로 끝나는 건 아니었다. 한번은 포드 자동차에서 나온 점화 코일을 가지고 놀다가 문득 궁금해졌다. 점화 코일에서 나오는 불꽃으로 종이에 구멍을 낼 수 있을까? 물론이다. 그러나 그

걸 깨닫기도 전에 종이에 불이 붙었다. 그리고 뜨거운 종이를 휴지통에 떨어뜨리는 바람에 휴지통에 불이 붙었다. 리티는 엄마가 아래층에서 브리지 카드 게임을 하고 있다는 걸 아는 터라 조심스레 문을 닫고 오래된 잡지로 불을 눌러 끄려 했지만 불씨는 아래 길거리까지 튀어가고 말았다.[1]

여기까지는 특별할 게 없다. 그 당시 많은 아이들이 화학 실험 세트를 가지고 있었고, 전기 회로를 가지고 놀았으며, 현미경으로 자연계를 연구했다. 리티는 스스로도 인정했듯이 학교에서 "착한 척하는 아이"였지만, 절대 대단한 아이는 아니었다. 리티는 문학, 그림, 외국어에서 애를 먹었다. 언어 구사력이 약해 학교 IQ 테스트에서 125점을 받았다고 했다. 평균보다는 높지만 캘리포니아에서 '천재' 소리를 들을 점수는 전혀 아니다.[2] 루이스 터먼은 리티보다 IQ 192의 비어트리스 같은 아이들에게 더 관심을 두었다.

그러거나 말거나 리티는 공부를 계속했다. 어린 리티는 가정용 백과사전을 닥치는 대로 읽었고, 수학 입문서 시리즈를 보며 곧 독학하는 법을 익혔다. 노트는 삼각법, 미적분학, 해석기하학으로 가득 채워졌고, 직접 문제를 만들어 두뇌를 최대한 활용하는 훈련도 했다.[3] 파로커웨이 고등학교에 들어가서는 물리 동아리에 가입했고, 학교 대항 대수학 리그에도 참가했으며, 뉴욕 대학이 매년 실시하는 수학 경시대회에서는 뉴욕시의 모든 학생을 제치고 1등을 차지했다. 이듬해에 그는 매사추세츠공과대학MIT에 입학했다. 그리고 그 뒤는 누구나 아는 역사가 되었다.

학생들은 나중에 리티의 풀 네임인 리처드 파인만Richard Feynman이 20세기의 가장 영향력 있는 물리학자로 거론되는 걸 보게 된다. 양자 전기 역학quantum electrodynamics을 이해하는 그의 새로운 방식은 아원자 입자 연구에 대변혁을 일으켰고,[4] 이 연구로 도모나가 신이치로Sin-Itiro Tomonaga, 줄리언 슈윙거Julian Schwinger와 함께 1965년에 노벨상을 받았다.[5] (터먼의 코호트 중에 누구도 이런 영광은 얻지 못했다.) 파인만은 방사성 붕괴에 숨은 물리학을 발견하는 데도 일조했을 뿐 아니라 제2차 세계대전 중에 미국의 원자폭탄 개발에도 핵심적인 역할을 했는데, 이에 대해서는 훗날 크게 후회했다.

다른 과학자들은 그의 생각이 깊이를 잴 수 없는 수준이라고 판단했다. 폴란드 수학자 마크 칵Mark Kac은 자서전에 이렇게 썼다. "천재에는 두 종류가 있다. '평범한' 천재와 '마술사' 같은 천재. 평범한 천재는 우리가 지금보다 몇 배 더 똑똑하다면 도달할 수 있는 수준의 천재다. 머리가 작동하는 방식이 수수께끼는 아니며, 그들이 그 천재들이 해낸 것을 이해하고 나면 '나도 할 수 있었는데' 하는 느낌이 들게 마련이다. 마술사는 다르다. (…) 마술사의 머리가 어떻게 작동하는지는 도저히 이해할 수 없다. 그들이 해낸 것을 이해한다고 해도 그 과정은 암흑과도 같다. (…) 리처드 파인만은 최고 경지에 이른 마술사다."[6]

파인만의 천재성은 물리학에서 끝나지 않았다. 그는 캘리포니아 공과대학에서 안식년을 얻어 물리학 연구를 쉬고 유전을 연구하던 중에 유전자가 변이를 일으켜 서로를 억제하는 방식을 발견했다. 이뿐만이 아니다. 언뜻 그림이나 외국어에는 서툴러 보였지만, 그는 뒤늦게 그림을 배워 놀라운 재능을 드러냈을 뿐 아니라 포르투갈어와 일본어로 말하고 마야 상형문자를 읽었다. 그림도, 외국어도, 어려서 공부하던 식으로 끈질기게 매달린 결과였다. 이외에도 그는 개미 행동 연구, 봉고 드럼 연주, 이미 오래전부터 흠뻑 빠져 있던 라디오 수리에 몰두했다. 1986년 우주왕복선 챌린저호 폭발 사고 이후 폭발을 일으킨 엔진 결함을 찾아낸 것도 그의 끈질긴 탐구심 덕이었다.

파인만의 전기 작가 제임스 글릭James Gleick은 《뉴욕타임스》 부고란에 이렇게 썼다. "자기 지식이든 타인의 지식이든 기존 지식에 만족하는 법이 없었다. (…) 그는 편견 없이 지식을 추구했다."[7]

~

루이스 터먼의 '천재들' 이야기는 일반 지능이 높은 사람들이 그 잠재력을 키우지 못하는 원인을 보여주었다. 흰개미들은 처음에는 장래가 촉망됐지만, 그중 많은 수가 나이 들어서는 '내 재능이면 더 잘할 수 있었는데' 하는 아쉬움을 느꼈다. 유명한 이솝 우화에 나오는 토끼처럼 남보다 뛰어난 재능을 타고났으나 그 잠재력을 충분히 활용하지 못한 경우다.

이와 반대로 파인만은 (그 자신이 말한 바에 따르면) "부족한 지능"으로 출발했지만,[8] 그 지능을 가장 생산적인 방식으로 활용하면서 어른이 된 이후에도 계속 사고력을 키우고 확장했다. 그는 죽기 2년 전인 1986년에 자신의 팬에게 이런 글을 쓰기도 했다. "삶에서 진짜 신나는 일은 이런 식으로 나를 끊임없이 테스트하면서 잠재력을 어디까지 키울 수 있는지 깨닫는 것입니다."[9]

학습과 자기계발에 관한 가장 최근의 연구는 우리가 이 책에서 이제까지 살펴본 증거 기반 지혜 이론과 놀랍도록 닮은 결과를 내놓으면서 이미 알려진 재능 외에 다른 인지적 자질과 정신 습관을 밝혀냈는데, 어쩌면 이를 이용해 우리도 파인만처럼 재능을 꽃피울지 알아볼 수 있을지도 모른다.

그런 특성은 머리를 자꾸 쓰게 하고 사고력을 키워 학습을 독려할 뿐만 아니라 새로운 도전에 맞닥뜨렸을 때 잘 헤쳐 나가게 하며 타고난 능력을 최대한 활용하게 한다. 그런데 중요한 점은 그런 특성이 또 한편으로는 인지 태만과 한쪽으로 치우친 사고를 바로잡아 지능의 함정에 빠지지 않게도 한다는 점이다. 다시 말해, 전반적으로 더 지혜롭고 덜 편향된 사고를 하게 만든다는 이야기다.

이런 통찰력은 학부모와 교육계 사람들이 특히 관심을 보일 수 있지만, 사실은 지능을 더 효과적으로 활용하려는 사람 누구에게나 큰 도움이 된다.

그런 특성 중에 일단 호기심부터 살펴보자. 이 특성은 파인만 외에도 크게 성공한 많은 사람에게서 공통으로 나타난다.

예를 들어 찰스 다윈은 어렸을 때 그다지 두각을 나타내지 않았고, 파인만이 그랬듯 자신의 지능을 평균 이상이라고 생각하지 않은 게 분명하다. 그는 스스로에 대해 "다른 똑똑한 사람들처럼 대단히 재치 있거나 이해력이 빠르지 않다"고 했다.[10]

다윈은 자서전에 이렇게 썼다. "학교를 졸업할 때 나는 나이에 비해 조숙하지도 미숙하지도 않았다."

> 그리고 나는 선생님들과 아버지에게 지적인 면에서는 평균을 밑도

> 는 아주 평범한 아이로 인식되었다. (…) 학창시절의 내 성격을 돌이켜 보건대 당시 내게 장래를 낙관할 만한 유일한 자질이 있었다면 그건 흥미로운 것이면 무엇이든 분야를 가리지 않고 강한 열정을 보이고, 복잡한 주제나 사물을 이해하는 데 큰 즐거움을 느꼈다는 것이다.[11]

다윈에게 지식에 대한 갈증이 없었다면 비글호를 타고 항해하면서 (그리고 그 이후에도) 그처럼 고통스러운 작업을 할 수 있었으리라고 상상하기란 쉽지 않다. 그는 즉각적인 부나 명성을 바라지 않은 게 분명하다. 그의 연구는 수십 년이 걸렸고, 이렇다 할 보상도 없었다. 그러나 배움에 대한 욕구가 강해 주변의 교조적 논리를 의심하며 깊이 연구했다.

주변 세상에 끊임없이 관심을 가졌던 다윈은 획기적인 진화 연구 외에도 호기심을 주제로 최초의 과학 논문도 썼다. 어린아이들이 어떻게 지칠 줄 모르는 실험으로 주변 세상을 자연스럽게 배워나가는가에 관한 논문이다.[12]

훗날 아동 심리학자들이 지적했듯이, 어린아이에게 "더 알고 싶은 욕구"는 생물의 기초 본능인 배고픔과 매우 비슷하다. 그러나 이런 오랜 과학적 계보에도 불구하고 근대 심리학자들은 이 욕구가 이후 삶에서 어떤 역할을 하는지, 왜 어떤 사람은 유독 강한 호기심을 타고나는지 등을 체계적으로 연구하지 않았다.[13] 세상에 처음 지적 발걸음을 내딛을 때 호기심이 대단히 중요하다는 사실은 잘 알려져 있지만, 그 이후의 삶에서 호기심이 어떤 역할을 하는지는 알려진 바가 거의 없다.

여기에는 현실적 어려움도 한몫했다. 일반 지능과 달리 호기심은 이렇다 할 표준 테스트가 없는 탓에 심리학자들은 관련성이 적은 지표에 의지해왔다. 이를테면 아이의 경우에는 질문을 얼마나 자주 하는지, 주변을 얼마나 적극적으로 탐색하는지 관찰하기도 하고, 어떤 특성이나 수수께끼가 숨겨진 장난감을 만들어 아이가 그걸 얼마나 오래 가지고 노는지 알아보기도 한다. 반면 어른의 경우, 설문이나 행동 테스트로 그 사람이 이후에 새로운 것을 보았을 때 그것을 읽고 탐색할지 아니면 아무렇지 않게 무시할지 알아본다. 근대 심리학자들이 이런 측정 도구에 주목하면서, 호기심이 인간의 발달에 미치는 영향력은 아동기와 청소년기 그리고 그 이후까지도 일반 지능과 맞먹는 수준이라는 걸 알게 됐다.

이 같은 연구 중 상당수는 호기심이 기억과 학습에 어떤 역할을 하는지도 함께 조사했다.[14] 그 결과 호기심은 기억의 양, 이해의 깊이, 그 내용이 머릿속에 남아 있는 시간도 결정할 수 있다는 사실이 드러났다.[15] 이는 단지 동기 부여의 문제만은 아니다. 추가적인 노력과 열정을 계산에 넣어도 호기심이 많은 사람은 어떤 사실을 좀 더 쉽게 기억하는 것으로 보인다.

뇌 스캔 영상을 보면 호기심이 "도파민에 활성화되는" 영역으로 알려진 곳의 연결망을 자극하는 것을 알 수 있다. 신경전달물질인 도파민은 대개 음식, 마약, 성에 대한 욕구와 관련 있다는 걸 생각하면, 이러한 현상은 신경 차원에서 호기심이 배고픔이나 성욕과 비슷함을 시사한다. 도파민은 기억이 해마에 보관되는 기간을 더 늘린다고도 알려져 있는데, 호기심이 많은 사람은 학습 욕구도 높을 뿐 아니라 노력이나 시간 투자를 감안해도 기억력 또한 더 좋은 이유를 명쾌하게 설명해준다.[16]

이제까지 가장 흥미로운 연구 결과는 '흘러넘침 효과spill-over effect'다. 일단 무언가에 관심이 촉발되고 그에 따라 도파민이 분비되면 부수적인 다른 정보도 더 쉽게 기억하는 효과다. 이때부터 뇌는 무엇이든 활발히 학습한다.

또한 주변 세상에 늘 관심이 많은 사람이 따로 있었는데, 이 같은 호기심의 개인차와 일반 지능의 관계가 아주 미미하다는 것도 눈여겨볼 만하다. IQ가 같아도 오로지 호기심의 정도에 따라 전혀 다른 삶의 궤적을 그릴 수 있다는 뜻이며, 그렇다면 진지한 관심이 결단력보다 더 중요한 성공 요소가 될 수 있다.

이런 이유로 일반 지능, 호기심, 성실성을 학업에서 성공하기 위한 "3대 기둥"이라 말하는 심리학자도 있다. 이 중 어느 하나만 부족해도 힘들어진다는 이야기다.

호기심의 장점은 교육에서만 끝나지 않는다. 일을 할 때도 호기심은 1장에서 살펴본 '암묵적 지식'을 얻는 데 아주 중요하며, 스트레스를 받거나 힘이 소진되는 것을 막아준다. 또, 다른 사람은 생각지도 못한 문제를 탐구하도록 자극함으로써, 그리고 사후 가정적 사고를 촉발해 '…라면 어떻게 될까?'라고 자문함으로써 창의 지능을 키운다.[17]

타인의 욕구에 진심으로 관심을 두면 사회성이 향상될 뿐 아니라 감정 지능을 자극해 최선의 타협책을 찾는 데 도움이 된다.[18] 호기심은 말로 표현되지 않는 동기 부여 요소를 이런 식으로 깊이 들여다봄으로써 사업에서도 더 나은 협상을 이끌어내는 것으로 보인다.

그 결과 삶이 더 풍요로워지고 성취감도 높아진다. 약 800명을 대상으로 6개월에 한 번씩 두 차례에 걸쳐 개인의 목표를 물으며 삶을 추적한 획기적인 연구가 있다. 설문조사를 이용해 자기 조절이나 참여를 비롯한 열 가지 특성을 측정한 결과, 호기심이 목표 달성 능력을 가장 잘 예측하는 것으로 밝혀졌다.[19]

이들 참가자에 비해 나는 어떨지 궁금한 독자는 아래 예시 문제를 보고 각 항목이 내 느낌이나 행동과 비슷한 정도를 1부터 5까지(조금도 비슷하지 않으면 1, 대단히 비슷하면 5) 점수를 매겨보라.

- 새로운 상황에 놓이면, 새로운 정보를 적극적으로 가급적 많이 찾아본다.
- 어디를 가든 새로운 것이나 새로운 체험을 찾아 나선다.
- 낯선 사람, 낯선 상황, 낯선 장소를 꺼리지 않는다.[20]

위 지문에 크게 동의하는 사람은 어떤 목표를 세우든 달성 가능성이 높다. 이 조사를 실시한 12개월 동안 삶의 질을 꾸준히 높인 유일한 특성 역시 호기심이었다. 호기심은 성공 가능성을 높일 뿐 아니라 그 과정을 즐기게 했다.

이런 사실을 종합하면, 다윈이나 파인만 같은 사람들은 삶에서 어떻게 그토록 많은 것을 성취할 수 있었는지 짐작해볼 수 있다. 이들은 탐구에 대한 갈증으로 현재의 통념과 맞지 않는 새로운 경험, 새로운 생각을 받아들였고, 눈앞에 보이는 것을 더 깊이 파헤쳐 이해하면서 새롭게 맞닥뜨린 문제를 해결할 참신한 해법을 모색했다.

지능이 높은 사람이라면 처음에는 복잡한 정보를 다윈이나 파인만보다 더 쉽게 처리할 수 있었을지도 모른다. 하지만 타고난 호기심이 적다면 그런 장점을 꾸준히 유지하지 못할 가능성이 높다. 일반 지능은 좋은 생각을 떠올리는 데 중요한 요소가 분명하지만, 그 생각을 꽃피우려면 일반 지능을 보완할 많은 특성이 필요하다는 것을 다시 한 번 보여주는 결과다.

여기서 진짜 수수께끼는 어렸을 때의 흥미를 꾸준히 유지하는 사람이 왜 그렇게 적은가 하는 것이다. 많은 연구 결과, 사람들의 호기심은 유아기 이후로 급격히 줄어든다. 누구나 배움에 대한 갈증을 타고난다면, 그리고 그 특성이 어른이 되어서도 많은 도움이 된다면, 그토록 많은 사람이 나이가 들면서 그 특성을 잃는 까닭은 무엇일까? 그것을 막을 방법은 없을까?

매사추세츠 윌리엄스칼리지의 수전 엥겔Susan Engel은 지난 20년 동안 그 답을 찾느라 많은 시간을 보냈는데, 그 결과는 충격적이다. 그는《호기심의 두 얼굴The Hungry Mind》에서 유치원 아이들을 실험한 사례를 언급한다. 실험에서 아이들은 방에 혼자 앉아 한쪽 방향에서만 볼 수 있는 유리를 통해 엄마나 아빠의 모습을 본다. 아이의 엄마나 아빠는 탁자 위에 놓인 물건을 가지고 놀거나, 그냥 쳐다보기만 하거나, 아예 무시한 채 다른 어른과 잡담을 나눈다. 그 뒤 엥겔은 아이들에게 탁자 위에 놓여 있던 물건을 주었다. 그랬더니 부모가 그 물건을 가지고 노는 모습을 보았던 아이들은 그 물건을 만지고 탐구할 확률이 훨씬 높았다.

부모의 사소한 행동이 아이에게 탐구를 권장할 만한 것인지 아닌지를 보여주고, 그러면서 아이의 흥미를 유발하기도 하고 약화시키기도 했는데, 이런 태도는 시간이 흐르면서 아이의 머릿속에 뿌리내리기도 한다. "호기심은 전염된다. 내 삶에서 어떤 호기심도 느끼지 않는다면 내 아이들에게 호기심을 유발하기도 대단히 어렵다." 엥겔의 말이다.

부모는 대화를 통해서도 영향력을 미친다. 엥겔은 열두 가족의 저녁식사 대화를 녹음해 분석하면서, 어떤 부모는 아이의 질문에 늘 판에 박힌 직설적인 답을 내놓는다는 걸 알게 됐다. 그 답에 문제가 있다거나 부모가 대단히 무관심하다는 뜻은 아니다. 하지만 질문이 나온 김에 부모가 그 주제를 탁 터놓고 이야기한 경우에는 다른 질문이 꼬리를 물고 이어졌다. 이 경우 아이는 호기심이 커지고 생각이 깊어졌다.

엥겔의 연구가 보여준 교육 체계 전반의 모습은 더 암울했다. 걸음마를 배우는 아이는 집에서 질문을 시간당 26개까지 던지기도 한다. (어떤 아이는 한 번 관찰하는 동안 질문을 무려 145개나 던졌다!) 그러다가 학교에 들어가면 질문은 시간당 고작 2개로 줄어든다. 이 같은 무관심은 새 장난감이나 흥미로운 물건을 얼마나 흔쾌히 관찰하는가와 같은 호기심의 또 다른 표현에서도 나타나는데, 이 역시 아이가 자라면서 점점 줄어들었다. 엥겔은 5학년 수업을 지켜보면서 두 시간 동안 적극적 관심이 단 한 차례도 표현되지 않는 경우도 심심찮게 목격했다.

질서를 유지하고 진도를 나가야 한다는, 어쩌면 당연한 교사의 걱정도 원인일 수 있다. 그렇다고는 해도 많은 교사가 수업을 너무 경직되게 끌고 가는 탓에 학생들은 궁금한 것을 묻지 못하고 정해진 수업만 따라간다는 게 엥겔의 생각이다. 이를테면 엥겔이 미국 혁명 수업을 관찰하던 날, 교사의 설명이 15분 동안 쉼 없이 이어지던 중에 한 남학생이 가만히 손을 들었다. 그러자 교사는 "지금은 질문에 답을 할 수 없어요. 지금은 배우는 시간입니다"라고 서둘러 대답했다. 그런 태도는 아이에게 재빨리 옮겨 갈 수 있어서, 머리가 아주 좋은 아이라도 질문을 멈추고 문제를 혼자 해결하려 한다.

다윈도 경직된 전통적 교육 방식 탓에 베르길리우스와 호메로스의 시를 억지로 외우다가 아예 흥미를 잃을 뻔했다. 그는 "내 머리를 발달시키는 데 그보다 나쁜 것은 없었다"고 썼다. 다행히 다윈은 부모가 그의 흥미를 응원해주었다. 하지만 집이나 학교에서 어떤 응원도 받지 못한다면, 배움과 탐구의 욕구는 서서히 사라지게 마련이다.

엥겔은 질서 유지와 진도를 걱정하는 교사의 태도도 호기심을 꺾을 수 있으며, 나아가 아주 미묘한 신호도 큰 영향을 미칠 수 있다고 지적한다. 심지어 수업 시간에 교사가 미소를 짓는 횟수까지도 학생들의 흥미 표출과 직접적인 상관관계가 있었다.

엥겔은 아홉 살짜리 아이들의 과학 수업을 연구한 적도 있다. 식초, 베이킹 소다, 물을 혼합한 액체에 건포도를 떨어뜨린 뒤 거품이 건포도를 물 위로 떠오르게 하는 모습을 지켜보는 간단한 실험이었다. 이때 수업 중 절반에서는 교사가 먼저 지시사항을 전달하면 뒤이어 학생들이 그에 따라 실험을 진행했고, 다른 절반에서는 교사가 애초의 수업 계획에서 약간 벗어나 스키틀즈 사탕을 들고 아이들에게 말했다. "그런데 말이야, 이걸 떨어뜨리면 어떻게 될까?"

사소한 말이었지만, 교사가 이런 호기심을 표하자 아이들은 수업에 더 적극적으로 참여했다. 심지어 교사가 교실을 떠난 뒤에도 아이들의 관심은 그치지 않았다. 쉽게 한눈을 팔고, 산만해지고, 학습 효과도 좋지 않은 다른 통제집단과 크게 대조되는 모습이다.

연구가 아직 진행 중이지만 엥겔은 이제까지의 통찰을 교실에 적용해야 할 때가 되었다는 확신이 들었다. "아직도 모르는 게 많은데, 바로 그 점이 우리 같은 과학자에게는 대단히 흥미진진하다. 하지만 이제까지 알아낸 것만으로도 학교는 호기심을 [적극] 권장해야 하고 (…) 그 효과는 막강할 것이라고 말하기에 충분하다. 무언가를 정말로 알고 싶은 아이가 있다면, 그 아이의 배움을 막을 수 없다."

~

파인만이 어떻게 호기심을 계속 유지해 잠재력을 키울 수 있었는지, 그리고 그 방식이 어떻게 논리적 사고를 발달시켰는지 이제 곧 보게 될 것이다. 하지만 그 획기적인 발견을 살펴보기 전에, 개인의 지적 성취를 위해 꼭 필요한 또 하나의 요소부터 살펴볼 필요가 있다. '성장형 사고방식growth mindset'이라 알려진 특징이다.

이 개념을 만든 사람은 스탠퍼드 대학 심리학자 캐롤 드웩Carol Dweck이다. 드웩의 선구적 연구는 2007년 《마인드셋Mindset》이 베스트셀러가 되면서 처음으로 많은 사람의 관심을 끌었다. 하지만 이 연구는 시작에 불과했다. 지난 10여 년 동안 일련의 획기적인 실험들이 실시되어, 똑똑해 보이는 사람이 자신의 실수에서 교훈을 얻지 못하는 이유를 그 사람의 사고방식으로도 설명할 수 있다는 것을 보여주었다. 요컨대 드웩의 이론은 지능의 함정을 이해하는 데 필수다.

로버트 스턴버그처럼 드웩도 학창시절 자신의 경험에서 영감을 얻었다. 드웩이 6학년 때, 선생님은 아이들을 IQ에 따라 앉혔다. IQ가 제일 높은 아이가 맨 앞에, 제일 낮은 아이가 맨 뒤에 앉는 식이다. IQ가 아주 낮은 아이들은 깃발을 나르거나 교장 선생님에게 쪽지를 전달하는 등의 아주 하찮은 일도 해서는 안 됐다. 드웩은 첫 번째 줄 1번 자리에 앉았지만, 선생님의 기대를 저버려서는 안 된다는 부담을 느꼈다.[21] "선생님은 아이들에게 IQ가 지능과 인격을 나타내는 궁극적 척도라는 인식을 심어주었다."[22] 드웩은 언제 실수할지 모른다는 생각에 새로운 도전을 하기가 두려웠다.

발달심리학자로서 처음 연구를 시작할 때도 그때의 기분을 떠올리곤 했다. 드웩은 10~11세 아이들에게 여러 개의 논리 문제를 내는 것으로 실험을 시작했다. 문제를 풀었다고 해서 재능이 있다고 단정할 수는 없었다. 다른 아이들은 잘 참고 푸는데, 아주 똑똑한 아이가 금방 짜증을 내고 포기하는 경우도 있었다.

여기서 진짜 차이는 자기 재능에 대한 믿음에 있는 것 같았다. 성장형 사고방식을 가진 아이들은 연습을 하면 실력이 나아질 거라 믿었고, 고정형 사고방식fixed mindset을 가진 아이들은 재능은 타고나는 것이어서 변하지 않는다고 믿었다. 고정형 사고방식을 가진 사람은 어려운 상황에 부딪혔을 때, 지금 실패하면 영원히 실패하리라는 생각에 상황을 견디지 못하고 무너지는 때가 많았다. "누군가에게는 실패가 세상의 종말인 반면 누군가에게는 흥미진진한 새로운 기회이기도 하다."[23]

드웩은 학교와 기업에서 두루 실험을 진행하면서 똑똑한 사람에게 고정형 사고방식을 심어줄 수 있는 태도를 여러 가지 찾아냈다. 이를테면 아래 물음에 답해보라.

- 당면한 과제를 잘 해내지 못하면 자존감이 전반적으로 떨어지는가?
- 새롭고 낯선 업무를 배우려면 당혹감이 드는가?
- 노력은 무능한 사람에게만 해당하는가?
- 나는 너무 똑똑해서 애써 노력하지 않아도 된다고 생각하는가?

위 질문에 전반적으로 그렇다고 대답했다면 고정형 사고방식을 가진 사람이며, 자신이 편안하게 느끼는 범위를 넘어서는 새로운 도전을 의도적으로 회피해 이후의 성공 가능성을 스스로 차단할 수도 있다.[24]

이를테면 홍콩 대학 신입생을 대상으로 사고방식을 측정한 적이 있었다. 이 대학에서는 모든 수업이 영어로 진행되다 보니 영어 실력이 성공의 핵심인데 많은 학생이 가정에서 광둥어를 쓰며 자라 영어가 유창하지는 않았다. 이 조사에서 드웩은 고정형 사고방식을 가진 학생들은 앞으로 듣게 될 영어 수업을 썩 달가워하지 않는다는 사실을 발견했다. 장기적으로는 성공 가능성을 높여주겠지만 자신의 약점이 드러날 게 두려운 탓이다.[25]

성장형 또는 고정형 사고방식은 도전과 실패에 대한 반응을 결정짓기도 하지만 실수에서 교훈을 얻는 능력에도 영향을 미치는 것으로 보인다. 이런 차이는 두피에 전극을 부착해 측정한 뇌의 전기적 활동에서 나타난다. 부정적 피드백을 받았을 때 고정형 사고방식을 가진 사람에게서는 사회적 감정 처리에 중요한 영역으로 알려진 전두엽 앞쪽의 반응이 활발해지면서 자아가 상처받았음을 보여주는 신경 활동이 나타난다. 그러나 이처럼 강렬한 감정이 나타나는데도 정보를 깊이 있게 처리하는 측두엽에서는 활발한 활동이 감지되지 않았다. 짐작건대 마음의 상처에 지나치게 집중한 나머지 피드백의 세부적 내용과 차후 개선책에는 집중하지 못하는 듯했다. 결과적으로 고정형 사고방식을 가진 사람은 똑같은 실수를 반복할 위험이 있고, 결국 재능이 더 발전하지 못한 채 시들수 있다.[26]

이런 결과는 성장 배경이 다소 불리한 학생에게 특히 중요하다. 드웩 팀은 2016년 칠레에서 16만 명이 넘는 10학년 아이들의 사고방식을 조사한 설문조사 결과를 발표했다. 전국을 대상으로 한 최초의 표본이었다. 앞선 연구와 마찬가지로 이 집단에서도 성장형 사고방식은 학업 성취도를 예측하는 지표임이 밝혀졌는데, 드웩 팀은 이 사고방식이 성장 배경이 덜 좋은 아이들에게 어떻게 도움이 되는지도 함께 조사했다. 그 결과, 경제력이 하위 10퍼센트에 속하는 아이들에게서는 고정형 사고방식이 더 흔히 나타나기는 하지만, 성장형 사고방식을 가진 아이들은 수입이 열세 배나 많은 가정의 아이들만큼이나 높은 학업 성과를 올렸다. 상관관계에 관해서는 더 깊이 말하기 어렵지만, 성장형 사고방식은 경제적 어려움에서 오는 여러 장애를 극복하는 원동력으로 보인다.[27]

드웩은 교육뿐 아니라 자동차 경주 선수, 프로 축구 선구, 올림픽 수영 선수와 함께, 사고방식을 바꿔 성과를 올리는 작업도 시도했다.[28]

자신의 경력에서 정점을 찍은 사람들도 고정형 사고방식 탓에 제약받는 경우가 있다. 테니스 세계 챔피언 마르티나 나브라틸로바Martina Navratilova를 보자. 1987년 이탈리아 오픈에서 16세의 이탈리아 선수 가브리엘라 사바티니Gabriela Sabatini에게 패한 그는 훗날 이렇게 말했다. "그렇게 어린 선수가 나오면 상당한 위협을 느껴요. 그런 경기에서는 기량을 100퍼센트 발휘할 엄두가 나지 않아요. 내가 최선을 다해도 그 친구들이 나를 이길까봐 겁이 나니까요."[29]

나브라틸로바는 그럴 가능성을 알아보고 거기에 적응해 윔블던과 US 오픈에서 우승을 거뒀지만, 평생 그런 도전을 회피하며 사는 사람도 있다. 드웩이 내게 말했다. "우물 안에 사는 사람들이 그런 식인 것 같아요. 그런 기회가 오면 안전을 택하죠. 하지만 그런 순간이 계속 더해져 미래로 이어지고 결국 자아를 확장하지 못해요."

드웩의 연구는 폭넓은 찬사를 받았지만, 사람들은 더러 엉뚱한 곳에 주목하기도 해서 많은 사람이 그의 연구를 오해하고 잘못 해석했다. 이를테면 2016년에 《가디언Guardian》에 실린 기사는 드웩의 연구를 "도전하면 누구나 성공할 수 있다는 이론"이라고 설명했는데,[30] 드웩의 생각을 제대로 반영하지 못한 이야기다. 드웩의 주장은 성장형 사고방식이 기적과도 같아서 적성 따위는 필요치 않다는 뜻이 아니다. 성장형 사고방식도 중요한 여러 요소 중 하나이며, 특히 자기 재능을 의심해볼 법한 새로운 도전에 직면했을 때 더욱 그러하다는 것이다. 그래도 성공하려면 지능이 어느 정도는 필요치 않겠느냐는 게 상식일 수 있겠지만, 낯설고 불편한 상황에서 내 잠재력을 활용할 수 있을지를 결정하는 것은 어떤 사고방식을 가졌느냐다.

더러는 성장형 사고방식을 근거로, 아이가 무언가를 해내면 입이 닳도록 칭찬하면서 아이의 단점은 지나치는 사람도 있다. 하지만 드웩의 생각은 정반대다. 아이의 노력이나 성공을 지나치게 칭찬하면 실패했다고 꾸짖을 때만큼이나 해로울 수 있다. 예를 들어 아이가 좋은 결과를 냈을 때 "넌 똑똑해"라고 말하면 고정형 사고방식을 강화할 수도 있다. 아이가 공부를 아주 열심히 했다면 똑똑하지 않다는 뜻일 수도 있어서, 그 말에 당혹감을 느낄 수 있다. 아니면 앞으로 도전은 피할 수도 있다. 잘못했다가는 똑똑한 아이라는 자리에서 내려올 수도 있기 때문이다. 암스테르담 대학의 에디 브루멜먼Eddie Brummelman은 아이러니하게도 훗날 부모의 기대를 충족하지 못할까 봐 걱정하는 자긍심 낮은 아이들에게는 지나친 칭찬이 특히 해로울 수 있다는 점을 발견했다.[31]

아이가 무엇을 해내면 물론 자랑스러움을 숨길 필요는 없다. 실패했을 때 비판을 피할 필요도 없다. 두 경우 모두 부모와 교사는 결과 자체보다 목표에 이르는 여정을 강조해야 한다는 게 이번 연구를 진행한 사람들의 조언이다.[32] 드웩의 설명은 이렇다. "학생이 현재 성취한 것에 대해 진실을 말해줘야 한다. 그리고 동시에, 학생이 더 똑똑해지도록 도와주어야 한다."

속옷 생산 업체 스팽스Spanx를 설립한 세라 블레이클리Sara Blakely는 이 원칙이 구현된 사례다. 블레이클리는 어린 시절을 이야기하면서, 학교가 끝나고 집에 오면 아버지가 저녁마다 묻던 말을 기억했다. "오늘은 뭘 실패했어?" 맥락을 모르면 잔인한 말로 들리겠지만, 블레이클리는 그 뜻을 잘 알았다. 아무것도 실패하지 않았다면 편안하게 느끼는 범위를 벗어나지 않았다는 뜻이고, 따라서 잠재력을 충분히 발휘하지 않았다는 뜻이었다.

"그때 아버지가 제게 주신 선물은 실패는 결과에 비해 시도를 하지 않은 것이라는 말씀이었어요. 그런 생각 덕에 제 인생에서 마음껏 도전하고 날개를 활짝 펼칠 수 있었죠." 블레이클리가 CNBC에 한 말이다. 이 같은 성장형 사고방식에 엄청난 창의력까지 더해진 블레이클리는 팩스 판매를 그만두고 5,000달러를 투자해 자기 사업을 시작했고, 그렇게 세운 기업 가치가 현재 10억 달러가 넘는다.[33]

드웩은 최근에 비교적 간단하면서도 대규모로 적용할 수 있는 사고방식 개입 프로그램을 찾다가 아이들에게 신경 가소성(뇌가 스스로 신경망을 재정비하는 능력)을 가르치는 인터넷 수업이 지능과 재능은 타고난 불변의 자질이라는 믿음을 줄인다는 사실을 발견했다.[34] 그러나 일반적으로, 이런 한 차례 개입의 장기적 효과는 평균적으로 볼 때 유의미하지만 그리 크지는 않아서[35] 좀 더 확실한 변화를 얻으려면 그 내용을 규칙적으로 상기시키고, 관련된 모든 사람이 의도적으로 거기에 신경을 써야 한다.

궁극적 목표는 최종 결과보다 과정을 평가하는 것, 어렵더라도 배운다는 행위에서 즐거움을 얻는 것이다. 재능은 순전히 타고나는 것이며 성공은 쉽고 빠르게 성취할 수 있어야 한다고 평생토록 믿어온 사람에게는 그마저도 노력과 인내가 필요한 목표다.

~

이 같은 연구 결과를 생각해보면, 이것저것 만지작거리기를 좋아했던 어린 학생에서 세계적인 과학자가 되기까지 파인만의 개인적 발전이 이해되기 시작한다.

파인만은 일찍이 학창시절부터 주변 세계를 이해하고픈 억제할 수 없는 욕구가 넘쳤다. 아버지에게서 배운 특성이었다. "산이든 숲이든 바다든 어딜 가든 귀를 기울일 만한 경이로운 것들이 항상 새로 나타났다."[36]

이처럼 호기심 거리가 가득하니 공부에 동기 부여 요소가 따로 필요치 않았다. 이런 호기심 덕에 학생 때는 문제의 답을 찾는 재미로 밤새 고민하곤 했고, 과학자가 된 뒤로는 연구를 하면서도 갑갑함을 느끼지 않을 수 있었다.

예를 들어, 파인만은 코넬 대학에 처음 교수로 부임했을 때 동료들의 기대에 못 미칠까봐 걱정이 앞섰다. 그러면서 심신이 소진되기 시작했고, 물리를 생각하기만 해도 메스꺼웠다. 그러다가 한때는 물리를 마치 장난감인 양 가지고 '놀았다'는 것을 기억했다. 그 순간부터 그는 남이야 어떻게 생각하든 자신이 진정으로 흥미를 느끼는 문제만 실험하기로 결심했다.

다른 사람이라면 호기심을 잃었을 법한 순간에 그는 호기심에 다시 한 번 불을 붙였고, 이런 태도는 복잡한 생각을 가지고 '놀려는' 끊임없는 욕구와 합쳐져 결국 위대한 발견으로 이어졌다. 어느 날 파인만은 코넬 대학 구내식당에서 접시를 공중에 던졌다가 다시 잡는 남자를 보았다. 그는 접시가 어떻게 저렇게 움직이는지, 접시가 흔들리는 방식이라든가 그것이 접시의 회전 속도와 어떤 연관이 있는지 궁금했다. 그래서 접시의 운동을 방정식으로 만들다가 그 움직임이 전자 궤도와 놀랍도록 닮았다는 사실을 발견했고, 마침내 그 유명한 양자 전기 역학 이론을 만들어 노벨상을 받았다. 그는 훗날 이렇게 말했다. "마치 코르크 마개를 뽑은 것 같았다. 노벨상을 받게 된 도표며 그 모든 것이 흔들리는 접시를 생각하며 빈둥빈둥 시간을 보내던 중에 나왔다."[37]

그는 이렇게 덧붙였다. "더 고차원적으로 이해하다 보면 상상이 계속 이어지고, 그러다가 문득 홀로 있는 내 앞에 아름답고 장엄한 자연의 패턴 중 한 귀퉁이가 새롭게 펼쳐진다. 그게 내가 받은 보상이었다."[38]

파인만은 이 과정에서 성장형 사고방식으로 실패와 실망을 극복했고, 노벨상 수상 연설에서도 그 믿음을 격정적으로 표현했다. "우리는 과학 잡지에 글을 쓸 때 완성도는 최대한 높이면서 과정은 모두 숨기고, 막다른 골목에 부딪힐 걱정이나 처음 품었던 엉뚱한 생각은 이야기하지 않는 습관이 있습니다." 그러나 노벨상 수상 연설에서만큼은 자신이 맞닥뜨렸던 도전을 설명하고 싶다며, "도전에 성공했을 때만큼이나 많은 시간을 쏟아부었지만 성공하지 못한 도전"도 있다고 했다.

그는 처음에 자기 이론의 치명적 단점을 보지 못해 하마터면 물리학적으로나 수학적으로나 말이 안 되는 상황에 빠질 뻔한 일이라든가, 멘토가 그런 문제점을 지적했을 때 자괴감을 느꼈던 일화를 허심탄회하게 이야기했다. "퍼뜩 그런 생각이 들더군요. 내가 정말 한심한 인간이구나." 이런 어려움을 해결한 것도 번득이는 천재성이 아니었다. 영감의 순간은 기나긴 "싸움" 끝에 찾아왔다. (그는 연설에서 "싸움struggle"이란 말을 여섯 번이나 반복했다.)

동료 마크 칵은 그를 "최고 경지에 이른 마술사" "불가해한" 천재로 생각했을 수 있지만, 파인만은 자신을 좀 더 현실적인 시선으로 바라보았다. 대단한 성취를 이룬 다른 많은 사람과 달리 그는 "바로 이 순간 눈앞에 펼쳐지는 기가 막힌 가능성을 아직 누구도 생각하지 못했을 거라고 느낄 때의 짜릿함", 오직 그 짜릿함을 맛보려고 피와 땀과 눈물 그리고 더러는 지루하고 힘든 일을 견뎠다는 것을 솔직하게 인정했다.[39]

~

호기심과 성장형 사고방식은 이런 식으로 학습을 개선하고 자신을 다그쳐 실패를 극복함으로써 우리 인생의 항로를 바꿀 수 있는, 일반 지능과는 별개인 중요한 정신적 특성이 될 수 있다. 지적 잠재력을 최대한 활용하고 싶다면 반드시 키워야 할 필수 자질이다.

그러나 이 두 가지 특성의 가치는 여기서 끝나지 않는다. 증거 기반 지혜 이론과 놀랍도록 닮은 아주 최근에 나온 연구 결과에 따르면, 호기심과 성장형 사고방식이 있으면 (앞서 여러 장에서 살펴본) 위험할 정도로 교조적이고 한쪽으로 치우친 사고에 빠지지 않을 수 있다. 좀 더 생산적인 **학습**을 가능케 하는 자질은 좀 더 지혜로운 **논리적 사고**를 가능케 하고, 거꾸로 좀 더 지혜로운 **논리적 사고**를 가능케 하는 자질은 좀 더 생산적인 **학습**을 가능케 한다.

그 이유를 이해하려면 우선 2장에서 언급한 예일 대학 댄 커핸의 연구로 돌아가야 한다. 기억할지 모르겠지만, 그는 기후변화 같은 주제에서 지능과 교육이 '의도한 추론'을 부풀려 사람들의 시각이 점점 양극화된다는 사실을 발견했다.

그러나 이런 실험은 참가자들의 타고난 흥미를 고려하지 않은 탓에 커핸은 새로운 정보에 대한 타고난 갈증이 다른 견해를 받아들이는 능력에 영향을 미치는지 궁금해졌다.

커핸은 이를 알아보기 위해 우선 참가자들의 과학 호기심을 측정하는 테스트를 만들었다. 여기에는 평상시 독서 습관(취미로 과학책을 읽는지)을 묻는 질문과 최신 과학 뉴스를 꾸준히 보는지, 친구나 가족과 과학 이야기를 얼마나 자주 하는지 등의 질문이 포함되었다. 분석 결과, 놀랍게도 지식 수준은 높은데 호기심이 적은 사람도 있었고, 호기심은 많은데 지식 수준이 낮은 사람도 있었다. 이 결과는 실험의 다음 단계를 설명하는 데 중요하다. 다음 단계에서는 기후변화처럼 정치적 색채가 짙은 주제를 두고 참가자에게 견해를 물었다.

그러자 앞선 연구에서도 드러났듯이, 과학 지식이 많을수록 견해는 양극단으로 갈렸다. 반면 호기심이 많을수록 견해차는 줄었다. 공화당 지지자들은 대개 보수적 견해를 보였지만, 그중에서도 호기심이 많은 사람은 (이를테면) 지구 온난화에 관해서는 과학적으로 합의된 내용을 지지하는 경우가 많았다.

문제를 이해하려는 타고난 욕구가 편견을 극복해 자기 생각과 반대되는 자료도 기꺼이 찾아보지 않았나 싶다. 아니나 다를까 두 기사를 주고 선택해 읽으라고 했을 때에도 호기심이 많은 참가자는 자신의 이념을 강화하는 쪽보다 이념에 반대되는 기사를 읽으려 했다. 커핸은 논문에 이렇게 썼다. "이들은 참신한 정보를 마주했을 때 자신의 정치 성향과 반대일지라도 드러내놓고 호감을 표시했다."[40] 그러니까 이들은 호기심 덕에, 대개는 자기 정체성과 가장 가까운 믿음을 옹호하게 마련인 "논리가 통하지 않는 영역"에서도 반대 증거를 받아들였다.

커핸은 이 결과가 "당혹스럽다"고 솔직히 인정한다. 그는 내게 정체성의 "중력"이 호기심의 유혹도 당연히 이겨내겠거니 예상했다고 말했다. 하지만 호기심은 불확실성도 감내하게 만든다는 걸 생각하면 얼마든지 나올 수 있는 결과다. 호기심이 적은 사람은 뜻밖의 놀라운 일이 생기면 위협을 느끼는 반면에 호기심이 많은 사람은 그런 미스터리를 즐긴다. 이들은 역습을 즐겨서 새로운 사건이 일어나면 도파민이 분비되며, 새로운 정보가 또 다른 궁금증을 불러일으키면 그 미끼를 덥석 물어버린다. 그러다 보니 점점 더 열린 태도를 갖고 자기 견해도 얼마든지 바꿀 뿐 아니라 교조적 견해에 빠지는 일도 없다.

커핸은 지금도 진행 중인 연구에서 총기 소지, 불법 이민, 마리화나 합법화, 포르노의 영향 같은 주제에서도 비슷한 유형을 발견했다.

각 경우에 깜짝 놀랄 새로운 것을 찾아내고 싶어 안달하는 성향이 있으면 의도한 추론에 휩쓸리는 일이 적었다.[41]

또 다른 최신 연구에 따르면, 성장형 사고방식은 지적 겸손을 높여 교조적 추론을 막기도 한다. 스탠퍼드 대학 캐롤 드웩의 지도 아래 진행한 박사 과정 연구에서 터넬 포터Tenelle Porter는 지적 겸손을 측정할 테스트를 처음 개발했다. 그는 참가자에게 다음과 같은 말에 자신이 어느 정도나 해당하는지 점수를 매겨보라고 했다. "내가 무언가를 모를 때 솔직히 인정한다." "내 생각에 비판적인 피드백이라도 달게 받는다." "타인의 지적 강점을 즐겨 칭찬한다." 이렇게 매긴 점수가 행동과 일치하는지 알아보기 위해 포터는 이들이 총기 규제 같은 문제에서 다른 의견에 어떻게 반응하는지, 즉 모순된 증거를 찾아보고 검토하는지 살펴보았다. 이들의 점수는 행동과 부합했다.

그다음에는 참가자를 두 집단으로 나눠, 절반에게는 우리 뇌가 가변적이고 변화 능력이 있다는 사실을 강조해 성장형 사고방식을 촉발하는 대중 과학 기사를 읽게 했고, 다른 절반에게는 우리 잠재력은 타고난 고정된 것이라고 말하는 기사를 읽게 했다. 그 뒤 이들의 지적 겸손을 측정했다. 실험 결과는 포터가 바란 그대로였다. 뇌가 가변적이라고 배우면 성장형 사고방식을 갖는 데 도움이 되었고, 이는 다시 (고정형 사고방식이 촉발되었던 사람에 비해) 지적 겸손이 더 강화되는 계기가 됐다.[42]

포터는 이 결과를 이렇게 설명했다. "고정형 사고방식을 갖고 있으면 항상 전체 서열에서 내 위치를 알고 싶어 합니다. 모든 사람이 서열에 따라 배치돼요. 내가 꼭대기에 있으면 떨어지거나 끌려 내려오고 싶지 않죠. 그래서 내가 무언가를 모른다거나 다른 사람이 나보다 더 많이 안다는 기미가 보이면, 나를 권좌에서 몰아내려는 위협으로 여기는 거예요." 이처럼 자기 위치를 지키려다 보면 지나치게 방어적이 된다. "'내가 더 잘 아니까 당신 말은 들을 필요가 없어'라는 생각으로 다른 사람의 의견을 무시합니다."

반면에 성장형 사고방식을 갖고 있으면 내가 주변 사람들보다 우월한 지위에 있다는 걸 증명하려 애쓰지 않을뿐더러 지식이 내 가치를 대변한다고 생각하지도 않는다. "게다가 배우면 더 똑똑해지니까 학습 욕구도 높아집니다. 그래서 내가 모른다는 걸 인정하기도 훨씬 쉽죠. 서열에서 끌려 내려온다는 위협도 느끼지 않아요."

마침 이고르 그로스먼 역시 가장 최근의 연구에서 비슷한 결과를 얻었다. 성장형 사고방식이 참가자의 일상적인 지혜로운 추론 점수와 양의 상관관계가 있음을 밝힌 연구다.[43]

호기심이 많고 성장형 사고방식을 가진 파인만은 자신의 한계를 인정하는 데 조금도 부끄러움이 없었고, 이런 지적 겸손은 다른 사람들에게서도 환영받았다. 그는 1981년 BBC에서 이렇게 말했다. "의심, 불확실성, 무지를 달고 사는 건 어렵지 않아요. 틀릴 수 있는 답을 가지고 살기보다 아무것도 모른 채 사는 게 훨씬 더 재미있다고 생각해요. 내 답은 근사치이고, 내 믿음은 그럴 수도 있다는 식의 믿음이고, 확신하는 정도도 대상마다 다 달라요. 어느 것도 절대적으로 확신하지 않습니다."[44]

벤저민 프랭클린도 마찬가지였다. 그는 인간의 마음을 변형과 연마가 가능한 가변적 대상으로 보고 덕을 개발하는 데 힘쓴 것으로 유명하다. '과학 취미'도 다양해서 전기 배터리 발명, 감기 전염, 증발의 물리학, 운동에 따른 생리적 변화 등 관심을 두지 않은 분야가 없었다. 역사학자 에드워드 모건Edward Morgan의 말처럼, "프랭클린은 늘 자신이 설명하지 못하는 것을 두고 한참 생각했다. 차를 마실 때면 왜 찻잎은 한쪽으로만 모이는지 궁금해했다."[45] 파인만과 마찬가지로 프랭클린에게도 새로운 지식을 발견하는 것 자체가 보상이었고, 끊임없이 탐구하는 자세가 없었다면 정치에서도 열린 태도를 보이지 못했을 것이다.

그렇다면 다윈은? 그의 지적 욕구는 《종의 기원On the Origin of Species》 출간에 그치지 않았다. 그는 회의주의자나 비평가와 장문의 편지를 꾸준히 주고받았다. 다윈은 혼자서도 생각을 잘했지만 늘 다른 사람들과 논쟁을 벌이고 때로는 거기서 배움을 얻었다.

오늘날처럼 빠르게 변하는 세상에서는 이런 자질이 다른 무엇보다도 중요할 수 있다. 언론인 태드 프렌드Tad Friend는 《뉴요커New Yorker》에 이렇게 지적했다. "1920년대에는 엔지니어의 '지식 반감기', 즉 엔지니어의 전문 지식 절반이 쓸모없어지기까지의 시간이 35년이었다. 그러다가 1960년대에 10년이 되었다. 지금은 고작 5년이며, 소프트웨어 엔지니어의 경우는 3년도 안 된다."[46]

포터는 오늘날의 아이들에게는 지식 업데이트가 더 절실하다는 점을 인정한다. "특정 주제를 알거나 특정 기술을 가지고 있는 것보다 학습을 잘하는 게 더 중요할 수 있어요. 사람들은 여러 직업을 넘나들어요. 그리고 세계화로 인해 수많은 다양한 관점과 다양한 행동 방식을 접하고 있죠."

포터는 구글 같은 기업은 이미 IQ나 학점 등 기존의 학업 성공 척도보다 열정과 지적 겸손을 갖춘 사람을 찾는다는 점을 지적한다. 구글에서 인재 운영을 담당하는 라즐로 복Laszlo Bock은 《뉴욕타임스》에

서 "겸손하지 않으면 배울 수 없다"고 했다.[47]

그는 이렇게 썼다. "성공한 똑똑한 사람들은 좀처럼 실패를 경험하지 않는다. 때문에 실패에서 교훈을 얻는 법을 배우지 못한다. 그러다 보니 좋은 일이 생기면 내가 천재라서 그렇고, 나쁜 일이 생기면 누군가가 멍청해서, 또는 내가 필요한 자원을 얻지 못했거나 시장 상황이 달라져서 그렇다고 생각하는 근본적 귀인 오류를 저지른다. (…) 우리가 이제까지 본 바로는 이 분야에서 가장 성공한 사람, 우리가 고용하고 싶은 사람은 자기 입장이 확고할 것이다. 그들은 맹렬히 논쟁을 벌일 것이다. 자신의 관점에 미친 듯이 열중할 것이다. 그러다가 '여기 새로운 사실이 나왔어'라고 말해주면 '아, 그래? 그렇다면 얘기가 달라지지. 당신 말이 맞아'라고 할 것이다."

복의 말은 SAT 점수 같은 것을 지적 잠재력의 총합으로 여기던 시각에서 벗어나는 새로운 움직임을 보여준다. 그러나 정신을 평가하는 과거 방식과 새로운 방식을 서로 반대되는 것으로 여길 필요는 없다. 8장에서는 몇몇 세계 최고의 학교가 어떤 방식으로 이런 자질을 키우고 있는지, 그리고 심층 학습의 기술에 관하여 이들에게서 배울 점은 무엇인지 살펴볼 예정이다.

이 연구에 자극받은 사람이라면 아주 쉽게 호기심을 끌어낼 방법이 있다. 좀 더 자율적으로 학습하는 것이다. 단순하게는 학습할 내용에 대해 이미 알고 있는 것을 쭉 나열한 다음 정말로 궁금한 질문을 써볼 수도 있다. 내 지식의 빈틈을 드러내는 방법인데, 이렇게 하면 해결해야 할 미스터리를 만들어 호기심을 불러일으키고, 그 문제가 나와 연관성이 생겨 흥미를 높인다고 알려져 있다.

이를테면 시험에 나올 문제를 가지고 연습해도 상관이 없다. 이렇게 하면 도파민 분비에 따른 흘러넘침 효과 덕에 다른 세부사항까지 더 잘 기억하게 되는데, 관심을 촉발하려는 이런 사소한 시도가 회상력을 전반적으로 높이고, 나아가 전체 과정을 좀 더 즐겁게 만들어준다는 연구 결과도 있다. 흥미로운 것보다 가장 **유용할** 것 같다고 생각하는 주제를 공부했을 때 학습 효과가 훨씬 높았다는 사실도 알게 될 것이다.

이 연구의 놀라운 점은 학습이 다시 학습으로 이어진다는 점이다. 배우면 배울수록 호기심은 더 생기고 학습은 더 쉬워지는 선순환이 이루어진다. 이를 근거 삼아 새로운 것을 얼마나 많이 배울지를 예측하는 최고의 척도는 IQ가 아니라 그 주제에 대해 이미 얼마나 많이 알고 있는가, 라고 주장하는 사람들도 있다. 아주 작은 씨앗에서 출발한 지식이 순식간에 눈덩이처럼 커질 수 있다. 파인만이 말했듯이 "아주 깊이 들어가면 모든 게 흥미롭다."

호기심을 재점화하기에는 너무 나이 들었다고 생각하는 사람이라면 파인만의 마지막 위대한 작업에 흥미를 느낄 수 있다. 그에게 노벨상을 안겨준 유명한 연구에서도 그랬듯이, 흥미는 아주 사소한 사건에서 촉발될 수 있다. 1977년 여름, 그가 지인 랠프 레이턴Ralph Leighton과 저녁을 먹던 중 레이턴이 지명 게임 이야기를 꺼냈다. 한 사람씩 독립 국가 이름을 말하는 게임이었다.

"그러니까 자네가 세상의 모든 나라를 안다, 이거지?" 파인만이 가소롭다는 듯 장난스럽게 대꾸했다. "그럼 탄누투바는?" 파인만은 어렸을 때 우표를 수집하면서 탄누투바 우표를 봤던 기억을 떠올렸다. "외몽골 근처, 보라색 점으로 표시된 곳"이었다. 당장 가정용 지도책을 펴보니 그의 기억이 맞았다.

상황은 거기서 끝났을 수도 있지만, 두 남자는 이내 이 미지의 나라에 집착에 가까운 호기심을 느꼈다. 이들은 모스크바 라디오Radio Moscow를 들으며 소련에 있는 이 무명 지역의 소식이 혹시라도 나올까 기대했고, 대학 도서관을 샅샅이 뒤지며 이 지역에 인류학적 탐사가 이루어진 적은 없는지 찾아보다가, 이 나라 시골에 아름다운 소금 호수와 담수호가 있고, 목구멍으로 부르는 아름다운 노래와 샤머니즘이 전해진다는 사실을 발견했다. 그리고 수도 키질에 '아시아의 중심'이라고 쓰인 비석이 있으며(비석을 누가 세웠는지는 분명치 않지만), 이 나라는 소련에서 우라늄이 가장 많이 매장되어 있는 곳이라는 사실도 알아냈다.

그러다가 마침내 러시아-몽골-투바 회화책을 찾았고, 다른 지인이 이 책을 영어로 번역해주어 두 사람은 투바의 '언어·문학·역사 연구소'에 문화 교류를 요청하는 편지를 보내기 시작했다. 그러나 목표를 달성할 기회라고 생각한 순간마다 소련 관료 체제 탓에 퇴짜를 맞았다. 그래도 두 사람은 포기하지 않았다.

1980년대 말, 파인만과 레이턴은 드디어 투바에 갈 방법을 찾았다고 생각했다. 모스크바 여행 중에 레이턴은 소련의 유라시아 유목 문화 전시를 미국에서도 열 수 있도록 주선했다. 그러면서 전시를 준비하는 사람의 자격으로 투바를 돌면서 연구도 하고 촬영도 하게 해달라고 흥정했다. 전시회는 1989년 2월 로스앤젤레스 자연사박물관에서 열렸고, 아직 서양에 알려지지 않은 문화를 많은 사람에게 소개하면서 큰 성공을 거두었다.

하지만 안타깝게도 파인만은 살아생전에 투바를 가보지 못했다. 그토록 고대하던 여행이 성사되기 전에 복부에 종양이 생겨 1988년 2월 15일에 세상을 떠났다. 그러나 마지막 순간까지도 그는 열정으로 생기가 돌았다. 레이턴은 회고록《투바: 리처드 파인만의 마지막 여행Tuva or Bust》에 이렇게 썼다. "파인만은 투바 이야기를 꺼낼 때면 병색이 사라졌다. 얼굴은 밝아졌고, 눈은 반짝반짝 빛났고, 삶에 대한 열정은 주위로 전염되었다." 레이턴은 한 차례 수술을 마친 파인만과 거리를 걷던 때를 회상했다. 두 사람은 서로에게 투바 말을 건네보며 상상 속에서 키질을 걸었다. 파인만이 힘을 내고 불안감을 떨치는 방식이었다.

이 일은 파인만 말년에 많은 사람의 흥미를 자극했고, 결국 투바를 향한 파인만의 애정을 공유하는 '투바의 친구들Friends of Tuva'이라는 작은 단체가 생겨났다. 파인만의 호기심이 철의 장막을 가로지르는 작은 다리를 건설한 셈이다. 마침내 키질에 도착한 레이턴은 파인만을 기리는 작은 명판을 남겼고, 2000년대 후반에는 파인만의 딸 미셸도 투바를 찾았다. 레이턴은 회고록에 이렇게 썼다. "리처드 파인만은 마젤란처럼 우리 가슴과 머리에서 마지막 여정을 완성했다. 그의 꿈은 그가 사람들에게 남긴 영감을 통해 생명을 얻었다."

8

쓴맛 보기의 효과

: 동아시아 교육과 심층 학습의 세 가지 원칙

제임스 스티글러James Stigler는 수난의 당사자도 아니건만 가슴이 뛰고 손에 땀이 났다.

미시간 대학 대학원생인 스티글러는 연구 목적으로 처음 일본을 방문한 차에 센다이에서 4학년 수업을 참관하고 있었다. 3차원 정육면체를 그리는 수업이었는데, 아이들에게 그것은 말처럼 쉽지 않았다. 학생들을 둘러보던 교사는 그림이 유독 엉성해 보이는 한 남자아이를 재빨리 지목하더니 그 그림을 칠판에 그대로 그려보라고 했다. 반 아이들 전체가 보는 앞에서.

스티글러도 교사를 했던 터라 곧바로 흥미가 발동했다. 왜 제일 잘한 학생이 아니라 제일 못한 학생을 골라 실력을 발휘해보라고 할까? 학생에게 연습 기회를 주기보다 공개적으로 망신을 주려는 의도 같았다.

수난은 거기서 끝나지 않았다. 남자아이가 칠판에 그림을 그리자 교사는 반 아이들에게 제대로 그린 그림인지 판단해보라고 했다. 아이들은 고개를 저었고, 남자아이는 다시 그려야 했다. 그림은 나아지지 않았고, 결국 반 아이들이 지켜보는 가운데 칠판 앞에 45분이나 서 있어야 했다.

스티글러는 안쓰러운 그 아이를 보며 마음이 점점 불편해졌다. "고문이라는 생각이 들었다." 스티글러는 그 아이가 곧 눈물을 터뜨릴 거라 확신했다. 미국에서라면 아이를 그런 식으로 다룬 교사는 해고 감이었다. 기껏해야 아홉 살이나 열 살밖에 안 된 아이의 약점을 그렇게 공개적으로 드러내다니, 너무 잔인하지 않은가?[1]

~

서양에서 자란 사람이라면 아마 이 이야기를 읽고 스티글러와 같은 반응을 보였을 것이다. 유럽과 미국 사회에서는 아이의 실수를 그렇게 공개적으로 거론하는 건 거의 상상할 수도 없는 일이어서, 문제가 아주 심각한 교사가 아니고서는 그런 짓은 꿈도 꿀 수 없었다. 어쩌면 동아시아 교육 체계의 심각한 문제점을 드러내는 사례라고 생각하는 사람도 있을 것이다.

국제학업성취도평가PISA 같은 교육 평가에서 일본, 중국 본토, 대만, 홍콩, 한국 같은 나라가 일관되게 서양의 많은 나라를 앞선다는 것은 잘 알려진 사실이다. 그러나 서양 평론가들 사이에는 그런 성취가 주로 혹독한 교육 환경의 결과일 것이라는 의혹이 널리 퍼져 있다. 이들의 주장에 따르면 동아시아 학교는 창의성, 독립적 사고, 아이들의 행복을 희생해가며 암기와 훈련을 독려한다.[2]

센다이에서 스티글러가 목격한 장면은 언뜻 보기에 그런 의혹을 확인시켜주는 듯하다. 그러나 연구를 거듭하던 스티글러는 동아시아 교육에 관한 그런 단정이 근거가 전혀 없다는 사실을 발견했다. 일본의 교수법은 무미건조한 암기에 의존하기는커녕 편향에 빠지지 않으면서 사실 학습을 자극하는 지적 겸손이라든가 적극적 열린 사고 등 좋은 논리적 사고를 위한 많은 원칙을 무의식적으로 독려했다. 여러 면에서 오히려 서양 (특히 미국과 영국) 교육이 융통성 있고 독립적인 사고를 가로막고 기초적 사실도 가르치지 못했다.

이런 점에서 볼 때 센다이 교사의 행동이나 남자아이가 칠판 앞에서 진땀을 흘리던 일은 최근 신경과학이 밝힌 기억에 관한 사실을 입증하는 사례임이 점점 분명해졌다.

이 같은 문화 간 비교 연구는 7장에서 언급한 연구를 기반으로 몇 가지 단순한 실용적 기술을 제시한다. 이를 이용한다면 그 어떤 새로운 학문도 완벽하게 익힐 수 있으며, 학교는 지능의 함정을 피하도록 학생들을 교육할 수 있다.

~

센다이 교실로 돌아가기 전에, 독자들은 개인적으로 옳다고 믿는 학습법에 대한, 그리고 그 믿음을 지지하거나 반박하는 과학적 증거에 대한 자신의 직감을 한번 짚어보고 싶을 수도 있을 것이다.

그렇다면 새로운 기술을 배운다고 상상해보자. 피아노도 좋고, 언어도 좋고, 전문 기술도 좋다. 그런 다음 아래에 동의하는지 동의하지 않는지 대답해보자.

- 오늘 실력이 많이 늘수록 많이 배웠다는 뜻이다.
- 내용이 이해하기 쉬울수록 기억도 잘될 것이다.
- 혼란은 학습의 적이므로 피해야 한다.
- 망각은 언제나 비생산적이다.
- 실력을 빠르게 높이려면 한 번에 하나씩 배워야 한다.
- 쉽다고 느낄 때보다 힘들다고 느낄 때 더 기억에 남는다.

이 중에 신경과학적으로나 심리학적으로나 근거가 있는 말은 마지막 하나뿐이며, 나머지는 모두 학습과 관련해 흔히 떠도는 낭설이다.

이런 믿음은 캐롤 드웩의 성장형 사고방식, 고정형 사고방식 연구와 관련이 있으면서도 또 한편으로는 매우 다르다. 성장형 사고방식은 나에 대한 믿음, 시간이 흐르면서 내 재능이 향상될 수 있다는 믿음과 관련이 있다는 점을 기억하라. 성장형 사고방식을 가지고 있다면 **필요한 경우** 도전을 받아들일 가능성이 높지만, 성장형 사고방식을 가진 사람이라도 혼란과 답답함 그 자체가 학습 효과를 높인다고는 생각하지 않을 가능성이 얼마든지 있으며, 실제로 그럴 가능성이 높았다.

그러나 최근의 신경과학 연구 결과에 따르면 혼란을 느낄 때 학습 효과가 가장 높아서 오늘 성과를 의도적으로 제한하면 내일 더 높은 성과를 낼 수도 있다. IQ가 높은 사람을 포함해 많은 사람이 학습을 효과적으로 하지 못하는 주된 이유도 이런 사실을 모르기 때문이다.

이 현상을 보여준 초기 연구 중에 특이하게도 영국 우체국British Post Office이 의뢰한 연구가 있다. 1970년대 말, 영국 우체국은 심리학자 앨런 배들리Alan Baddeley에게 직원을 훈련하는 최선의 방법을 문의했다.*

영국 우체국은 편지를 우편번호에 따라 분류하는 기계에 거금을 투자했지만, 그 기계를 사용하려면 직원 1만 명이 타자 치는 법과 자판 사용법을 배워야 했는데, 배들리는 이들을 훈련할 가장 효율적인 시간표를 짜야 했다.

당시 많은 심리학자가 집중 훈련이 효과적이라고 생각해 집배원에게 하루 서너 시간씩 그 기술을 완벽하게 익힐 시간을 주었다. 집배원들도 이 방식을 좋아했다. 훈련 기간 중에 진척되는 모습이 눈에 띄었기 때문이다. 훈련이 끝날 때는 처음보다 타자를 훨씬 잘 친다고 느꼈고, 이 학습이 장기 기억까지 이어지겠거니 생각했다.

그러나 배들리는 몇 개의 집단을 꾸려, 훈련 기간은 늘리고 1회 연습 시간은 줄이는 식으로 비교 연구를 해보았다. 하루 네 시간이 아니라 한 시간씩 훈련하는 방식이다. 집배원들은 이 방식을 좋아하지 않는 것 같았다. 훈련이 끝났을 때 완벽하게 익혔다는 느낌이 들지 않았고, 더 오랜 시간 연습한 사람보다 실력이 빨리 늘지도 않는 것 같았다.

하지만 사실은 그렇지 않았다. 하루 동안 실력이 더 많이 향상된 사람에 비해 만족은 적었지만, 훈련에 투자한 시간을 고려해 계산해보면 시간당 학습 및 기억 효과는 더 높았다. 평균치를 따져봤을 때 '느슨한' 방식으로 훈련한 사람은 기초 기술을 완벽히 익히는 데

---

* 영국 우편번호를 6~7자리로 정한 사람도 배들리다. 인간 작업기억의 최대치를 고려한 결정이었다. 그는 기억하기 좋은 우편번호의 숫자와 글자 배열도 조언했다.

35시간이 걸렸고, 집중적으로 훈련한 사람은 50시간이 걸렸다. 30퍼센트 차이다. 개인으로 보면, 하루 한 시간 훈련 방식에서 **가장 느린** 사람도 하루 네 시간 방식에서 **가장 빠른** 사람보다 기술을 완벽히 익히는 데 걸린 시간이 짧았다. 몇 달 뒤의 상황을 살펴본 후속 연구에서도 느슨하게 훈련한 사람이 몰아서 훈련한 사람보다 여전히 더 빠르고 더 정확했다.[3]

이런 느슨함 효과는 오늘날 심리과학자와 많은 교사에게 잘 알려져 있으며, 휴식의 이점과 벼락치기의 위험을 보여주는 사례로 이용되기도 한다. 그러나 그 뒤에 숨은 진짜 원리는 흔한 직관과는 반대다. 즉, 집배원에게 답답함을 유발하는 게 핵심이다.

학습을 작은 덩이로 쪼개어 배운 것을 잊어버릴 수 있는 여러 시기로 나눠보자. 이때 다음 시기가 시작되면 배운 것을 기억하는 데 더 많은 노력이 필요하다. 이처럼 잊어버리고 힘들게 다시 배우다 보면 기억 흔적을 강화해 기억 수명이 늘어난다. 그런데 한 번에 많은 양을 몰아서 공부하는 사람은 중간에 잊고 다시 배우는 아주 중요한 단계를 놓친다. 이 단계는 장기 기억력을 높이는데, 그 이유는 다름이 아니라 이 과정이 어렵기 때문이다.

배들리의 연구는 이런 식으로 '유익한 어려움desirable difficulties'을 겪으면 기억에 도움이 될 수 있음을 처음 시사했다. 유익한 어려움은 처음에는 학업을 방해하지만 장기적으로는 도움이 되는 또 하나의 학습 도전이다.

UCLA의 신경과학자 로버트 비요크Robert Bjork와 엘리자베스 비요크Elizabeth Bjork 부부는 이 분야의 선구자로, 유익한 어려움은 수학, 외국어, 미술사, 음악, 스포츠 등 수많은 분야에서 도움이 될 수 있음을 보여주었다.

물리 시간에 시험 준비를 한다고 생각해보자. 서양에서는 교사가 여러 원리를 알려주고 학생에게 비슷한 문제를 끝없이 반복하게 해 정답률을 거의 100퍼센트까지 끌어올린다. 그러나 비요크 부부는 학생이 기억을 환기할 정도로만 문제를 풀고 새로운 (어쩌면 관련 있는) 주제로 넘어갔다가 나중에 처음 주제로 돌아오는 게 학습 효과가 더 높다는 사실을 증명했다.

이처럼 중간에 주제나 과제를 바꾸는, '삽입법interleaving'이라 알려진 과정은 느슨함 효과와 마찬가지로 한 가지 주제에만 집중할 때보다 학생들에게 혼란과 과중한 부담감을 줄 수 있다. 그러나 나중에 시험을 보면 이렇게 학습한 학생들이 훨씬 많은 것을 배웠다는 사실을 알 수 있다.[4]

다른 유익한 어려움에는 '예비 테스트', 즉 '생산적 실패'가 있다. 학생들에게 아직 배우지 않은 사실을 두고 간단한 문제를 내거나, 아직 풀이법을 모르는 복잡한 문제를 풀어보게 하는 방법이다.

독자들도 직접 테스트해보라. 왼쪽 이탈리아어와 오른쪽 영어(우리말) 중에 뜻이 같은 말끼리 짝지어보자.

- I pantaloni
- L'orologio
- La farfalla
- La cravatta
- Lo stivale

- Tie(넥타이)
- Trousers(바지)
- Boot(부츠)
- Bowtie(나비넥타이)
- Watch(시계)

이제 아래 각주의 정답과 비교해보라.*

왼쪽 이탈리아어가 내가 아는 영어나 프랑스어와 비슷해서, 아니면 전에 그 말을 본 적이 있어서, 두어 개는 정답을 맞혔을 수도 있다. 그런데 이런 예비 테스트와 관련해 놀라운 점은 정답을 맞혔든, 아예 감도 못 잡았든, 그것은 중요치 않다는 것이다. 예비 테스트는 학습을 부추기는 생각 행위다. 느슨한 공부에 따라오는 생산적 망각과 마찬가지로, 뜻 모를 용어에서 느껴지는 답답함은 오히려 해당 정보를 우리 머릿속 깊이 암호화하고, 그러면서 익숙지 않은 언어가 머릿속에 자리 잡는다.[5] (8장을 시작하면서 여러 문장을 주고 동의 여부를 물은 것도 이 때문이다. 내가 가진 지식에 의문을 품으면 이후에 나오는 정보를 더욱 분명하게 기억할 수 있다.)

생산적 실패는 수학 같은 과목에 특히 유용하다고 보이는데, 이를테면 교사가 해법을 가르치기 **전에** 학생들에게 문제부터 풀게 할 수도 있다. 연구 결과에 따르면, 그럴 경우 학생들은 거기에 담긴 개념을 장기적으로 더 잘 이해할 뿐 아니라 배운 것을 새로운 낯선 문제에 더 잘 적용했다.[6]

유익한 어려움을 이용하면 독서 효과도 높일 수 있다. 개념을 압축해 되도록 논리정연하고 매끄럽게 나열하고 멋진 도표와 간결한 요점 정리를 덧붙인 교과서는 장기적으로 보면 회상 능력을 **떨어뜨린다.** 많은 학생이, 그리고 특히 재능 있는 학생일수록 다소 특이하고 복

---

* I pantaloni – Trousers(바지) / L'orologio – Watch(시계) La farfalla – Bowtie(나비넥타이) / La cravatta – Tie(넥타이) / Lo stivale – Boot(부츠)

잡미묘한 글을 보았을 때, 그것을 뒷받침하는 증거에 담겼을 수 있는 복잡함과 모순을 토론하면서 학습 효과가 높아진다. 이를테면 올리버 색스Oliver Sacks의 복잡한 글을 읽은 사람은 매끄럽고 요점 정리가 잘된 교과서를 본 사람보다 시각적 지각에 대해 더 많은 것을 기억했다.[7]

우리 교육은 전반적으로 혼란을 피하려고 애쓰지만, 이처럼 학생에게 혼란을 유발해 약간의 답답함을 느끼게 한다면 오히려 깊이 생각하고 학습하는 효과를 볼 수 있다.

"현재의 성과는 지금 당장의 [정보] 접근성을 보여줄 뿐이지만 학습은 나중에 나타날 근본적 변화 또는 지금 배운 것을 다른 곳에 적용하는 능력과 관련 있어요. 따라서 현재의 성과를 학습의 척도로 해석한다면 많은 것을 오해하게 될 겁니다." UCLA 교수 센터에서 비요크 부부를 만났을 때, 로버트 비요크가 한 말이다.

과학적으로 이 결과는 더 이상 논쟁거리가 아니다. 관련 증거는 이제 논란의 여지가 없다. 수업 시간에 느슨함 효과, 삽입법, 생산적 실패 같은 전략을 써서 유익한 어려움을 적용하면 전체 학생의 학습 효과가 높아진다.

안타깝게도 사람들에게 이런 효과를 설득하기란 쉽지 않다. 배들리가 연구한 집배원과 마찬가지로, 학생과 학부모 심지어 상당수 교사까지도 여전히 오늘 쉽게 배울수록 내일 성과가 더 좋을 것이라고 단정한다. 심각한 문제가 있는 단정이다. 로버트가 말했다. "여러 차례 조사해봤지만 사람들은 늘 더 안 좋은 학습법을 좋아했어요.[8] 그래서 [더 나은 학습법을 쓰면] 지금 당장은 학생들이 더 행복해하지 않을 겁니다."

엘리자베스 비요크도 맞장구쳤다. "사람들은 [혼란을] 부정적으로 해석하는데, 사실은 그 반대로 혼란은 무언가를 배우고 이해하는 더 좋은 방법이에요."

그것은 마치 근육을 키우겠답시고 체육관에 가서 제일 가벼운 역기만 들겠다는 식이다. 비요크 부부가 연구한 바에 따르면 이런 '메타인지 착각'은 회복력이 놀랍도록 뛰어나서, 사람들은 관련 증거를 보거나 효과를 직접 체험하고도 여전히 그 사실을 믿지 않았다. 그래서 유익한 어려움을 도입하려는 학교는 실망스러울 정도로 적고, 혼란을 감내하는 법만 알아도 학습 효과를 훨씬 더 높일 수 있는데도 수많은 학생이 여전히 이를 외면한 채 애를 먹는다.

~

적어도 미국과 영국을 보면 그렇다.

그러나 앞에서 본 대로 "서양이고, 교육받고, 산업화하고, 부유하고, 민주화한" WEIRD 나라에서 관찰한 이런 편향을 섣불리 인간 전체에 대입하지 않도록 주의해야 한다. 동아시아 문화 연구에서는 으레 매우 다른 태도가 나타나곤 한다.

학습은 쉬워야 한다고 느끼는 우리와 달리, 스티글러의 연구를 비롯한 많은 조사 결과 일본 같은 나라의 학생들은 학습에서 힘겨운 싸움이 꼭 필요하다고 생각한다. 그래서 학생들은 오히려 공부가 너무 쉬울까봐 걱정이다.

이런 생각은 부모와 교사의 태도에서도, "노력을 이길 천재는 없다"라는 속담에서도, 일본에 전해 내려오는 이야기에서도 볼 수 있다. 일본 학생이라면 19세기 학자 니노미야 손토쿠의 이야기를 들어 보지 않은 사람이 거의 없다. 어린 시절, 가난했던 그는 숲에서 나무를 할 때도 손에서 책을 놓지 않는 등 틈만 나면 공부를 했다고 전해진다. 지금도 많은 학교 운동장에는 코앞에 책을 두고 등에는 땔감을 진 그의 동상이 세워져 있다. 일본 아이들은 아주 어릴 때부터 힘겨운 싸움과 도전을 감내하는 문화에서 살아간다.

중요한 점은 힘겨운 싸움을 감내하는 이런 태도가 내 재능을 바라보는 사고방식으로 이어진다는 것이다. 일본 학생들은 자기 능력을 발전 중인 것으로 보는 성향이 있는데, 이는 자연스레 성장형 사고방식으로 이어진다. 스티글러가 말했다. "일본 사람들은 개인차를 믿지 않는다는 뜻이 아닙니다. 단지 개인차를 개인의 한계로 여기지 않을 뿐입니다." 그러다 보니 실수를 영구적이고 불가피한 실패의 신호로 보지 않는다. "아직도 배워야 한다는 표시일 뿐이죠." 스티글러의 말이다.

이런 믿음은 동아시아 학생들이 전반적으로 기꺼이 더 오랜 시간 공부하는 이유, 타고난 재능이 없는 학생들이 부족한 부분을 메울 생각에 오히려 더 열심히 공부하는 이유를 말해준다. 그러나 또 한 가지 중요한 점은 그런 믿음이 교사가 수업을 이끌어가는 방식에도 영향을 미쳐서, 교과과정에 유익한 어려움을 더 많이 집어넣기도 한다는 사실이다. 교수법에 정기적으로 혼란을 끌어들여 학습과 이해를 돕는다.

예를 들어 수학이나 과학에서 새로운 주제를 다룰 때, 일본 교사들은 흔히 수업을 시작하면서 학생들에게 정확한 해법을 알려주기 **전에** 문제부터 풀게 한다. 앞에서 언급한 '생산적 실패'를 활용한 경우다. 그러면 학생들은 한두 시간 동안 자기만의 방식으로 그 어려움을 헤쳐 나간다. 교사가 약간의 도움은 주지만, 주로 학생 스스로 해결해야 한다.

미국이나 영국 학생이라면 이때 발생하는 혼란을 꺼리고, 교사는 학생들이 애를 먹는다 싶으면 그걸 못 참고 답을 말해주고 싶은 충동을 느낄 것이다.[9] 그러나 스티글러가 보기에 일본 학생들은 도전을 즐겼다. 그래서 문제 이면의 특성을 더 깊이 생각하고, 궁극적으로 이해도와 장기 회상력이 높아졌다.

문제를 풀 때는 가장 뻔한 해법 외에 다른 해법도 찾아보고, 내 실수를 (그리고 같은 반 친구들의 실수도) 살펴보면서 어떤 해법은 되고 어떤 해법은 안 되는 이유도 찾아보도록 교육받는다. 그리고 아주 어려서부터 문제를 좀 더 전체적인 관점에서 바라보고, 서로 다른 여러 생각의 바탕에 깔린 관련성을 찾아보도록 훈련받는다. 스티글러 연구에 참여했던 한 초등학교 수학 교사는 이렇게 말했다. "현실에서 날마다 많은 문제에 부딪힙니다. 문제를 해결하는 법은 하나가 아니라는 사실을 기억해야 해요."

영국이나 미국 학교는 정반대로 탐색을 장려하지 않는 때도 많다. 혼란이 가중될 수 있다는 우려 탓이다. 이를테면 수학이나 과학 문제는 유형별로 해답을 찾는 전략을 하나만 가르친다. 그러나 연구 결과 여러 접근법을 서로 비교하고 대조하면 처음에는 더 혼란스럽더라도 나중에는 그 이면의 원리를 더 잘 이해할 수 있다.

스티글러가 말했다. "일본에서는 혼란을 가중시키는 수업 문화를 만들었어요. 일본 사람들은 수업에서 그런 혼란을 유지하면 학생들이 더 많이 배울 거라고 생각합니다. 반면에 우리는 [단지] 답을 얻는

데 초점을 맞춰요. 그리고 되도록 쉽게 설명해서 학생이 정답을 맞히게 합니다."

이런 점에서 볼 때, 칠판 앞에서 3차원 정육면체를 그리느라 진땀을 빼는 일본 남자아이의 이야기를 두고 서양인이 보인 반응이 이해가 간다. 미국인이나 영국인은 그 아이의 난처한 상황을 나약함이나 어리석음의 신호로 보는 반면, 같은 반 일본 아이들은 인내심으로 본다. "그 아이의 실수는 크게 중요치 않았어요. 그보다는 아이가 실수를 고칠 정도로 열심히 노력하지 않는다면 그게 걱정스러운 일인 거죠." 스티글러의 예상과 달리 아이는 울지 않았다. 일본 사회에서는 우리가 예상하는 개인적 수치심을 느낄 아무런 이유가 없었다.

스티글러의 말에 따르면, 오히려 그 아이는 수업이 계속되면서 "반 친구들과 선생님에게서 자상함"을 느꼈다. "아이가 그 일을 해낼 때까지 누구도 중간에 끊고 그 정도면 됐다고 말하지 않았어요. 그러기는커녕 모두가 그 아이를 돕는다는 느낌이 들더군요." 힘겨운 싸움이야말로 그 아이가 학습하고 반 친구들을 따라잡을 유일한 길이라는 걸 다들 알고 있었다.

일본에도 물론 기초적 사실을 머릿속에 넣어두고 쉽게 꺼내도록 암기하는 수업도 있다. 그러나 이 연구가 보여주는 것은 (많은 서양인의 예상과 달리) 일본에서는 수업 시간에 독립적 사고를 할 여지를 훨씬 많이 제공한다는 점이다. 그리고 그 효과는 국제학업성취도평가 점수만이 아니라 창의적 문제 해결력과 융통성 있는 사고력을 측정하는 다른 많은 시험에서도 나타났다. 일본 학생들은 영국과 미국 학생들을 앞서면서, 지식을 예상치 못한 새로운 작업에 적용하는 뛰어난 능력을 보여준다.[10]

이처럼 힘겨운 싸움의 가치를 보여주는 강력한 증거가 일본에서 나오기는 했지만 중국 본토, 홍콩, 대만 등 아시아 다른 나라의 교육도 마찬가지다. 이를테면 베이징어로 '치쿠吃苦'라는 말이 있다. 쓴맛을 본다는 뜻인데, 성공으로 이어지는 과정에서 겪는 고생과 역경을 의미한다. 이후에 스티글러는 네덜란드를 비롯한 다른 나라로 관심을 넓혔다. 네덜란드도 미국과 영국보다 높은 성적을 낸 나라다. 네덜란드는 학교마다 학급 학생 수나 교사의 수업 방식 등 여러 면이 다르지만, 학업 성취도가 높은 학교는 한결같이 학생들이 혼란의 시기를 겪도록 장려한다.

스티글러가 이 주제를 연구한 지 수십 년이 지난 지금 이제까지의 연구에서 좋은 교수법 3단계를 뽑아보면 다음과 같다.[11]

- **생산적 싸움**: 학생이 현재로서는 이해할 수 없는 복잡한 개념과 싸우는 긴 혼란 기간.
- **연결점 찾기**: 지적 싸움을 하고 있는 학생에게 비교와 유추를 권장해, 서로 다른 개념의 바탕에 깔린 일정한 유형을 찾아내게 한다. 이로써 혼란이 답답함으로 끝나지 않고 유용한 교훈으로 이어지게 한다.
- **계획적 연습**: 처음에 개념을 가르치고 나면, 학생들이 가능한 한 가장 생산적인 방식으로 그 기술을 연습하게 한다. 중요한 점은 이때 서양의 수학 수업처럼 거의 똑같은 문제를 지겹도록 되풀이하지 말고, 다양한 문제를 추가해 도전을 자극하면서 더욱 생산적인 싸움을 하게 하는 것이다.

~

이는 교육과 학업 성취를 획기적으로 개선할 아주 중요한 발견이며, 유익한 어려움을 활용하면 누구나 새로운 기술을 완벽하게 습득할 수 있음을 이제 곧 살펴볼 것이다.

그러나 이런 발견이 흥미로운 것은 인간의 기억력에 관한 정보를 알려주기 때문만이 아니다. 우리는 여기서 지능의 함정을 만들어내는 문화적 요소를 살펴볼 깊은 통찰력을 얻는다.

이를테면 영국과 미국 수업에서는 누가 가장 먼저 손을 드는가로 정신적 가치를 평가하는 일이 흔하다. 자세한 내용을 깊이 생각하지 않고 직감적으로 반응하는 게 좋다는 신호를 암암리에 보내는 셈이다. 그리고 답을 모른다고 인정하면 보상받지 못한다. 지적 겸손은 한사코 말려야 한다.

설상가상으로 수업을 단순화해 내용을 되도록 빨리 소화하게 하는 경우도 많다. 그래서 깊이 생각해야 하는 자료보다 '매끄럽게' 이해되는 정보를 선호한다. 그러다 보니 특히 저학년 교육에서는 이를테면 역사에서 증거를 달리 해석하거나 과학에서 생각을 점점 발전시키는 등 까다로워질 것 같은 부분은 어물쩍 넘긴 채 확실한 사실만 배우고 암기해 버린다.[12] 이런 수업 방식 이면에는 복잡한 과정을 도입하면 어린 학생들에게 지나친 혼란을 초래할 수 있다는 생각, 그리고 그런 교수법이 고등학교와 대학교에서는 좀 더 융통성 있는 사고를 가능케 할지 모르지만 어린 학생은 다수가 이미 융통성 없는 사고방식이 몸에 배었다는 생각이 자리 잡고 있다.

선의를 가지고 교육을 개혁하려는 시도조차 이런 함정에 빠지기도 한다. 가령 교사는 그동안 아이의 학습 스타일을 알아내야 했다. 시각으로 배우는 아이인지, 말로 배우는 아이인지, 몸으로 배우는 아이인지. 언뜻 혁신적인 생각 같지만, 학생들은 학습 방식에서 고정된 호불호가 있다는 생각을 강화하고, 곧바로 답이 보이지 않는 문제와 씨름하도록 장려하기보다 학습은 가급적 쉬워야 한다는 생각을 굳건히 할 뿐이다.

미국이나 영국 같은 나라의 학생들이 이고르 그로스먼의 증거 기반 지혜 테스트에서, 그리고 오보에 얼마나 잘 속는지를 예측하는 비판적 사고 측정에서 높은 점수를 받지 못하는 것도 어쩌면 당연하다.

이제 이런 태도를 일본 교육 체계와 비교해보자. 일본에서는 초등학생 때부터 날마다 복잡한 문제와 씨름해야 하고, 문제를 해결하는 새로운 방법을 스스로 찾아야 하며, 한 가지 답을 찾았어도 다른 해법은 없는지 생각해봐야 한다. 무언가를 곧바로 이해할 수 없다면 그것을 무시한 채 자기 믿음을 강화하기보다 복잡미묘한 부분을 더 들여다봐야 한다. 이때 생각을 더 해야 한다면 부족하다거나 어리석다는 표시가 아니라 더 깊이 이해하기 위해 "쓴맛을 보는" 능력이 있다는 표시다. 처음에 실패했다면 실수를 인정해도 좋다. 나중에는 더 나아질 것을 아니까.

학생들은 어른이 되어 현실에서 복잡미묘하고 불분명한 문제에 마주쳤을 때를 제대로 대비하는 셈이다. 개방적이고 융통성 있는 논리적 사고를 알아보는 테스트에서 이들이 높은 점수를 얻는 것을 봐도 그렇다.[13] 예를 들어 다양한 연구 결과, 논쟁의 여지가 있는 환경 문제나 정치 문제를 물었을 때, 일본 사람들은 (그리고 동아시아 다른 나라 사람들도) 곧바로 대답하는 대신 질문을 좀 더 생각하면서 반대 견

해를 탐색하고 어떤 정책이든 좀 더 장기적인 결과를 따져보는 성향을 보였다.[14]

앞에서 정신을 자동차에 비유했던 때로 돌아가보자. 영국과 미국의 교육 체계는 최대한 매끈한 도로를 제공해 엔진의 최대 속도로 달릴 수 있게 해주는 반면에 일본 교육 체계는 자동차 경주보다는 장애물 훈련에 어울리는 도로를 제공해, 장애물을 피해 다른 길을 택하거나 험난한 지역을 만났을 때 참고 견딜 수 있게 해준다. 단순히 엔진 속도를 높이기보다 효율적으로 주행하도록 훈련하는 셈이다.

분명히 밝혀두자면 우리는 지금 평균을 이야기할 뿐이다. 한 사회 안에서도 대단히 큰 차이가 존재한다. 그러나 여러 결과가 한결같이 보여주는 사실은 지능의 함정이 어느 정도는 학교에서 나온 문화적 현상이라는 점이다. 이런 사실을 안다면, 작은 개입만으로도 이제까지 살펴본 사고방식을 장려하는 동시에 학교가 이미 중점을 두고 있는 사실 학습도 개선할 수 있다는 건 분명하다.

하다못해 잠깐 뜸을 들이는 전략만으로도 효과는 대단하다.

미국 교사는 수업 시간에 질문을 던지고 평균 1초도 지나지 않아 아이를 지목해 답을 말하게 한다. 복잡한 생각보다 속도가 더 가치 있다는 강력한 메시지를 보내는 꼴이다. 그러나 플로리다 대학의 연구에 따르면, 교사가 3초만 기다렸다가 아이를 지목하고 또 아이가 답을 생각할 시간을 3초만 더 줘도 마술 같은 일이 벌어졌다.

당장 아이들이 내놓은 답의 길이부터 달랐다. 잠깐만 생각할 시간을 주어도 아이들은 세 배에서 일곱 배까지 더 오래 자기 의견을 뒷받침하는 증거를 생각해보고 그것을 대체할 다른 이론을 고민했다. 나아가 다른 사람의 의견에 더 귀 기울이면서 자기 생각을 발전시켰다. 고무적인 사실은 이렇게 생각이 정교해지면 글쓰기에도 영향을 미쳐 글이 좀 더 복잡미묘해진다는 것이다. 단지 교사가 기다려주기만 했을 뿐인데 이처럼 놀라운 성과가 나타났다. 이 연구를 진행한 메리 버드 로우Mary Budd Rowe는 논문에 이렇게 썼다. "천천히 가면 더 빨리 갈 수 있다!"[15]

한편 하버드 대학 심리학자 엘런 랭어Ellen Langer는 모호함을 피할 목적으로 복잡한 내용을 지나치게 단순화하는 방식과 그것이 우리 생각에 미치는 영향을 조사했다. 예를 들어 물리학과 수학에서 문제 풀이 방식이 여러 가지 있을 수 있는데, 한 가지 방법만 배우고는 다른 방법을 찾아볼 기회를 차단당한다. 이런 성향의 이면에는 복잡해질 기미만 보여도 혼란이 초래될 수 있으며, 그러면 학습에 해롭다는 생각이 자리 잡고 있다. 한 가지로도 충분한데 구태여 여러 방법으로 아이를 헷갈리게 할 이유가 없지 않은가?

실제로 랭어는 수업에 쓰이는 표현을 살짝 바꿔 모호함을 더하면 심층 학습을 촉발한다는 사실을 발견했다. 그는 고등학교 물리 시간에 학생들에게 기초 원리를 설명하는 30분짜리 영상을 보여준 뒤 그 정보를 이용해 몇 가지 질문에 답하게 했다. 이때 일부 학생에게는 이런 말을 덧붙였다. "이 영상의 내용은 물리에 관한 여러 견해 중 하나일 뿐이어서 학생들에게 도움이 될 수도 있고 그렇지 않을 수도 있습니다. 원한다면 문제를 풀 때 얼마든지 다른 방법을 써도 좋습니다." 이 단순한 말만으로도 학생들은 주어진 주제를 좀 더 자유롭게 생각하고, 좀 더 창의적으로 문제를 해결했다.[16]

또 다른 실험에서는 학생들에게 특정한 수학 문제를 푸는 방법을 알려주었는데, 이때 단어 하나만 바꿔도 결과가 달라졌다. "이 방정식을 푸는 **한 가지** 방법"이라는 설명을 들은 학생들은 "이 방정식을 푸는 **단 한 가지** 방법"이라는 설명을 들은 학생보다 정답을 낼 확률이 약 50퍼센트 높았다. 게다가 개념을 더 심층적으로 이해했고, 그 해법이 효과가 있을지 없을지를 더 잘 판단했다.[17] 인문학과 사회과학에서도 마찬가지였다. 지리 시간에 "이 현상은 도시 지역 진화의 원인**일 수 있다**"라고 들은 학생은 부인할 수 없는 절대적 사실이라고 들은 학생보다 이후 시험에서 이해도가 더 높게 나타났다.

모호함을 약간만 드러내도 학생들은 혼란을 느끼기는커녕 다른 설명을 생각해보고, 그렇지 않았으면 무시했을 다른 길을 모색하며 (4장에서 언급한) 성찰적 사고, 적극적 열린 사고를 했다. 조건을 나타내는 용어를 사용해 틀짜기 문제를 내도 창의적 사고에서 더 좋은 결과를 낼 수 있다.

벤저민 프랭클린이 100퍼센트 확신을 의미하는 '교조적' 용어들을 의도적으로 쓰지 않았다는 사실, 이처럼 불확실성을 인정하는 태도가 초예측자들의 결정을 개선했다는 사실을 기억할 것이다. 랭어의 연구는 이런 복잡미묘한 사고를 어려서부터 키울 수 있다는 것을 보여주는 또 다른 증거다.[18] 불확실성을 제시하면 약간의 혼란을 초래할 수 있지만, 머리를 더 쓰게 해서 궁극적으로는 학습 효과를 높인다.

생각을 부추기는 이런 미묘한 자극 외에도, 이를테면 학생들에게 역사와 관련한 기사를 다양한 관점에서 상상해보고 자신은 어떤 주장을 할 수 있을지 생각해보라고 할 수도 있다. 과학 수업에서는 상반된 주장을 대표하는 두 가지 사례 연구를 주고, 각 증거의 장점을 평가하고 서로 다른 두 견해를 조화시켜보라고 할 수도 있다. 이때도 이런 연습을 하면 학생의 집중력을 떨어뜨려 교과목 전반에서 학습 효과가 떨어지는 역효과가 나리라고 예상하기 쉽다. 하지만 실제로는 유익한 어려움을 더해, 사실 자료를 암기하라는 구체적 지시를 받은 학생보다 암기를 더 잘했다.[19]

이 방법에다 5장에서 살펴본 감정 구별 훈련이라든가 6장에서 언급한 비판적 사고 기술 같은 방법을 더하면, 학교에서 지혜로운 추론에 필수인 모든 사고 능력과 성향을 기르는 종합적 훈련을 제공할 수 있다는 건 분명하다.[20] 이 같은 개입 프로그램은 인지력이 낮은 사람의 학업 성취도를 높일 뿐 아니라[21] 지능과 전문성이 높은 사람을 곧잘 괴롭히는 교조적이고 폐쇄적이고 게으른 사고방식도 바로잡는 것으로 나타났다.

이런 교육의 장점은 초등학교부터 대학교에 이르기까지 교육 체계 전반에서 두루 나타났다. 이제 막 학교를 다니기 시작한 아이를 비롯해 모든 학생에게, 소화하기 쉬운 정보를 떠먹여주는 식에서 벗어나 이따금 혼란과 답답함을 유발하는 교육을 할 때만이 지혜로운 사고를 키울 수 있다.

이런 연구 결과를 유익하게 활용할 사람은 비단 교사나 학생만은 아니다. 우리 대부분은 일 때문이든 재미 삼아서든 어른이 되어서도 공부를 계속하는데, 배움의 기회를 최대한 활용하려면 학습을 스스로 조절할 줄 아는 게 필수다. 연구에 따르면 머리가 아주 좋은 사람을 포함해 대다수가 학습 기술이 부족하다. 유익한 어려움을 전략적으로 활용하면 기억력을 높일 뿐 아니라 어떤 상황에서도 혼란과 불확실성에 더 잘 대처하도록 우리 뇌를 훈련할 수 있다.[22]

몇 가지 예를 보자.

- 일정한 간격을 두고 학습하라. 좀 더 짧은 단위로 여러 날 또는 여러 주에 걸쳐 학습하라. 배들리의 집배원 실험에서 보았듯이, 처음에는 집중적으로 학습한 사람보다 발전이 더디다고 느낄 수 있다. 그러나 내용을 반복하며 복습하면 기억 흔적을 강화해 장기 회상력을 높인다.
- 매끄러운 자료를 조심하라. 앞에서 살펴보았듯이, 교과서 내용이 언뜻 단순해 보이면 내가 학습을 잘하고 있다고 믿게 되는데, 사실은 장기 기억력을 떨어뜨릴 뿐이다. 처음에는 혼란스럽더라도 깊이 생각해야 하는 좀 더 복잡미묘한 자료를 보려고 노력하라.
- 예비 테스트를 해보라. 어떤 주제를 탐색하기 시작했다면 곧바로 이미 아는 내용부터 가급적 많이 설명해보자. 실험 결과, 처음에는 해당 주제를 아주 엉터리로 이해하고 있어도, 이 과정을 거치면 이후 학습에서 머리가 잘못을 정정하며 심층 학습을 준비하고 전반적으로 기억력도 높아졌다.
- 환경을 다양화하라. 같은 장소에서 오래 공부하는 사람이라면, 그 환경에서 나오는 신호가 학습 내용과 연결되고, 그러다 보면 그 신호는 무의식적으로 길잡이 역할을 한다. 학습 장소를 바꿔주면 그런 신호에 지나치게 의지하지 않게 되는데, 그러면 유익한 어려움을 적용할 때처럼 당장의 성과는 떨어져도 장기 기억은 향상된다. 공부할 때 방만 바꿔도 이후 테스트에서 기억력이 21퍼센트 좋아졌다는 실

험 결과도 있다.

- 가르치면서 배워라. 공부를 마치면 노트를 보지 말고 이제까지 공부한 내용을 다른 사람에게 설명한다고 상상해보자. 이제 막 배운 내용을 다른 사람에게 가르칠 때 학습 효과가 가장 높다는 것을 증명한 연구는 한둘이 아니다. 설명을 하다 보면 배운 내용을 머릿속에서 더 깊이 있게 처리하기 때문이다.
- 규칙적으로 나를 테스트하라. 소위 '회상 훈련'은 이제까지 기억력을 높이는 최고의 방법으로 알려져 있었다. 하지만 너무 빨리 포기하고 답을 찾아보는 일이 없도록 하자. 답이 얼른 떠오르지 않으면 정답을 보고 싶은 마음이 생기게 마련이지만, 시간을 갖고 기억하기 위해 애를 써봐야 한다. 그래야 장기 기억력을 높이는 연습이 된다.
- 뒤섞어라. 나를 테스트할 때, 한 가지 주제에만 집중해 문제를 내지 말고 여러 주제의 문제를 뒤섞어야 한다. 주제를 다양화하면 관련이 없어 보이는 사실들을 기억하느라 더 애써야 하고, 그러다 보면 학습할 내용의 밑바탕에 깔린 일정한 유형을 찾는 데 도움이 된다.
- 내가 편안하게 느끼는 범위를 벗어나 지금의 내 전문성으로는 어려운 일을 시도하라. 그리고 하나의 답보다 다양한 해결책을 찾아보라. 내가 찾은 해결책 중 어느 것도 완벽하지 않더라도 그런 생산적 실패는 개념 이해를 높여줄 것이다.
- 틀렸을 때는 혼란의 원인을 설명해보라. 어디서 오해를 했을까? 실수의 원인은 무엇일까? 이런 과정을 거치면 같은 실수를 반복하지 않을 뿐 아니라 해당 주제에 관한 기억력이 향상된다.
- 예견 편향을 조심하라. 로버트 비요크와 엘리자베스 비요크가 증명했듯이, 우리는 현재 성과만을 보고 학습 수준을 오해하기도 한다.

자신의 기억에 자신감이 **높을수록** 나중에 그 사실을 기억할 확률은 **낮다**는 사실을 보여준 연구도 있다. 이는 다시 매끄러움의 문제로 이어진다. 어떤 사실이 처음 머릿속에 쉽게 들어오면 그것을 잘 안다고 생각하지만, 매끄럽게 인지된 사실은 피상적으로 처리될 때가 많다. 따라서 친숙하지 않은 내용 외에 잘 안다고 생각하는 내용도 규칙적으로 점검해야 한다.

유익한 어려움은 사실 학습에 도움이 될 뿐 아니라 악기 연주 같은 운동 기술을 익히는 데도 도움이 된다. 흔히들 악기 연습은 수양과도 같지만 대단히 반복적인 일이어서 완벽에 가깝게 연주할 때까지 악보 몇 마디를 오랜 시간 죽어라 반복해야 하는 것이려니 생각한다.

그러나 비요크 부부의 연구 결과, 서로 다른 여러 부분을 몇 분씩 번갈아 연습할 때 효과가 훨씬 좋았다. 이렇게 하면 같은 부분으로 돌아올 때마다 기억을 새로 되살릴 수 있다.[23]

연주 자체에도 약간의 변동성을 시도해볼 수 있다. 엘런 랭어는 '조건부 학습conditional learning' 연구의 일환으로 피아노 전공 학생들에게 당부했다. "한 가지 특정 유형에 갇히지 말고 몇 분마다 연주 스타일을 바꿔보세요. 연습할 때는 맥락에 주목해 미묘한 변주를 넣거나 아니면 그때그때의 느낌이나 감각, 생각을 담아보세요." 그리고 이후 테스트에서 독립된 심사위원들은 전통 방식대로 기계적으로 암기해 연습한 학생들보다 변화를 추구한 학생들의 연주를 더 훌륭하다고 평가했다.

랭어는 그 뒤에 대규모 오케스트라를 상대로 이 실험을 반복했다.

이들은 연습을 끝없이 반복해 힘이 소진되는 일도 흔했다. 그런데 연주에 미묘한 변화를 줘보라고 하자 연주자들이 더 신나서 연주했고, 독립된 음악가로 구성된 심사위원들은 이들의 연주가 좀 더 유쾌하다고 평가했다.[24]

오케스트라와 학교 수업은 환경이 매우 달라 보이지만, 미묘한 변화와 복잡성을 학습에 의도적으로 끌어들인다는 철학은 어떤 상황에든 적용할 수 있다.

~

UCLA에서 비요크 부부를 만난 뒤 나는 근처 캘리포니아 롱비치에 있는 한 학교를 찾아갔다. 증거 기반 지혜의 모든 원칙을 적용하려는, 단일 기관으로는 가장 종합적인 시도를 하는 곳이 아닐까 싶다.

지적 덕목 아카데미IVA, Intellectual Virtues Academy라 불리는 이 학교는 로스앤젤레스 로욜라메리마운트 대학 철학 교수 제이슨 베어의 작품이다. 베어는 지적 겸손, 호기심, 열린 태도 같은 성격 특성이 좋은 논리적 사고에 미치는 철학적 중요성을 탐색하는 '덕 인식론virtue epistemology'에 주목한다. 그는 최근에 지적 겸손을 연구하는 심리학자들과도 공동 연구를 진행했다.

IVA를 세울 때 베어의 관심은 순전히 이론적인 것이었는데, 친구이자 동료 철학자인 스티브 포터Steve Porter의 전화를 받고 마음이 바뀌었다. 포터는 라디오 뉴스에서 오바마 부부가 딸들을 소위 '자율형 공립학교charter school'에 보낼 수도 있다는 소식을 들었다. 주 정부가 자금을 지원하되 교육 목적과 교과과정을 스스로 선택하는 학교다.

두 철학자에게도 어린 아이가 있던 터라 포터는 우리도 그런 학교를 세우지 못할 이유가 없지 않느냐고 제안했다. 두 사람은 카페에서 정기적으로 만나면서 호기심 같은 지적 덕목을 의도적으로 키우는 교수 모델을 두고 논의하기 시작했다. "그런 수업을 정규 교과과정 외에 따로 추가하는 게 아니라, 모든 수업을 그런 자질을 키우도록 구성한 거예요." 베어가 내게 말했다.

학교 건물에 들어서는 순간 그 목표가 분명히 눈에 들어왔다. 교실마다 벽에는 IVA가 좋은 생각, 좋은 배움에 대단히 중요하다고 생각하는 9개 '주요 덕목'이 슬로건과 함께 붙어 있었다. 9개 덕목은 세 가지 범주로 나뉜다.

시작하기

- **호기심**: 궁금해하고, 깊이 생각하고, 왜냐고 묻는 성향. 이해하고픈 갈증과 탐색하고픈 욕구.
- **지적 겸손**: 지적 수준이나 위신에 개의치 않고, 지적 한계와 실수를 기꺼이 인정하는 태도.
- **지적 자율성**: 적극적이고 자발적인 사고 능력. 스스로 논리적으로 생각하는 능력.

제대로 실행하기

- **집중하기**: 학습에 기꺼이 '개인적으로 참여'하려는 태도. 집중력을 흐트러뜨리는 것을 멀리한다. 마음을 집중하고 정신을 쏟으려고 노력한다.
- **지적 신중함**: 지적 함정이나 실수를 감지하고 그것을 피하려는 성

향. 정확성을 중시한다.

- **지적 치밀함**: 적극적으로 설명하려는 성향. 단지 겉으로 보이는 모습이나 쉬운 답에 만족하지 않는다. 더 깊은 뜻을 탐색하고 더 깊이 이해하려 한다.

어려움 극복하기

- **열린 태도**: 기존 틀을 벗어나 생각하는 능력. 경쟁하는 다른 관점도 공정하고 정직하게 경청한다.
- **지적 용기**: 창피함이나 실패 등이 두려워도 생각과 소통을 멈추지 않는 적극적 태도.
- **지적 고집**: 지적 도전과 싸움을 기꺼이 감수하는 태도. 포기하지 않고 목표를 향해 곧장 나아간다.

'지적 겸손' '열린 태도' '호기심' 같은 덕목은 이고르 그로스먼이 일상에서의 지혜로운 추론을 처음 연구할 때 좋은 생각에 필요한 요소로 꼽았던 것들과 정확히 일치하는 반면 '지적 신중함'이나 '지적 치밀함' 같은 요소는 6장에서 이야기한, 의심을 품는 태도를 기르는 것과 좀 더 밀접하게 연관된다. 그런가 하면 '지적 용기' '지적 고집' '지적 자율성'은 비요크 부부와 스티글러가 집중적으로 연구한 혼란 그리고 힘겨운 싸움을 실천한다.

이 9개 덕목은 IVA 교육 모델에 관심이 있는 사람이든 없는 사람이든, 지능의 함정을 피하고자 한다면 반드시 갖춰야 하고 점검해야 할 정신 자질이다.

IVA 학생들은 매주 교사와 학부모가 주도하는 '자문위원' 수업에서 이런 개념을 분명하게 배운다. 예를 들어 내가 참관한 자문위원 수업에서는 '효과적인 듣기'가 주제였는데, 이때 학생들은 자기가 다른 사람과 어떤 식으로 이야기하는지를 깊이 생각해야 했다. 학생들은 지적 겸손이나 호기심 같은 덕목이 대화에서 어떻게 유용한지, 그리고 중요하게는 그런 덕목이 부적절할 수도 있는 상황이 있는지 생각해야 했다. 마지막으로 반 전체가 '미국인의 삶This American Life'이라는 팟캐스트 한 회를 들었다. (어린 여자아이 로지의 일상을 보여주는 내용으로, 로지는 일밖에 모르는 물리학자 아빠와 소통하느라 애를 먹는다.) 다른 관점을 받아들이는 연습인 셈이다. 이 모든 과정의 목적은 학생들에게 자기 생각에 대한 분석력과 성찰력을 키워주는 것이다.

이처럼 9개 덕목은 노골적으로 수업의 주제가 되기도 하지만, 전통적 과목에 통합되기도 한다. 이를테면 자문위원 수업이 끝나고 캐리 노블Cari Noble이 지도하는 7학년(12~13세) 수업도 참관했는데, 다각형의 내각 계산법을 배우는 이 수업에서 학생들은 관련 공식을 곧바로 익히지 않고 그 공식이 나오기까지의 논리를 이해하려고 애썼다. 스티글러가 설명한 일본식 수업을 연상케 하는 수업 전략이다. 그 뒤에 참관한 국어 시간은 음악을 감상하고 토론하는 시간이었다. 학생들은 지휘자 벤저민 잰더Benjamin Zander의 테드 강연을 다 같이 들었다. 피아노를 배우느라 애를 먹은 사연을 털어놓은 이 강연 역시 발전에는 지적 싸움이 필수임을 보여주었다.

교사들은 이날 하루 종일 지적 덕목들을 몸소 실천하는 '본보기'가 되었다. 곧바로 답을 찾지 못할 때에는 무지를 인정해 지적 겸손을 보여주었고, 갑자기 새로운 관심사가 생겼을 때는 호기심을 드러냈다. 드웩, 엥겔, 랭어가 증명했듯이, 이런 미묘한 신호가 아이들의 생각을 촉발할 수 있다.

나는 IVA를 이날 하루 봤을 뿐이지만, 직원들과 이야기하면서 이 학교가 탄탄한 심리학적 연구를 충실히 반영해 수업 전략을 짰다는 인상을 받았다. 모든 수업에서 좀 더 정교한 논리적 사고를 훈련할 수 있으며, 그렇다고 해서 애초의 학구적 목표가 훼손되는 일은 전혀 없다는 걸 보여주는 연구다. 학교장 재클리 브라이언트Jacquie Bryant는 내게 이렇게 말했다. "학생들은 어렵고 복잡한 교과과정을 감수하지 않고서는 이런 지적 덕목을 훈련할 수 없어요. 그리고 우리는 글쓰기와 피드백이 없으면 학생들의 이해 수준을 파악할 길이 없죠. 둘은 함께가야 합니다."

내가 관찰하기로는 이 학교 학생들의 메타인지력, 즉 자기 생각에 오류가 있을 수 있다는 걸 알고 그것을 바로잡는 능력은 다른 평균적인 십대들보다 월등히 뛰어났다.

학부모들도 감명을 받은 게 분명해 보였다. "정말 대단해요. 그런 걸 배운다고 해도 보통은 어른이 되어서나 가능한데 말이죠." 학부모 자문위원에 속한 나타샤 헌터Natasha Hunter의 말이다. 지역 대학에서 강의를 하는 헌터는 아이들이 그렇게 어린 나이에 그처럼 정교한 논리적 사고를 한다는 사실에 놀라움을 표했다. "비판적 사고가 이 정도 수준은 되어야 하는데, 공립학교를 졸업하고 온 학생들을 보면, 생각하는 수준이 우리 기대치에 미치지 못해요."

학생들의 성적을 봐도 알 수 있다. IVA는 첫해에 롱비치 통합 교육구Long Beach Unified School District에서 상위 3개 학교에 이름을 올렸다. 그런가 하면 2016~2017년에 실시한 캘리포니아주 학업 성취도 테스트에서, 언어 영역 기대 수준을 달성한 학생이 캘리포니아 전역에서 평균 50퍼센트인 반면에 이 학교에서는 70퍼센트가 넘었다.

이 성공에 너무 많은 의미를 부여하지 않도록 주의해야 한다. IVA는 학교 목표에 헌신하는, 의욕이 넘치는 교직원들로 이루어진 유일한 학교다. 내가 이야기해본 심리학자 다수는 효과적이고 광범위한 교육 개혁을 장려하기가 쉽지 않다고 지적했다.

그렇다고는 해도, IVA는 내게 성인의 삶에 필요한 효과적이고 논리적인 사고를 서양 교육이 어떻게 키워줄지, 그래서 다음 세대에 모두가 좀 더 지혜롭게 생각할 수 있는 방법은 무엇인지 그 실마리를 보여준 것은 분명하다.

The folly and wisdom of the crowd:

How teams and organisations can avoid the intelligence trap

군중의 어리석음과 지혜 :

팀과 조직은 어떻게 지능의 함정을 피할 수 있는가

The Intelligence Trap

9

'드림팀' 만들기

: 슈퍼그룹 조직하는 법

대다수 전문가가 아이슬란드는 유로 2016 남자 축구 토너먼트 출전권을 따지 못할 것이라고 했다. 4년 전만 해도 아이슬란드는 세계 131위였다.[1] 그런 아이슬란드가 최고 24개 팀에 뽑혀 우승 경쟁을 벌이리라고 상상이나 할 수 있었겠는가.

첫 번째 충격적 사건은 2014년과 2015년에 열린 예선전에서 벌어졌다. 아이슬란드가 네덜란드를 꺾고 본선에 진출해, 대회 사상 본선에 진출한 가장 작은 나라가 되었다. 이어 생에티엔 경기장에서 치른 포르투갈과의 본선 첫 경기에서 무승부를 거두며 또다시 충격을 안겼다. 아이슬란드의 예상치 못한 선전에 포르투갈 축구 스타 크리스티아누 호날두도 당황했다. 아이슬란드의 전술이 못마땅했던 호날두는 경기가 끝나고 리포터와의 인터뷰에서 이렇게 말했다. "아이슬란드에게는 운이 좋은 밤이었어요. 아이슬란드는 제대로 뛰지도 않고 순전히 방어만 했어요. 제가 볼 때는 옹졸한 플레이예요. 이런 식으로 하면 이번 대회에서 아무것도 얻지 못할 겁니다."

그러거나 말거나 아이슬란드는 이후에 헝가리와는 무승부를, 오스트리아와는 2대 1로 승리를 거뒀다. 평론가들은 이 작은 나라의 행운이 곧 수명을 다하리라고 확신했다. 그러나 승리는 계속 이어졌고, 다음 상대는 잉글랜드였다. 세계 20위 엘리트 구단 소속 선수들로 채워지다시피 한 팀이다. 영국 텔레비전은 마지막 골이 들어갔을 때 그야말로 할 말을 잃었다.[2] 《가디언》은 "영국 역사상 더없이 수치스러운 패배"라고 평가했다.[3]

아이슬란드의 꿈은 홈팀과의 8강전에서 마침내 끝났지만, 세계 축구 전문가들은 아이슬란드의 성공에 놀라움을 금치 못했다. 《타임스》 스포츠부 기자 킴 월Kim Wall은 이렇게 썼다. "아이슬란드의 출전은 이변이었다. 1년 내내 빙하로 뒤덮인 화산섬 아이슬란드는 축구 시즌이 세계에서 가장 짧은 나라다. 심지어 축구장을 설계할 때 북극의 바람과 눈을 견딜 잔디를 엄선해 심어도 얼어 죽는 때가 많다."[4] 게다가 인구 33만의 아이슬란드는 인재 풀이 런던의 여러 자치구보다도 작아서, 축구 코치 한 사람은 지금도 치과의사를 겸할 정도다.[5] 많은 사람이 보기에 이번 대회의 진짜 영웅이자 궁극적 승자는 포르투갈이 아닌 아이슬란드였다.

이 글을 쓰는 2018년 현재, 아이슬란드는 세계 순위 약 20위를 유지하고 있으며 월드컵 출전권을 따낸 가장 작은 국가가 되었다. 호날두의 비난과 달리 이들의 성공은 단지 요행이 아니었다. 이 작은 나라가 어떻게 스무 배 이상 큰 나라들을 물리치고, 세계적인 슈퍼스타로 구성된 팀들을 이길 수 있었을까?

혹시 스타 선수가 (적음에도 불구하고가 아니라) 적었기 때문에 예상치 못한 성공을 거둔 것은 아닐까?

~

스포츠 역사는 놀라운 운명의 반전으로 가득하다. 아마도 가장 유명한 반전은 1980년 동계 올림픽에서 미국 대학 아이스하키 팀이 뛰어난 소련 팀을 꺾은 '빙판 위의 기적'이 아닐까 싶다. 좀 더 최근에는 2004년 올림픽 농구 경기에서 아르헨티나가 강력한 우승 후보 미국을 완파하고 금메달을 따는 깜짝 이변이 있었다. 두 경기 모두 썩 유명하지 않은 선수들로 구성된 약체 팀이었는데도 선수들의 재능이 합쳐지면서 개별 선수의 총합보다 더 큰 위력을 발휘한 경우다. 그러나 도전의 대담성만 놓고 보면, 그리고 한계를 한참 뛰어넘어 한 방을 날린 팀워크만 놓고 보면, 우리에게 시사하는 바가 가장 큰 건 아마 아이슬란드의 승리일 것이다.

스포츠 재능은 이제까지 살펴본 지능과는 사뭇 다르지만, 예상치 못한 성공이 주는 교훈은 축구장에서만 유효하지는 않을 것이다. 많은 조직이 머리 좋고 유능한 사람들을 고용한다. 이들의 두뇌력이 저절로 합쳐져 마술 같은 효과를 내리라는 생각에서다. 하지만 어쩐 일인지 그런 집단은 자기들의 재능을 이용하지 못한 채 창의력과 효율성이 낮고, 더러는 지나치게 위험한 결정을 내린다.

1장부터 8장까지 개인이 머리가 좋고 전문성이 높아 더러는 역효과를 내는 경우를 살펴보았는데, 이런 사정은 팀도 마찬가지다. 개인이 높은 성과를 내는 데 중요한 자질이 팀 전체에는 해가 될 수도 있다. 팀에도 '지나친 재능'이 분명히 존재한다.

이런 지능의 함정은 하나의 두뇌가 아니라 여러 두뇌가 관련된 함정이며, 아이슬란드가 잉글랜드를 꺾을 수 있었던 역학 관계를 잘 들여다보면 어떤 조직에나 존재하는 직장 내 정치를 이해하는 데 도움이 된다.

~

잉글랜드 축구팀과 기업 중역 회의실의 역학 관계를 들여다보기 전에, 사람들이 집단적 사고에 대해 흔히 품고 있는 직감부터 살펴보자.[6]

가장 흔한 생각 중 하나는 '군중의 지혜'다. 많은 사람이 머리를 합쳐 함께 일하면 개인의 오판을 바로잡을 수 있으며 개개인을 더 나은 사람으로 만들 수 있다는 생각이다.* 이런 견해를 뒷받침하는 좋은 증거는 과학자들이 학술지에 발표한 논문을 분석한 연구에서 찾을 수 있다. 분석 결과, 한 사람이 발표한 논문보다 여러 사람이 공동으로 발표한 논문이 인용 횟수나 논문 신청 횟수가 더 많았다. 흔히 외로운 한 사람의 천재라는 말을 하지만 사실은 팀이 서로 대화하고 의견을 교환할 때 최고의 결과를 낼 수 있으며, 두뇌력을 합치면 전

---

* 군중의 지혜를 옹호하는 주장은 찰스 다윈의 사촌인 프랜시스 골턴Francis Galton으로 거슬러 올라간다. 그는 1907년 《네이처Nature》에 논문을 발표해, 어느 시골 품평회에서 지나가는 사람들에게 황소 몸무게를 추정하게 한 실험을 소개했다. 사람들이 추정한 몸무게의 중앙값은 543킬로그램이었다. 참값에서 고작 4킬로그램(0.8퍼센트) 벗어난 값이다. 그리고 사람들의 추정치 중 절반 이상이 참값의 약 4퍼센트 범위 안에 있었다. 이 결과를 근거 삼아 일부 논평가는 집단이 함께 합의에 도달하는 것이 판단의 정확도를 높이는 가장 좋은 방법이며, 따라서 재능 있는 개인을 가급적 많이 뽑으면 큰 성공이 보장된다고 주장하곤 했다.

에는 보이지 않던 연관관계도 볼 수 있다.[7] 그러나 팀이 오판을 내려 더러는 큰 손실을 본 악명 높은 사례도 무수히 많다. 군중의 지혜에 반대하는 목소리는 곧잘 '집단사고groupthink' 현상을 지적한다. 예일 대학 심리학자 어빙 제니스Irving Janis가 처음 자세히 설명한 현상이다. 그는 1961년에 일어난 피그스만 참사에서 영감을 얻어 케네디 행정부가 쿠바를 침공하기로 결정한 이유를 조사했다. 그가 내린 결론에 따르면, 케네디 참모들은 합의된 결론을 내놓으려는 욕심이 지나쳤고, 상대의 판단에 의문을 제기하기를 지나치게 두려워했다. 그러다 보니 기존의 편향이 더욱 굳어졌고, 서로가 의도한 추론을 부추기는 꼴이 되었다. 순응 욕구로 판단이 흐려진 이상 개인의 지능도 소용이 없었다.

집단적 추론에 회의적인 사람들은 집단이 아예 어떤 결론도 내리지 못한 채 교착상태에 빠지거나, 모든 견해를 빠짐없이 통합하느라 문제를 지나치게 복잡하게 만드는 사례를 수없이 지적할 수도 있을 것이다. 이런 교착상태는 좀 더 외골수적인 집단사고와는 정반대지만, 그럼에도 팀의 생산성에는 대단히 해로울 수 있다. 사공이 많아 배가 산으로 가는 일은 피해야 하지 않겠는가.

가장 최근의 연구는 재능 있는 사람들로 구성된 집단이 그들의 통합된 능력을 제대로 활용할지, 집단사고의 희생양으로 전락할지를 알아보는 똑똑한 도구를 새롭게 제시했고, 이를 이용해 이제는 이처럼 서로 상반된 견해를 조화시킬 수 있게 되었다.

~

애니타 윌리엄스 울리Anita Williams Woolley는 이 같은 새로운 발견의 선두에 선 사람으로, 집단적 역학 관계를 새롭게 이해하는 획기적인 '집단 지능collective intelligence' 테스트를 개발했다('집단 지능'은 흔히 '집단 지성'으로도 불린다 — 옮긴이). 피츠버그에 있는 카네기멜런 대학 연구실에서 실험의 마지막 단계를 진행하고 있는 그를 만났다.

테스트 개발은 보통 일이 아니었다. 특히 집단이 마주하는 다양한 종류의 사고를 테스트에 모두 담기란 무척 어려웠다. 이를테면 브레인스토밍brainstorming에는 일종의 '발산하는' 사고가 들어가는데, 결론을 내릴 때 필요할 수도 있는 좀 더 절제된 비판적 사고와는 사뭇 다르다. 울리 팀은 마침내 총 다섯 시간이 걸리는 대대적인 작업 세트를 완성했다. 네 종류 사고를 테스트하는 작업인데, 새 아이디어 **구상하기**, 분별 있는 판단을 기초로 해법 **선택하기**, 타협을 위한 **협상하기**, 그리고 마지막으로 전반적 **작업 실행력**(행동이나 활동 조절하기 등)이다.

개인 지능 테스트와 달리 이 작업은 많은 부분이 본질적으로 현실적인 테스트였다. 이를테면 협상 테스트에서는 집단 구성원이 스스로를 한집에 살며 차를 공유하는 사람들이라고 상상해야 했다. 이들에게는 시내에 가서 장을 봐야 하는 목록이 있는데, 운전 시간을 최소화하면서 가장 싼값에 장을 보도록 계획을 짜야 했다. 한편 도덕 추론 테스트에서는 배심원이 되어 코치에게 뇌물을 준 농구 선수를 어떻게 심판할지 설명해야 했다. 그리고 전반적 실행 테스트에서는 팀원이 따로따로 컴퓨터 앞에 앉아 하나의 문서를 인터넷으로 공유하면서 그 안에 단어를 써넣어야 했는데, 팀원끼리 단어가 겹치지 않게 얼마나 잘 조절하느냐를 알아보는 얼핏 아주 단순해 보이는 테스트였다.[8] 실험 참가자는 구두 추론 작업 또는 추상적 추론 작업도 해야 했다. 전통적인 IQ 테스트에도 나올 법한 테스트지만, 개인이 아닌 집단으로 답을 해야 했다.

첫 번째 흥미로운 결과는 각 팀이 여러 작업 중 어느 하나의 작업에서 획득한 점수는 그 팀이 다른 작업에서 획득한 점수와 상관관계가 있다는 것이다. 달리 말하면, (일반 지능이 측정하고자 하는 '정신 에너지' 비슷한) 어떤 근원적 요소가 있어서, 어떤 팀은 다른 팀보다 꾸준히 더 나은 성과를 내는 것 같다는 뜻이다.

개인의 창의성·결정·학습과 관련해 앞서 살펴본 많은 연구와 마찬가지로 중요한 점은 집단의 성공에서 구성원의 평균 IQ가 차지하는 부분은 아주 적다는 것이다(집단 지능에서 구성원의 평균 IQ가 차지하는 부분은 2.25퍼센트). 구성원 중 최고 IQ 역시 집단의 성공과 큰 관련이 없었다(집단 지능에서 최고 IQ가 차지하는 부분은 3.6퍼센트). 한마디로 팀은 다양한 사고에서, 가장 똑똑한 팀원에 기대지 않았다.

울리 팀은 2010년 《사이언스》에 이 결과를 처음 발표한 이래 줄곧 많은 다양한 상황에서 이 테스트를 실시하면서, 현실에서 많은 프로젝트의 성공 여부를 이 테스트로 예측할 수 있음을 증명해 보였다. 그중에는 예측 정확도가 아주 높은 경우도 있었다. 이를테면 대학 경영학 수업에서 2개월짜리 집단 프로젝트를 진행하는 학생들을 연구한 결과, 이번에도 집단 지능 점수로 다양한 과제에서 팀의 성공 여부를 예측할 수 있었다. 다시 말해, 집단 지능이 높은 팀이 그 장점을 살려 프로젝트 처음부터 두각을 나타내더니 프로젝트가 진행된 8주 동안 가장 큰 발전을 이뤘다.

울리는 이 테스트를 군대, 은행, 컴퓨터 프로그래머팀, 대형 금융 서비스 기업에서도 실시했는데, 아이러니하게도 금융서비스 기업이 집단 지능에서 가장 낮은 점수를 받았다. 실망스럽게도 그 기업은 테스트를 다시 요청하지 않았는데, 집단사고가 신통치 않다는 증거일지도 모른다.

이 테스트는 진단 도구에 그치지 않는다. 울리는 이 테스트를 이용해 특정 팀이 집단 지능에서 더 높은 점수를 받는 근원적 이유, 그리고 그런 역학 관계를 개선할 방법을 알아볼 수 있었다.

집단의 작업 결과를 예측하는 데 가장 강력하고 가장 일관된 변수 하나는 팀원의 사회적 감수성이다. 울리는 감정 자각을 알아보는 고전적인 방법으로 이 자질을 측정했다. 참가자에게 배우의 눈 사진을 보여주고 그 사람이 기쁜지, 슬픈지, 화났는지, 겁먹었는지를 묻는 방법인데, 이때 참가자의 평균 점수는 이들의 집단 작업 결과를 예측하는 훌륭한 지표가 된다. 놀랍게도 이 역학 관계는 멀리 떨어진 채 인터넷상에서 함께 일하는 팀의 운명도 결정할 수 있었다.[9] 사회적 감수성이 뛰어나면 얼굴을 마주하지 않고도 메시지를 주고받으며 그 행간을 읽고 행동을 잘 조절한다는 이야기다.

울리는 "눈에서 마음 읽기" 테스트에 그치지 않고, 팀의 생각을 독려하거나 망칠 수 있는 구체적인 상호작용을 살펴보았다. 예를 들어 기업은 위계가 엄격하지 않은 집단에서 흔쾌히 책임을 맡으려는 사람, 그러니까 자신을 "타고난 리더"라고 생각할 법한 사람을 소중히 여길 수도 있을 것이다. 그러나 팀원이 얼마나 자주 발언권을 얻는지를 조사한 울리 팀은 우수한 팀일수록 각 팀원에게 참여 기회를 동등하게 제공하는 반면에 그렇지 못한 팀일수록 한두 사람이 발언권을 독차지한다는 사실을 발견했다.

발언을 주도한다고 해서 꼭 큰소리를 내거나 무례한 것은 아니지만 한두 사람이 나는 이미 모든 걸 알고 있다는 인상을 풍기면 다른 팀원들은 자기가 기여할 부분이 없다고 느끼게 마련이고, 결국 그 집단은 소중한 정보와 여러 의견을 얻을 기회를 잃고 만다.[10] 열정도 자제할 줄 모르면 해로울 수 있다.

울리가 발견한 가장 파괴적인 역학 관계는 팀원이 서로 경쟁하기 시작할 때다. 앞서 금융서비스 기업과 그곳의 광범위한 기업 문화에서 나타난 문제도 그것이었다. 그 기업은 해마다 업무 성과를 기초로 한정된 인원을 승진시키는데, 이 때문에 직원들은 서로에게 위협을 느끼고 이는 결국 집단 전체의 피해로 이어졌다.

울리의 연구는 처음 발표된 이래 특히 직장 내 성차별을 들여다보는 통찰력과 관련해 주목을 받았다. 일부 남성들이 자신을 여성보다 똑똑하다고 생각해 설명하려 들고 여성의 생각을 차단하고 가로채는 짜증스러운 습관은 최근 몇 년 사이 많은 사람에게 지적을 받아왔다. 그런 습관은 대화를 끊고 여성이 자기 지식을 공유할 기회를 막아 집단의 성과를 고의로 방해하는 것이나 다름없다.

아니나 다를까 적어도 미국에서 실시한 실험에서는 여성의 비율이 높은 팀이 집단 지능이 더 높게 나타났는데, 울리는 이 팀이 남성 비율이 더 높은 다른 팀보다 전반적으로 사회적 감수성도 높게 나온 이유가 그 때문일 수 있다고 했다.[11] 인터넷에서 자기 분신인 아바타를 내세워 성별을 감춘 채 팀을 이뤄 '리그 오브 레전드League of Legends' 게임을 하는 사람들을 대상으로 집단 지능을 테스트했을 때도 같은 결과가 나왔다. 즉, 여성이 있다는 걸 알아서 남성의 행동이 달라진

것은 아니라는 뜻이다.[12]

이 같은 성별 차이의 정확한 원인은 아직 알 수 없다. 생물적 토대가 다르기 때문일 수도 있다. 이를테면 테스토스테론 수치가 높으면 충동적이고 지배적인 성향을 보일 수 있다고 알려져 있다. 그러나 사회적 감수성의 차이 중에는 문화적으로 학습하는 것도 있다.

울리는 내게 지금까지의 연구 결과만으로도 이미 사람들의 생각이 바뀌었다고 했다. "우리 연구 결과를 받아들여 당장 여성을 더 많이 고용한 조직도 있어요."

이 연구 결과를 바탕으로 성별 균형을 의도적으로 바꾸든 바꾸지 않든, 여성과 남성 모두에서 사회적 감수성이 뛰어난 사람을 뽑는다면 조직의 집단 지능을 확실하게 끌어올릴 수 있다.

우리는 사회적 지능에 기여한다고 보는 여러 능력을 가리켜 '소프트 스킬soft skill'이라 부른다. 바로 이런 명칭은 그것이 다른 지능보다 약하고 부차적이라는 점을 암시하며, 사람들 사이의 역학 관계를 탐색할 때 사용하는 마이어스 브리그스 성격 유형 검사MBTI(성격을 16가지 유형으로 나누고, 그중 어느 유형에 속하는지 알아보는 검사 — 옮긴이)처럼 실제 행동을 예측하는 능력이 떨어진다는 점을 시사한다.[13] 그러나 울리의 연구는 영리한 팀을 채용하고 싶다면 이 같은 사회성에 일차적으로 관심을 두어야 한다는 점, 그리고 표준 테스트를 이용해 인지력을 측정하듯이 사회적 자질을 측정할 때도 이제는 과학적으로 검증된 방법을 이용해야 한다는 점을 강력히 시사한다.

~

울리의 테스트는 집단 지능은 IQ와의 상관관계가 매우 약하다는 것을 보여줌으로써 머리 좋은 사람들로 구성된 집단이 실패하는 이유를 설명하기 시작했다. 그런데 개인에게 나타나는 지능의 함정에 관한 연구를 고려해본다면, 평균 능력이 다소 떨어지는 사람들로 구성된 팀보다 성과가 높은 사람들이 오히려 실패 위험이 **더 높지는** 않을까?

직감적으로, 대단히 똑똑하거나 힘 있는 사람은 거기에 따라붙게 마련인 과도한 자신감이나 폐쇄적 태도 탓에 사람들과 어울리는 데 애를 먹을 것이고, 그러다 보면 집단 전체의 성과를 깎아내릴 것이라고 생각할 수도 있다. 정말 그럴까?

코넬 대학 앵거스 힐드리스Angus Hildreth라면 그 답을 줄 수 있을 것이다. 힐드리스는 세계적 컨설팅 회사에서 일하며 최고위급 임원들이 참석한 회의를 자주 지켜보았고, 그 경험에서 영감을 얻어 연구를 시작했다. 런던 집에 들른 그를 만나 이야기를 들었다. "아주 유능한 사람들이죠. 자기 일을 아주 잘해서 그 자리까지 갔으니까요. 그런데 집단으로 묶어놓으면 어찌나 엉망이 되던지, 정말 깜짝 놀랐어요. 제가 리더십에 플라토닉한 이상을 품었던 터라 최고의 사람들을 한데 모아놓으면 당연히 대단한 일이 벌어질 거라 생각했거든요. 그런데 결정을 못 내리는 거예요. 그래서 늘 뒤처졌죠."

조직행동 분야에서 박사 과정을 밟기 위해 UCLA로 돌아간 힐드리스는 이 현상을 자세히 조사해보기로 마음먹었다.

2016년에 발표한 실험에서, 그는 다국적 보건 의료 기업의 임원들을 모아 여러 집단으로 나눈 뒤에, 최고재무관리자 지원자 중에 적임자를 뽑는다고 상상하라고 했다. 이때 여러 집단은 서로 권력 분포가 달랐는데, 어떤 집단은 수많은 사람을 관리하는 고위급 임원들로 구성했고, 어떤 집단은 그보다 낮은 임원들로 구성했다. 그런데 이미 존재하던 임원 간 경쟁 효과를 확인할 목적은 아니어서, 전에 함께 일했던 임원들이 같은 집단에 배치되지 않게 했다. "과거에 직위를 두고 경쟁을 벌인 사람들이 한 집단에 들어가지 않도록 배치했어요."

그 결과, 고위급 임원들로 구성된 집단은 그들의 자격과 경험에도 불구하고 합의에 이르지 못한 경우가 무려 64퍼센트로, 15퍼센트에 그친 직위가 낮은 임원 팀보다 효율에서 약 네 배의 차이를 보였다.[14]

이런 문제의 원인 중 하나는 '지위 갈등'이다. 지위가 높은 팀원은 일 자체에 집중하기보다 집단에서 자신의 권위를 확고히 하고 승자를 결정하는 데 더 관심을 둔다. 그러다 보니 정보를 공유하고 서로 다른 견해를 통합하는 데는 소극적이어서 타협에 이르기가 더 어려워진다.

남을 앞서려면 처음부터 자신감이 넘쳐야 한다고 주장할 수도 있다. 그리고 그런 사람들이 항상 자기 잇속을 더 챙겼을 수 있다. 그런데 학생들을 대상으로 추가 실험을 진행한 결과, 그런 식의 이기적인 행동을 유발하기가 너무나 쉬웠다.

학생들에게 제시한 첫 번째 과제는 간단했다. 두 사람씩 짝을 지어 블록으로 탑을 쌓는데, 이때 둘 중 한 학생에게는 당신이 리더이고 다른 학생에게는 리더를 따르는 추종자라고 말해주면서, 학생들이 직접 작성한 설문지를 토대로 정했다고 둘러댔다. 사실 과제 성패 여부는 중요치 않았다. 이 단계의 목표는 참가자 일부에게 권력을 쥐었다는 느낌을 주는 것이다. 다음 단계에서는 3인조 팀으로 학생들을 재배치하되, 3명 모두를 리더 또는 추종자로 구성했다. 그리고 조직을 만들어 사업 계획을 짜라는 등의 창의적 업무를 맡겼다.

그러자 앞서 리더였던 학생들은 그때 주어진 아주 사소한 권력에 취해 협동에 소극적인 성향을 보이며 정보 공유와 해법 합의를 어렵게 했고, 팀 전체의 성과를 끌어내리는 결과를 초래했다. 서로가 고의적으로 방해 행위를 한 셈인데, 울리가 팀의 집단 지능에 대단히 해롭다고 증명했던 바로 그 행위다.

힐드리스는 집단 작업을 관찰해보면 권력 투쟁이 선명히 드러난다고 말한다. "상호작용이 아주 냉정했어요. 집단에서 적어도 한 학생은 뒤로 물러나는 일도 흔했어요. 그도 그럴 것이, 집단 내 역학 관계가 너무 불편한 거예요. 아예 대화에 끼려 하지 않을 때도 있었어요. 자기 말을 들어주지 않으니까요. 권력을 쥔 학생은 '결정을 내리는 사람은 나야. 내 결정이 최고야'라고 생각하죠."

힐드리스는 이 연구에서 보건 의료 기업 한 곳만 살펴보았지만 이 같은 역학 관계는 다양한 현장 연구에서 발견된다. 예를 들어 네덜란드에서 여러 통신사와 금융 기관을 대상으로 회사의 다양한 서열에 따라 팀 행동을 분석한 결과, 지위가 높아질수록 직원들이 말하는 갈등 수준은 높아졌다.

중요한 점은 팀원이 전체 서열에서 자신의 위치를 어떻게 이해하느냐에 따라 갈등의 정도가 달라지는 것 같다는 점이다. 팀 전체가 자신의 상대적 지위에 동의하면, 끊임없이 권위를 노리는 상황이 발생하지 않아 좀 더 생산적인 팀이 됐다.[15] 최악의 집단은 전체 서열에서 자기 순위를 모르는 고위직 인사들로 구성된 집단이었다.

이 같은 권력 행사를 보여주는 가장 눈에 띄는 사례는, 그리고 재능 있는 사람이 너무 많으면 비생산적일 수 있다는 가장 확실한 증거는 월스트리트에서 잘나가는 '스타' 자산 분석가들을 연구한 결과에서 찾을 수 있다. 《인스티튜셔널 인베스터Institutional Investor》라는 잡지는 해마다 금융 분야별 최고 분석가의 순위를 매긴다. 여기에 뽑힌 사람들은 동료들 사이에서 거의 록 스타가 되어 소득이 수백만 달러 늘고 각종 매체에 자주 등장해 전문가로 활동한다. 이들이 주로 유명 기업에 한데 모여 일한다는 건 말할 필요가 없는데, 그렇다고 해서 해당 기업이 늘 애초 바람대로 큰 이익을 내는 건 아니다.

하버드 경영대학원의 보리스 그로이스버그Boris Groysberg가 이 업계의 5년치 자료를 연구한 결과, 스타 분석가를 많이 영입한 팀은 실제로 실적이 더 우수했지만 일정 수준에 도달하면 그 효과가 차츰 줄어들었다. 팀원의 45퍼센트 이상을 《인스티튜셔널 인베스터》에 뽑힌 선수들로 채운 연구 부서는 오히려 효율이 **떨어졌다.**

특히 전문 분야가 겹치는 스타들을 영입한 집단에서는 문제가 더 심각해서 스타들 간에 좀 더 직접적인 경쟁이 벌어졌다. 반면에 전문 분야가 겹치지 않는 집단에서는 문제가 덜해서 직접적 경쟁은 심하지 않았다. 회사에 여력이 생겨 최대 70퍼센트까지 스타로 채웠던 곳은 그들의 강한 자의식이 폭발해 팀의 실적을 무너뜨렸다.[16]

~

힐드리스의 이론은 권력을 쥔 사람들의 집단적 상호작용을 기초로 한다. 그런데 지위 갈등은 소통과 협력을 방해할 뿐 아니라 뇌의 정보 처리 능력에도 개입할 수 있다. 개별 팀원은 적어도 회의가 진행되는 동안에는 상호작용의 결과로 약간 더 어리석어질 수 있다.

버지니아 테크 대학은 사람들을 모아 몇 개의 소집단을 구성해 연구를 진행했다. 이들에게 다소 추상적인 문제를 주고, 개별 팀원의 발전 과정을 다른 팀원들과 비교해 이들이 공유하는 컴퓨터에 올렸다. 그러자 일부는 이 피드백에 충격을 받아 이후 테스트에서 점수가 떨어졌다. 실험을 시작할 때는 참가자의 IQ가 얼추 같았음에도 불구하고 테스트를 진행하면서 참가자가 완전히 다른 두 집단으로 갈라져, 경쟁에 특히 민감한 사람이 있음을 암시했다.[17]

테스트 중에 촬영한 기능적 자기공명영상fMRI에서도 두뇌력 감소가 명백히 드러났다. 뇌 안쪽 깊은 곳에 신경 세포 다발이 아몬드 모양을 이루고 있는, 감정 처리와 관련 있는 편도체에서는 뇌 활동이 증가한 반면 이마 뒤쪽에 있는, 문제 해결과 관련 있는 전전두 피질에서는 활동이 줄었다.

연구 팀은 사회적 환경에서 인지력을 따로 떼어낼 수 없다고 결론 내렸다. 두뇌력을 적용하는 능력은 주변을 감지하는 능력에 늘 영향을 받을 것이다.[18] 이런 결과로 볼 때, 똑똑하지만 거만한 팀원은 팀 전체의 지능에, 그리고 좀 더 민감한 개별 동료의 지능에 해가 될 수 있음을 알 수 있다. 전체의 생산성을 떨어뜨릴 이중 타격인 셈이다.

관련 연구를 진행한 사람 중 한 명인 리드 몬터규Read Montague는 이렇게 표현했다. "임원 회의에 들어가면 뇌가 죽는 느낌이라고 농담조로 말할 사람도 있겠지만, 우리 연구 결과를 보면 그런 회의는 실제로 뇌를 죽이는 행동을 하게 만듭니다."

~

스포츠는 중역 회의실과는 거리가 멀어 보일 수 있지만, 많은 스포츠에서 그와 똑같은 역학 관계를 볼 수 있다.

2010년대 초반, 농구팀 마이애미 히트의 운명을 보자. 이 팀은 르브론 제임스, 크리스 보시Chris Bosh, 드웨인 웨이드Dwayne Wade의 '빅3'를 영입하면서 천부적 재능을 지닌 선수로 넘쳤지만, 2010~2011년 시즌에 어이없는 부진을 보이면서 최고에 오르지 못했다. 그런데 보시와 웨이드가 부상으로 경기를 뛰지 못한 이듬해에는 NBA 챔피언을 차지했다. 스포츠 기자 빌 시먼스Bill Simmons의 말마따나 "재능 있는 선수가 적어서 성공"한 경우다.[19]

사회심리학자 애덤 갤린스키Adam Galinsky는 이런 일이 흔한지 알아보기 위해 우선 남아프리카공화국에서 열린 2010년 월드컵과 브라질에서 열린 2014년 월드컵에 출전한 축구팀 성적을 살펴보았다. 각국에 적절한 '최고 선수' 비율을 알아보기 위해 현재 선수단 중에 몇 명이 딜로이트 풋볼 머니 리그Deloitte Football Money League가 뽑은 수입 상위 30개 구단(레알 마드리드, FC 바르셀로나, 맨체스터 유나이티드 등)에 속하는지 알아보았다. 그런 다음 그 수를 그 나라의 예선전 순위와 비교했다.

그로이스버그가 월스트리트 분석가들을 관찰했을 때처럼 갤린스키 팀도 '곡선' 관계를 찾아냈다. 즉, 스타가 어느 정도 있으면 팀에 도움이 되지만, 이 균형은 약 60퍼센트에서 정점에 이르다가 그보다 더 많으면 팀 성적이 오히려 떨어졌다.

네덜란드 축구팀이 대표적인 예다. 유로 2012 챔피언십에서 실망스러운 결과가 나오자 루이 판 할Louis van Gaal 코치는 팀을 재정비해 '최고 선수' 비율을 73퍼센트에서 43퍼센트로 줄였다. 대단히 예외적인 조치였지만, 그는 그 역학 관계를 정확히 판단한 것으로 보인다. 갤린스키가 공동 저자와 함께 논문에서 지적한 바에 따르면, 네덜란드 팀은 그 뒤 2014년 월드컵 예선에서 한 경기도 패하지 않았다.

축구에서 재능 넘침 효과

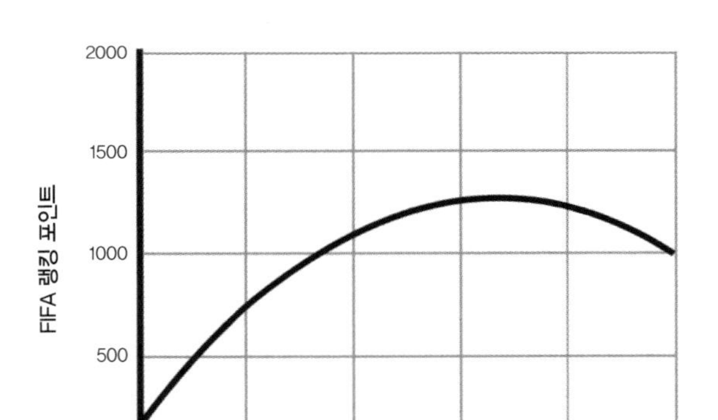

갤린스키는 다른 상황에서 '재능 넘침 효과too-much-talent effect'를 알아보기 위해 2002년에서 2012년까지 열 번의 NBA 시즌을 살피면서 농구에서도 이런 현상이 나타나는지 분석했다. 스타 선수를 가릴 때는 선수 개인이 경기 결과를 좌우한 횟수를 따질 때 사용하는 통계치인 '추가 승수 예상치estimated wins added'를 사용했다. 갤린스키 팀은 그 순위에서 상위 3분의 1을 '최고 선수'로 보았다. 임의로 정한 기준이지만, 많은 조직이 흔히 그 기준까지를 높은 성과로 분류한다. 중요한 점은 이 순위권에 들어온 선수 중 상당수가 NBA 올스타전 선수로도 뽑혔다는 것인데, 그렇다면 그 순위가 최고 선수를 정하는 척도로 손색이 없을 것이다.

연구팀은 이번에도 각 구단의 스타 선수 비율을 계산해, 시즌별 팀 성적과 비교했다. 결과는 월드컵과 거의 같았다.

농구에서 재능 넘침 효과

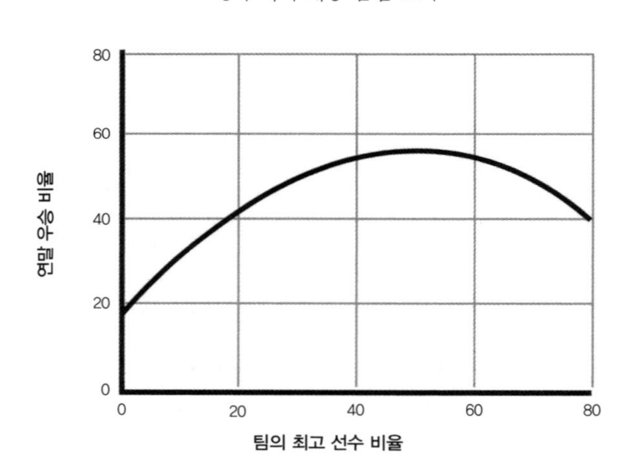

갤린스키 팀은 실험 마지막 단계로 야구 메이저리그MLB의 데이터를 분석했다. 야구는 비교적 협동이 덜 요구되는 스포츠다. 여기서는 재능 넘침 효과가 나타나지 않았는데, 이로써 지위가 부정적 영향을 끼치는 경우는 서로 협동해 상대에게서 최선의 결과를 이끌어내야 할 때뿐이라는 생각이 입증된 셈이다.[20] 농구나 축구보다 상호의존도가 떨어지는 야구 같은 스포츠에서는 경제적 여유가 있는 한 최고 선수를 많이 영입할수록 좋다는 이야기다.

아이슬란드가 유로 2016에서 잉글랜드를 상대로 예상치 못한 승리를 거둔 경우로 돌아가보면, 그 승리에는 분명 수많은 요인이 작용했을 것이다. 아이슬란드는 여러 해에 걸쳐 훈련 프로그램을 개선했고, 스웨덴 코치 라르스 라예르베크Lars Lagerbäck와 그를 돕는 헤이미르 하들그림손Heimir Hallgrimsson이 팀을 매우 훌륭히 이끌었다. 선수 개개인의 기량도 의심의 여지없이 과거 그 어느 때보다 훌륭했다. 그러나 그들 다수가 국제적 축구 구단에서 뛰고 있었을지언정 당시 딜로이트 풋볼 머니 리그의 상위 30개 구단과 계약을 맺고 있던 선수는 단 한 명, 길비 시귀르드손Gylfi Sigurðsson뿐이었다. 그러니까 전반적으로 팀에 치명적일 수 있을 정도의 국제적 지명도는 얻지 못한 셈이다.

반면에 잉글랜드는 선수 23명 중 21명을 슈퍼 리치 팀에서, 그러니까 상위 30개 구단에서 끌어왔다. 선수단의 90퍼센트가 넘는 인원인데, 최적의 한계를 훨씬 넘는 비율이다. 사실 내가 계산해봐도 8강에 오른 팀 중에 그렇게 많은 스타 선수를 보유한 팀은 한 곳도 없었다(가장 근접한 독일은 74퍼센트였다). 니스 알리안츠 리베에라 경기장에서 잉글랜드가 아이슬란드에게 패한 경우는 갤린스키의 모델에 더없이 딱 들어맞는 사례다.

당시 축구 전문가들은 갤린스키의 과학적 연구를 몰랐겠지만, 그럼에도 팀에 치명적인 역학 관계를 지적했다. 스포츠 관련 글을 쓰는 이언 허버트Ian Herbert는 아이슬란드의 승리 이후 《인디펜던트Independent》에 이렇게 썼다. "잉글랜드는 재능 있는 선수가 그렇게 많았는데도 하나가 부족했다. 그 많은 선수들이 서로 공감하거나 친밀감을 느끼는 데 애를 먹은 이유는 강한 자의식 탓이다. 너무 유명하고, 너무 중요하고, 너무 부유하고, 너무 높고 막강하면 유럽 최약체 팀을 만났을 때 그 강한 자의식을 작동할 적절한 속도와 투지와 정도를 찾기 어려운데, 이번에 잉글랜드가 그랬다."[21] 최종 승자인 포르투갈은 선수단 중에 고작 4명만이 딜로이트 머니 리그의 엘리트 구단 소속이었다. 물론 이번 경기의 최고 스타라 할 만한 크리스티아누 호날두가 있었지만, 그래도 팀 전체적으로 갤린스키가 말한 한계점을 넘지는 않았다.

뉴욕 레이크플래시드에서 열린 1980년 동계 올림픽에서 일어난 '빙판 위의 기적'도 정확히 같은 패턴을 보였다. 소련 아이스하키 팀은 동계올림픽 4회 우승이라는 깨지지 않는 기록을 보유하고 있었다. 이들은 총 29회 경기 중에 27회를 이겼다. 선수단 중 8명이 올림픽에서 뛴 경험이 있었고, 소련 내에서도 알아주는 팀에서 활약했다. 반면에 미국 팀은 평균 연령 21세의 대학생들로 구성되어 전체 참가팀 중 가장 어렸고, 국제 경기 경험도 거의 없었다.

허브 브룩스Herb Brooks 코치도 괜한 망상에 빠지지 않았다. 이번 경기는 '다윗과 골리앗'의 싸움이었다. 그런데 다윗이 이겼다. 미국은 소련을 4 대 3으로 꺾은 다음 핀란드와의 결전에 돌입했고, 핀란드마저 꺾고 금메달을 차지했다.

이런 역학 관계는 세계적인 슈퍼스타뿐 아니라 나와 동료에게도 얼마든지 적용할 수 있다. 힐드리스가 대학 실험에서 알아냈듯이, 우수한 인재들의 성과는 어느 정도 자기 재능이 주변 사람들에 비해 어느 정도인지 **자각**하는 것에 달렸다.

내게 갤린스키 연구에 주목하라고 처음 알려준 애니타 윌리엄스 울리는 이 현상을 아들이 속한 아마추어 축구팀에서도 목격했다. "지난해에는 주 대항전에서 우승할 정도로 아주 훌륭한 팀이었어요. 그런데 다른 구단에서 아주 뛰어난 선수들을 모조리 끌어오면서 역학 관계가 무너졌죠. 올해는 지금까지 다섯 경기를 졌어요."

~

집단 지능과 재능 넘침 효과를 새롭게 이해했으니, 이제 **어떤 팀이든** 팀의 성과를 높일 간단한 전략 몇 가지를 찾아볼 순간이 왔다. 그런데 그 전에, 리더의 역할을 조금 더 자세히 살펴볼 필요가 있다. 이와 관련한 최고의 사례 연구는 에베레스트에서 일어난 비극적인 사건 연구다.

1996년 5월 9일, 해발 약 7,900미터 높이에서 두 원정대가 네팔 사우스콜 루트의 제4캠프를 떠날 채비를 하고 있었다. 35세의 뉴질랜드인 롭 할Rob Hall이 이끄는 '어드벤처 컨설턴츠Adventure Consultants' 팀과 미국 미시간에서 온 40세의 스콧 피셔Scott Fischer가 이끄는 '마운틴 매드니스Mountain Madness' 팀이 합류했다. 두 팀은 각각 대장, 안내자 2명, 두 회사에서 각각 모집한 고객 8명, 그리고 짐을 나르는 셰르파 여러 명으로 구성되었다.

이들의 전문성은 의심의 여지가 없었다. 할은 이미 정상에 네 번이나 올랐고, 그 과정에서 고객 39명을 성공적으로 안내했다. 그는 조직 내에서 꼼꼼하기로 정평이 나 있었다. 피셔는 에베레스트 정상에는 단 한 차례 올랐지만, 험난하기로 유명한 여러 정상에 올라 명성을 얻었고, 자신감이 넘쳤다. 나중에 살아남은 대원 중 한 명인 존 크라카우어Jon Krakauer가 피셔의 말을 회상했다. "우리는 거대한 에베레스트의 정체를 드러냈다. (…) 정상에 이르는 노란 벽돌길(《오즈의 마법사》에서 주인공 도로시가 집으로 돌아가기 위해 일행과 함께 걸었던 길로, 성공이나 희망으로 가는 길을 의미한다 — 옮긴이)을 깔았다."

할과 피셔는 회사가 서로 달랐지만 마지막 여정은 함께하기로 했다. 그러나 곧 일정이 지체되고 어려움이 닥쳤다. 셰르파 한 명이 정상으로 안내하는 '고정 로프'를 설치하지 못해 한 시간이 지체된데다 고정 로프를 설치하는 동안 비탈 아래로 등반객이 점점 몰려 병목 현상이 일어났다. 이른 오후에 이미, 지금 정상에 오르면 어두워지기 전에 돌아올 수 없다는 사실이 분명해졌다. 이때 몇 사람은 돌아가기로 했지만, 할과 피셔를 포함한 대다수는 일정을 강행했다.

치명적인 결정이었다. 15시에 내리기 시작한 눈은 17시 30분이 되자 본격적인 눈보라로 변했다. 할과 피셔 그리고 대원 3명이 내려오는 길에 목숨을 잃었다.

이들은 상황이 악화되는데도 왜 등반을 계속하기로 결정했을까? 피셔는 예전에 직접 "2시 규칙"을 말했었다. 오후 2시까지 정상에 오르지 못하면 되돌아간다는 규칙인데, 그래야 해가 지기 전에 캠프로 무사히 돌아올 수 있었다. 그런 그가 등반을 강행해 죽음을 자초하다니.

하버드 경영대학원의 마이클 로베르토Michael Roberto는 존 크라카우어가 쓴 베스트셀러를 비롯해 이 재앙을 설명한 글을 분석한 결과, 원정대가 매몰비용 오류(1인당 등반에 7만 달러를 쓴데다 자칫하면 여러 주 고생한 게 허사가 될 판이었다)를 비롯해 지금은 잘 알려진 인지 편향에 빠졌고, 할과 피셔는 과도한 자신감에 사로잡혔을 수 있다고 결론 내렸다.[22]

그런데 이 책의 목적과 관련해 더욱 흥미로운 부분은 집단적 역학 관계, 특히 할과 피셔가 자기 주변에 설정한 위계다. 우리는 앞에서 위계가 지위 갈등과 집단 내분을 잠재워 생산성을 높일 수 있다는 점을 살펴보았다.

그러나 이번은 위계가 역효과를 낸 경우다. 할과 피셔 외에 다른 직급이 낮은 안내자도 있었고, 산 정상을 잘 아는 지역 셰르파도 있었으니 두 사람의 실수를 바로잡을 수도 있었다. 하지만 사람들은 염려를 드러내기가 불편했다. 크라카우어는 고객이 안내자에게, 그리고 안내자가 대장인 할과 피셔에게 문제를 제기하기가 어려운 엄격한 '서열'을 설명했다. 좀 더 직급이 낮은 안내자 닐 바이들먼Neal Beidleman은 훗날 이렇게 말했다. "저는 정확히 세 번째 안내자였어요. (…) 그래서 너무 나서지 않으려고 했죠. 말을 해야 한다고 생각될 때도 항상 입을 열지 않았어요. 지금은 그런 나 자신에게 너무 화가 나요." 또 다른 안내자인 아나톨리 보우크리브Anatoli Boukreev 역시 원정대가 그런 낯선 상황에 익숙지 않다는 게 걱정스러웠지만 그 걱정을 표시하기가 조심스러웠다. "소란을 피우고 싶지 않아서 내 직감을 무시하려고 애썼어요."

크라카우어에 따르면 할은 출발 전에 위계에 대한 생각을 팀원들에게 명확히 밝혔다. "정상에 오르는 동안 어떤 이견도 인정하지 않겠습니다. 내 말은 가타부타 토를 달 수 없는 절대적 법입니다."

등반 도중 돌아가기로 결정한 로우 카시취케Lou Kasischke도 같은 생각이었다. 그는 PBS와의 인터뷰에서 이렇게 말했다. "대장과 나머지 사람들이 솔직해질 필요가 있어요." 그의 말에 따르면, 등반 중에 대장은 대원들에게 피드백을 받아야 하는데 할은 다른 의견을 잘 들으려 하지 않았다. "롭은 아예 이견을 낼 수 없도록 관계를 설정했어요."[23] 그렇다면 위계는 생산적일 수도, 위험할 수도 있다.

하나의 사례 연구를 기초로 결론을 내릴 수는 없는 일이라 애덤 갤린스키는 5,104건의 히말라야 등반 기록을 분석했고, 그 뒤에 이 같은 결론을 내렸다. 이때 등반대원에게 일일이 질문을 할 수는 없어서 권위를 대하는 태도가 문화에 따라 어떻게 다른지 살펴보았다. 다양한 연구 결과 어떤 나라는 집단 내 지위를 절대적으로 존중해야 한다고 생각했고, 어떤 나라는 윗사람에게 도전하거나 의문을 제기할 수 있어야 한다고 생각했다. 예를 들어, 널리 인정받는 어느 측정치에 따르면, 인도·이란·태국 사람들은 네덜란드·독일·이탈리아·노르웨이 시민들보다 위계를 훨씬 더 존중하는 성향을 보였고, 미국·오스트레일리아·영국 사람들은 그 중간쯤이었다.[24]

이 자료를 에베레스트 등반 기록과 비교해본 갤린스키는 위계를 존중하는 나라 사람들로 구성된 팀이 정상에 도달할 확률이 더 높다는 사실을 알아냈다. 위계가 생산성을 높이고 팀원의 협동을 더 수월하게 해주리라는 생각을 확인해주는 결과다. 그런데 중요한 점은 그 과정에서 대원을 잃을 가능성도 높다는 것이다.

갤린스키는 혹시라도 위계를 대하는 널리 퍼진 문화적 차이와 관련 있으면서 등반 성공 가능성에 영향을 미칠 수 있는 개인의 결단력 같은 다른 특성이 끼어들지는 않았는지 알아보기 위해, 1,000여 건의 단독 등반 자료도 조사해보았다. 그러자 문화 차이는 두드러지지 않았다. 결국 문제는 집단 내 상호작용이었다.[25]

수많은 비즈니스 사고 이면에도 이와 똑같은 역학 관계가 존재한다. 이를테면 엔론Enron(대규모 분식 회계를 저지르다 결국 파산한 미국 에너지 회사—옮긴이) 경영자들은 윗사람들을 떠받드는 성향이 있었고, 이견을 내거나 의심하는 태도는 심각한 불충의 표시로 보았다. 그들은 살아남으려면 "엔론의 물을 계속 마셔야 했다"고 말했다.

언뜻 명백한 모순처럼 보인다. 팀원이 자기 서열을 분명히 이해한다면, 집단 전체의 성과가 높아져야 하지 않는가? 하지만 그것은 팀원 스스로가 자기 의견이 존중된다고 느낄 때, 문제가 생기거나 안 좋은 결정이 내려지면 리더에게 도전할 수 있다고 느낄 때 가능한 일이다.

~

이제까지 생에티엔 경기장부터 월스트리트, 에베레스트에 이르기까지 다양한 사례를 살펴보면서 특정한 역학 관계가 어떻게 집단 상호작용의 형태를 정하고 더불어 팀의 집단 지능을 결정하는지 알아보았다. 이 같은 새로운 연구를 통해 어떤 상황에서든 팀워크의 기초가 되는 동력을 찾을 수 있으리라 보인다.

개인에게 나타나는 지능의 함정을 이해함으로써 실수를 피하는 단순한 전략을 찾아내듯이, 이 연구도 그와 똑같은 방식으로 집단의 논리적 사고에서 가장 흔히 나타나는 실수를 피하는 검증된 방식을 제시한다.

울리와 갤린스키의 연구를 참고해 팀원 채용 방식을 바꿀 수도 있다. 재능 넘침 효과를 고려해 재능이 특별한 사람은 아예 뽑지 말자고 주장하고 싶을 수도 있다. 팀의 '스타' 선수 비율이 50~60퍼센트라는 마법의 한계점을 이미 넘어섰다면 특히 그러하다.

이 단계에서는 아마도 그 숫자에 지나치게 집착하지 않는 게 최선일 것이다. 그 비율은 집단 내 사람들의 특성과 집단에 필요한 협동의 양에 따라 달라지는 게 거의 분명하다. 그러나 적어도 과학적 연구 결과에 따르면, 팀의 집단 지능을 높일 대인관계 능력을 더 중요시할 필요가 있으며, 경우에 따라서는 표준 능력 검사에서 월등히 높은 점수를 받은 사람을 채용하지 않을 수도 있을 것이다. 이를 위해 사람들을 대화로 이끌고 경청하는지, 아니면 남의 말을 자르고 자기가 주도하려 드는지와 같은 감정 지각 능력, 의사소통 능력을 알아보는 것도 좋다. 다국적 팀을 이끌고 있다면, 문화 지능이 높은 사람을 뽑을 수도 있다. (이에 대해서는 1장에서 살펴보았다.) 그런 사람은 서로 다른 사회 규범을 좀 더 쉽게 풀어나갈 수 있을 것이다.[26]

지위 갈등도 알았으니 우리가 가진 재능의 상호작용도 개선할 수 있다. 이를테면 힐드리스는 세계적 컨설팅 회사에서 일할 때 강한 자의식이 서로 충돌하지 않게 하는 전략을 찾아냈다. 예를 들어 회의 때마다 개개인의 전문성을 강조하고 그들이 집단에 있는 이유를 분명히 밝혀주면, 관련 있는 경험을 공유할 기회를 높일 수 있다. "갈등이 난무하다 보면 그런 경험을 놓치기 쉽죠." 힐드리스의 말이다.

힐드리스는 회의를 시작할 때 개인별로 의견을 내는 시간을 할당하는 방법도 추천한다. 논의 주제가 당면한 문제와 관련이 있을 필요는 없지만, 이런 식으로 진행하면 모두 집단에 기여한다는 느낌을 갖게 되어 지위 갈등을 완화하고 대화를 이어가기가 쉽다. 힐드리스는 이렇게 말했다. "토론을 훨씬 더 평등하게 진행해 모두가 기여하게 할 수 있습니다." 또한 당면한 문제를 다룰 때는 만장일치로 할지, 다수결로 할지 등 언제 어떻게 결론을 내릴지 확고한 전략을 세워야 똑똑하고 노련한 사람들이 너도 나도 달려들어 서로 부딪히는 교착 상태에 빠지지 않는다는 게 힐드리스의 조언이다.

끝으로 가장 중요한 점을 짚고 넘어가자면, 리더는 팀에 바라는 자질을 몸소 보여주어야 하고, 이견을 내도록 적극 권장해야 한다.

집단적 사고 연구가 증거 기반 지혜라는 새로운 과학과 가장 가까워지는 부분이 바로 이 지점이다. 점점 많은 조직 심리학자들이 리더의 지적 겸손이 어떻게 자신의 결정을 개선할 뿐 아니라 가장 가까운 동료에게도 연쇄적 이익을 가져다주는지 깨닫기 시작했다.

싱가포르 국립대학의 에이미 이 오우Amy Yi Ou는 105개 기업 직원들에게 최고위급 관리자 팀에 대해 묻는 설문을 돌린 결과, 겸손한 리더 밑에서 일하는 직원들은 정보를 더욱 활발히 공유하고, 스트레스를 받는 상황에서도 서로 협동하고, 공통의 비전에 적극 기여한다는 사실을 알아냈다. 이런 기업은 집단 지능을 활용해 도전과 불확실성을 극복하고 궁극적으로는 이듬해 연간 수익을 높였다.[27]

오우는 안타깝게도 정작 최고경영자들은 겸손이라는 덕목을 바라보는 견해가 크게 엇갈린다고 말한다. 최고경영자 중에는 겸손이 리더로서의 능력에 대한 자신감을 떨어뜨릴 수 있다고 믿는 사람이 많다. 오우는 중국이 겸손을 대단히 존중하는 나라라 생각했는데, 그런 중국에서도 이런 현상이 나타난다고 말한다. "심지어 거기서도 유명한 최고경영자들과 이야기해보면 겸손이라는 말을 거부합니다. 겸손하면 팀을 제대로 관리할 수 없다고 생각하는 거죠. 그런데 제가 연구한 결과는 그렇지 않아요."

역사에서도 이런 역학 관계가 아주 잘 통한 사례가 있다. 에이브러햄 링컨은 내각에서 반대 의견('경쟁자 팀')을 경청하는 능력이 있었고, 그 능력이 남북전쟁을 승리로 이끈 요인 중 하나였다는 사실은 유명하다. 버락 오바마가 대통령으로서 리더십 전략을 짤 때에도 링컨의 사례에 영감을 받았다고 알려졌다.

한편 중국 스탠다드차타드은행에서 소매 금융을 책임진 최정규는 최고 지위의 겸손을 보여주는 좋은 사례다. 그가 부임하기 전, 고위 임원들은 지점을 방문할 때 융숭한 대접을 받길 기대했었다. 최정규가 부임해서 처음 한 일 중 하나는 회의에서 격식을 상당 부분 없앤 것이다. 그는 예고 없이 나타나 직원들과 "옹기종기 모여" 화기애애한 분위기로, 자신이 어떻게 하면 사업을 더 잘 꾸려갈 수 있을지 물었다.

그는 곧 그런 회의에서 가장 생산적인 아이디어가 나온다는 걸 알아차렸다. 이를테면 어느 집단은 주말 교대 근무를 비롯해 은행 업무 시간을 변경해 인근 상점들과 보조를 맞추자는 안을 내놓았다. 이렇게 주말에 몇 시간씩 근무한 지 몇 달 만에 주말 수익이 나머지 주중 수익을 모두 합친 것보다 많아졌다. 이처럼 모든 직원이 은행의 전략 수립에 기여하면서 은행 서비스가 전반적으로 탈바꿈했고, 고객 만족도는 2년 만에 50퍼센트 높아졌다.[28]

구글 최고경영자 선다 피차이Sundar Pichai에게서도 이런 철학을 엿볼 수 있다. 그는 리더의 유일한 역할은 "다른 사람들을 성공으로 이끄는 것"이라고 말한다. 그는 모교인 인도 카라그푸르 공과대학에서 이렇게 연설했다. "[리더십은] (자신이) 성공하려고 노력하는 것이라기보다 좋은 사람들을 곁에 두는 것이고, 리더가 할 일은 장벽을 없애고 장애물을 치워, 그들이 자기 분야에서 성공하도록 돕는 것입니다."

리더의 겸손은 좋은 팀워크를 유지하는 다른 많은 원칙과 마찬가지로 스포츠에서도 빛을 발한다. 이를테면 가장 성공한 고교 농구팀은 코치가 자신을 팀의 "종"으로 여기는 팀이라는 연구 결과도 있다. 이런 팀은 코치가 자신을 학생들과 멀찌감치 떨어져 학생들 위에 군림하는 사람으로 여기는 팀보다 성적이 좋았다.[29] 코치가 겸손한 팀은 선수들이 좀 더 결단력 있고, 실패에도 의연히 대처하며, 시즌 승률도 높았다. 코치부터 겸손을 실천하면 모두가 다른 팀원을 격려하며 좀 더 열심히 노력했다.

대학 농구 코치 중 가장 성공한 사람으로 인정받는 존 우든John Wooden을 보자. 그는 UCLA 팀을 이끌며 12년 동안 전국 대회에서 10회나 우승을 차지하고, 1971~1974년에는 88연승을 달성했다. 이런 성공에도 불구하고 그는 경기가 끝날 때마다 라커룸 청소를 돕는 등 행동 하나하나에서 자신은 선수 위에 군림하지 않는다는 것을 분명히 보여주었다.

우든 밑에서 선수 생활을 하고 또 그 이후에도 우든과 친구로 지낸 카림 압둘자바Kareem Abdul-Jabbar는 회고록 《우든 코치와 나Coach Wooden and Me》에서 우든의 한결같은 겸손을 보여주는 여러 사례를 이야기했다. 우든은 선수들과 대립하는 어려운 상황에서도 겸손을 잃지 않았다. "코치가 선수 하나하나의 말을 가슴에 담고, 동시에 상황을 진정시킬 책임을 느끼고, 또 동시에 우리 모두에게 겸손한 자세로 수업을 하는 건 수학적으로나 가능한 일이다."[30] 우든은 자신을 포함해 모두가 상대에게 배울 점을 찾을 수 있다는 것을 분명히 했다. 그리고 그 결과로 팀은 점점 더 강해졌다.

~

유로 2016에서 아이슬란드가 예상치 못한 성공을 거둔 뒤로 많은 평론가가 헤이미르 하들그림손 코치의 현실적인 태도에 주목했다. 그는 국가대표팀을 이끌고 있지만 여전히 치과의사를 겸하고 있었다. 그는 다른 사람의 관점을 열심히 경청하고 이해하려 했고, 그런 태도를 모든 선수에게 심어주려 했다.

그는 스포츠 채널 ESPN과의 인터뷰에서 이렇게 말했다. "우리나라 같은 곳에서는 팀을 조직하는 게 필수입니다. 우리는 하나로 뭉쳐야만 거대한 팀을 이길 수 있습니다. 우리 팀에는 스완지 구단에 소속된 길비 시귀르드손 같은 선수도 있습니다. 아마 팀에서 가장 뛰어난 선수일 겁니다. 그런 그가 경기장에서 제일 열심히 뜁니다. 그 선수가 제일 열심히 뛰는데, 팀에서 어느 누가 게으름을 피울 수 있겠어요?"[31]

증거 기반 지혜의 다른 요소들처럼, 집단 지능도 아직은 새로운 연구 분야다. 하지만 집단 지능의 원칙을 팀에 활용한다면, 팀원은 잉글랜드 선수가 아닌 아이슬란드 선수들처럼 움직일 것이다. 모든 팀원이 주변 사람들에게서 최고의 기량을 이끌어내는 전략이다.

10

들불처럼 번지는 어리석음

: 재앙은 왜 일어나고, 어떻게 막아야 하는가

우리는 바다 한가운데 원유 굴착기에 있다. 가벼운 바람이 부는 조용한 저녁이다.

시추를 마친 엔지니어 팀은 이제 유정을 시멘트로 봉하려는 참이다. 봉한 곳의 압력을 점검했고, 아무 문제가 없어 보인다. 곧 원유를 뽑아 올릴 수 있고, 그러면 돈방석에 앉을 것이다. 다들 축하할 시간이다.

그런데 압력 점검에 문제가 있었다. 시멘트가 굳지 않았고, 유정 바닥이 안전하게 봉해지지 않았다. 엔지니어들은 즐겁게 작업 종료를 알리지만, 기름과 가스가 파이프 안에 쌓이기 시작하고 그 수위는 빠르게 올라간다. 엔지니어들이 축하하는 사이 진흙과 기름이 굴착기 바닥 위로 뿜어져 나오기 시작한다. 사람들은 혀에서 가스 맛을 느낀다. 당장 조치를 취하지 않으면 대규모 '분출'이 발생할 것이다.

2010년의 세계 뉴스를 대충 훑기만 했어도 그 뒤에 어떤 일이 벌어질지 짐작할 수 있을 것이다. 대규모 폭발과 역사상 최악의 기름 유출 사고.

그러나 이 경우는 그렇지 않다. 어쩌면 기관실과 아주 멀리 떨어진 곳에서 가스가 유출되거나 바람이 불어 가스 유출이 화재로 이어지지 않을 환경이 만들어질 수도 있을 것이다. 아니면 현장에서 압력이 차오르는 상황을 감지하고 적절한 시간에 '분출 방지기'를 작동할 수도 있다. 어떤 이유든 참사는 피한다. 회사는 며칠 동안 원유를 생산하지 못하고, 수백만 달러 손실을 보겠지만, 인명 피해는 없다.

~

가상의 시나리오나 과거를 되돌리는 부질없는 상상이 아니다. 2010년 4월에 마콘도Macondo 유정의 굴착 장비 '딥워터 호라이즌Deepwater Horizon'에서 기름 유출 사고가 터지기 전에도 지난 20년간 멕시코만에서만 작은 분출 사고가 수십 건 일어났다. 그러나 바람의 방향이나 속도 등 그때그때 상황 덕에 대참사는 발생하지 않았고 석유 회사들은 손실을 피할 수 있었다.[1]

딥워터 호라이즌의 시멘트 작업을 책임진 트랜스오션Transocean사는 4개월 전에도 북해에서 매우 비슷한 사고를 겪었다. 당시 엔지니어들이 '부압 테스트' 결과를 잘못 해석하는 바람에, 밀봉한 유정에 문제가 생겼다는 신호를 놓쳤다. 그러나 폭발이 일어나기 전에 문제를 해결해, 며칠간의 작업 손실은 있었어도 환경 재앙은 피했다.[2]

그러나 2010년 4월 20일에는 기름과 가스를 흐트러뜨릴 바람이 불지 않은데다 장비 문제까지 겹쳐 분출을 막으려는 작업팀의 시도가 모두 실패했다. 새어나온 가스는 차츰 기관실에 쌓였고, 결국 불이 붙어 불똥이 여기저기 튀다가 굴착기가 화염에 휩싸였다.

그 뒤의 이야기는 다들 아는 대로다. 노동자 11명이 목숨을 잃었고, 그 뒤 몇 달 동안 7억 7,000만 리터가 넘는 기름이 멕시코만에 유출되어 미국 역사상 최악의 환경 재앙으로 기록되었다. BP사는 손해배상으로 650억 달러가 넘는 금액을 써야 했다.[3]

그런데 어떻게 그렇게 많은 사람이 그토록 많은 경고 신호를 놓칠 수 있었을까? 하마터면 큰일날 뻔한 과거의 여러 순간부터 내부 압력 상승 신호를 놓친 폭발 당일에 이르기까지 직원들은 재앙이 닥칠 수 있다는 사실을 망각한 듯했다.

사고를 조사한 미국 대통령 자문위원회 변호사 숀 그림슬리Sean Grimsley가 내린 결론은 이렇다. "유정이 넘치고 있었어요. 탄화수소가 새고 있었고요. 그런데 어쩐 일인지 그곳 사람들은 그날 밤 세 시간이 지나 부압 테스트는 문제가 없다고 판단했어요. (…) 굴착기에서 일하던 노련한 사람들이 왜 테스트가 문제없다고 믿었는지 의문이에요. (…) 죽으려고 작정한 것도 아닌데."[4]

딥워터 호라이즌 폭발 같은 재앙은 집단이나 팀에만 주목하지 말고 시야를 넓혀 특정 기업 문화가 개인의 사고 오류를 부추기고 좀 더 지혜로운 사고를 가로막는 놀라운 방식에 주목하게 한다. 그런 문화를 보고 있자면, 마치 조직 전체가 집단적 편향 맹점에 빠진 것만 같다.

이 같은 역학 관계는 NASA의 우주 왕복선 컬럼비아호 참사부터 2000년 콩코드 여객기 추락 사고에 이르기까지 최근 역사에서 인간이 저지른 최악의 참사에 자주 등장한다.

다국적 기업을 이끄는 사람이 아니라도 이 같은 연구를 잘 활용할 수 있는데, 직장인이라면 누구나 눈이 휘둥그레질 연구 결과가 있다. 근무 환경 때문에 내가 바보가 되는 게 아닌가 하는 생각을 한 번이라도 해본 사람이라면, 이런 연구 결과에서 내 경험을 제대로 이해하고 주변 사람들의 실수를 생각 없이 반복하지 않을 최선의 방법을 찾을 수 있을 것이다.

~

대규모 참사를 들여다보기 전에 우선 직장에서 흔히 나타나는 '실용적 어리석음functional stupidity'부터 살펴보자. 이 개념을 만든 사람은 스웨덴 룬드 대학의 마츠 알베슨Mats Alvesson과 런던 카스경영대학원의 앙드레 스파이서André Spicer다. 두 사람은 이 용어를 만들면서 일부 기업이 직원들의 사고를 적극적으로 방해할 수도 있는 이유를 설명했는데, 그 이유가 흔한 직관과는 반대다.

스파이서는 멜버른 대학에서 박사 학위를 딸 때 이 주제에 관심을 갖게 되었다고 내게 말했다. 당시 그는 오스트레일리아방송국에서 일어나는 의사 결정을 연구했다.[5] "그곳 사람들은 어이없는 변화 관리 프로그램을 도입하곤 했는데, 변화는커녕 불확실성만 대대적으로 키우는 꼴이 될 때도 적잖았어요."

많은 직원이 회사의 결정에 나타난 문제점을 인식했다. "아주 똑똑한 사람들이 조직에 한꺼번에 내던져져 있는 거예요. 그중 많은 사람이 조직이 얼마나 어리석은지 불만을 토로하는 데 상당한 시간을 쓰곤 했죠." 스파이서의 말이다. 그런데 그가 정말로 놀란 건 자신이 하는 일이 얼마나 무익한지 모르는 사람이 너무나 많다는 것이다. "능력이 그렇게 뛰어나고 아는 것도 많은 전문가들이 그런 정신 나간 짓에 빠져 있었어요. 그러면서 이게 똑똑한 행동입네, 이게 합리적인 행동입네 하며 엄청난 시간을 낭비해요."•

스파이서는 여러 해 뒤에 학계의 공식 만찬에서 알베슨을 만나 이런 조직의 문제점을 함께 이야기했다. 이후에 두 사람은 군대, IT 분석가, 신문사, 그리고 그들이 졸업한 대학에 이르기까지 조직 내 어리석음을 보여주는 수십 가지 사례를 연구하면서 여러 기관이 직원들의 두뇌를 최대한 활용하고 있는지 알아보았다.

이들이 내린 결론은 대단히 암울했다. 알베슨과 스파이서는 《어리석음의 모순The Stupidity Paradox》이라는 책에 이렇게 썼다. "정부는 지식 경제를 만든다며 수십 억 달러를 쓰고, 기업은 우수한 인재를 자랑하고, 개인은 삶에서 수십 년을 쏟아부어 스펙을 쌓는다. 그런데 우리가 연구한 많은 조직에서 이런 집단적 지능이 드러나지 않는 것 같다. (…) 우리가 잘 아는 최고 기관의 상당수가 '지식 집약적' 조직과는 거리가 한참 먼, 어리석음을 양성하는 엔진이 되었다."[6]

스파이서와 알베슨은 지능의 함정을 만들어내는 편향 그리고 실수와 마찬가지로, '어리석음' 또한 중요한 자질 세 가지가 부족한 편협한 사고의 한 종류로 정의한다. 그 세 가지 자질은 기초적이고 근

• 이런 문화는 BBC에서도 볼 수 있다. BBC 스스로도 다큐 형식을 띤 코미디 시트콤 《W1A》를 시즌 3까지 만들어 그 점을 풍자한다. 이 책을 쓰며 BBC에서 근무도 했던 나는 문득 자기 조직의 문제점을 바로잡기보다 그 문제를 드러내는 이런 시트콤을 만들기로 한 결정이야말로 '실용적 어리석음'의 **정의**가 아닐까 하는 생각이 든다.

본적인 단정에 관한 성찰, 자기 행동의 목적에 대한 호기심, 자기 행동이 가져올 광범위하고 장기적인 결과에 대한 고려다.[7] 다양한 여러 이유로, 회사는 직원들에게 **생각하기**를 권장하지 않는다.

두 사람은 이런 어리석음이 종종 **실용적**이라고 말한다. 몇 가지 장점도 있기 때문이다. 직장에서 개인은 대세를 따르면서 노력과 근심을 줄이는 쪽을 선호할 수도 있다. 그럴 경우 나중에 인센티브를 받거나 승진까지도 할 수 있다고 생각한다면 특히 그러하다.

이런 '전략적 무지strategic ignorance'는 참가자가 돈을 두고 경쟁을 벌이는 심리학 실험에서 잘 드러난다. 이 실험에서 참가자들은 자신의 결정이 다른 참가자에게 어떤 영향을 미칠지 구태여 알려고 하지 않는 경우가 많다.[8] 아예 모르면 소위 '도덕적 운신의 폭'이 넓어져 이기적으로 행동하기가 쉬워지기 때문이다.

사회적 압력으로 무지해질 수도 있다. 끊임없이 질문을 던져 회의를 지연시키는 골치 아픈 사람을 누가 좋아하겠는가. 서로 견해를 주고받도록 적극 장려되는 상황이 아닌 한, 가만히 앉아 주변 사람의 말에 고개를 끄덕인다면, 비록 내 비판 능력을 일시적으로 외면해야 할지라도 앞날은 더 밝아질 수 있다.

이런 식의 편협하고 의문을 품지 않는 태도는 개인뿐 아니라 조직에 곧바로 이익을 가져다주기도 한다. 직원들은 자기가 지혜롭게 행동했는지 의문을 품느라 시간을 낭비하는 일 없이 짧은 시간에 생산성과 효율성을 높인다. 그러다 보니 일부 회사는 본의 아니게 또는 의도적으로 실용적 어리석음을 장려하는 수도 있다.

스파이서와 알베슨은 조직의 업무 관행과 구조가 실용적 어리석음을 부추기는 경우도 많다고 주장하는데, 지나친 전문화와 책임 분산도 그런 경우다. 이를테면 요즘 인사부 책임자는 성격 검사를 계획하고 준비하는 아주 구체적인 단일 업무를 맡기도 한다. 심리학 연구에서 보듯, 결정 능력과 창의력은 외부 관점을 경청하고 다른 관심 분야에서 비슷한 점을 찾으면서 향상되는데, 날마다 똑같은 광맥만 캔다면 미묘한 차이와 세세한 부분에 차츰 신경을 덜 쓰게 될 것이다. 독일어에 딱 알맞은 말이 있다. 파흐이디오트Fachidiot. 한 분야밖에 모르는 전문가를 일컫는 말로, 다면적 문제를 융통성 없이 한 가지 방법으로만 처리하려는 사람이다.

그러나 실용적 어리석음이 가장 만연하고 가장 강력한 경우는 기업에 전적으로 충성해야 할 때와 긍정적인 것을 지나치게 강조할 때다. 이런 경우에는 비판이 배신처럼 보일 수 있고, 실망이나 불안을 인정하면 나약하다고 생각될 수 있다. 스파이서에게는 이 점이 특히 골칫거리였다. 그는 내게 요즘은 새로 생긴 회사부터 거대한 다국적 기업에 이르기까지 많은 기업의 문화에 낙관주의가 집요하게 파고들었다고 말했다.

예를 들어 그는 "실패하며 나아가라"거나 "일찍 실패하라. 자주 실패하라"는 모토를 고수하는 사업가들을 연구한 결과를 설명했다. 그런 모토는 앞으로 성공 기회를 높일 '성장형 사고방식'의 예처럼 들리지만, 스파이서에 따르면 사업가들은 흔히 실패 원인을 자기 잘못에서 찾기보다 외부 요인에서 찾으려 하고("내 생각은 시대를 앞서갔다"는 등) 나중에는 자기 방식이 먹힐 수도 있다는 식으로 설명하려 든다. 이들은 자기 개인의 성장은 진지하게 고려하지 않는다.

관련 수치는 놀랍다. 사업가의 무려 75~90퍼센트가 첫 사업에 실패하는데도 낙천적이고 긍정적인 태도를 끝까지 유지하려고 애쓰면서 자기 잘못은 잊고 지낸다.[9] 스파이서가 말했다. "이 사람들은 '실패하며 나아가라'는 말처럼 점점 나아지는 게 아니라 사실은 점점 나빠져요. 이런 아전인수 격 편향 탓에 새 사업을 쉽게 시작하고 똑같은 실수를 또 하고, 또 하고, 또 하죠. (…) 그걸 미덕으로 생각해요."

이런 태도는 아주 큰 기존 기업에도 만연해서 사장은 직원들에게 "좋은 소식만 가져오라"고 말한다. 또는 브레인스토밍 시간에 참석했다가 "아이디어를 안 내는 것은 나쁜 아이디어를 내는 것"이라는 말을 들을 수도 있다. 스파이서는 이런 상황이 생산성을 방해한다고 말한다. 우리는 보통 토론 초기 단계에서 비판을 받아들여야 더 창의적이 된다. "기존 단정을 테스트한 뒤에야 그에 따라 행동할 수 있어요. 그렇지 않으면 다 같이 아이디어를 밀어붙인 채 차이를 덮어버리기 쉽죠."

~

이제는 독자들도 지능의 함정을 제대로 이해하고 그런 근시안적 접근법의 위험성을 보는 즉시 알아챈다면 좋겠다.

호기심과 통찰력이 부족하면 특히 불확실성 시대에 피해가 크다. 이를테면 신문사 편집자 회의를 직접 목격한 알베슨에 따르면, 신문사는 사고방식이 지나치게 경직되고 의심을 품지 않는 탓에 경제 상황과 세금 인상 같은 요소가 어떻게 신문 판매에 영향을 미치는지 탐색하지 못했다. 편집자들은 신문 1면의 구체적인 헤드라인에 너무 집착한 나머지 이야기를 풀어갈 좀 더 광범위하고 새로운 전략이나 표현 방식을 탐색할 필요성을 잊고 말았다.

2010년대 초 핀란드 기업인 노키아의 내부 붕괴는 겉으로는 성공한 듯 보이는 조직이 어떻게 실용적 어리석음으로 무너지는가를 가장 생생하게 보여준 사례가 되었다.

2000년대 초에 휴대폰을 쓴 사람이라면 노키아 휴대폰을 썼을 가능성이 높다. 2007년, 노키아는 전 세계 휴대폰 시장의 절반을 점유했다. 그러나 6년 뒤, 노키아 고객 대부분이 노키아의 투박한 인터페이스를 버리고 좀 더 세련된 스마트폰으로, 특히 애플의 아이폰으로 옮겨 갔다.

당시 평론가들은 노키아가 단순히 능력과 혁신에서 애플보다 뒤처졌다거나, 아이폰의 도래를 예상하지 못했다거나, 자사 제품이 다른 어떤 제품보다 우월하다는 생각으로 현실에 안주했다고만 설명했다.

그러나 핀란드 학자 티모 위오리Timo Vuori와 싱가포르 학자 퀴 휘Quy Huy가 노키아의 몰락을 연구한 결과, 그런 설명들은 모두 사실이 아니었다.[10] 노키아의 엔지니어들은 세계 최고였고, 노키아는 다가올 위험을 충분히 인지하고 있었다. 최고경영자가 인터뷰에서 "숱한 경쟁으로 피해망상증에 걸릴 지경"이라고 말할 정도였다. 그럼에도 결국 위기를 딛고 일어서지 못했다.

가장 큰 문제 중 하나는 노키아의 운영 체계인 심비안Symbian이었다. 애플의 운영 체계인 아이오에스iOS보다 못하고 정교한 터치스크린 어플리케이션을 다루기에도 적절치 않았다. 하지만 기존 소프트웨어를 뜯어고치려면 여러 해가 걸리는데다 관리자들은 신제품을 빨리 출시하길 원했다. 그러다 보니 먼 미래를 내다보며 추진해야 할 프로젝트를 급하게 밀어붙일 수밖에 없었다.

안타깝게도 직원들은 회사가 추진하는 방식에 의문을 제기할 수 없었다. 고위급 관리자는 싫은 소리를 들으면 고래고래 소리를 지르기 일쑤였다. 의문을 제기하려면 쫓겨날 각오를 해야 했다. 어느 중간급 관리자가 말했다. "지나치게 부정적이면 목을 내놓는 꼴이었어요." 또 한 사람은 이렇게 말했다. "그 사람들 사고방식으로는, 진행 중인 일을 비판하면 그 일에 진심으로 힘을 쓰지 않는다는 뜻이었죠."

그러다 보니 직원들은 자신이 마주한 문제를 모른다고 시인하기보다 전문가인 척하기 시작했고, 지킬 수 없는 마감 시한을 받아들였다. 심지어 실적을 보여주는 자료를 조작해 이미지를 좋게 포장했다. 직원이 떠나면 "할 수 있다"는 자세를 가진 사람들로 충원됐다. 현재 상황에 이견을 제시하기보다 새로운 요구에 무조건 고개를 끄덕이는 사람들이었다. 회사는 외부 컨설턴트의 조언도 무시했다. 어떤 컨설턴트는 "노키아는 항상 우리 동료들에게 가장 거만한 회사였다"고 했다. 노키아는 외부 관점을 받아들일 기회를 모두 놓쳐버렸다.

애초에 직원의 주의를 집중시키고 좀 더 창의적인 관점을 장려할 목적으로 고안된 방법들이 되레 노키아의 경쟁력을 점점 떨어뜨렸다.

그 결과 노키아는 운영 체계를 적절한 표준 체계로 업그레이드하는 데 잇따라 실패했고, 제품은 서서히 품질이 떨어졌다. 노키아가 2010년에 "아이폰 저격수"라며 마지막으로 N8을 출시했을 무렵에는 직원들 대부분이 회사에 대한 신뢰를 잃었다. 노키아는 주저앉았고, 이후 더 손실을 내다가 2013년에 휴대폰 사업을 마이크로소프트에 넘겼다.

~

실용적 어리석음이라는 개념은 심리학 실험보다 노키아 몰락 분석을 비롯한 광범위한 관찰 연구에 영감을 받아 탄생했지만, 이런 식의 기업 행태는 심리학자들이 합리성 장애, 지혜로운 추론, 비판적 사고를 연구한 내용과 매우 비슷하다.

예를 들어 위협을 느끼면 아전인수 격으로 소위 '뜨거운' 인지 반응이 촉발되어, 내 관점과 반대되는 증거를 찾아보기보다 내 입장을 정당화해 지혜로운 추론에서 낮은 점수를 받는다는 사실을 기억할 것이다. (자신의 대인관계에서는 애를 먹을지라도 친구의 대인관계에는 지혜로운 조언을 해줄 수 있는 것도 이 때문이다.)

자기 뜻을 굽히지 않는 고위 경영진이 이끄는 노키아 조직은 마치 강한 자의식이 위협받는 불확실한 상황에 놓인 개인처럼 행동하기 시작했다. 한편으로는 과거의 성공에 취해 '자초한 교조주의'에 빠져 관리자들이 외부 전문가의 조언을 받아들이지 않았을 수도 있다.

다양한 사회심리학 실험에서 이런 유형은 아주 흔히 나타난다. 위협을 느끼는 집단은 더욱 순응적이고 외골수적이며 시선을 밖으로 돌리지 않는 성향을 보인다. 집단 구성원은 하나둘씩 똑같은 견해를 받아들이고, 복잡미묘한 생각보다는 단순한 메시지를 선호하기 시작한다. 이런 현상은 국가 차원에서도 나타난다. 이를테면 한 나라가 국제적 갈등에 휩싸일 때 그 나라의 신문 사설은 더욱 단순하고 반복적인 말을 내놓는다.[11]

외부 환경을 조절할 수 있는 조직은 없다. 그래서 어떤 위협은 불가피하다. 그러나 조직이 위험을 지각했을 때, 그것을 직원에게 전달하는 방식은 바꿀 수 있다. 이를테면 대안이 될 만한 견해를 내놓도록 장려하고, 기존 방식을 부정하는 정보를 적극 찾아보는 식이다. 아주 똑똑한 사람을 고용했다면 저절로 좋은 성과가 나오겠거니 기대만 하지 말고 그들이 능력을 발휘할 수 있는 환경을 만들어주어야 한다.

이런 추세를 거부하는 듯 보이는 회사도 비록 외부 평판에서는 곧장 드러나지 않을지라도 증거 기반 지혜의 요소를 어느 정도는 받아들이는지도 모른다. 이를테면 미디어 회사 넷플릭스Netflix는 "성과가 그저 그런 수준이면 두둑한 퇴직금을 받는다"라는 모토로 유명하다. 언뜻 장기적 회복력보다 근시안적이고 단기적인 이익을 추구하는 살벌한 태도처럼 보인다.

그러나 넷플릭스는 더욱 광범위한 심리 연구에서 증명된 방법으로 이 모토의 균형을 잡는 것 같다. 예를 들어 넷플릭스는 회사의 비전을 요약한 널리 알려진 자료에서, 우리가 이제까지 다룬 좋은 논리적 사고에 필요한 많은 요소를 강조한다. 이를테면 모호함과 불확실성을 인정해야 한다든가 지배적 견해에 도전해야 한다는 것인데, 이런 문화가 지혜로운 결정을 유도한다.[12]

물론 넷플릭스가 앞으로 얼마나 성공할지는 알 수 없다. 그러나 이제까지의 성공을 볼 때, 실용적 어리석음을 피하면서 회사를 효율적으로(또는 일부 말마따나 무자비하게) 운영하는 것이 가능함을 알 수 있다.

~

실용적 어리석음의 위험성은 기업의 실패 사례에서 끝나지 않는다. 성찰과 내부 피드백을 장려하지 않는다면 창의력과 문제 해결 능력에 해를 미칠 뿐 아니라 (NASA의 재앙이 보여주듯) 인간의 비극으로 이어질 수도 있다.

스파이서는 이렇게 지적한다. "그것은 흔히 수많은 작은 실수로 이어집니다. 아니면 [회사가] 엉뚱한 문제에 초점을 맞춘 채 일종의 사후 부검이 필요한 문제를 간과합니다." 그 결과 겉으로는 성공한 듯 보이는 조직이 실제로는 서서히 재앙으로 빠져들 수 있다.

2003년에 일어난 우주 왕복선 컬럼비아호 참사를 보자. 발사 순간에 외부 탱크에서 떨어져나간 단열재가 우주선 왼쪽 날개에 부딪혀 구멍을 냈다. 이 구멍 탓에 대기권에 재진입하던 우주선이 분해되어 승무원 7명이 모두 사망했다.

사전에 어떤 위험 신호도 없이 단 한 번 우연히 일어난 사고였어도 비극적인 사고가 틀림없다. 그러나 NASA 엔지니어들은 단열재가 떨어져나갈 수 있다는 걸 오래전부터 알고 있었다. 과거에도 우주선을 발사할 때마다 일어났던 일이다. 그런데 여러 이유로 추락 사고로 이어진 적이 없다 보니, 그 위험성을 무시하기 시작했다.

워싱턴 DC에 있는 조지타운 대학 경영학 교수로, 기업에 닥친 참사를 전문적으로 연구해온 캐서린 틴슬리Catherine Tinsley가 내게 말했다. "엔지니어와 관리자에게 골칫거리였던 그 문제가 차츰 흔한 잡일로 분류된 거예요."

이런 관행은 놀랍게도 1986년에 일어난 우주 왕복선 챌린저호 폭발의 원인이기도 했다. 당시 챌린저호는 플로리다의 추운 겨울 탓에 고무 패킹에 문제가 생겨 폭발했다. 이후 조사에서 고무 패킹이 과거에도 여러 차례 문제를 일으킨 것으로 드러났다. 그런데도 직원들은 그것을 경고 신호로 보지 않고 여느 때처럼 안전하겠거니 생각했다. 대통령 자문위원회 소속으로 이 사건을 조사한 리처드 파인만은 이렇게 지적했다. "러시안 룰렛 게임(총알을 한 발만 장전한 권총을 머리에 겨누고 방아쇠를 당기는 게임 — 옮긴이)에서 첫 발에 무사했다고 다음 발에 안심할 수 있는 건 아니다."[13] 그러나 NASA는 이 사건에서 교훈을 얻지 못한 것 같다.

틴슬리는 특정 엔지니어나 관리자를 탓하는 게 아니라는 점을 강조한다. "정말 똑똑한 사람들이에요. 데이터를 가지고 일하고, 아주 열심히 노력하는 사람들이죠." 그러나 NASA의 실수는 우리가 위험을 지각했다가도, 심지어 상황 변화도 눈치채지 못한 채 그 위험성을 얼마나 빠르게 무시하는지를 잘 보여준다. NASA는 재앙이 일어날 가능성을 보지 못했다.

그 원인은 인지 태만의 한 형태인 결과 편향이 아닐까 싶다. 어떤 결정에서 나온 실제 결과에만 주목한 채 가능한 다른 결과를 아예 생각해보지도 않는 편향이다. 머리 좋은 사람들을 괴롭히는 다른 많은 인지 결함과 마찬가지로 결과 편향도 상상력 부족 탓이다. 우리는 (실제로 일어난) 사건에서 가장 두드러진 세부적인 것만 수동적으로 받아들인 채, 상황이 약간 달랐다면 어떤 상황이 벌어졌을지 생각하지 않는다.

틴슬리가 이제까지 여러 차례 실험한 결과, 결과 편향은 여러 전문직에서 아주 흔히 나타났다. 한번은 경영학 전공 학생들, NASA 직원들, 우주 산업 업체들에게 세 가지 시나리오를 주고, 각각의 시나리오에서 무인 우주선을 책임진 '크리스'라는 관리자를 평가하게 했다. 첫 번째 시나리오에서는 우주선이 계획대로 완벽하게 발사되었다. 두 번째 시나리오에서는 심각한 설계 결함이 있었지만 운이 좋아서 성공적으로 발사되었다. 세 번째 시나리오에서는 그런 요행이 따라주지 않아 완전히 실패했다.

당연히 완전히 실패한 시나리오가 가장 혹독한 평가를 받았다. 그러나 "하마터면 큰일날 뻔한" 시나리오에서 참가자 대부분은 설계 결함은 아무렇지 않게 무시한 채 크리스의 리더십을 칭찬했다. 결과 편향이 컬럼비아호 참사 같은 재앙을 설명할 수 있다는 틴슬리의 이론을 증명이라도 하듯이, 참가자들은 하마터면 큰일날 뻔한 시나리오를 읽은 뒤로 미래의 위험성을 알아보는 능력이 떨어졌다. 일부 조직이 실패에 서서히 무뎌지는 성향을 그대로 보여주는 결과다.[14]

틴슬리는 실수를 간과하는 이런 성향이 다른 수십 건의 파국적 상황에서도 공통으로 나타난다는 것을 알아냈다. 틴슬리 팀은 2011년 《하버드 비즈니스 리뷰Harvard Business Review》에 이렇게 지적했다. "우리가 연구한 모든 재앙과 경제 위기에 앞서 이미 아슬아슬했던 상황이 있었고, 그것이 이후 사태의 조짐이 되었다."[15]

자동차 제조업체 도요타가 겪은 대재앙을 보자. 2009년 8월, 캘리포니아에 사는 가족 4명이 도요타 렉서스를 타고 가던 중 가속 페달이 눌린 채 제대로 작동하지 않아, 운전자가 도로에서 통제력을 잃고 시속 190킬로미터로 달리다가 강둑으로 돌진하는 바람에 차가 불길에 휩싸이고 일가족 4명이 모두 사망하는 사건이 일어났다. 이 사건으로 도요타는 차량을 600만 대 넘게 리콜해야 했다. 도요타가 과거부터 보고된 이 문제를 진지하게 검토했더라면 피할 수 있었던 재앙이다. 도요타 차량의 가속 페달 오작동은 지난 몇십 년 동안 2,000건 이상 보고되었는데, 이는 비슷한 문제로 흔히 보고되는 수치의 약 다섯 배에 이른다.[16]

알고 보니 도요타는 2005년에 품질 관리 문제를 다룰 고위급 특별대책반을 꾸렸다가 2009년 초에 이를 해체했다. 품질은 "회사의 DNA에 새겨져 있으며, 따라서 전담반까지 꾸려 그 문제를 다룰 필요가 없다"는 이유였다. 고위 경영진도 자기보다 직급이 낮은 경영진이 전하는 특별한 경고 신호를 귀담아 듣지 않은 채 회사의 빠른 성장에 초점을 맞추었다.[17] 외부 목소리를 달가워하지 않는 폐쇄적인 운영 방식에서 흔히 나타나는 상황인데, 이런 방식에서는 중요한 결정이 위계 서열의 맨 꼭대기 층에서만 내려온다. 노키아 관리자들처럼 이들도 좀 더 넓은 목표에서 벗어나는 안 좋은 뉴스를 듣고 싶어 하지 않았던 것으로 보인다.

결과적으로 도요타가 치른 비용은 경고 신호를 무시하면 절약할 수 있을 거라 예상한 금액을 훨씬 넘어섰다. 2010년에는 미국인의 31퍼센트가 도요타 자동차를 안전하지 않다고 생각했다.[18] 한때 품질과 고객 만족도로 명성을 얻었던 기업이 이 사건으로 한순간에 추락했다.

이번에는 파리에서 뉴욕시로 가던 에어프랑스 4590편의 경우를 보자. 2000년 7월 25일, 이륙을 준비하던 콩코드 여객기가 활주로에 있던 날카로운 파편을 밟고 지나가면서 4.5킬로그램에 이르는 타이어 조각이 떨어져나가 비행기 날개 아랫부분에 부딪혔다. 이 충격으로 연료 탱크가 파손되어 이륙하던 비행기에 불이 붙었다. 비행기는 근처 호텔로 떨어졌고, 총 113명이 사망했다. 이후 조사에서 콩코드 타이어가 과거에도 활주로에서 터진 경우가 57건 있었고, 심지어 그중 한 번은 4590편 사건과 거의 동일한 수준의 사고를 낼 뻔했으나 순전히 운이 좋아 새어나온 연료에 불이 붙지 않았다는 사실이 밝혀졌다. 그런데도 이처럼 아슬아슬했던 순간을 다급한 조치가 필요한 심각한 경고 신호로 받아들이지 않았다.[19]

이런 최악의 사건들은 고위험 산업을 대상으로 실시한 극적인 사례 연구지만, 틴슬리는 다른 많은 조직에서도 이와 똑같은 사고방식을 가진 탓에 잠재적 위험이 존재한다고 말한다. 이를테면 직장 안전에 관한 연구 결과, 아슬아슬했던 순간 1,000건당 1건 꼴로 심각한 부상이나 사망 사고가 발생하고, 그보다 덜 심각한 부상 사고는 적어도 10건에 달했다.[20]

틴슬리는 자신의 연구를 '실용적 어리석음'이라는 틀로 보지 않았지만, 이 같은 결과 편향 역시 스파이서와 알베슨이 개략적으로 설명한 성찰과 호기심 부족에서 나오는 것으로 보인다.

회사가 환경을 조금만 바꿔도 하마터면 큰일날 뻔한 순간에 주목할 가능성을 높일 수 있다. 틴슬리는 실험실 연구를 통해, 그리고 실제 NASA 프로젝트 중에 수집된 자료를 분석함으로써 문화 전반과 조직 강령에서 안전이 강조될 때 사람들이 아슬아슬했던 순간에 주목하고 그것을 보고할 확률이(때로는 약 다섯 배까지) 훨씬 높아진다는 사실을 발견했다.[21]

그 예로, 무인 우주선 발사를 기획한 NASA 관리자가 등장하는 시나리오 하나를 보자. 실험 참가자 중에 "지적 한계를 뛰어넘는 NASA는 위험이 높은 환경, 위험을 감수하는 환경에서 운영되어야 한다"라는 말을 들은 사람들은 아슬아슬했던 순간을 알아보는 경우가 훨씬 적었다. 반면 "NASA처럼 사람들에게 자주 노출되는 조직은 대단히 안전한 환경, 안전을 최우선으로 하는 환경에서 운영되어야 한다"라는 말을 들은 사람들은 잠재적 위험을 아주 잘 알아보았다. 심사위원 앞에서 자기 판단이 옳다는 근거를 대야 한다는 말을 들은 참가자들도 마찬가지였다. "이때는 아슬아슬했던 순간이 좀 더 실패에 가까워 보입니다."

우리는 지금 무의식적 편향을 이야기하고 있다는 점을 기억하라. 참가자 중에 누구도 아슬아슬했던 순간을 저울질해보고 그 순간이 무시할 만했다고 생각하지 않았다. 하지만 의도적으로 자극하지 않는 한, 그 순간을 조금도 신경 쓰지 않았다. 어떤 회사는 직원들이 이미 안전의 중요성을 내심 알고 있으려니 기대할 수도 있겠지만, 틴슬리의 연구를 보면 안전의 중요성은 크게 부각되어야 한다는 걸 알 수 있다. 컬럼비아호 사고가 나기까지 거의 10년 가까이 NASA의 모토가 "더 빠르게, 더 좋게, 더 싸게"였다는 것은 그 사실을 잘 보여준다.

틴슬리는 대화를 마치기 전에 위험 중에는 불가피한 위험도 있을 것이라고 강조했다. 위험은 우리가 그런 위험이 있다는 걸 눈치채지도 못하는 상황이다. 틴슬리는 어느 세미나에서 NASA 엔지니어 한 명이 답답해하며 손을 들고 질문하던 때를 떠올렸다. "어떤 위험도 떠안지 말라는 건가요? 우주 비행은 원래 위험한 거예요."

"그래서 제가 대답했죠. 여러분에게 이런저런 위험을 감수해라 마라 말하려고 온 게 아니다. 내가 말하려는 건 하마터면 큰일날 뻔한 순간이 무사히 지나가고나면 위험을 용인하는 성향이 커지고 위험을 눈치채지 못하게 된다는 거다." 챌린저호나 컬럼비아호의 운명이 보여주듯, 어떤 조직도 그런 맹점을 방치해서는 안 된다.

~

지나고 보면 딥워터 호라이즌에서는 사고 전부터 비합리적 일들이 비일비재했다는 걸 아주 쉽게 알 수 있다. 폭발 사고가 일어날 때까지 작업이 예정 일정보다 6주나 늦어지고 있었는데, 그 때문에 하루에 100만 달러씩 손해를 보고 일부 직원은 압박을 받아 기분이 언짢았다. 엔지니어 브라이언 모렐Brian Morel은 작업에 들어가기 6일 전 이메일에 "사람들이 여기저기서 무질서하게 움직이는 악몽 같은 유정"이라고 썼다.

압박이 심한 근무 조건이었다. 이런 조건에서는 성찰과 분석적 사고가 힘들다는 게 이제는 잘 알려진 사실이다. 결국 집단적 맹점이 생기고, 딥워터 호라이즌에서 일하던 직원(BP사 직원부터 그 협력사인 핼리버턴과 트랜스오션 직원에 이르기까지) 다수가 재앙이 닥치고 있다는 걸 눈치채지 못한 채 눈에 띄는 실수를 연달아 저질렀다.

이를테면 쌓여가는 비용 부담을 줄이려고 유정을 안전하게 보호하는 작업을 할 때 안전성 검사도 없이 값싼 시멘트를 섞었다. 게다가 자체 규정도 무시한 채 시멘트 양을 줄였고, 유정을 안전하게 고정하는 장비를 설치할 때도 비용을 아꼈다.

사고 당일에는 유정이 잘 봉해졌는지 확인하는 검사 절차를 제대로 지키지 않았을 뿐 아니라 유정 내부에 압력이 차오른다는 걸 예측할 수 있는 이례적인 결과마저 무시했다.[22] 엎친 데 덮친 격으로 정작 사건이 터졌을 때는 분출 방지 장비가 제대로 수리되지 않은 상태였다.

이런 위험 요소 하나하나가 모두 사고가 터지기 한참 전에 발견될 수도 있었다. 앞서 살펴보았듯이, 자잘한 분출 사고가 이미 여러 번 있었다. 이를 심각한 위험 경고로 받아들여 안전 절차를 보강했어야 했다. 그런데 바람이 이리저리 불어대는 등 주변 여건 덕에 자잘한 사고가 치명적 사고로 이어지지 않자 점점 절차를 심각하게 무시하고 안전 훈련을 제대로 하지 않는 등 기본적인 것들을 점검하지 않은 채 지나갔다.[23] 이처럼 운명에 기댈수록 지금 상태가 안전하다고 잘못 인식하기 쉽고, 절차를 무시하는 행동에 더 둔감해진다.[24] 틴슬리가 말한 결과 편향의 전형적인 예다. 그런데 이런 실수는 석유 업계 전반에 만연한 듯했다.

이보다 8개월 전에는 또 다른 석유가스업체인 PTT가 오스트레일리아 부근 티모르해에서 기름 유출 사고를 냈다. 마콘도 유정에서 작업했던 핼리버턴사는 이때도 시멘트 작업을 맡았고, 비록 이후 조사에서 핼리버턴은 큰 책임이 없다고 나왔지만, 이때 관련 위험성을 분명히 환기할 수도 있었다. 그러나 딥워터 호라이즌 사고에서 나타난 현장 기사와 전문가의 소통 부족을 보면, 핼리버턴사는 PTT 사고에서 교훈을 얻지 못한 것 같다.[25]

이처럼 이 재앙은 어느 한 사람의 행동 때문이 아니라 성찰, 참여, 비판적 사고가 고질적으로 부족해, 프로젝트 전체에 걸쳐 결정권자들이 자기 행동의 결과를 깊이 생각하지 않은 탓이다.

"조직의 행동과 그곳에 속한 사람들의 행동을 지배하는 것은 행동의 바탕에 깔린 '무의식'이다." UCLA 재난위기관리센터Center for Catastrophic Risk Management가 내놓은 보고서의 결론이다.[26] "이런 문제는

(…) 수십 년간 지속된 조직의 기능 장애와 근시안적 사고에 깊이 뿌리박힌 것으로 보인다." 특히 관리자들은 실적을 내야 한다는 생각에 사로잡혀 실수할 가능성과 사용 중인 기술이 문제를 일으킬 가능성을 잊었다. 이들은 "두려움을 잊었다."

재난위기관리센터장 컬린 로버츠Karlene Roberts는 나와의 인터뷰에서 이렇게 말했다. "조직에서 대형 사고가 터져 그 원인을 찾을 때면 흔히 비난할 사람을 지목해 교육하거나 내쫓아버리죠. (…) 그러나 사고 원인이 사고 현장에 있는 경우는 드물어요. 대개는 그보다 여러 해 전에 일어난 일이 원인이죠."

조직에서 지능의 함정이 나타나는 원인이 '무의식'이라면, 어떻게 해야 조직이 잠재된 위험을 알아챌 수 있을까?

로버츠 팀은 재앙 연구에 그치지 않고 핵발전소, 항공모함, 항공교통 관제 시스템 등 불확실성과 잠재적 위험이 대단히 높지만 사고율이 극도로 낮은 '고신뢰도 조직'에 공통적으로 나타나는 체계와 행동도 연구했다.

이 연구 결과도 실용적 어리석음 이론과 마찬가지로 성찰하고 의심하고 장기적 결과를 고려해야 한다고 강조했다. 이를테면 직원들에 "생각할 자유"를 주는 정책을 쓸 수도 있을 것이다.

칼 위크Karl Weick와 캐슬린 서트클리프Kathleen Sutcliffe는 이 결과를 정리해 다음과 같은 핵심 특성을 추렸고, 고신뢰도 조직은 이런 특성을 모두 가지고 있음을 확인했다.[27]

- **잘못될 가능성에 집착한다**: 조직은 성공에 안주하지 않고, 직원은 "날마다 오늘이 문제의 날이 될 수 있다"고 생각한다. 조직은 문제

를 보고하는 직원을 포상한다.

- **단순한 해석을 꺼린다**: 기존 단정에 의문을 제기하고 이미 인정받은 지혜에 회의를 품는 직원을 포상한다. 딥워터 호라이즌이라면 엔지니어와 관리자들이 질 낮은 시멘트를 걱정하고 추가 검증을 요구할 수도 있었을 것이다.
- **기술적 상황에 민감하다**: 팀원들은 서로 꾸준히 소통하면서 눈앞의 상황을 새롭게 이해하고, 이상 현상이 발생했을 때 근본 원인을 탐색한다. 딥워터 호라이즌이라면 굴착기 기사들은 압력 점검 결과가 평소와 다르게 나왔을 때 첫 해명을 그대로 받아들이기보다 좀 더 의문을 품었어야 했다.
- **회복력을 키우는 데 힘쓴다**: '사전 부검pre-mortem'을 규칙적으로 실시하고, 아슬아슬했던 순간을 정기적으로 토론하는 등 실수가 발생했을 때 원래 상황으로 돌아가는 데 필요한 지식과 자원을 축적한다. BP는 딥워터 호라이즌 폭발 사고가 일어나기 한참 전, 그보다 덜 심각한 사고가 여러 차례 일어났을 때 그 원인을 찾아보고, 그와 같은 사고에 대처하도록 모든 팀원을 철저히 준비시켰을 수도 있었다.
- **전문성을 존중한다**: 이 특성은 계급, 위계 사이의 소통의 중요성, 그리고 최고위층의 지적 겸손과 관련이 있다. 경영진은 현장 사람들을 신뢰해야 한다. 예를 들어 도요타와 NASA 모두 엔지니어의 우려에 귀를 기울이지 않았다. 마찬가지로 딥워터 호라이즌 폭발 사고 이후 언론 보도에 따르면, BP사 노동자들은 해고를 걱정해 당시 상황에 대한 우려를 표시하지 않았다.[28]

회복력을 키우려는 노력은 사소한 행위에서도 분명히 드러날 수 있어서, 노동자들에게 그들이 안전에 힘쓰는 걸 회사가 알아준다고 느끼게 할 수 있다. 한번은 미 항공모함 칼 빈슨호USS Carl Vinson에서 승무원 한 명이 갑판에서 쓰던 연장을 잃어버렸는데, 그 연장이 제트 엔진으로 빨려 들어갔을 수도 있다고 보고했다. 그러자 모든 항공기가 상당한 비용을 감수하면서 육지로 회항했다. 그런데 그 승무원은 부주의로 처벌받기보다 다음 날 공식 행사에서 정직한 행동을 한 사람으로 언급되었다. 실수를 해도 보고만 하면 용서받을 수 있다는 분명한 메시지였다. 그런 상황이라면 팀 전체가 훨씬 작은 실수도 그냥 지나치지 않을 것이다.

한편 미 해군은 사고를 줄이기 위해 핵잠수함에 잠수함안전프로그램SUBSAFE을 도입해 실시 중이다. 1963년 미 잠수함 스레셔호USS Thresher 사건이 일어난 뒤 처음 실시되었다. 펌프 이음새 문제로 스레셔호가 침몰해 해군 112명과 민간인 17명이 사망한 사건이다.[29] 이 프로그램은 "신뢰하되 확인하라"는 문구가 말해주듯, 특히 장교에게 "만성적 불편함"을 느끼라고 지시한다. 그 후 50년이 넘도록 미 해군은 이 체계를 도입한 잠수함 중 단 한 척도 잃지 않았다.[30]

엘런 랭어의 연구 결과에 영감을 얻은 칼 위크는 앞서 소개한 여러 특성을 모두 합쳐 '집단적 마음챙김'이라 부른다. 그 기반이 되는 원칙을 보면, 집단은 가능한 모든 수단을 동원해 직원들이 단지 똑같은 행동을 끝없이 반복하기보다 정신을 바짝 차리고, 미리 대책을 세우고, 새 아이디어에 열린 태도를 보이고, 모든 가능성에 의문을 제기하고, 실수를 찾아내어 교훈을 얻게 해야 한다는 것이다.

이런 기본 틀을 도입하면 극적인 효과를 볼 수 있다는 확실한 증거가 있다. 집단적 마음챙김을 성공적으로 적용한 가장 주목할 만한 사례는 보건 의료 분야에서 찾을 수 있다. (앞에서 이미 의사가 어떻게 개인의 생각을 변화시키는지 살펴보았지만, 이번 경우는 특히 문화 전반 그리고 집단적 사고와 관련 있다.) 이때 써볼 수 있는 방법으로는 중간급 직원들에게 기존 단정에 의문을 제기하고 자기 앞에 놓인 증거를 좀 더 비판적으로 바라볼 권한을 주고, 상급 직원들에게는 부하 직원의 의견을 적극 검토하도록 장려해 모두가 다른 사람에 대해 책임을 느끼게 하는 것이다. 직원들도 규칙적으로 '소규모 안전 모임'을 열어 실수를 미리 적극적으로 보고하도록 하고, '근본 원인 분석'을 실시해 실수나 아슬아슬한 상황을 유발했을 법한 기본 절차를 검토한다.

캐나다 온타리오 런던에 있는 세인트 조지프 헬스케어St Joseph's Healthcare 병원은 이런 방법을 이용해, 약을 엉뚱한 환자에게 처방하는 의료 실수를 줄였다. 2016년 2분기에 80만 건이 넘는 조제 중 실수는 단 2건에 불과했다. 미주리에 있는 골든 밸리 메모리얼Golden Valley Memorial 병원에서도 똑같은 원칙을 적용하여 약에 내성이 생긴 황색포도상구균 감염을 0건으로 줄였고, 병원에서 발생하는 피할 수 있는 부상의 주요 원인 중 하나인 환자 낙상 사고를 41퍼센트나 줄였다.[31]

마음챙김을 실천하는 조직의 직원들은 이처럼 책임이 늘어나는데도 대개는 늘어난 업무를 잘 처리했고, 그런 방법을 도입하지 않는 조직의 직원들보다 이직률이 낮았다.[32] 예상과 달리, 직원들은 자신이 일하는 시늉만 내는 게 아니라 훌륭한 선의를 위해 정신을 바짝 차리고 일한다고 생각할 때 더 큰 보람을 느꼈다.

~

실용적 어리석음에 관한 연구와 마음챙김을 실천하는 조직에 관한 연구는 이처럼 서로를 완벽하게 보완하면서 환경이 어떻게 집단의 뇌를 성찰하고 숙고하게 하는지, 또 어떻게 위험할 정도로 편협한 사고에 빠뜨려 통합된 지능과 전문성의 장점을 활용하지 못하게 하는지 밝힌다. 그러면서 지능의 함정과 증거 기반 지혜를 더욱 광범위한 차원에서 이해하는 틀을 제공한다.

이 연구는 이런 일반적 원칙 외에도 실수를 줄이려는 모든 조직에게 구체적이고 실용적인 절차를 알려준다. 시간의 압박을 받다 보면 편향이 커진다는 점을 고려해, 틴슬리는 조직이 직원들을 독려해, 자기 행동을 살피며 '내게 시간과 자원이 더 많았어도 같은 결론을 내렸을까' 자문하게 해야 한다고 말한다. 또한 고위험 프로젝트를 진행하는 사람은 정기적으로 "잠시 멈추고 배우는" 시간을 마련해, 하마터면 큰일날 뻔한 상황을 자세히 들여다보면서 근본 원인이 무엇인지 알아보아야 한다며, NASA도 요즘은 그런 전략을 쓴다고 했다. 조직은 아슬아슬했던 순간을 보고하는 체계를 도입해야 한다. "그런 상황을 보고하지 않는다면 그 사람에게 책임을 물어야 합니다."

한편 스파이서는 팀 회의에서 사전 부검과 사후 부검을 포함해 성찰의 시간을 항상 따로 마련하고, 특정인을 지목해 팀의 결정에 의문을 제기하고 논리의 허점을 찾는 역할을 맡기라고 제안한다. "그러면 다소 불만을 품는 사람도 있지만 결정의 질이 높아진다는 사회심리학 연구 결과가 많이 있어요." 스파이서는 다른 회사에 직원 파견을 요청하든가 우리 직원을 다른 조직이나 기관의 직원과 함께 지내도록 권장하는 하는 식으로 외부 관점을 끌어들이라고도 권한다. 편향 맹점을 없애는 데 도움이 되는 전략이다.

이런 전략의 목적은 무슨 수를 써서라도 '만성적 불편함'을, 즉 늘 더 좋은 방법이 있을 거라는 느낌을 받아들이는 것이다.

조직이 자기와 거리가 있는 분야의 연구도 살피면서 키스 스타노비치의 합리성 지수 같은 검사를 이용한다면 고위험 프로젝트를 진행하는 직원들을 꼼꼼히 살펴 편향에 취약한 직원, 훈련이 더 필요한 직원을 가려낼 수 있을 것이다. 그런가 하면 회사 안에 비판적 사고 프로그램을 개설하는 방안도 생각해볼 수 있다.

또 조직 문화에 뿌리내린 사고방식을 분석해, 조직이 직원의 재능을 키워주는지 아니면 직원에게 재능이 굳어진다는 느낌을 주는지 알아볼 수도 있을 것이다. 캐롤 드웩 연구팀은 《포춘Fortune》이 뽑은 1000대 기업의 직원들에게 다양한 지문을 주고 그 지문에 어느 정도나 동의하는지 물었다. 이를테면 이런 식이다. "성공과 관련해 이 회사는 직원들이 일정한 재능이 있고 회사는 그 재능을 바꿀 수 없다고 생각한다."(집단적 고정형 사고방식) "이 회사는 직원의 발전과 성장을 진심으로 소중히 여긴다."(집단적 성장형 사고방식)

아마도 독자의 바람대로, 집단적 성장형 사고방식을 키우는 회사는 대단한 혁신과 생산성을 자랑하고, 팀 내 협동도 잘되고, 직원들은 더 열심히 노력했다. 나아가 직원들이 절차를 무시하고 지름길을 택하거나 속임수로 남을 앞서는 일도 적었다. 회사가 자신의 발전을 격려해준다는 걸 알기에 무언가 잘못했다고 느꼈을 때 그것을 숨기려 들지 않았다.[33]

조직은 사내 교육에서 생산적인 '나와의 싸움'과 유익한 어려움을 활용해 직원의 정보 처리 능력을 향상시킬 수도 있다. 8장에서 보았듯이, 이는 무언가를 빨리 기억해낸다는 것만을 의미하지 않는다. 해당 정보의 기초가 되는 개념을 생각해보고 거기서 배운 것을 새로운 상황에 쉽게 응용하는 것이기도 하다.

궁극적으로 조직에서 지혜로운 결정을 내리는 비법은 머리 좋은 개인이 지혜로운 결정을 내리는 비법과 매우 비슷하다. 법의학자든, 의사든, 학생이든, 교사든, 금융 전문가든, 항공 엔지니어든, 자신의 한계와 실수 가능성을 겸손하게 인정하고, 모호함과 불확실성을 감내하고, 호기심을 갖고 새로운 정보를 받아들이고, 실수에서 배움을 얻어 성장할 가능성을 알아보고, 모든 것에 적극적으로 의문을 제기한다면, 그만큼 보답을 받을 것이다.

~

대통령 자문위원회가 내놓은 딥워터 호라이즌 폭발 사고 보고서에서 한 가지 권고가 특히 눈길을 끈다. 위험을 신중하게 다루는 본보기로 삼을 만한 미국 핵발전소의 혁신적 변화에서 영감을 얻은 권고다.[34]

독자들도 짐작했겠지만, 그 혁신적 변화는 실제 위기에서 촉발되었다. (로버츠가 말했다. "다들 뒷짐만 지고 있다가 처벌을 받아야 행동에 나섭니다.") 1979년 스리마일섬 핵발전소Three Mile Island Nuclear Generating Station에서 노심 일부가 녹아내린 사건이다. 이 재앙으로 중요한 여러 특성을 통합한 새로운 규제 기구인 핵발전운영협회Institute of Nuclear Power Operations가 생겼다.

이 협회는 각 발전소에 2년마다 조사팀을 파견해 5~6주 동안 머물게 한다. 협회 조사관의 3분의 1은 상임 직원이지만, 다수는 다른 핵발전소에서 파견 나온 사람들이라 서로 지식을 공유하면서 각 발전소에 정기적으로 외부 관점을 제시할 수 있다. 협회도 정기적으로 검토 집단을 구성해 직급이 낮은 직원과 고위 경영진 사이에 활발한 토론을 이끌어낸다. 이렇게 하면 그날그날의 작업에서 발생하는 세부적인 내용과 어려운 과제를 모든 직급의 사람들이 인지하고 이해할 수 있다.

책임 의식을 높이기 위해 조사 결과는 연례 만찬 자리에서 공개하는데, 대통령 자문위원회 보고서에 언급된 어느 최고경영자는 "에너지 자원 공익사업 분야 최고위급 사람들이 모여 부진한 기업에 주목하는" 자리인 셈이라고 했다. 이 자리에서 최고경영자들은 종종 자기 전문성을 나누면서 다른 발전소가 만족스러운 수준에 도달하도록 돕는다. 결국 모든 기업이 다른 기업의 실수를 거울삼아 꾸준히 교훈을 얻는다. 핵발전운영협회가 문을 연 이래로 미국 발전소에서 노동자들의 사고 건수가 열 배나 줄었다.[35]

핵발전 산업을 열렬히 지지하는 사람이 아니어도 이런 조직이 어떻게 산업 전반에서 직원들의 집단 지능을 극대화하고, 잠재적 위험을 알아보는 개인의 능력을 획기적으로 높이면서, 동시에 사소한 실수가 눈에 띄지 않은 채 점점 쌓여 파국으로 치닫는 상황을 막을 수 있는지 알 수 있다. 핵발전운영협회는 규제 기구가 어떻게 하면 조직 전반에 마음챙김 문화를 심어주어 수천 명의 직원이 단합해 성찰하고 비판적으로 사고할 수 있을지 그 방법을 제시한다.

석유 업계는 그 정도로 복잡한 체계를 (아직) 갖추지 못했지만, 에너지 기업들은 합심해 산업 표준을 고치고, 노동자의 훈련과 교육을 개선하고, 유출 사고를 효과적으로 수습하는 기술을 한 단계 끌어올렸다. BP도 멕시코만의 환경 파괴에 대처할 대형 연구 프로그램에 자금을 지원했다. 과거의 참사가 학습 기회가 되었지만, 학습 비용은 너무 컸다.[36]

~

지능의 함정은 우리가 예상을 뛰어넘어 생각하는 능력이 없어서, 내 결정이 틀렸다고 말해줄, 세상을 바라보는 다른 시각을 상상하는 능력이 없어서 생기는 때가 많다. 2010년 4월 20일에 일어난 딥워터 호라이즌 사고도 분명 그 때문일 것이다. 누구도 자신이 초래하고 있는 파국의 규모를 상상하지 못했을 것이다.

이후 몇 달 동안 유출된 기름은 11만 2,000제곱킬로미터가 넘는 바다 표면을 뒤덮었다. 잉글랜드 국토의 약 85퍼센트에 해당하는 면적이다.[37] 생물다양성센터Center for Biological Diversity에 따르면, 이 사고로 최소한 새 8만 마리, 바다거북 6,000마리, 해양 포유류 2만 6,000마리가 죽었다. 예방할 수 있었던 부주의로 생태계가 완전히 망가져버린 경우다. 5년이 지난 뒤에도 돌고래 새끼는 바다로 흘러든 기름의 유독 성분과 어미의 부실한 건강 탓에 여전히 폐가 제대로 발달하지 않은 채로 태어났다. 어미 뱃속에 있는 돌고래 중에 사산되지 않고 태어난 경우는 20퍼센트에 불과했다.[38]

인간이 입은 피해도 물론 어마어마하다. 굴착기에서 11명이 목숨을 잃은 것 외에도 현장을 탈출한 사람들은 상상할 수 없는 트라우

마에 시달리고, 기름 유출로 멕시코만 연안 어민들의 생계 수단이 파괴되었다. 루이지애나 포트설퍼에서 평생 고기를 잡으며 살아온 달라 룩스Darla Rooks는 사고가 나고 2년이 지나 이렇게 말했다. "[게] 껍데기에 구멍이 나고, 뾰족한 다리 끝이 죄다 타서 없어지고, 껍데기에 붙은 가시랑 집게발도 다 없어진 게 완전히 기형이에요. 게가 속부터 죽어가요. (…) 살아 있는 게도 열어보면 일주일 전에 죽은 것 같은 냄새가 나요."

이후 몇 달 동안 이 지역에서는 경기 불황 수준이 25퍼센트 높아졌고, 여러 지역이 피해를 만회하느라 애를 먹었다. "삶의 기쁨을 모두 잃었다고 생각해보세요. 누군가가 기름을 유출하고 그 위에 기름을 흐트러뜨리는 분산제를 뿌려댈 때 생기는 일이죠." 룩스가 2012년 알자지라Al Jazeera 방송에서 한 말이다.[39] "여기 사는 사람들은 바다에서 수영을 하거나 해산물을 먹을 정도로 어리석지 않아요."

BP와 그 협력사들이 인간의 뇌가 실수에 얼마나 취약한지만 알았어도 이 재앙은 얼마든지 막을 수 있었다. 누구도 그런 실수를 저지르지 않는다고 장담할 수 없다. 멕시코만의 기름띠는 지능의 함정이 얼마나 파국적인 결과를 가져올 수 있는지를 보여주는 상징으로 계속 기억되어야 한다.

맺는 말

우리는 캐리 멀리스의 이야기로 긴 여정을 시작했다. 그는 머리가 비상한 화학자이면서도 점성술과 일종의 유체이탈에 재미를 붙이고, 심지어 에이즈를 부정하기까지 했다. 이제는 멀리스가 어떻게 의도한 추론 같은 것들 때문에 모든 경고 신호를 무시할 수 있었는지 명확해졌을 것이다.

하지만 이 책은 개인의 실수담을 소개하는 데 그치지 않는다는 점을 분명히 말해두고 싶다. 지능의 함정은 우리가 하나의 사회로서 그것을 평가하게 되었다는 점에서, 그리고 그동안은 다들 소홀히 해왔다는 점에서, 우리 모두와 관련한 현상이다.

나는 이 책을 쓰느라 우수한 과학자들을 수없이 인터뷰하면서 그들 각자가 어느 면에서는 자신이 연구해온 지능이나 사고를 몸소 보여주고 있다는 걸 알게 됐다. 데이비드 퍼킨스는 보기 드물게 사려 깊은 사람이었는데, 곧잘 대화를 멈추고 깊이 생각하다가 다시 대화를 이어가곤 했고, 로버트 스턴버그는 메시지 전달 방식이 대단히 현실적이었으며, 이고르 그로스먼은 한없이 겸손하고 자기 지식의 한계를 강조하는 걸 잊지 않았으며, 수전 엥겔은 식을 줄 모르는 호기심으로 활력이 넘쳤다.

이들은 어쩌면 자기 생각을 제대로 이해하고픈 마음에 이 분야에 끌렸는지도 모른다. 아니면 이 분야를 연구하다 보니 자기 생각도 그렇게 닮아갔을 수 있다. 어느 쪽이든 간에, 내게는 이들이 수많은 사고 유형과 그것의 장점을 보여주는 또 하나의 좋은 예처럼 보였다.

제임스 플린은 20세기 동안 인간의 IQ가 높아진 현상을 '인지 역사'로 묘사한다. 이는 우리 정신이 주변 사회에 의해 만들어졌음을 보여준다. 그러나 만약 내가 인터뷰한 과학자 중 누구라도 자신의 연구 결과를 19세기 초에 발표할 수 있었다면, 다시 말해 일반 지능이 소위 "똑똑하다"는 판단의 잣대가 되기 전에 발표할 수 있었다면, 인지 역사는 지금과 사뭇 달랐을 수도 있겠다는 생각이 든다. 하지만 지금으로서는 IQ 테스트, SAT, GRE 등으로 측정하는 추상적 사고가 여전히 지능의 절대적인 구성 요소처럼 인식되고 있다.

다른 추론법과 학습법에 주목한다고 해서 그와 같은 추상적 사고의 가치를 부정하거나 사실 지식과 전문성 습득을 포기할 필요는 없다. 그보다는 이 책에 언급한 연구에서 내가 배운 게 있다면, 추상적 사고 외에 다른 특성들을 키우면 균형 잡힌 지혜로운 사고를 할 수 있을 뿐 아니라 기존의 표준 인지력 테스트로 측정하는 능력도 더불어 향상될 수 있다는 것이다.

사람들에게 자기 문제를 정의하고, 다른 관점을 찾아보고, 사건이 불러올 다른 결과를 상상하고, 잘못된 주장을 골라내도록 장려하면 새로운 것을 학습하는 능력이 전반적으로 높아질 뿐 아니라 지혜롭게 생각하는 능력도 키울 수 있다는 사실이 여러 연구에서 거듭 밝혀졌다.[1]

이런 방식의 학습법은 지능과 상관없이 모두에게 이롭다는 사실이 내게는 특히 고무적이었다. 이 학습법은 이를테면 머리가 비상한 사람들 사이에서 의도한 추론을 줄일 수 있지만, 지능이 낮은 사람 사이에서도 일반적 학습 능력을 개선할 수 있다. 버펄로에 있는 뉴욕주립대학의 브래들리 오언스Bradley Owens가 연구한 결과, IQ보다도 지적 겸손이 학업 성취도를 더 잘 예측했다. 지적으로 대단히 겸손한 사람은 누구나 학업 성취도가 높았지만, 지능이 낮은 사람에게는 특히 겸손함의 효과가 커서 '타고난' 낮은 지능을 보상하고도 남았다.[2] 증거 기반 지혜의 원칙들은 누구에게나 잠재력을 극대화하는 데 도움이 된다.

~

이처럼 인간의 사고와 추론을 새롭게 이해하게 된 시기도 더없이 중요했다.

로버트 스턴버그는 2018년에 이렇게 썼다. "IQ는 급격히 상승했지만 그것이 우리 사회에 미친 효과는 사람들이 마땅히 기대할 법한 수준에 한참 못 미쳤다. 사람들은 분명 복잡한 휴대폰이나 그 외 혁신적 기술을 20세기 말의 사람들보다 더 잘 이해할 것이다. 그러나 우리 사회 전체의 행동을 볼 때, IQ가 30점 상승한 만큼의 변화가 느껴지는가?"[3]

우리는 첨단 기술이나 보건 의료 같은 분야에서는 큰 진전을 이루었지만, 기후변화나 사회 불평등 같은 심각한 문제에서는 해결책을 전혀 찾지 못하고 있으며, 지능의 함정에서 흔히 나타나는 교조적 시각은 입장이 다른 사람들 사이에서 해결책을 찾으려는 협상을 방해할 뿐이다. 세계경제포럼World Economic Forum은 "디지털 들불"[4]에서 오보 확산과 점점 심화하는 정치 양극화를 테러와 사이버 전쟁에 견줄 만한, 오늘날 우리가 맞닥뜨린 가장 심각한 위협 두 가지로 꼽았다.

21세기에 나타난 복잡한 문제를 해결하려면 좀 더 지혜로운 논리적 사고가 필요하다. 우리 한계를 인정하고, 모호함과 불확실성을 인내하고, 여러 관점 사이에서 균형을 잡고, 다양한 전문 영역 사이에 다리는 놓는 데 필요한 사고다. 그리고 그런 사고는 갈수록 더 절실해지고 있다.

이런 이야기가 가망 없는 희망처럼 들릴 수도 있겠지만, 열린 태도와 다른 관점 받아들이기에서 높은 점수를 받은 미국 대통령이 갈등이 생겼을 때 평화적 해결책을 찾을 확률이 훨씬 높았다는 점을 기억하라. 이런 연구 결과를 본다면, 우리 지도자에게 학업 성취도나 전문 영역에서의 성공 같은 가시적 척도 외에 그런 자질을 적극 요구한다는 게 결코 부당하지 않다는 걸 알 수 있다.

~

이 연구를 자신에게도 적용하고 싶다면 문제를 인정하는 것에서 출발해야 한다. 우리는 이제 지적 겸손이 우리의 편향 맹점을 발견하고, 좀 더 합리적인 의견을 내고, 오보를 피하고, 더욱 효과적으로 학습하고, 주변 사람들과 더 생산적으로 일하는 데 대단히 유용하다는 것을 알게 되었다. 시카고의 현실지혜연구센터 심리학자들과 함께 연구 중인 철학자 발레리 티베리우스가 지적하듯이, 우리는 종종 자긍심과 자신감을 높이는 데 엄청난 시간을 쏟아붓는다. "그런데 더 많은 사람이 자신이 무엇을 알고 무엇을 모르는지 겸손하게 인정한다면, 누구든 삶을 획기적으로 개선할 수 있을 겁니다."

이를 위해 부록에 지능의 함정 한가운데에서 가장 흔히 나타나는 실수 몇 가지를 정의해두었다. 더러는 내가 생각하는 방식에 이름표만 붙일 수 있어도 내 생각을 좀 더 사려 깊은 틀로 들여다볼 수 있다. 나는 이런 식으로, 우리가 늘 당연하게 여긴 단정을 거부하면서 내 지능을 의심해보는 것도 재미있는 경험이라는 걸 알게 됐다. 그러면 벤저민 프랭클린부터 리처드 파인만에 이르기까지 많은 사람들이 무언가를 발견하고 아이처럼 즐거워했던 경험을 되살려볼 수 있다.

교육을 마치고 성인이 되면 지적으로 정점에 도달했다고 단정하기 쉽다. 아닌 게 아니라 그 뒤로는 정신적으로 쇠퇴한다는 이야기를 자주 듣는다. 그러나 증거 기반 지혜에 관한 연구를 보면, 새로운 사고방식은 누구든 배울 수 있다. 나이나 전문성에 상관없이, NASA 과학자든 학생이든, 사려 깊고 꼼꼼하고 겸손한 자세로 머리를 쓴다면 누구든 큰 효과를 볼 수 있다.[5]

어리석음과 지혜의 종류

어리석음의 종류

- **고정형 사고방식**fixed mindset: 지능과 재능은 타고나며, 노력을 한다면 약점이 있다는 뜻이라는 생각. 이런 태도는 학습 능력을 제한할 뿐 아니라 일반적으로 폐쇄적인 사고와 지적 거만함을 부추긴다.
- **고착**entrenchment: 전문가의 생각이 점점 굳어지고 융통성이 없어지는 현상.
- **그럴듯한 헛소리**pseudo-profound bullshit: 진실인 척, 의미 있는 척하지만 알고 보면 아무 내용 없이 겉보기만 그럴듯한 주장. 모세 착각처럼, 우리가 그 메시지를 받아들이는 이유는 평상시에 성찰이 부족하기 때문일 수 있다.
- **'뜨거운' 인지**'hot' cognition: 전적으로 편향에 지배될 수도 있는, 반응이 빠르고 감정에 휩쓸린 생각. 솔로몬 역설의 원인 중 하나일 수 있다. ('솔로몬의 역설' 참고.)

- 마음 놓침mindlessness: 내 행동과 주변 세계에 대한 관심과 통찰력이 부족한 상태. 아이를 교육하는 방식에서 특히 문제가 된다.
- 메타건망증meta-forgetfulness: 내가 얼마나 많이 알고 얼마나 많이 잊었는지 파악하지 못한 채, 지금의 지식수준이 과거 최고일 때와 똑같다고 생각하는 지적 오만의 한 형태. 이 현상은 대졸자에게서 흔하게 나타나는데, 이들은 졸업한 지 여러 해가 지난 뒤에도 과거 기말고사를 볼 때만큼이나 관련 문제를 잘 이해한다고 믿는다.
- 모세 착각Moses illusion: 어떤 글이 매끄럽고 친숙하게 느껴져서 글의 모순을 찾지 못하는 현상. 예를 들어 "모세는 동물을 종류당 몇 마리씩 방주에 태웠을까?"라고 물으면, 사람들은 대개 두 마리라고 대답한다. 엉뚱한 곳에 집중하게 하는 이런 기술은 오보와 가짜 뉴스 확산에 흔히 이용된다.
- 솔로몬의 역설Solomon's paradox: 고대 이스라엘의 왕 솔로몬의 이름을 따서 명명한 이 현상은 타인의 문제는 판단을 잘하면서 내 문제는 지혜롭게 생각하지 못하는 무능을 가리킨다.
- 실용적 어리석음functional stupidity: 나를 성찰하고 내 단정에 의문을 품고 내 행동의 결과를 논리적으로 생각하기를 꺼리는 일반적 현상. 이 현상이 단기적으로는 생산성을 높일 수도 있겠지만(그래서 '실용적'일 수 있지만), 장기적으로는 창의성과 비판적 사고를 방해한다.
- 오염된 정신 도구contaminated mindware: 비합리적 행동을 더 부추길 수 있는 엉터리 기준 지식. 과학 증거를 불신하도록 교육 받고 자란 사람은 이를테면 가짜 약이나 초자연적 현상을 쉽게 신뢰하기도 한다.
- 의도한 추론motivated reasoning: 결론이 애초에 내가 정한 목적과 맞을

때만 머리를 쓰려는 무의식적 성향. 확증 편향, 내 편 편향(내 목적에 맞는 정보를 우선적으로 찾고 기억하는 성향), 불확증 편향(내 목적에 맞지 않는 증거에 특히 회의적인 성향)이 모두 여기 속하는데, 이를테면 기후변화를 뒷받침하는 증거가 기존의 내 세계관과 맞지 않으면 그 증거를 비판할 확률이 높다.

- **인지 태만**cognitive miserliness: 분석보다 직관에 의지해 결정을 내리는 성향.
- **자초한 교조주의**earned dogmatism: 자기 전문성을 확신한 나머지, 타인의 관점을 무시할 권리가 있다고 생각하는 폐쇄적 사고방식.
- **재능 넘침 효과**the too-much-talent effect: 팀에 '스타' 선수의 비율이 일정한 한계를 넘어서면 팀 전체로는 되레 부진을 보이는 현상. 유로 2016에서 잉글랜드 축구팀이 좋은 예다.
- **전략적 무지**strategic ignorance: 불편함을 피하고 생산성을 높일 목적으로 새로운 정보 습득을 고의로 피하는 태도. 예를 들어 직장에서 내 행동이 장기적으로 어떤 결과를 가져올지 의문을 제기할 수도 있지만 그것이 되레 승진을 방해한다면 잠자코 있는 편이 이로울 수 있다. 이런 선택은 무의식적으로 이루어질 수도 있다.
- **파흐이디오트**Fachidiot: 전문가 바보. 자기 분야에서는 전문가인데, 다면적 문제를 만나면 편협한 시각을 드러내는 사람을 일컫는 독일어.
- **편향 맹점**bias blind spot: 타인의 허점은 발견하면서 내 논리의 편견과 오류는 외면하는 성향.
- **피터 법칙**Peter principle: 관리 이론가 로렌스 피터Laurence Peter가 주장한 이론으로, 승진에서 앞으로의 직분을 수행할 잠재력이 아니라 현

재의 직분을 얼마나 잘 수행했는가를 기준 삼다 보니 관리자는 불가피하게 "무능해질 때까지 승진"하고, 나중에는 팀을 관리할 현실적 지능이 부족해 기대만큼 실적을 내지 못하는 현상.
- **합리성 장애**dysrationalia: 아서 코넌 도일의 삶에서 나타나는 것과 같은 지능과 합리성의 부조화. 인지력 결핍이나 정신 도구 오염이 원인일 수 있다.

지혜의 종류

- **감정 나침반**emotional compass: 몸속 상태 감지(몸이 보내는 신호 감지), 감정 구별(내 기분을 세분화해 구별하는 능력), 감정 조절을 합친 것으로, 인지 편향과 감정 편향을 피하는 데 유용하다.
- **마음챙김**mindfulness: '마음 놓침'의 반대. 마음챙김에는 명상 수련도 포함되지만, 일반적으로 어떤 일에 감정적으로 과도하게 반응하지 않으면서 직감을 객관적으로 파악하는 성찰과 몰입의 상태를 말한다. 조직의 위기 관리 전략을 뜻하는 말로 쓰이기도 한다.
- **모호함 인내**tolerance of ambiguity: 불확실하거나 미묘한 차이가 느껴질 때, 해당 문제를 빨리 매듭짓기보다 그 불확실성과 미묘한 차이를 받아들이는 성향.
- **사전 부검**pre-mortem: 결정을 내리기 전에 최악의 시나리오를 생각해보고 그런 상황을 유발할 법한 모든 요소를 추려보는 것. 편향을 제거하는 대단히 확실한 전략 중 하나다.
- **성장형 사고방식**growth mindset: 재능은 개발하고 훈련할 수 있다는 믿음. 이 주제를 연구하던 초기에는 성장형 사고방식이 학업 성취에서 어떤 역할을 하는지에 초점을 맞췄지만, 이제는 그 사고방식

이 지적 겸손 같은 특성을 키워 현명한 결정을 내리는 원동력이 될 수도 있다는 사실이 점점 분명해지고 있다.

- **성찰 능력**reflective competence: 전문성의 마지막 단계로, 이 단계에 이르면 잠시 멈추고 육감을 분석하면서, 직감과 분석에 동시에 의존해 결정을 내린다.
- **소크라테스 효과**Socrates effect: 다른 관점에서 바라보기의 한 형태로, 내 문제를 어린 아이에게 설명한다고 상상하는 것. 이 전략은 '뜨거운'인지, 편향, 의도한 추론을 줄이는 것으로 보인다.
- **심리 대수학**moral algebra: 논쟁에서 찬반을 저울질하려는 벤저민 프랭클린의 전략으로, 보통 여러 날이 걸린다. 이처럼 느리고 체계적인 방식을 택하면, 머리에 제일 먼저 떠오르는 정보에 근거해 판단하는 '회상 용이성 편향' 같은 문제를 피하면서 더 현명한 장기적 해결책을 찾을 수 있다.
- **외국어 효과**foreign language effect: 제2의 언어를 구사할 때는 더 합리적으로 생각하는 놀라운 성향.
- **유익한 어려움**desirable difficulties: 처음에 쉽게 이해하지 않고 힘들게 이해하면 오히려 학습 효과가 높아진다. 교육에서 상당히 중요한 개념이다.
- **인식론적 정확성**epistemic accuracy: 어떤 사람이 인식론적으로 정확하다면, 그 사람의 믿음이 논리와 사실 증거를 바탕으로 한다는 뜻이다.
- **인식론적 호기심**epistemic curiosity: 캐묻기 좋아하고, 관심이 많고, 의문을 제기하는 태도이자 정보에 대한 갈증. 호기심은 학습에도 도움이 되지만, 최근 연구에 따르면 의도한 추론과 편향에 빠지지

않는 효과도 있다.

- **인지 예방 접종**cognitive inoculation: 문제가 있는 주장의 예를 일부러 찾아보면서 편향된 사고를 줄이는 전략.
- **적극적 열린 사고**actively open-minded thinking: 내 의견을 반박하는 관점과 증거를 의도적으로 찾아보려는 사고방식.
- **지적 겸손**intellectual humility: 내 판단의 한계를 인정하고 오류 가능성을 보완하려고 노력하는 능력. 연구 결과, 꽤 중요하지만 곧잘 간과되는 이 능력은 결정과 학습에 상당한 영향을 끼치는 특성이자 팀을 이끄는 지도자에게는 특히 중요한 특성으로 밝혀졌다.
- **집단 지능**collective intelligence: 팀이 하나의 단위로서 논리적 사고를 하는 능력. 여기에 IQ도 아주 조금 관련이 있지만, 팀원의 사회적 감수성 같은 요소가 훨씬 더 중요해 보인다.

~

'잭과 앤과 조지' 문제(14쪽) 풀이

문제:
잭은 앤을 쳐다보고, 앤은 조지를 쳐다보고 있다. 잭은 결혼했고 조지는 결혼하지 않았다. 결혼한 사람이 결혼하지 않은 사람을 쳐다보고 있는 경우가 있는가?
(있다 / 없다 / 알 수 없다)

정답: 있다

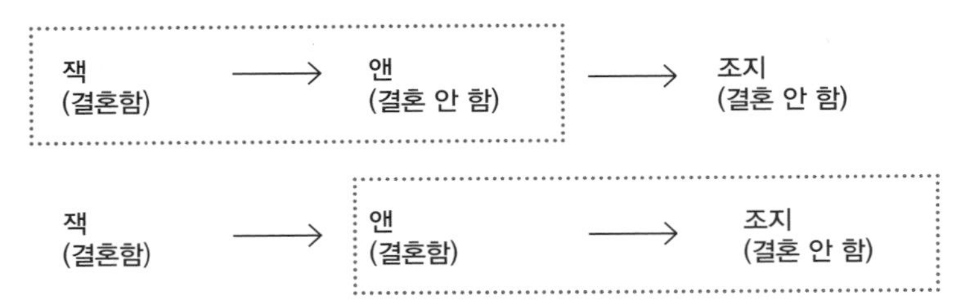

앤이 결혼한 경우와 결혼하지 않은 경우를 모두 생각해보면 알 수 있다. 위에서 보듯, 두 경우 모두 결혼한 사람이 결혼하지 않은 사람을 쳐다보고 있는 경우가 포함되어 있다.

이미지·그래프 출처

이미지 사용을 허가해준 분들께 감사드린다. 이미지 저작권자를 찾으려고 백방으로 노력했으나 혹시라도 빠진 부분이 있다면 출판사에게 연락해주기 바란다. 최대한 빨리 오류를 바로잡겠다.

28쪽: Courtesy of National Library of Medicine/NCBI

34쪽: Wikimedia/Life of Riley. CC BY-SA 3.0 https://creative-commons.org/licenses/by-sa/3.0/deed.en

41쪽: Our World in Data/Max Roser CC BY-SA https://creativecommons.org/licenses/by-sa/3.0/au/

82쪽: Kahan, D.M. 〈일반적 과학 지능: 위험 연구와 과학 소통을 위한 과학 이해력 측정, 그리고 진화와 기후변화에 관한 주석Ordinary science intelligence: a science-comprehension measure for study of risk and science communication, with notes on evolution and climate change〉, J. Risk Ress 20, 995 – 1016(2017).

112쪽: Courtesy of the US Department of Justice's Office of the Inspector General's report 〈FBI의 브랜든 메이필드 사건 처리 검토Review of the FBI's Handling of the Brandon Mayfield Case〉 https://oig.justice.gov/special/s1105.pdf

187쪽: 저자가 만든 도표.

303~304쪽: Roderick I. Swaab, Michael Schaerer, Eric M. Anicich, et al. 〈재능 넘침 효과: 팀의 상호의존성이 재능 있는 선수 투입이 지나칠 때와 부족할 때를 결정한다The Too-Much-Talent Effect: Team Interdependence Determines When More Talent Is Too Much or Not Enough〉, *Psychological Science* 25(8), 1581–1591 (2014). Reprinted by Permission of SAGE Publications, Inc.

들어가는 말 |

1 이곳에 옮긴 캐리 멀리스의 말은 그의 자서전에서 볼 수 있다. Mullis, K. (1999), 《정신의 들판에서 나체로 춤추기Dancing Naked in the Mind Field》, London: Bloomsbury. 캐리는 인터넷 사이트도 만들어 자기 견해를 밝힌다(https://www.karymullis.com/pdf/On_AIDS_and_Global_Warming.pdf). 점성술, 기후변화, HIV/AIDS 음모론을 이야기하는 인터넷 사이트와 포럼에도 그의 견해가 단골로 등장한다. 예를 들어, 에이즈를 부정하기로 유명한 Peter Duesberg도 자신의 사이트에 멀리스의 말을 인용한다(http://www.duesberg.com/viewpoints/kintro.html). 유튜브에서 에이즈 음모론을 제기하는 그의 인터뷰를 쉽게 볼 수 있다(https://www.youtube.com/watch?v=IifgAvXU3ts&t=7s, https://www.youtube.com/watch?v=rycOLjoPbeo).

2 Graber, M.L. (2013), 〈오진 발생 연구The Incidence of Diagnostic Error in Medicine〉, *BMJ Quality and Safety*, 22(Suppl. 2), pp. 21-7.

3 한 가지 분명히 밝혀두자면, Edward de Bono는 이보다 앞서 수평적 사고와 창의성에 관한 책을 쓰면서 '지능의 함정'을 이야기했었다. 하버드대학 심리학자 David Perkins는 《IQ를 넘어서Outsmarting IQ》(Simon & Schuster, 1995)에서, 지나가는 말로 '지능의 함정'을 언급한다. 특히 Perkins의 생각은 내 주장에도 어느 정도 영향을 미쳤는데, 독자에게 그의 책을 강력히 추천한다.

4 고대 그리스와 로마를 연구하는 Christopher Rowe는 소크라테스의 외모와 삶이 다양한 출처에서 자세히 그리고 대체로 일관되게 나타난다고 말한다. 이

책에 실은 소크라테스 관련 인용문은 그가 번역한 플라톤의 《소크라테스의 변론Apology》에서 가져왔으며, 《소크라테스의 변론》이 실린 곳은 다음과 같다. Rowe, C.(2010), 《소크라테스의 최후의 날The Last Days of Socrates》, London: Penguin(Kindle Edition).

5 소크라테스 재판과 편향 맹점 연구의 유사점은 그리스 철학이 행동경제학과 심리학을 선점한 사례 중 하나에 불과하다. Nick Romeo 기자는 온라인 잡지 《이온Aeon》에, 플라톤의 가르침에 나타난 틀짜기framing, 확증 편향confirmation bias, 기준점 설정anchoring의 예를 실었다. 다음을 참고하라. Romeo, N. (2017), '플라톤식 불합리Platonically Irrational', *Aeon*. https://aeon.co/essays/what-plato-knew-about-behavioural-economics-a-lot.

6 Descartes, R. (1637), 《방법서설A Discourse on the Method》, Maclean, I. 역(2006), Oxford: Oxford University Press, p. 5.

1장 | 흰개미의 흥망: 지능은 무엇이고, 무엇이 아닌가

1 Shurkin, J. (1992), 《터먼의 아이들: 재능 있는 아이들의 성장에 관한 획기적 연구Terman's Kids: The Groundbreaking Study of How the Gifted Grow Up》, Boston, MA: Little, Brown, p. 122.

2 Shurkin, 《터먼의 아이들》, pp. 51-3.

3 Shurkin, 《터먼의 아이들》, pp. 109-16.

4 Shurkin, 《터먼의 아이들》, pp. 54-8.

5 Terman, L.M. (1992), 〈우리는 그렇게 타고났다?Were We Born That Way?〉, *World's Work*, 44, pp. 657-9. 다음에서 발췌: White, J. (2006), 《지능, 운명, 교육: 지능 테스트의 이념적 뿌리Intelligence, Destiny and Education: The Ideological Roots of Intelligence Testing》, London: Routledge, p. 24.

6 Terman, L.M. (1930), 〈심리학으로 가는 길Trails to Psychology〉. 다음에서 발췌: Murchison, C. (ed.), 《자서전에 나타난 심리학 역사History of Psychology in Autobiography》, Vol. 2, p. 297.

7 Terman, 〈심리학으로 가는 길〉, p. 303.

8 Nicolas, S., et al. (2013), 〈아픈 걸까, 느린 걸까? 심리학 대상으로서 지능의 기원에 대하여Sick Or Slow? On the Origins of Intelligence as a Psychological Object〉,

Intelligence, 41 (5), pp. 699-711.

9 비네의 견해에 대한 더 자세한 내용은 다음을 참고하라. White, S. H. (2000), 〈IQ 테스트의 개념적 기초Conceptual Foundations of IQ Testing〉, *Psychology, Public Policy, and Law*, 6, pp. 33-43.

10 Binet, A. (1909), 《아이들을 바라보는 근대적 사고방식Les idées modernes sur les enfants》, Paris: Flammarion.

11 Perkins, D. (1995), 《IQ를 넘어서: 떠오르는 과학, 학습 가능한 지능Outsmarting IQ: The Emerging Science of Learnable Intelligence》, New York: Free Press, p. 44.

12 Terman, L.M. (1916), 《지능 측정: 비네 시몽 지능 검사 스탠퍼드 개정 확장판 설명과 완벽한 활용 가이드The Measurement of Intelligence: An Explanation of and a Complete Guide for the Use of the Stanford Revision and Extension of the Binet-Simon Intelligence Scale》, Boston, MA: Houghton Mifflin, p. 46.

13 Terman, 《지능 측정》, p. 6.

14 Terman, 《지능 측정》, p. 11.

15 Shurkin, 《터먼의 아이들》.

16 Shurkin, 《터먼의 아이들》, pp. 196-292.

17 Honan, W. (9 March 2002), 〈셸리 마이댄스, 86세, 작가이자 전 전쟁 포로Shelley Mydans, 86, author and former POW〉, *New York Times*.

18 McGraw, C. (29 December 1988), 〈TV 프로그램 '루시' 창시자 별세Creator of 'Lucy' TV show dies〉, *Los Angeles Times*.

19 Oppenheimer, J. and Oppenheimer, G. (1996), 《웃음, 행운, 그리고 '루시': 나는 어떻게 역대 최고 인기 시트콤을 만들게 되었나Laughs, Luck - and Lucy: How I Came to Create the Most Popular Sitcom of All Time》. Syracuse, NY: Syracuse University Press, p. 100.

20 Terman, 〈심리학으로 가는 길〉, p 297.

21 이를테면 중국에서는 모든 학교가 학생들의 비언어 논리 테스트 점수를 가지고 있다. 다음을 참고하라. Higgins, L.T. and Xiang, G. (2009), 〈중국에서 지능 테스트 개발과 활용The Development and Use of Intelligence Tests in China〉, *Psychology and Developing Societies*, 21 (2), pp. 257-75.

22 Madhok, D. (10 September 2012), 〈인도 계급 격차를 심화하는 학원 열풍Cram Schools Boom Widens India Class Divide〉, *Reuters*, https://in.reuters.com/article/india-cramschools-kota/cram-schools-boom-widens-indias-class-divideidINDEE8890GW20120910.

23 Ritchie, S.J., et al. (2015), 〈뇌의 크기를 넘어서: 다변수 구조적 뇌 영상과 지능Beyond a Bigger Brain: Multivariable Structural Brain Imaging and Intelligence〉, *Intelligence*, 51, pp. 47-56.

24 Gregory, M.D., Kippenhan, J.S., Dickinson, D., Carrasco, J., Mattay, V.S., Weinberger, D.R. and Berman, K.F. (2016), 〈인간의 뇌 부위별 주름 형태의 차이는 일반적 인지력과 관련 있다Regional Variations in Brain Gyrification are Associated with General Cognitive Ability in Humans〉, *Current Biology*, 26(10), pp. 1301-5.

25 Li, Y., Liu, Y., Li, J., Qin, W., Li, K., Yu, C. and Jiang, T. (2009), 〈뇌의 해부학적 연결망과 지능Brain Anatomical Network and Intelligence〉, *PLoS Computational Biology*, 5(5), e1000395.

26 이에 대한 자세한 논의는 다음을 참고하라. Kaufman, S. (2013), 《불가능을 이겨낸 아이들Ungifted: Intelligence Redefined》, New York: Basic Books (Kindle Edition). 특히 Posse Foundation이 진행한 연구에 대한 저자의 견해에 주목하라(pp. 286-8). Posse Foundation은 전통적인 추상적 지능 외에 심층 면접이나 집단 토론 등 다양한 척도로 지도력, 소통, 문제해결, 협력 등의 자질을 살펴 대학생을 선발한다. 이렇게 선발된 학생은 SAT 점수가 기준치보다 훨씬 낮아도 이후 성적은 다른 학생들의 평균치와 거의 같다.

27 대단히 저명한 IQ 전문가가 쓴 다음 논문은 이 문제를 분명하게 드러낸다. Neisser, U., et al. (1996), 〈지능: 알려진 사실과 알려지지 않은 사실Intelligence: Knowns and Unknowns〉, *American Psychologist*, 51(2), 77-101. 이와 관련해 더 깊이 있는 분석은 다음 논문에서 볼 수 있는데, 이를테면 다음과 같은 이야기도 나온다. "100년 넘게 이어진 지능 테스트 연구 결과, 표준 지능 테스트 점수는 광범위한 영역에서 결과를 예측하지만, 지능 테스트를 적극 옹호하는 사람들조차도 현실에서의 행동을 예측할 때는 IQ로 (그리고 그 사촌격인 SAT 같은 점수로) 설명하지 못하는 부분이 많다는 데 동의한다. Butler, H.A., Pentoney, C. and Bong, M.P. (2017), 〈현실에서의 결과 예측: 지능보다 비판적 사고력이 삶의 여러 결정을 더 잘 예측한다Predicting Real-world Outcomes: Critical Thinking Ability Is a Better Predictor of Life Decisions than Intelligence〉, *Thinking Skills and Creativity*, 25, pp. 38-46.

28 Schmidt, F.L. and Hunter, J. (2004), 〈직업의 세계에서 일반 정신 능력: 직업적 성취와 업무 성과General Mental Ability in the World of Work: Occupational Attainment and

Job Performance〉, *Journal of Personality and Social Psychology*, 86(1), 162–73.

29 Neisser, U., et al., 〈지능〉, Strenze, T. (2007), 〈지능과 사회경제적 성공: 종적 연구의 메타 분석Intelligence and Socioeconomic Success: A Meta-Analytic Review of Longitudinal Research〉, *Intelligence*, 35, pp. 401–26.

30 IQ를 실적과 연결할 때의 어려움에 관한 논의는 다음을 참고하라. Byington, E. and Felps, W. (2010), 〈IQ가 실적을 예측하는 이유에 관한 사회학적 설명Why Do IQ Scores Predict Job Performance? An Alternative, Sociological Explanation〉, *Research in Organizational Behavior*, 30, 175–202. Richardson, K. and Norgate, S.H. (2015), 〈IQ가 정말로 실적을 예측할까?Does IQ Really Predict Job Performance?〉 *Applied Developmental Science*, 19(3), pp. 153–69. Ericsson, K.A. (2014), 〈전문가의 실적은 왜 특별하며, 왜 일반인의 실적 연구를 기반으로 추정할 수 없는가?: 비판에 대한 답Why Expert Performance Is Special and Cannot Be Extrapolated From Studies of Performance in the General Population: A Response to Criticisms〉, *Intelligence*, 45, pp. 81–103.

31 Feldman, D. (1984), 〈터먼의 천재성 유전 연구에서 IQ 180이 넘는 피험자 추적 조사A Follow-Up of Subjects Scoring Above 180 IQ in Terman's Genetic Studies of Genius〉, *Exceptional Children*, 50(6), pp. 518–23.

32 Shurkin, 《터먼의 아이들》, pp. 183–7.

33 Shurkin, 《터먼의 아이들》, pp. 190.

34 넓은 의미에서 같은 결론에 도달한 좀 더 최근의 분석을 보려면 Dean Simonton이 터먼의 천재 연구를 분석한 글을 보라. "일반 지능의 차이로는 이후 획득한 명성의 차이를 거의 설명하지 못할뿐더러, 지능을 제대로 설명하려면 좀 더 구체적인 영역에서 정의되는 지능이 있느냐를 따져야 할 것으로 보인다. 타고난 지적 재능은 본질적으로, 본인이 선택한 영역에서 전문성을 얼마나 빨리 획득하느냐로 새롭게 이해되어야 하는 게 분명하다. 나아가 천재성이 드러나는 데는 성격 차이와 초기 발달 경험이 더 큰 몫을 차지한다. 그리고 물론 그런 요소들은 특정 영역에서 성취를 이룰 수 있게 맞춤 재단되어야 한다." Simonton, D.K. (2016), 〈천재성 역 이해: 최고 재능의 계량역사학적 연구Reverse Engineering Genius: Historiometric Studies of Superlative Talent〉, *Annals of the New York Academy of Sciences*, 1377, pp. 3–9.

35 이 대담의 일부는 2016년에 내가 BBC Future에 쓴 기사에 처음 실렸다. http://www.bbc.com/future/story/20160929-our-iqs-have-never-beenhigher-but-it-hasnt-made-us-smart.

36 Clark, C.M., Lawlor-Savage, L. and Goghari, V.M. (2016), 〈플린 효과: 근대성과 인간 지능에 관한 양적 논의The Flynn Effect: A Quantitative Commentary on Modernity and Human Intelligence〉, *Measurement: Interdisciplinary Research and Perspectives*, 14(2), 39-53. 과학 안경 개념과 같은 맥락으로, 최근 연구는 사람들이 질문에 답을 하는 데 걸린 시간에서도 플린 효과가 나타난다는 것을 보여주었다. 젊은 세대는 마치 추상적 사고가 저절로 일어나는 제2의 천성인 양 추상적 사고가 빠르다. Must, O. and Must, A. (2018), 〈속도와 플린 효과Speed and the Flynn Effect〉, *Intelligence*, 68, pp. 37-47.

37 최근에 IQ를 연구한 사람 중에는 그와 같은 추상적 사고 기술을 훈련하면 IQ가 높은 사람과 낮은 사람의 사회적 간극을 없앨 수 있으리라고 말한 사람도 있다. 그러나 플린 효과를 보면, 그런 훈련은 이를테면 창의적 사고 같은 분야에만 제한적으로 이로울 뿐이라고 생각할 수 있다. 다음을 참고하라. Asbury, K. and Plomin, R. (2014), 《유전자 Genes의 GG Is for Genes》, Oxford: Wiley Blackwell, pp. 149-87.

38 사실은 같은 기간 동안, 실험실에서 측정한 창의적 문제 해결 능력으로 보나, 1인당 평균 특허 보유수처럼 현실에서 측정한 혁신으로 보나, 창의력이 줄었다는 증거도 있다. 다음을 참고하라. Kim, K.H. (2011), 〈창의력 위기: 토런스 창의적 사고 검사에 나타난 창의적 사고 감소The Creativity Crisis: The Decrease in Creative Thinking Scores on the Torrance Tests of Creative Thinking〉, *Creativity Research Journal*, 23(4), pp. 285-95. Kaufman, J. (2018), 〈더 밝은 미래를 위한 디딤돌로서의 창의력Creativity as a Stepping Stone toward a Brighter Future〉, *Journal of Intelligence*, 6(2), 21. Huebner, J. (2005), 〈혁신이 감소하는 세계적 추세A Possible Declining Trend for Worldwide Innovation〉, *Technological Forecasting and Social Change*, 72(8), pp. 980-6.

39 Flynn, J.R. (1998), 〈갈수록 높아지는 IQ: 원인을 찾아서IQ Gains Over Time: Toward Finding the Causes〉. 다음에서 발췌: Neisser, U. (ed.), 《상승 곡선: IQ 그리고 관련 척도에 나타난 장기적 변화The Rising Curve: Long-Term Changes in IQ and Related Measures》, Washington, DC: American Psychological Association, pp. 25-66.

40 Harms, P.D. and Credé, M. (2010), 〈감정 지능 연구의 남은 과제: 구성개념 중복, 방법 오류, 부가적 타당성 부족Remaining Issues in Emotional Intelligence Research: Construct Overlap, Method Artifacts, and Lack of Incremental Validity〉, *Industrial and*

Organizational Psychology: Perspectives on Science and Practice, 3(2), 154-8. 다음도 참고하라. Fiori, M., Antonietti, J.P., Mikolajczak, M., Luminet, O., Hansenne, M. and Rossier, J. (2014), 〈감정 지능 테스트는 어떤 능력에 도움이 되는가? 문항반응이론을 이용한 평가What Is the Ability Emotional Intelligence Test (MSCEIT) Good For? An Evaluation Using Item Response Theory〉, *PLOS One*, 9(6), e98827.

41 다음을 참고하라. Waterhouse, L. (2006), 〈다중지능, 모차르트 효과, 감정 지능: 비판적 검토Multiple Intelligences, the Mozart Effect, and Emotional Intelligence: A Critical Review〉, *Educational Psychologist*, 41(4), pp. 207-25. Waterhouse, L. (2006), 〈다중지능, 모차르트 효과, 감정 지능 이론의 불충분한 증거Inadequate Evidence for Multiple Intelligences, Mozart Effect, and Emotional Intelligence Theories〉, *Educational Psychologist*, 41(4), pp. 247-55.

42 로버트 스턴버그는 다음 논문에서 자신의 이론을 다중이론, 감정지수와 비교한다. Sternberg, R.J. (1999), 〈성공적 지능: 균형을 찾아서Successful Intelligence: Finding a Balance〉, *Trends in Cognitive Sciences*, 3(11), pp. 436-42.

43 Hagbloom, S.J., et al. (2002), 〈20세기의 탁월한 심리학자 100인The 100 Most Eminent Psychologists of the 20th Century〉, *Review of General Psychology*, 6(2), pp. 139-52.

44 이와 관련한 스턴버그의 자세한 여정은 다음을 참고하라. https://www.cdl.org/articles/the-teachers-we-never-forget/.

45 더 깊은 논의는 다음을 참고하라. Sternberg, R.J. and Preiss, D.D. (eds) (2010), 《교육 심리학에서의 혁신: 학습, 교수, 인간 발달을 바라보는 관점Innovations in Educational Psychology: Perspectives on Learning, Teaching, and Human Development》. New York: Springer, pp. 406-7.

46 Sternberg, 〈성공적 지능〉.

47 다음을 참고하라. Hedlund, J., Wilt, J.M., Nebel, K.L., Ashford, S.J. and Sternberg, R.J. (2006), 〈경영대학원 입학에서 현실 지능 평가: 경영대학원 입학시험에 덧붙여Assessing Practical Intelligence in Business School Admissions: A Supplement to the Graduate Management Admissions Test〉, *Learning and Individual Differences*, 16(2), pp. 101-27.

48 이 문제를 더 깊이 논의한 스턴버그의 PBS 인터뷰는 다음에서 볼 수 있다. https://www.pbs.org/wgbh/pages/frontline/shows/sats/interviews/sternberg.

html.

49 이 결과를 요약한 내용을 보려면 다음을 참고하라. Sternberg, R.J., Castejon, J.L., Prieto, M.D., Hautamaki, J. and Grigorenko, E.L. (2001), 〈전 세계에서 추출한 세 개의 표본을 대상으로 스턴버그 삼위일체 능력 테스트의 확증적 요소 분석: 지능 삼위일체 이론의 실증적 테스트Confirmatory Factor Analysis of the Sternberg Triarchic Abilities Test in Three International Samples: An Empirical Test of the Triarchic Theory of Intelligence〉, *European Journal of Psychological Assessment*, 17(1), pp. 1-16. Sternberg, R.J. (2015), 〈성공적 지능: IQ 테스트를 넘어선 지능 테스트 모델Successful Intelligence: A Model for Testing Intelligence Beyond IQ Tests〉, *European Journal of Education and Psychology*, 8(2), 76-84. Sternberg, R.J. (2008), 〈꾸준한 성적 향상과 다양성 향상은 양립 가능한 목표다Increasing Academic Excellence and Enhancing Diversity Are Compatible Goals〉, *Educational Policy*, 22(4), 487-514. Sternberg, R.J., Grigorenko, E.L. and Zhang, L.F. (2008), 〈지도와 평가에서 학습 양식과 사고 양식Styles Of Learning and Thinking Matter in Instruction and Assessment〉, *Perspectives on Psychological Science*, 3(6), pp. 486-506.

50 Sternberg, R.J. (2000), 《일상에서의 현실 지능Practical Intelligence in Everyday Life》, Cambridge: Cambridge University Press, pp. 144-200. 다음도 참고하라. Wagner, R.K. and Sternberg, R.J. (1985), 〈현실 세계의 목표 추구에서 현실 지능: 암묵적 지식의 역할Practical Intelligence in Real-world Pursuits: The Role of Tacit Knowledge〉, *Journal of Personality and Social Psychology*, 49(2), pp. 436-58. 다음도 참고하라. Cianciolo, A.T., et al. (2006), 〈암묵적 지식, 현실 지능, 전문성Tacit Knowledge, Practical Intelligence and Expertise〉, 다음에서 발췌: Ericsson, K.A. (ed.), 《전문성과 전문가의 실적에 관한 케임브리지 핸드북Cambridge Handbook of Expertise and Expert Performance》, Cambridge: Cambridge University Press. 스턴버그 연구만을 논의한 내용은 다음을 참고하라. Perkins, D. (1995), 《IQ를 넘어서》, New York: Free Press, pp. 83-4. Nisbett, R.E., Aronson, J., Blair, C., Dickens, W., Flynn, J., Halpern, D.F. and Turkheimer, E. (2012), 〈지능: 새로운 발견과 이론의 발전Intelligence: New Findings and Theoretical Developments〉, *American Psychologist*, 67(2), 130. Mackintosh, N.J. (2011), 《IQ와 인간 지능IQ and Human Intelligence》, Oxford: Oxford University Press, pp. 222-43.

51 1996년에 미국심리학회가 〈지능: 알려진 사실과 알려지지 않은 사실Intelligence: Knowns and Unknowns〉에 관해 내놓은 포괄적 보고서는 다음과 같이 결론 내렸

다. "이 작업에 비판이 없는 것은 아니나, 현재로서는 분석 지능과 현실 지능의 차이를 옹호하는 쪽으로 결론 내렸다." Neisser, et al., 〈지능〉.

52 다음을 참고하라. Imai, L. and Gelfand, M.J. (2010), 〈문화적으로 똑똑한 협상가: 문화 지능이 협상과 결과에 미치는 영향The Culturally Intelligent Negotiator: The Impact of Cultural Intelligence (CQ) on Negotiation Sequences and Outcomes〉, *Organizational Behavior and Human Decision Processes*, 112(2), pp. 83-98. Alon, I. and Higgins, J.M. (2005), 〈감정 지능과 문화 지능을 이용해 세계적 지도자로 성공하기Global Leadership Success through Emotional and Cultural Intelligences〉, *Business Horizons*, 48(6), pp. 501-12. Rockstuhl, T., Seiler, S., Ang, S., Van Dyne, L. and Annen, H. (2011), 〈일반 지능과 감정 지능을 넘어서: 지구촌 세계에서 국경을 초월한 효과적 지도력에 문화 지능이 미치는 영향Beyond General Intelligence (IQ) and Emotional Intelligence (EQ): The Role of Cultural Intelligence (CQ) on Cross-Border Leadership Effectiveness in a Globalized World〉, *Journal of Social Issues*, 67(4), pp. 825-40.

53 Marks, R. (2007), 〈루이스 M. 터먼: 개인차와 사회적 현실의 구성Lewis M. Terman: Individual Differences and the Construction of Social Reality〉, *Educational Theory*, 24(4), pp. 336-55.

54 Terman, L.M. (1916), 《지능 측정》.

55 Lippmann, W. (25 October 1922), 〈미국인의 정신 연령The Mental Age of Americans〉, *New Republic*, p. 213.

56 Terman, L.M. (27 December 1922), 〈리프먼에게 정신 분석 당하고 노출된 지능 검사자들을 강압적으로 대하려는 충동이거나 대단한 음모론이거나The Great Conspiracy or the Impulse Imperious of Intelligence Testers, Psychoanalyzed and Exposed By Mr Lippmann〉, *New Republic*, p. 116.

57 Shurkin, 《터먼의 아이들》, p. 190.

58 Minton, H.L. (1988), 《루이스 M. 터먼: 심리 테스트의 선구자Lewis M. Terman: Pioneer in Psychological Testing》, New York, New York University Press.

2장 | 뒤엉킨 주장: '합리성 장애'의 위험

1 이 부분은 다음 자료를 참고했다. Ernst, B.M.L. and Carrington, H. (1933), 《후

디니와 코넌 도일: 이상한 우정 이야기Houdini and Conan Doyle: The Story of a Strange Friendship》, London: Hutchinson. Conan Doyle, A.C. (1930), 《미지의 끝The Edge of the Unknown》, London: John Murray. Kalush, W. and Sloman, L. (2006), 《후디니의 은밀한 삶: 미국 최초의 슈퍼영웅 만들기The Secret Life of Houdini: The Making of America's First Superhero》, New York: Atria. Sandford, C. (2011), 《후디니와 코넌 도일Houdini and Conan Doyle》, London: Duckworth Overlook. Gardner, L. (10 August 2015), 〈해리 후디니와 아서 코넌 도일: 심령론이 갈라놓은 우정Harry Houdini and Arthur Conan Doyle: A Friendship Split by Spiritualism〉, *Guardian*, https://www.theguardian.com/stage/2015/aug/10/houdini-and-conan-doyle-impossible-edinburgh-festival.

2 Wilk, T. (2 May 2012), 〈후디니와 도일 경, 애틀랜틱시티에서 만나다Houdini, Sir Doyle Do AC〉, *Atlantic City Weekly*, https://www.atlanticcityweekly.com/news_and_views/houdini-sir-doyle-do-ac/article_a16ab3ba-95b9-50e1-a2e0-eca01dd8eaae.html.

3 18세기 철학자 데이비드 흄David Hume은 《기적에 관하여Of Miracles》에 이렇게 썼다. "어떤 증언도 기적을 입증하기에 충분치 않다. 증언이 거짓일 가능성이 그 증언이 입증하려는 사실보다 더 기적에 가깝지 않은 이상." 다시 말해, 아주 특이한 주장을 하려면 그 어떤 물리적 설명도 무시해버리는 아주 특이한 증거가 필요하다.

4 아서 코넌 도일 경과의 인터뷰를 담은 Fox 뉴스 영화(1927)는 다음에서 볼 수 있다: *Public Domain Review*. https://publicdomainreview.org/collections/sir-arthur-conan-doyle-interview-1927/.

5 Eby, M. (21 March 2012), 〈호커스 포커스Hocus Pocus〉, Paris Review 블로그, https://www.theparisreview.org/blog/2012/03/21/hocus-pocus/.

6 Tversky, A. and Kahneman, D. (1974), 〈불확실한 상황에서의 판단: 어림짐작과 편향Judgment Under Uncertainty: Heuristics and Biases〉, *Science*, 185, pp. 1124-31.

7 이 주장을 자세히 살펴보려면 다음을 참고하라. Stanovich, K.E. (2009), 〈합리적 사고와 비합리적 사고: IQ 테스트가 놓친 사고Rational and Irrational Thought: The Thinking That IQ Tests Miss〉, *Scientific American Mind*, 20(6), pp. 34-9.

8 이를테면 아이들은 세상의 '상식적'이론들과 충돌하는 정보는 거부하도록 타고나며, 자기가 신뢰하는 사람에게서 과학적 방법을 배울 필요가 있다는 납득할 만한 증거가 있다. 따라서 과학을 거부하는 환경에서 자라는 아이는 지능

과 상관없이 자연스럽게 그런 견해를 갖게 될 것이다. Bloom, P. and Weisberg, D.S. (2007), 〈성인의 과학 거부는 어린 시절이 원인일 수 있다Childhood Origins of Adult Resistance to Science〉, *Science*, 316(5827), pp. 996-7.

9 "거짓 믿음의 섬에서 지식을 끌어내는 성향은 그렇지 않았으면 똑똑했을 사람이 특정 분야에서 거짓의 그물에 갇힌 채 빠져나오지 못하는 현상을 설명할 수 있을지도 모른다. 이런 사람들은 뛰어난 계산력으로 자기 믿음을 합리화하고 그것에 회의를 품는 사람들의 주장을 차단하곤 한다." Stanovich, K.E., West, R.F. and Toplak, M.E. (2016), 《합리성 지수: 합리적 사고 테스트를 찾아서The Rationality Quotient: Toward a Test of Rational Thinking》, Cambridge, MA: MIT Press. Kindle Edition(Kindle Locations 3636-9).

10 Stanovich, K. (1993), 〈합리성 장애: 새로운 특정 학습장애Dysrationalia: A New Specific Learning Difficulty〉, *Journal of Learning Difficulties*, 26(8), pp. 501-15.

11 이 원칙을 자세히 알고 싶으면 다음을 참고하라. Swinscow, T.D.V. (1997), 〈원점에서의 통계Statistics at Square One〉, ninth edition. 온라인에서도 볼 수 있다. https://www.bmj.com/about-bmj/resources-readers/publications/statistics-square-one/11-correlation-and-regression.

12 Stanovich, West and Toplak, 《합리성 지수The Rationality Quotient》 (Kindle Locations 2757, 2838). 일부 초기 연구를 보면, 이 상관관계는 더 낮다. 다음을 참고하라. Stanovich, K.E. and West, R.F. (2008), 〈사고 편향과 인지력의 상대적 독립성에 관하여On the Relative Independence of Thinking Biases and Cognitive Ability〉, *Journal of Personality and Social Psychology*, 94(4), pp. 672-95.

13 Stanovich and West, 〈사고 편향과 인지력의 상대적 독립성에 관하여〉.

14 Xue, G., He, Q., Lei, X., Chen, C., Liu, Y., Chen, C., et al. (2012), 〈도박사 오류는 결정에 감정 요소가 적을 때, 인지력이 높을 때 더 잘 나타난다The Gambler's Fallacy Is Associated with Weak Affective Decision Making but Strong Cognitive Ability〉, *PLOS One*, 7(10): e47019, https://doi.org/10.1371/journal.pone.0047019.

15 Schwitzgebel, Eric and Fiery Cushman (2015), 〈교육받고 전문성을 갖추고 성찰하는 철학자도 판단 편향이 사라지지 않는다Philosophers' Biased Judgments Persist Despite Training, Expertise and Reflection〉, *Cognition*, 141, pp. 127-37.

16 West, R.F., Meserve, R.J. and Stanovich, K.E. (2012), 〈인지력이 뛰어나도 편향 맹점이 줄지 않는다Cognitive Sophistication Does Not Attenuate the Bias Blind Spot〉, *Journal of Personality and Social Psychology*, 103(3), pp. 506-19.

17 Stanovich, West and Toplak, 《합리성 지수》.

18 Stanovich, K.E. and West, R.F. (2014), 〈지능 테스트가 놓친 것What Intelligence Tests Miss〉, *Psychologist*, 27, 80-3, https://thepsychologist.bps.org.uk/volume-27/edition-2/what-intelligence-tests-miss.

19 Stanovich, West and Toplak, 《합리성 지수》(Kindle Location 2344).

20 Bruine de Bruin, W., Parker, A.M. and Fischhoff , B. (2007), 〈성인의 결정 능력에서 개인차Individual Differences in Adult Decision Making Competence〉, *Journal of Personality and Social Psychology*, 92(5), pp. 938-56.

21 Kanazawa, S. and Hellberg, J.E.E.U. (2010), 〈지능과 약물 사용Intelligence and Substance Use〉, *Review of General Psychology*, 14(4), pp. 382-96.

22 Zagorsky, J. (2007), 〈부자가 되려면 똑똑해야 할까? IQ가 부, 수입, 재정적 어려움에 미치는 영향Do You Have To Be Smart To Be Rich? The Impact of IQ on Wealth, Income and Financial Distress〉, *Intelligence*, 35, pp. 489-501.

23 Swann, M. (8 March 2013). 〈교수, 비키니 모델, 그리고 문제의 가방The professor, the bikini model, and the suitcase full of trouble〉, *New York Times*. https://www.nytimes.com/2013/03/10/magazine/the-professor-the-bikini-model-and-the-suitcase-full-of-trouble.html.

24 Rice, T.W. (2003), 〈믿거나 말거나: 미국에서의 종교와 초자연적 믿음Believe It Or Not: Religious and Other Paranormal Beliefs in the United States〉, *Journal for the Scientific Study of Religion*, 42(1), pp. 95-106.

25 Bouvet, R. and Bonnefon, J.F. (2015), 〈성찰하지 않는 사람은 초자연적 현상의 원인을 기이한 체험으로 돌리는 성향이 있다Non-reflective Thinkers Are Predisposed To Attribute Supernatural Causation To Uncanny Experiences〉, *Personality and Social Psychology Bulletin*, 41(7), pp. 955-61.

26 Cooper, J. (1990), 《코팅글리 요정 사례The Case of the Cottingley Fairies》, London: Robert Hale.

27 Conan Doyle, A.C. (1922), 《요정이 나타나다The Coming of the Fairies》, London: Hodder & Stoughton.

28 Cooper, J. (1982), 〈코팅글리: 마침내 진실이 밝혀지다Cottingley: At Last the Truth〉, *The Unexplained*, 117, pp. 2338-40.

29 Miller, R. (2008), 《아서 코넌 도일의 모험The Adventures of Arthur Conan Doyle》, London: Harvill Secker, p. 403.

30 Hyman, R. (2002), 다음에서 발췌: 《왜 똑똑한 사람이 멍청한 짓을 할까?Why Smart People Can Be So Stupid》, ed. Sternberg, R., New Haven: Yale University Press, pp. 18-19.

31 Perkins, D.N., Farady, M. and Bushey, B. (1991), 〈일상적 추론, 그리고 지능의 뿌리Everyday Reasoning and the Roots of Intelligence〉, 다음에서 발췌: Perkins, D., Voss, James F. and Segal, Judith W. (eds), 《자유로운 추론과 교육Informal Reasoning and Education》, Hillsdale, NJ: Erlbaum, pp. 83-105.

32 이 연구에 대한 자세한 논의는 다음을 참고하라. Perkins, D.N. (1995), 《IQ를 넘어서》, New York: Free Press, pp. 131-5.

33 Perkins, D.N. and Tishman, S. (2001), 〈지능의 기질적 측면Dispositional Aspects of Intelligence〉, 다음에서 발췌: Collis, J.M. and Messick, S. (eds), 《지능과 성격: 이론과 측정의 격차 메우기Intelligence and Personality: Bridging the Gap in Theory and Measurement》, Hillsdale, NJ: Erlbaum, pp. 233-57.

34 Kahan, D.M., Peters, E., Dawson, E.C. and Slovic, P. (2017), 〈의도한 계산과 깨인 자치Motivated Numeracy and Enlightened Self-government〉, *Behavioural Public Policy*, 1, pp. 54-86.

35 지식이 많으면 어떤 식으로 역효과가 나는지에 대한 더 자세히 논의는 다음을 참고하라. Flynn, D.J., Nyhan, B. and Reifler, J. (2017), 〈오해의 본질과 기원: 정치 문제에서 근거 없는 허위 믿음 이해하기The Nature and Origins of Misperceptions: Understanding False and Unsupported Beliefs about Politics〉, *Advances in Political Psychology*, 38(S1), 127-50. Taber, C.S. and Lodge, M. (2006), 〈정치적 믿음을 평가할 때 나타나는 의도한 회의주의Motivated Skepticism in the Evaluation of Political Beliefs〉, *American Journal of Political Science*, 50, pp. 755-69.

36 Kahan, D.M., et al. (2012), 〈과학에서의 탈문맹과 계산 실력이 이미 감지된 기후변화 위험에 미치는 극과 극의 영향The Polarizing Impact of Science Literacy and Numeracy on Perceived Climate Change Risks〉, *Nature Climate Change*, 2(10), pp. 732-5. Kahan, D.M., Wittlin, M., Peters, E., Slovic, P., Ouellette, L.L., Braman, D. and Mandel, G.N. (2011), 〈위험 감지 공유지의 비극: 문화 충돌, 합리성 충돌, 기후변화The Tragedy of the Risk-perception Commons: Culture Conflict, Rationality Conflict, and Climate Change〉, https://papers.ssrn.com/sol3/papers.cfm?abstract_id=1871503. Bolsen, T., Druckman, J.N. and Cook, F.L. (2015), 〈지구 온난화에 대한 시민의 믿음, 과학자의 믿음, 정책 고문의 믿음Citizens', Scientists', and

Policy Advisors' Beliefs about Global Warming〉, *Annals of the American Academy of Political and Social Science*, 658(1), pp. 271-95.

37 Hamilton, L.C., Hartter, J. and Saito, K. (2015), 〈기후변화, 백신 문제에서 과학자에 대한 신뢰Trust in Scientists on Climate Change and Vaccines〉, *SAGE Open*, 5(3), doi: https://doi.org/10.1177/2158244015602752.

38 Kahan, D.M., Landrum, A., Carpenter, K., Helft, L. and Hall Jamieson, K. (2017), 〈과학 호기심과 정치 정보 처리Science Curiosity and Political Information Processing〉, *Political Psychology*, 38(S1), pp. 179-99.

39 Kahan, D.M. (2017) 〈일반적 과학 지능: 위험 연구와 과학 소통을 위한 과학 이해력 측정, 그리고 진화와 기후변화에 관한 주석Ordinary Science Intelligence: A science-comprehension measure for study of risk and science communication, with notes on evolution and climate change〉, *Journal of Risk Research*, 20(8), pp. 995-1016.

40 Nyhan, B., Reifler, J. and Ubel, P.A. (2013), 〈건강보험 개혁을 둘러싼 낭설 바로잡기의 위험The Hazards of Correcting Myths about Health Care Reform〉, *Medical Care*, 51(2), 127-32. 오바마케어에 대한 오해를 둘러싼 논의는 다음을 참고하라. 〈폴리티팩트가 뽑은 올해의 거짓말: '사망 선고단'Politifact's Lie of the Year: 'Death Panels'〉, *Politifact*, 18 December 2009, https://www.politifact.com/truth-o-meter/article/2009/dec/18/politifact-lie-year-death-panels/.

41 Koehler, J.J. (1993), 〈기존 믿음이 증거의 질에 대한 과학적 판단에 미치는 영향The Influence of Prior Beliefs on Scientific Judgments of Evidence Quality〉, *Organizational Behavior and Human Decision Processes*, 56(1), pp. 28-55. 댄 커핸이 의도한 추론에 관한 최근 연구의 관점에서 이 논문을 논의한 것은 다음을 참고하라. Kahan, D.M. (2016), 〈정치적으로 의도한 추론 패러다임, 1부: 정치적으로 의도한 추론이 무엇이며, 그것을 어떻게 측정하는가The Politically Motivated Reasoning Paradigm, Part 1: What Politically Motivated Reasoning Is and How to Measure It〉, 다음에서 발췌: 《사회과학과 행동과학에서 새롭게 떠오르는 추세: 학제간, 검색 가능한, 링크 가능한 출처Emerging Trends in the Social and Behavioral Sciences: An Interdisciplinary, Searchable, and Linkable Resource》, doi: 10.1002/9781118900772.

42 1922년에 미국을 돌며 책을 홍보해 얻은 2만 5,000달러도 여기 투자했다고 알려졌다. Ernst, B.M.L. and Carrington, H. (1972), 《후디니와 코넌 도일: 기묘한 우정 이야기Houdini and Conan Doyle: The Story of a Strange Friendship》, New York:

Benjamin Blom, p. 147.

43 British Library에 보관된 음성 녹음에서, 코넌 도일은 심령론을 믿으면서 얻은 것들을 설명한다. http://britishlibrary.typepad.co.uk/files/listen-to-sir-arthur-conan-doyle-on-spiritualism.mp3.

44 아서 코넌 도일 경과의 인터뷰를 담은 Fox 뉴스 영화(1927)는 다음에서 볼 수 있다. *Public Domain Review*, https://publicdomainreview.org/collections/sir-arthur-conan-doyle-interview-1927/.

45 그의 전기 작가 러셀 밀러Russell Miller는 이렇게 설명한다. "코넌 도일은 한 번 마음먹으면 막무가내여서, 논쟁도 안 통하고 반박 증거도 소용없었다. 자신을 의심해보는 수고 따위는 하지 않았다. Miller, 《아서 코넌 도일의 모험》, Chapter 20.

46 Bechtel, S. and Stains, L.R. (2017), 《유리로 어렴풋이: 아서 코넌 도일 경과 희대의 미스터리 파헤치기Through a Glass Darkly: Sir Arthur Conan Doyle and the Quest to Solve the Greatest Mystery of All》, New York: St Martin's Press, p. 147.

47 Panek, R. (2005), 〈알베르트 아인슈타인의 해The Year of Albert Einstein〉, *Smithsonian Magazine*, https://www.smithsonianmag.com/science-nature/the-year-of-albert-einstein-75841381/.

48 물리학자 존 모팻John Moffat의 인터뷰에는 아인슈타인이 블랙홀의 존재를 증명하는 강력한 증거를 부정한 일화 등 더 많은 사례가 나온다. Folger, T. (September 2004), 〈통합이론을 찾는 아인슈타인의 원대한 탐색Einstein's Grand Quest for a Unified Theory〉, *Discover*, http://discovermagazine.com/2004/sep/einsteins-grand-quest. 다음도 참고하라. Mackie, G. (2015), 〈아인슈타인의 어리석음: 죽는 날까지 통합이론을 찾느라 쩔쩔매다Einstein's Folly: How the Search for a Unified Theory Stumped Him until His Dying Day〉, *The Conversation*, http://theconversation.com/einsteins-folly-how-the-search-for-a-unified-theory-stumped-him-to-his-dying-day-49646.

49 Isaacson, W. (2007), 《아인슈타인: 삶과 우주Einstein: His Life and Universe》, London: Simon & Schuster, pp. 341-7.

50 Schweber, S.S. (2008), 《아인슈타인과 오펜하이머: 천재의 의미Einstein and Oppenheimer: The Meaning of Genius》, Cambridge, MA: Harvard University Press, p. 282. 다음도 참고하라. Oppenheimer, R. (17 March 1966), 〈알베르트 아인슈타인에 관하여On Albert Einstein〉, *New York Review of Books*, https://www.

nybooks.com/articles/1966/03/17/on-albert-einstein/.

51 Hook, S. (1987), 《엇박자: 20세기의 불안한 삶Out of Step: An Unquiet Life in the 20th Century》. London: Harper & Row. 다음도 참고하라. Riniolo, T. and Nisbet, L. (2007), 〈일관된 회의주의라는 낭설: 알베르트 아인슈타인의 경고성 사례The Myth of Consistent Skepticism: The Cautionary Case of Albert Einstein〉, *Skeptical Inquirer*, 31(1), https://skepticalinquirer.org/2007/05/the_myth_of_consistent_skepticism_the_cautionary_case_of_albert_einstein/.

52 Eysenck, H. (1957), 《심리학에서 말이 되는 것과 말이 안 되는 것Sense and Nonsense in Psychology》, Harmondsworth: Penguin, p. 108.

53 여기 소개한 사례는 아주 예외적인 경우다. 하지만 최근 몇 년 사이에 과학계의 일상적 편향이 점점 두드러지다 보니, 코넌 도일처럼 부질없는 희망에 빠지는 과학자가 점점 많아지는 게 아닌가 하는 우려가 나온다. 1990년대와 2000년대 초에 심리학자 케빈 던바Kevin Dunbar는 여러 해 동안 실험실 8곳에서 과학자들을 만나면서, 그들의 주간 회의도 참석하고 그들의 최신 연구도 토론하며, 그들의 생각을 연구했다. 그 결과, 내 편 편향적 사고가 만연하다는 걸 알게 됐는데, 많은 과학자가 무의식중에 실험 결과를 자신의 현재 가설에 맞게 왜곡해 해석하거나, 의도적으로 새롭고 더 복잡한 이유를 찾아내어 자신의 가설을 데이터에 맞췄다. 의학을 연구하는 사람들은 뉴스가 될 만한 결과에 집착하면서, 연구 방법의 심각한 오류를 무시하는 성향도 보였다. 다음을 참고하라. Dunbar, K. (2000), 〈현실에서 과학자는 어떤 식으로 생각할까How Scientists Think in the Real World〉, *Journal of Applied Developmental Psychology*, 21(1), pp. 49-58. Wilson, T.D., DePaulo, B.M., Mook, D.G. and Klaaren, K.J. (1993), 〈과학자가 연구를 평가하는 방식: 주제 중요성의 바이어스 효과Scientists' Evaluations of Research: The Biasing Effects of the Importance of the Topic〉, *Psychological Science*, 4(5), pp. 322-5.

54 Offit, P. (2013), 〈비타민 속설: 우리는 왜 비타민 보충제가 필요하다고 생각할까The Vitamin Myth: Why We Think We Need Supplements〉, *The Atlantic*, 19 July 2013, https://www.theatlantic.com/health/archive/2013/07/the-vitamin-myth-why-we-think-we-need-supplements/277947/.

55 Enserink, M. (2010), 〈"지적 테러"를 피해 중국에서 급진 사상을 추구하는 프랑스 노벨상 수상자French Nobelist Escapes "Intellectual Terror" To Pursue Radical Ideas In China〉, *Science*, 330(6012), 1732. 이와 관련한 더 자세한 논의는 다음을 참고

하라. Butler, D. (2012). 〈아프리카 HIV 센터를 두고 충돌하는 노벨상 수상자들Nobel fight over African HIV centre〉, Nature, 486(7403), pp. 301-2. https://www.nature.com/news/nobel-fight-over-african-hiv-centre-1.10847.

56 King, G. (2011), 〈에디슨 대 웨스팅하우스: 충격적인 경쟁 관계Edison vs. Westinghouse: A Shocking Rivalry〉, *Smithsonian Magazine*, https://www.smithsonianmag.com/history/edison-vs-westinghouse-a-shocking-rivalry-102146036/.

57 Essig, M. (2003), 《에디슨과 전기의자Edison and the Electric Chair》, Stroud, Gloucestershire: Sutton.

58 Essig, 《에디슨과 전기의자》 p. 289.

59 Essig, 《에디슨과 전기의자》 p. 289.

60 Isaacson, W. (2011), 《스티브 잡스Steve Jobs》, London: Little, Brown, pp. 422-55. Swaine, J. (21 October 2011), 〈스티브 잡스 "오랫동안 대체의학으로 암을 이기려 했던 것 후회돼."Steve Jobs "Regretted Trying to Beat Cancer with Alternative Medicine for So Long"〉, *Daily Telegraph*, https://www.telegraph.co.uk/technology/apple/8841347/Steve-Jobs-regretted-trying-to-beat-cancer-with-alternative-medicine-for-so-long.html.

61 Shultz, S., Nelson, E. and Dunbar, R.I.M. (2012), 〈사람족 인지 진화: 화석과 고고학 자료에서 일정한 유형과 과정 찾아보기Hominin Cognitive Evolution: Identifying Patterns and Processes in the Fossil and Archaeological Record〉, *Philosophical Transactions of the Royal Society B: Biological Sciences*, 367(1599), pp. 2130-40.

62 Mercier, H. (2016), 〈논쟁적 이론: 예측과 실증적 증거The Argumentative Theory: Predictions and Empirical Evidence〉, *Trends in Cognitive Sciences*, 20(9), pp. 689-700.

3장 | 지식의 저주: 전문성의 장점과 허점

1 브랜든 메이필드 이야기의 자세한 내용은 내가 그를 직접 만나서 했던 인터뷰와 그가 언론과 했던 인터뷰에서 가져왔다. Open Democracy와의 인터뷰 영상은 다음에서 볼 수 있다.(30 November 2006)https://www.democracynow.

org/2006/11/30/exclusive_falsely_jailed_attorney_brandon_mayfield. 나는 그가 쓴 책에도 큰 빚을 지고 있다. Mayfield, S. and Mayfield, B. (2015), 《있을 수 없는 원인: 권리장전을 짓밟은 테러와의 전쟁Improbable Cause: The War on Terror's Assault on the Bill of Rights》, Salem, NH: Divertir. FBI가 메이필드 사건을 어떻게 다루었는지 그 자세한 내막은 Office of the Inspector General 보고서와 대조하며 점검했다.

2 Jennifer Mnookin of UCLA. 다음에서 발췌: 〈재판에서의 지문Fingerprints on Trial〉, BBC World Service, 29 March 2011, https://www.bbc.co.uk/programmes/b00z5zyc.

3 Office of the Inspector General (2006), 〈FBI의 브랜든 메이필드 사건 처리 검토A Review of the FBI's Handling of the Brandon Mayfield Case〉, p. 80, https://oig.justice.gov/special/s0601/final.pdf.

4 Office of the Inspector General, 〈FBI의 브랜든 메이필드 사건 처리 검토〉, p. 80.

5 Kassin, S.M., Dror, I.E. and Kukucka, J. (2013), 〈과학수사의 확증 편향: 문제와 관점 그리고 해결책 제안The Forensic Confirmation Bias: Problems, Perspectives, and Proposed Solutions〉, *Journal of Applied Research in Memory and Cognition*, 2(1), pp. 42-52.

6 Fisher, R. (2011), 〈박식은 개뿔, 무식이 진짜 행복이지Erudition Be Damned, Ignorance Really Is Bliss〉, *New Scientist*, 211(2823), pp. 39-41.

7 Kruger, J. and Dunning, D. (1999), 〈미숙하지만 미숙함을 모를 때: 자신의 무능을 이해하지 못하면 어떻게 자기 평가를 부풀리는가Unskilled and Unaware of It: How Difficulties in Recognizing One's Own Incompetence Lead to Inflated Self-assessments〉, *Journal of Personality and Social Psychology*, 77(6), pp. 1121-44.

8 Dunning, D. (2011), 〈더닝 크루거 효과: 자기 무지에 무지한 것에 대하여The Dunning-Kruger Effect: On Being Ignorant of One's Own Ignorance〉, 다음에서 발췌: 《실험사회심리학 발전Advances in Experimental Social Psychology》, Vol. 44, Cambridge, MA: Academic Press, pp. 247-96.

9 Chiu, M.M. and Klassen, R.M. (2010), 〈스스로 파악하는 수학 실력과 그 계측, 그리고 그것과 진짜 수학 실력과의 관계: 34개국 15세 청소년들의 문화 차이Relations of Mathematics Self-Concept and Its Calibration with Mathematics Achievement: Cultural Differences among Fifteen-Year-Olds in 34 Countries〉, Learning and Instruction,

20(1), 2-17.

10 다음을 참고하라. 〈사회 낙오자들이 자기가 대단하다는 망상에 빠지는 이유Why Losers Have Delusions of Grandeur〉, New York Post, 23 May 2010, https://nypost.com/2010/05/23/why-losers-have-delusions-of-grandeur/. Lee, C. (2016), 〈무능한 사람들이 자신을 멋지다고 생각하는 이유 다시 생각해보기Revisiting Why Incompetents Think They Are Awesome〉, Ars Technica, 4 November 2016, https://arstechnica.com/science/2016/11/revisiting-why-incompetents-think-theyre-awesome/. Flam, F. (2017), 〈트럼프의 "위험한 장애"? 더닝 크루거 효과Trump's "Dangerous Disability"? The Dunning-Kruger Effect〉, Bloomberg, 12 May 2017, https://www.bloomberg.com/opinion/articles/2017-05-12/trump-s-dangerous-disability-it-s-the-dunning-kruger-effect.

11 Fisher, M. and Keil, F.C. (2016), 〈전문성 저주: 지식이 많아 설명하는 능력을 잘못 계측할 때The Curse of Expertise: When More Knowledge Leads to Miscalibrated Explanatory Insight〉, *Cognitive Science*, 40(5), pp. 1251-69.

12 Son, L.K. and Kornell, N. (2010), 〈무지의 장점The Virtues of Ignorance〉, Behavioural Processes, 83(2), pp. 207-12.

13 Fisher and Keil, 〈전문성 저주〉.

14 Ottati, V., Price, E., Wilson, C. and Sumaktoyo, N. (2015), 〈스스로 판단한 자기 전문성이 폐쇄적 인식을 부추길 때: 자초한 교조주의 효과When Self-Perceptions of Expertise Increase Closed-Minded Cognition: The Earned Dogmatism Effect〉, *Journal of Experimental Social Psychology*, 61, pp. 131-8.

15 다음에서 발췌: Hammond, A. L. (1984). 《지식 열정: 과학계 인물 20인A Passion to Know: Twenty Profiles in Science》, New York: Scribner, p. 5. 이 견해를 깊이 논의한 글은 다음을 참고하라. Roberts, R.C., Wood, W.J. (2007), 《지적 미덕: 조절 인식론 에세이Intellectual Virtues: An Essay in Regulative Epistemology》, p. 253, Oxford: Oxford University Press.

16 드 그루트의 삶에 관한 자세한 내용은 미국 심리과학학회Association for Psychological Science가 발행하는 *Observer* 부고 기사에서 가져왔다. 1 November 2006: https://www.psychologicalscience.org/observer/in-memoriam-adriaan-dingeman-de-groot-1914-2006.

17 Mellenbergh, G.J. and Hofstee, W.K.B. (2006), 〈아드리안 드 그루트를 기억하

며Commemoration Adriaan Dingeman de Groot〉, 다음에서 발췌: Royal Netherlands Academy of Sciences (ed.), 《삶과 추모Life and Memorials》, Amsterdam: Royal Netherlands Academy of Sciences, pp. 27-30.

18 Busato, V. (2006), 〈아드리안 드 그루트(1914-2006)를 추모하며In Memoriam: Adriaan de Groot (1914-2006)〉, *Netherlands Journal of Psychology*, 62, pp. 2-4.

19 de Groot, A. (ed.) (2008), 《체스에서 생각과 선택Thought and Choice in Chess》, Amsterdam: Amsterdam University Press, p. 288. 전문가의 작업에서 덩이짓기의 역할을 보여주는 추가 증거는 William Chase와 Herbert Simon가 실시한 다음의 고전적 후속 실험을 참고하라. Chase, W. G. and Simon, H. A. (1973). 〈체스에서의 자각Perception in Chess〉, *Cognitive Psychology*, 4(1), pp. 55-81.

20 Hodges, N.J., Starkes, J.L. and MacMahon, C. (2006), 〈스포츠에서 전문가의 실력: 인지적 관점Expert Performance in Sport: A Cognitive Perspective〉, 다음에서 발췌: Ericsson, K.A., Charness, N., Feltovich, P.J., et al. (eds), 《전문성과 전문가의 실력에 관한 케임브리지 핸드북Cambridge Handbook of Expertise and Expert Performance》, Cambridge: Cambridge University Press.

21 Dobbs, D. (2006), 〈천재가 되는 법How to Be a Genius〉, *New Scientist*, 191(2569), pp. 40-3.

22 Kalakoski, V. and Saariluoma, P. (2001), 〈거리 이름을 기억하는 택시 기사의 놀라운 능력Taxi Drivers'Exceptional Memory of Street Names〉, *Memory and Cognition*, 29(4), pp. 634-8.

23 Nee, C. and Ward, T. (2015), 〈전문성과 그것이 교정 심리학과 범죄학에 미치는 일반적 영향 검토Review of Expertise and Its General Implications for Correctional Psychology and Criminology〉, *Aggression and Violent Behavior*, 20, pp. 1-9.

24 Nee, C. and Meenaghan, A. (2006), 〈절도에서 전문적 결정Expert Decision Making in Burglars〉, *British Journal of Criminology*, 46(5), pp. 935-49.

25 이 증거를 포괄적으로 살펴본 글은 다음을 참고하라. Dane, E. (2010), 〈전문성과 융통성의 타협 재고하기: 인지적 고착 관점Reconsidering the Trade-Off between Expertise and Flexibility: A Cognitive Entrenchment Perspective〉, *Academy of Management Review*, 35(4), pp. 579-603.

26 Woollett, K. and Maguire, E.A. (2010), 〈새로운 환경에서 노련한 택시 기사의 길찾기The Effect of Navigational Expertise on Wayfinding in New Environments〉, *Journal of Environmental Psychology*, 30(4), pp. 565-73.

27 Harley, E.M., Pope, W.B., Villablanca, J.P., Mumford, J., Suh, R., Mazziotta, J.C., Enzmann, D. and Engel, S.A. (2009), 〈방사선 전문성 획득에서 방추형 피질 개입과 외측 후두엽 피질 불개입Engagement of Fusiform Cortex and Disengagement of Lateral Occipital Cortex in The Acquisition of Radiological Expertise〉, *Cerebral Cortex*, 19(11), pp. 2746-54.

28 다음을 참고하라. Corbin, J.C., Reyna, V.F., Weldon, R.B. and Brainerd, C.J. (2015), 〈요점에 기초한 직감은 어떻게 추론, 판단, 결정을 오염시키는가: 퍼지 흔적 이론 접근법How Reasoning, Judgment, and Decision Making Are Colored By Gist-Based Intuition: A Fuzzy-Trace Theory Approach〉, *Journal of Applied Research in Memory and Cognition*, 4(4), pp. 344-55. 앞 단락에서 소개한 연구 결과에 대한 자세한 설명은 다음을 참고하라. Dror, I.E. (2011), 〈인간의 전문성에 나타난 모순: 전문가는 왜 실수를 할까The Paradox of Human Expertise: Why Experts Get It Wrong〉, 다음에서 발췌: 《모순된 뇌The Paradoxical Brain》, ed. Narinder Kapur, Cambridge: Cambridge University Press.

29 Northcraft, G.B. and Neale, M.A. (1987), 〈전문가, 아마추어, 그리고 부동산: '기준점 설정과 조정' 관점으로 부동산 가격 결정 바라보기Experts, Amateurs, and Real Estate: An Anchoring-and-Adjustment Perspective on Property Pricing Decisions〉, *Organizational Behavior and Human Decision Processes*, 39(1), 84-97.

30 Busey, T.A. and Parada, F.J. (2010), 〈지문 감식에서 전문성의 본질The Nature of Expertise in Fingerprint Examiners〉, *Psychonomic Bulletin and Review*, 17(2), pp. 155-60.

31 Busey, T.A. and Vanderkolk, J.R. (2005), 〈지문 감식 전문가의 윤곽 처리 과정에서 나타난 행동적, 전기생리적 증거Behavioral and Electrophysiological Evidence for Configural Processing in Fingerprint Experts〉, *Vision Research*, 45(4), pp. 431-48.

32 Dror, I.E. and Charlton, D. (2006), 〈전문가가 실수를 저지르는 이유Why Experts Make Errors〉, *Journal of Forensic Identification*, 56(4), pp. 600-16.

33 Dror, I.E., Péron, A.E., Hind, S.-L. and Charlton, D. (2005), 〈감정이 우리를 이길 때: 맥락에 의존한 하향식 업무 처리가 지문 감식에 미치는 영향When Emotions Get the Better of Us: The Effect of Contextual Top-Down Processing on Matching Fingerprints〉, *Applied Cognitive Psychology*, 19(6), pp. 799-809.

34 Office of the Inspector General, 〈FBI의 브랜든 메이필드 사건 처리 검토〉, p. 192.

35 Office of the Inspector General, 〈FBI의 브랜든 메이필드 사건 처리 검토〉, p. 164.

36 Dror, I.E., Morgan, R., Rando, C. and Nakhaeizadeh, S. (2017), 〈편향 눈덩이와 편향 폭포 효과: 과학수사에서 결정에 영향을 미칠 수 있는 별개의 두 편향The Bias Snowball and the Bias Cascade Effects: Two Distinct Biases That May Impact Forensic Decision Making〉, *Journal of Forensic Science*, 62(3), pp. 832-3.

37 Office of the Inspector General, 〈FBI의 브랜든 메이필드 사건 처리 검토〉, p. 179.

38 Kershaw, S. (5 June 2004), 〈스페인, 엉터리 테러범 체포에 이견 내놔Spain at Odds on Mistaken Terror Arrest〉, *New York Times*, http://www.nytimes.com/learning/students/pop/articles/05LAWY.html.

39 Office of the Inspector General, 〈FBI의 브랜든 메이필드 사건 처리 검토〉, p. 52.

40 Dismukes, K., Berman, B.A. and Loukopoulos, L.D. (2007), 《전문성의 한계: 조종사 실수와 항공 사고의 원인 재고The Limits of Expertise: Rethinking Pilot Error and the Causes of Airline Accidents》, Aldershot: Ashgate, pp. 76-81.

41 National Transport Safety Board [NTSB] (2008), 〈2006년 8월 27일, 컴에어 5191편 엉뚱한 활주로에서 이륙 시도Attempted Takeoff From Wrong Runway Comair Flight 5191, 27 August 2006〉, Accident Report NTSB/AAR-07/05. 이 보고서는 특히 확증 편향을 언급했다. Stephen Walmsley와 Andrew Gilbey가 조종사 실수의 주된 원인 중 하나로 꼽은 것인데, 두 사람은 확증 편향에서 영감을 얻어 논문을 썼다고 했다.

42 Walmsley, S. and Gilbey, A. (2016), 〈날씨 관련한 조종사의 시각적 결정에 나타난 인지 편향Cognitive Biases in Visual Pilots'Weather-Related Decision Making〉, *Applied Cognitive Psychology*, 30(4), pp. 532-43.

43 Levinthal, D. and Rerup, C. (2006), 〈명백한 간극 건너기: 조직 학습에서 마음을 집중하는 관점과 그렇지 않은 관점의 간극 메우기Crossing an Apparent Chasm: Bridging Mindful and Less-Mindful Perspectives on Organizational Learning〉, *Organization Science*, 17(4), pp. 502-13.

44 Kirkpatrick, G. (2009), 〈금융 위기에서 얻은 기업 경영 교훈The Corporate Governance Lessons from the Financial Crisis〉, *OECD Journal: Financial Market Trends*, 2009(1), pp. 61-87.

45 Minton, B. A., Taillard, J. P. and Williamson, R. (2014). 〈이사회, 위험 감수, 실적에서 금융 전문성: 은행지주회사에 나타난 증거Financial Expertise Of the Board, Risk Taking, and Performance: Evidence from Bank Holding Companies〉, *Journal of Financial and Quantitative Analysis*, 49(2), pp. 351-380. IESE Business School의 Juan Almandoz와 University of Toronto의 Andras Tilcsik는 미국 지방은행의 이사진과 최고경영자(CEO)에게서 그와 똑같은 유형을 발견했다. 이들 역시 윌리엄슨과 마찬가지로, 불확실성이 높은 시기에는 은행 이사진에 전문가가 많을수록 고착, 과신, 대안 무시 탓에 실패할 확률이 더 높아진다는 사실을 발견했다. Almandoz, J. and Tilcsik, A. (2016), 〈전문가가 골칫거리일 때: 전문 이사진과 조직의 실패When Experts Become Liabilities: Domain Experts on Boards and Organizational Failure〉, *Academy of Management Journal*, 59(4), pp. 1124-49. 한편 Warsaw School of Economics의 Monika Czerwonka는 주식투자 전문가일수록 매몰비용 편향에 쉽게 빠져, 투자를 계속할수록 손해가 커지는데도 실패한 투자를 포기하지 않는 성향을 보인다는 사실을 알아냈다. 이번에도 전문성이 높을수록 문제에 더 취약했다. Rzeszutek, M., Szyszka, A. and Czerwonka, M. (2015), 〈결정 과정에서 투자자의 전문성, 성격 특징, 행동 편향에 빠지기 쉬운 성향Investors' Expertise, Personality Traits and Susceptibility to Behavioral Biases in the Decision Making Process〉, *Contemporary Economics*, 9, pp. 337-52.

46 Jennifer Mnookin of UCLA, 〈재판에서의 지문Fingerprints on Trial〉, BBC World Service, 29 March 2011, https://www.bbc.co.uk/programmes/p00fvhl3.

47 Dror, I.E., Thompson, W.C., Meissner, C.A., Kornfield, I., Krane, D., Saks, M. and Risinger, M. (2015), 〈편집자에게 보내는 편지 – 맥락 관리 도구: 과학수사 결정에서 인지 편향을 최소화하는 순차적 정체 밝히기 기법Letter to the Editor - Context Management Toolbox: A Linear Sequential Unmasking (LSU) Approach for Minimizing Cognitive Bias in Forensic Decision Making〉, *Journal of Forensic Sciences*, 60(4), pp. 1111-12.

4장 | 심리 대수학: 증거 기반 지혜 과학을 지향하며

1 Brown, B. (2012), 〈뜨겁다, 뜨거워: 1787년 여름Hot, Hot, Hot: The Summer of 1787〉, National Constitution Center 블로그, https://constitutioncenter.org/blog/hot-

hot-hot-the-summer-of-1787.

2 미국 헌법 제정을 둘러싼 자세한 내막은 다음을 참고했다. Isaacson, W. (2003), 《벤저민 프랭클린: 인생의 발견Benjamin Franklin: An American Life》, New York: Simon & Schuster.

3 Franklin, B. (19 April 1787), 토머스 제퍼슨에게 보낸 편지. 필라델피아. American Philosophical Society와 Yale University의 허가로 프랭클린 온라인 아카이브에서 발췌. https://franklinpapers.org/framedVolumes.jsp.

4 Madison Debates (30 June 1787). 다음에서 발췌: Avalon project at Yale Law School. http://avalon.law.yale.edu/18th_century/debates_630.asp.

5 Isaacson, W. (2003), 《벤저민 프랭클린》, New York: Simon & Schuster, p. 149.

6 Lynch, T.J., Boyer, P.S., Nichols, C. and Milne, D. (2013), 《옥스퍼드 백과사전: 미국 군사와 외교 역사 편The Oxford Encyclopedia of American Military and Diplomatic History》, New York: Oxford University Press, p. 398.

7 벤저민 프랭클린의 토론 클럽 기록에는 지혜를 "모든 경우에, 우리에게 무엇이 최선이고 그것을 획득할 최선의 방법은 무엇인지에 관한 지식"으로 정의한다. 그러면서 "남보다 훨씬 자주 지혜로운 사람"은 있어도 "언제나, 모든 것에서 지혜로운" 사람은 없다고 말한다. (*Proposals and Queries to be Asked the Junto*, 1732).

8 〈지혜에 관한 대화: 발레리 티베리우스와의 인터뷰 무삭제본Conversations on Wisdom: UnCut Interview with Valerie Tiberius〉, Chicago Center for Practical Wisdom, https://www.youtube.com/watch?v=oFuT0yY2otw. 다음도 참고할 것. Tiberius, V. (2016), 〈지혜와 겸손Wisdom and Humility〉, *Annals of the New York Academy of Sciences*, 1384, pp. 113-16.

9 Birren, J.E. and Svensson, C.M. (2005), 다음에서 발췌: Sternberg, R. and Jordan, J. (eds), 《지혜 핸드북: 심리적 관점A Handbook of Wisdom: Psychological Perspectives》, Cambridge: Cambridge University Press, pp. 12-13. Birren과 Svensson이 지적하듯이, 초기 심리학자들은 '정신물리학'을 들여다보면서, 이를테면 지각의 기본 요소 등을 탐구하길 좋아했고, 지혜는 너무 복잡해서 실험실에서 정확히 이해하기가 불가능하다고 생각하곤 했다. 그래서 20세기가 되어서도 한참 동안 이 주제를 피한 탓에 《심리학의 지적 역사An Intellectual History of Psychology》(Daniel Robinson, 1976)나 《일반 심리학 핸드북Handbook of General Psychology》(Benjamin Wolman, 1973)을 포함해 많은 주요 교재에도 실리지

않았다.

10 Sternberg, R.J., Bonney, C.R., Gabora, L. and Merrifield, M. (2012), 〈WICS: 대학 입시 모델WICS: A Model for College and University Admissions〉, *Educational Psychologist*, 47(1), pp. 30-41.

11 Grossmann, I. (2017), 〈맥락과 관련한 지혜Wisdom in Context〉, *Perspectives on Psychological Science*, 12(2), pp. 233-57.

12 Grossmann, I., Na, J., Varnum, M.E.W., Kitayama, S. and Nisbett, R.E. (2013), 〈행복으로 가는 길: 지능 대 지혜로운 추론A Route to Well-Being: Intelligence vs. Wise Reasoning〉, *Journal of Experimental Psychology. General*, 142(3), pp. 944-53.

13 Bruine de Bruin, W., Parker A.M. and Fischhoff B. (2007), 〈성인의 결정 능력에서 개인차Individual Differences in Adult Decision Making Competence〉, *Journal of Personality and Social Psychology*, 92(5), pp. 938-56.

14 Stanovich, K.E.E., West, R.F. and Toplak, M. (2016), 《합리성 지수The Rationality Quotient》, Cambridge, MA: MIT Press. 비슷한 맥락으로, 그로스먼이 정의한 지혜에서 중요한 요소인 열린 논리적 사고도 행복에 도움이 된다는 것을 보여준 연구가 여럿이다. 그런 사고방식을 가진 사람은 건강을 위협하는 것들도 꼼꼼히 따져보는 것으로 보인다. Lambie, J. (2014), 《비판적 열린 태도: 심리적, 역사적 분석How to Be Critically Open-Minded: A Psychological and Historical Analysis》, Basingstoke: Palgrave Macmillan, pp. 89-90.

15 다음을 참고하라. https://uwaterloo.ca/complexity-innovation/people-profiles/igor-grossmann.

16 이 글을 쓰는 지금, 그로스먼의 이 연구는 아직 발표되지 않은 채 동료 심사를 기다리고 있다. Santos, H.C., and Grossmann, I. (2018), 〈20년간 살펴본 지혜 관련 태도와 주관적 행복의 관계: TPT 교차검증법을 종적 데이터에 적용한 결과Relationship of Wisdom-Related Attitudes and Subjective Well-Being over Twenty Years: Application of the Train-Preregister-Test (TPT) Cross-Validation Approach to Longitudinal Data〉. 논문은 다음에서 볼 수 있다. https://psyarxiv.com/f4thj/.

17 Grossmann, I., Gerlach, T.M. and Denissen, J.J.A. (2016), 〈일상적으로 마주하는 어려운 상황에서 지혜롭게 생각하기Wise Reasoning in the Face of Everyday Life Challenges〉, *Social Psychological and Personality Science*, 7(7), pp. 611-22.

18 Franklin, B. (1909), 《프랭클린 자서전The Autobiography of Benjamin Franklin》, p. 17. Public domain ebook of the 1909 Collier & Son edition.

19 벤저민 프랭클린이 John Lining에게 보낸 1775년 3월 18일자 편지에서. 다음에서 발췌: US National Archives, https://founders.archives.gov/documents/Franklin/01-05-02-0149.

20 Lord, C.G., Ross, L. and Lepper, M.R. (1979), 〈편향된 동화와 태도 양극화: 앞선 이론이 이후 제시된 증거에 미치는 영향Biased Assimilation and Attitude Polarization: The Effects of Prior Theories on Subsequently Considered Evidence〉, *Journal of Personality and Social Psychology*, 37(11), pp. 2098-2109. 이 논문과 BBC Future에 이 논문을 해석한 자신의 기사를 소개해준 Tom Stafford에게 감사드린다. Stafford, T. (2017), 〈사람들을 편향에서 벗어나게 하는 법How to Get People to Overcome Their Bias〉, http://www.bbc.com/future/story/20170131-why-wont-some-people-listen-to-reason.

21 Isaacson, W. (2003), 《벤저민 프랭클린 선집A Benjamin Franklin Reader》, p. 236. New York: Simon & Schuster.

22 벤저민 프랭클린이 Jonathan Williams Jr.에게 보낸 1779년 4월 8일자 편지에서. American Philosophical Society와 Yale University의 허가로 프랭클린 온라인 아카이브에서 발췌. http://franklinpapers.org/framedVolumes.jsp?vol=29&page=283a

23 Jonas, E., Schulz-Hardt, S., Frey, D. and Thelen, N. (2001), 〈결정을 내린 뒤 정보를 찾아볼 때 나타나는 확증 편향: 정보를 선별적으로 받아들이는 현상에 관한 불일치 확장 이론 연구Confirmation Bias in Sequential Information Search after Preliminary Decisions: An Expansion of Dissonance Theoretical Research on Selective Exposure to Information〉, *Journal of Personality and Social Psychology*, 80(4), 557-71. 이 논문에 관한 논의와 이 논문이 의사 결정에 시사하는 점은 다음에서 볼 수 있다. Church, I. (2016), 《지적 겸손: 철학과 과학의 시작Intellectual Humility: An Introduction to the Philosophy and Science》, Bloomsbury. Kindle Edition (Kindle Locations 5817-20).

24 Adame, B.J. (2016), 〈기준점 설정 편향 완화 훈련: 반대 고려하기 전략 테스트Training in the Mitigation of Anchoring Bias: A Test of the Consider-the-Opposite Strategy〉, *Learning and Motivation*, 53, pp. 36-48.

25 Hirt, E.R., Kardes, F.R. and Markman, K.D. (2004), 〈대안을 생각해내어 정신적 시뮬레이션 사고방식 활성화하기: 관련 영역과 비관련 영역에서 편향 제거에 미치는 영향Activating a Mental Simulation Mind-Set Through Generation of Alternatives:

Implications for Debiasing in Related and Unrelated Domains〉, *Journal of Experimental Social Psychology*, 40(3), pp. 374-83.

26 Baron, J., Gürçay, B. and Metz, S.E. (2016), 〈성찰, 직감, 적극적 열린 사고Reflection, Intuition, and Actively Open-Minded Thinking〉, 다음에서 발췌: Weller, J. and Toplak, M.E. (eds), 《발달의 맥락에서 본 판단과 결정의 개인차Individual Differences in Judgment and Decision Making from a Developmental Context》, London: Psychology Press.

27 Chandon, P. and Wansink, B. (2007), 〈패스트푸드 식당에서 건강한 음식이라고 선전할 때 나타나는 편향된 건강 후광 효과: 칼로리 수치는 줄이고, 사이드 메뉴 소비는 늘리고The Biasing Health Halos of Fast-Food Restaurant Health Claims: Lower Calorie Estimates and Higher Side-Dish Consumption Intentions〉, *Journal of Consumer Research*, 34(3), pp. 301-14.

28 Miller, A.K., Markman, K.D., Wagner, M.M. and Hunt, A.N. (2013), 〈정신적 시뮬레이션과 성 편견 감소: 사후 가정적 사고의 편향 제거 역할Mental Simulation and Sexual Prejudice Reduction: The Debiasing Role of Counterfactual Thinking〉, *Journal of Applied Social Psychology*, 43(1), pp. 190-4.

29 '반대 전략 고려하기'와 그것의 심리적 이점을 자세히 살펴보려면 다음을 참고하라. Lambie, J. (2014), 《비판적 열린 태도》, Basingstoke: Palgrave Macmillan, pp. 82-6.

30 Herzog, S.M. and Hertwig, R. (2009), 〈하나의 머리에 여럿의 지혜: 변증법적 자동 처리 과정으로 개인의 판단 개선하기The Wisdom of Many in One Mind: Improving Individual Judgments with Dialectical Bootstrapping〉, *Psychological Science*, 20(2), pp. 231-7.

31 최근에 이 방법을 연구한 논문은 다음을 참고하라. Fisher, M. and Keil, F.C. (2014), 〈논쟁 정당화의 착각The Illusion of Argument Justification〉, *Journal of Experimental Psychology: General*, 143(1), pp. 425-33.

32 이 연구를 검토한 내용은 다음 논문을 참고하라. Samuelson, P.L. and Church, I.M. (2015), 〈인지가 독으로 변할 때: 덕 인식론에서 본 어림짐작과 편향When Cognition Turns Vicious: Heuristics and Biases in Light of Virtue Epistemology〉, *Philosophical Psychology*, 28(8), 1095-1113. 내 논리적 사고의 출처를 솔직하게 공유하기가 썩 내키지 않다면, 다음 논문에서 그러한 책임성 부족의 이유를 볼 수 있다. Mercier, H., Boudry, M., Paglieri, F. and Trouche, E. (2017),

〈타고난 논쟁꾼들: 논리력을 최대한 활용하는 법 가르치기Natural-born Arguers: Teaching How to Make the Best of Our Reasoning Abilities〉, *Educational Psychologist*, 52(1), pp. 1-16.

33 Middlekauff, R. (1996), 《벤저민 프랭클린과 그의 적들Benjamin Franklin and His Enemies》, Berkeley, CA: University of California Press, p. 57.

34 Suedfeld, P., Tetlock, P.E. and Ramirez, C. (1977), 〈전쟁, 평화, 그리고 복잡한 통합적 특성들: 1947-1976년 중동 문제 유엔 연설문War, Peace, and Integrative Complexity: UN Speeches on the Middle East Problem, 1947-1976〉, *Journal of Conflict Resolution*, 21(3), pp. 427-42.

35 이 같은 정치적, 군사적 연구를 좀 더 자세히 분석한 내용은 심리학자 John Lambie의 다음 글을 참고하라. Lambie, 《비판적 열린 태도》, pp. 193-7.

36 다음을 참고하라. Hogwood, P. (21 September 2017), 〈앙겔라 메르켈 모델 – 독일 정치에서 성공하는 법The Angela Merkel Model - or How to Succeed in German Politics〉, *The Conversation*, https://theconversation.com/the-angela-merkel-model-or-how-to-succeed-in-german-politics-84442.

37 Packer, G. (1 December 2014), 〈조용한 독일: 세상에서 가장 막강한 여성, 앙겔라 메르켈의 놀라운 부상The Quiet German: The Astonishing Rise of Angela Merkel, the Most Powerful Woman in the World〉, *New Yorker*: https://www.newyorker.com/magazine/2014/12/01/quiet-german.

38 Parker, K.I. (1992), 〈철인왕 솔로몬? 열왕기상 1~11장에 나타난 법과 지혜의 연관관계Solomon as Philosopher King? The Nexus of Law and Wisdom in 1 Kings 1-11〉, *Journal for the Study of the Old Testament*, 17(53), pp. 75-91. 추가적인 내용은 다음을 참고하라. Hirsch, E.G., et al. (1906), 〈솔로몬Solomon〉, *Jewish Encyclopedia*. http://www.jewishencyclopedia.com/articles/13842-solomon.

39 Grossmann, I. and Kross, E. (2014), 〈솔로몬의 역설 탐구: '나와 거리두기'는 성인의 판단에서 '나와 타인의 불균형'을 제거해, 가까운 관계에서 지혜로운 사고를 하게 한다Exploring Solomon's Paradox: Self-Distancing Eliminates the Self-Other Asymmetry in Wise Reasoning about Close Relationships in Younger and Older Adults〉, *Psychological Science*, 25(8), pp. 1571-80.

40 Kross, E., Ayduk, O. and Mischel, W. (2005), 〈'왜'라고 물어도 상처가 되지 않을 때: 부정적 감정을 성찰하는 것과 숙고하는 것 구별하기When Asking "Why"Does Not Hurt: Distinguishing Rumination from Reflective Processing of Negative

Emotions〉, *Psychological Science*, 16(9), pp. 709–15.

41 이 연구를 폭넓은 관점에서 살핀 리뷰는 다음을 참고하라. Kross, E. and Ayduk, O. (2017), 〈나와 거리 두기Self-distancing〉, *Advances in Experimental Social Psychology*, 55, pp. 81–136.

42 Streamer, L., Seery, M.D., Kondrak, C.L., Lamarche V.M. and Saltsman, T.L. (2017), 〈내가 아니라 그 사람이: 나와 거리두기가 도전/위협 심혈관 반응에 미치는 이점Not I, But She: The Beneficial Effects of Self-Distancing on Challenge/Threat Cardiovascular Responses〉, *Journal of Experimental Social Psychology*, 70, pp. 235–41.

43 Grossmann and Kross, 〈솔로몬의 역설 탐구〉.

44 Finkel, E.J., Slotter, E.B., Luchies, L.B., Walton, G.M. and Gross, J.J. (2013), 〈짧은 개입으로 갈등을 재평가해 부부관계를 변함없이 유지하기A Brief Intervention to Promote Conflict Reappraisal Preserves Marital Quality Over Time〉, *Psychological Science*, 24(8), pp. 1595–1601.

45 Kross, E. and Grossmann, I. (2012), 〈지혜 키우기: 나와 거리두기로 생각, 태도, 행동이 지혜로워질 수 있다Boosting Wisdom: Distance from the Self Enhances Wise Reasoning, Attitudes, and Behavior〉, *Journal of Experimental Psychology: General*, 141(1), pp. 43–8.

46 Grossmann, I. (2017), 〈지혜, 그리고 지혜를 키우는 법: 새롭게 떠오르는 지혜로운 사고의 구성주의적 모델 검토Wisdom and How to Cultivate It: Review of Emerging Evidence for a Constructivist Model of Wise Thinking〉, *European Psychologist*, 22(4), pp. 233–246.

47 Reyna, V.F., Chick, C.F., Corbin, J.C. and Hsia, A.N. (2013), 〈위험이 따르는 결정에서 나타나는 반전: 결정에서 정보요원이 대학생보다 더 큰 편향을 보인다Developmental Reversals in Risky Decision Making: Intelligence Agents Show Larger Decision Biases than College Students〉, *Psychological Science*, 25(1), pp. 76–84.

48 다음을 참고하라. Maddux, W.W., Bivolaru, E., Hafenbrack, A.C., Tadmor, C.T. and Galinsky, A.D. (2014), 〈마음을 열어 기회 확대하기: 여러 문화를 체험하면 통합적 복합성을 종적으로 확대해 취업 시장에서 성공할 확률이 높아진다Expanding Opportunities by Opening Your Mind: Multicultural Engagement Predicts Job Market Success through Longitudinal Increases in Integrative Complexity〉, *Social Psychological and Personality Science*, 5(5), pp. 608–15.

49 Tetlock, P. and Gardner, D. (2015), 《슈퍼 예측, 그들은 어떻게 미래를 보았는가Superforecasting: The Art and Science of Prediction》, p. 126, London: Random House.

50 Grossmann, I., Karasawa, M., Izumi, S., Na, J., Varnum, M.E.W., Kitayama, S. and Nisbett, R. (2012), 〈나이 듦과 지혜: 문화 차이Aging and Wisdom: Culture Matters〉, *Psychological Science*, 23(10), pp. 1059-66.

51 Manuelo, E., Kusumi, T., Koyasu, M., Michita, Y. and Tanaka, Y. (2015), 다음에서 발췌: Davies, M. and Barnett, R. (eds), 《고등교육에서 비판적 사고에 관한 팰그레이브 핸드북The Palgrave Handbook of Critical Thinking in Higher Education》, New York: Palgrave Macmillan, pp. 299-315.

52 관련 증거를 보려면 다음을 참고하라. Nisbett, R.E., Peng, K., Choi, I. and Norenzayan, A. (2001), 〈문화와 사고 체계: 전체적 인지 대 분석적 인지Culture and Systems of Thought: Holistic Versus Analytic Cognition〉, *Psychological Review*, 108(2), 291-310. Markus, H.R. and Kitayama, S. (1991), 〈문화와 자아: 인지, 감정, 동기 부여에 미치는 영향Culture and the Self: Implications for Cognition, Emotion, and Motivation〉, *Psychological Review*, 98(2), pp. 224-53. Henrich, J., Heine, S.J. and Norenzayan, A. (2010), 〈WEIRD를 넘어서: 더 넓은 기반의 행동과학을 지향하며Beyond WEIRD: Towards a Broad-based Behavioral Science〉, *Behavioral and Brain Sciences*, 33(2-3), pp. 111-35.

53 일본의 (특히 일본어와 일본 교육에 담긴) 독립된 자아에 대한 생각을 더 자세히 알아보려면 다음을 참고하라. Cave, P. (2007), 《일본 초등학교: 초등교육에 나타난 자아, 개성, 학습Primary School in Japan: Self, Individuality, and Learning in Elementary Education》, Abingdon, England: Routledge, pp. 31-43, Smith, R. (1983), 《일본 사회: 전통, 자아, 사회 질서Japanese Society: Tradition, Self, and the Social Order》, Cambridge, UK: Cambridge University Press, pp. 68-105.

54 다음을 참고하라. Talhelm, T., Zhang, X., Oishi, S., Shimin, C., Duan, D., Lan, X. and Kitayama, S. (2014), 〈쌀농사와 밀농사로 설명하는 중국 내 광범위한 심리적 차이Large-scale Psychological Differences Within China Explained By Rice Versus Wheat Agriculture〉, *Science*, 344(6184), pp. 603-8.

55 Grossmann, I. and Kross, E. (2010), 〈문화가 적응적 자기 성찰과 부적응적 자기 성찰에 미치는 영향The Impact of Culture on Adaptive Versus Maladaptive Self-reflection〉, *Psychological Science*, 21(8), pp. 1150-7. Wu, S. and Keysar, B. (2007), 〈다른 관점 받아들이기에 문화가 미치는 영향The Effect of Culture on

Perspective Taking〉, *Psychological Science*, 18(7), pp. 600-6. Spencer-Rodgers, J., Williams, M.J. and Peng, K. (2010), 〈변화 기대와 반박 포용에서 문화 차이: 10여 년간의 실증적 연구Cultural Differences in Expectations of Change and Tolerance for Contradiction: A Decade of Empirical Research〉, *Personality and Social Psychology Review*, 14(3), pp. 296-312.

56 Reason, J.T., Manstead, A.S.R. and Stradling, S.G. (1990), 〈도로에서 실수와 법규 위반: 진짜 차이?Errors and Violation on the Roads: A Real Distinction?〉, *Ergonomics*, 33(10-11), pp. 1315-32.

57 Heine, S.J. and Hamamura, T. (2007), 〈동아시아인의 자기 높임을 찾아서In Search of East Asian Self-enhancement〉, *Personality and Social Psychology Review*, 11(1), pp. 4-27.

58 Santos, H.C., Varnum, M.E. and Grossmann, I. (2017), 〈세계적으로 증가하는 개인주의Global Increases in Individualism〉, *Psychological Science*, 28(9), pp. 1228-39. 다음도 참고하라. https://www.psychologicalscience.org/news/releases/individualistic-practices-and-values-increasing-around-the-world.html.

59 Franklin, B. (4 November 1789), John Wright에게 보낸 편지. 미출간. 다음에서 발췌: http://franklinpapers.org/framedVolumes.jsp.

60 Franklin, B. (9 March 1790), Ezra Stiles에게 자신의 종교적 신념을 설명하며. 다음에서 발췌: http://www.bartleby.com/400/prose/366.html.

5장 | 감정 나침반: 자기 성찰의 힘

1 Kroc, R., with Anderson, R. (1977/87), 《사업을 한다는 것Grinding It Out: The Making of McDonald's》, New York: St Martin's Paperbacks, pp. 5-12, 39-59.

2 다음에서 발췌. Hastie, R. and Dawes, R.M. (2010), 《불확실한 세상에서의 합리적 선택: 판단과 결정의 심리학Rational Choice in an Uncertain World: The Psychology of Judgment and Decision Making》, Thousand Oaks, CA: Sage, p. 66.

3 Damasio, A. (1994), 《데카르트의 실수Descartes' Error》, New York: Avon Books, pp. 37-44.

4 대단히 감정적인 사진을 볼 때도 마찬가지였다. 전두엽이 손상된 사람들은 다

른 대부분의 사람들과 달리 피부 전도도에 변화가 없었다. Damasio, 《데카르트의 실수》, pp. 205-23.

5 Kandasamy, N., Garfinkel, S.N., Page, L., Hardy, B., Critchley, H.D., Gurnell, M. and Coates, J.M. (2016), 〈몸속 상태 감지력은 런던증권거래소에서 생존 가능성을 예측한다Interoceptive Ability Predicts Survival on a London Trading Floor〉, *Scientific Reports*, 6, 32986.

6 Werner, N.S., Jung, K., Duschek, S. and Schandry, R. (2009), 〈심장 지각력이 좋아지면 내게 이로운 결정을 내릴 수 있다Enhanced Cardiac Perception Is Associated with Benefits in Decision-making〉, *Psychophysiology*, 46(6), pp. 1123-9.

7 Kandasamy, et al., 〈몸속 상태 감지력은 런던증권거래소에서 생존 가능성을 예측한다〉.

8 Ernst, J., Northoff , G., Boker, H., Seifritz, E. and Grimm, S. (2013), 〈몸속 상태 감지력이 좋으면 공감하는 중에 신경 활동이 더 활발해진다Interoceptive Awareness Enhances Neural Activity during Empathy〉, *Human Brain Mapping*, 34(7), 1615-24. Terasawa, Y., Moriguchi, Y., Tochizawa, S. and Umeda, S. (2014), 〈몸속 상태 감지력은 타인의 감정에 대한 민감도를 예측한다Interoceptive Sensitivity Predicts Sensitivity to the Emotions of Others〉, *Cognition and Emotion*, 28(8), pp. 1435-48.

9 Chua, E.F. and Bliss-Moreau, E. (2016), 〈내 감정과 정신 알기: 초기억과 몸속 상태 감지의 관계Knowing Your Heart and Your Mind: The Relationships between Metamemory and Interoception〉, *Consciousness and Cognition*, 45, pp. 146-58.

10 Umeda, S., Tochizawa, S., Shibata, M. and Terasawa, Y. (2016), 〈몸속 상태 감지 정확도에 따라 달라지는 미래 계획 기억: 정신생리학적 접근Prospective Memory Mediated by Interoceptive Accuracy: A Psychophysiological Approach〉, *Philosophical Transactions of the Royal Society B*, 371(1708), 20160005.

11 Kroc, with Anderson, 《사업을 한다는 것》, p. 72. 팔꿈치에 관한 크록의 이야기는 다음에서도 볼 수 있다. Schupack v. McDonald's System, Inc.,: https://law.justia.com/cases/nebraska/supreme-court/1978/41114-1.html.

12 Hayashi, A.M. (2001), 〈육감을 믿어야 할 때When to Trust Your Gut〉, *Harvard Business Review*, 79(2), 59-65. 창의력과 직감에 관한 Eugene Sadler-Smith의 멋진 이야기는 다음을 참고하라. Sadler-Smith, E. (2010). 《직관: 비즈니스를 지배하는 리더의 유전자The Intuitive Mind: Profiting From the Power of Your Sixth

Sense》, Chichester: John Wiley & Sons.

13 펠드먼 배럿은 재미있고 흥미진진한 다음 저서에서 이 이야기를 언급한다. Feldman Barrett, L. (2017), 《감정은 어떻게 만들어지는가How Emotions Are Made》, London: Pan Macmillan, pp. 30-1. 나는 이 이야기를 BBC Future에도 썼다. http://www.bbc.com/future/story/20171012-how-emotions-can-trick-your-mind-and-body.

14 Redelmeier, D.A. and Baxter, S.D. (2009), 〈비오는 날과 의대 입학 면접 시험Rainy Weather and Medical School Admission Interviews〉, *Canadian Medical Association Journal*, 181(12), p. 933.

15 Schnall, S., Haidt, J., Clore, G.L. and Jordan, A.H. (2008), 〈도덕적 판단의 형태로 나타난 혐오Disgust as Embodied Moral Judgment〉, *Personality and Social Psychology Bulletin*, 34(8), pp. 1096-109.

16 Lerner, J.S., Li, Y., Valdesolo, P. and Kassam, K.S. (2015), 〈감정과 의사 결정Emotion and Decision Making〉, *Annual Review of Psychology*, p. 66.

17 리사 펠드먼 배럿이 2018년 케임브리지 테드TED 강연에서 한 말이다. https://www.youtube.com/watch?v=ZYAEh3T5a80.

18 Seo, M.G. and Barrett, L.F. (2007), 〈감정에 좌우된 결정은 좋은가, 나쁜가? 실증 연구Being Emotional During Decision Making-Good or Bad? An Empirical Investigation〉, *Academy of Management Journal*, 50(4), pp. 923-40.

19 Cameron, C.D., Payne, B.K. and Doris, J.M. (2013), 〈도덕성 세밀히 관찰하기: 감정 구별은 도덕적 판단에 혐오가 우발적으로 끼어드는 일을 막는다Morality in High Definition: Emotion Differentiation Calibrates the Influence of Incidental Disgust on Moral Judgments〉, *Journal of Experimental Social Psychology*, 49(4), pp. 719-25. 다음도 참고하라. Fenton-O'Creevy, M., Soane, E., Nicholson, N. and Willman, P. (2011), 〈생각, 느낌, 결정: 감정이 결정과 주식 거래에 미치는 영향Thinking, Feeling and Deciding: The Influence of Emotions on the Decision Making and Performance of Traders〉, *Journal of Organizational Behavior*, 32(8), pp. 1044-61.

20 다음을 참고하라. Fustos, J., Gramann, K., Herbert, B.M. and Pollatos, O. (2012), 〈감정 조절의 전형: 몸속 상태를 감지하면 재평가가 쉽다On the Embodiment of Emotion Regulation: Interoceptive Awareness Facilitates Reappraisal〉, *Social Cognitive and Affective Neuroscience*, 8(8), pp. 911-17. And Kashdan, T.B., Barrett,

L.F. and McKnight, P.E. (2015), 〈감정 구별 파헤치기: 부정적 감정에서 차이를 감지해 불쾌한 경험 전환하기Unpacking Emotion Differentiation: Transforming Unpleasant Experience by Perceiving Distinctions in Negativity〉, *Current Directions in Psychological Science*, 24(1), pp. 10-16.

21 다음도 참고하라. Alkozei, A., Smith, R., Demers, L.A., Weber, M., Berryhill, S.M. and Killgore, W.D. (2018), 〈인터넷 훈련 프로그램으로 감정 지능이 향상된 사례는 아이오와 도박 과제에서 더 나은 결정을 내리는 것과 관련 있다Increases in Emotional Intelligence after an Online Training Program Are Associated with Better Decision-Making on the Iowa Gambling Task〉, *Psychological Reports*, 0033294118771705.

22 Bruine de Bruin, W., Strough, J. and Parker, A.M. (2014), 〈나이 드는 게 그렇게 나쁜 것만은 아니다: 더 나은 결정과 '매몰비용'에 대처하기Getting Older Isn't All That Bad: Better Decisions and Coping When Facing "Sunk Costs"〉, *Psychology and Aging*, 29(3), p. 642.

23 Miu, A.C. and Crişan, L.G. (2011), 〈인지 재평가는 경제 문제 결정에서 틀 짜기 효과에 휘둘릴 가능성을 줄인다Cognitive Reappraisal Reduces the Susceptibility to the Framing Effect in Economic Decision Making〉, *Personality and Individual Differences*, 51(4), pp. 478-82.

24 Halperin, E., Porat, R., Tamir, M. and Gross, J.J. (2013), 〈골치 아픈 정치적 갈등에서 감정 조절이 정치적 태도를 바꿀 수 있을까? 실험실에서 현장으로Can Emotion Regulation Change Political Attitudes in Intractable Conflicts? From the Laboratory to the Field〉, *Psychological Science*, 24(1), pp. 106-11.

25 Grossmann, I. and Oakes, H. (2017), 〈요다와 미스터 스팍의 지혜: 감정의 역할과 자아Wisdom of Yoda and Mr. Spock: The Role of Emotions and the Self〉. PsyArxiv에서 출간 전 형태로 열람 가능: https://psyarxiv.com/jy5em/.

26 다음을 참고하라. Hill, C.L. and Updegraff , J.A. (2012), 〈마음챙김, 그리고 마음챙김과 감정 조절의 관계Mindfulness and Its Relationship to Emotional Regulation〉, *Emotion*, 12(1), 81. Daubenmier, J., Sze, J., Kerr, C.E., Kemeny, M.E. and Mehling, W. (2013), 〈내 호흡을 따라라: 명상에 숙달된 사람들은 호흡으로 몸속 상태를 정확히 감지한다Follow Your Breath: Respiratory Interoceptive Accuracy in Experienced Meditators〉, *Psychophysiology*, 50(8), pp. 777-89. Fischer, D., Messner, M. and Pollatos, O. (2017), 〈8주간의 몸 훑기 훈련으로 몸속 상태 감지가 개선되다Improvement of Interoceptive Processes after an 8-Week Body Scan

Intervention〉, *Frontiers in Human Neuroscience*, 11, p. 452. Farb, N.A., Segal, Z.V. and Anderson, A.K. (2012), 〈마음챙김 훈련으로 몸속 상태 주목도를 나타내는 피질이 바뀌다Mindfulness Meditation Training Alters Cortical Representations of Interoceptive Attention〉, *Social Cognitive and Affective Neuroscience*, 8(1), pp. 15-26.

27 Hafenbrack, A.C., Kinias, Z. and Barsade, S.G. (2014), 〈명상으로 마음의 편향 없애기: 마음챙김과 매몰비용 편향Debiasing the Mind through Meditation: Mindfulness and the Sunk-Cost Bias〉, *Psychological Science*, 25(2), pp. 369-76.

28 마음챙김이 결정에 미치는 이점을 깊이 있게 논의한 글은 다음을 참고하라. Karelaia, N. and Reb, J. (2014), 〈마음챙김으로 의사 결정 개선하기Improving Decision Making through Mindfulness〉, 다음에서 발췌: Reb, J. and Atkins, P. (eds), 《조직에서의 마음챙김Mindfulness in Organizations》, Cambridge, UK: Cambridge University Press.(출간 예정) Hafenbrack, A.C. (2017), 〈직장에서 바로 실시할 수 있는 마음챙김 명상Mindfulness Meditation as an On-the-Spot Workplace Intervention〉, *Journal of Business Research*, 75, pp. 118-29.

29 Lakey, C.E., Kernis, M.H., Heppner, W.L. and Lance, C.E. (2008), 〈언어 방어 예측 척도로서 진정성과 마음챙김의 개인 차Individual Differences in Authenticity and Mindfulness as Predictors of Verbal Defensiveness〉, *Journal of Research in Personality*, 42(1), pp. 230-8.

30 Reitz, M., Chaskalson, M., Olivier, S. and Waller, L. (2016), 마음챙김에 힘쓰는 지도자The Mindful Leader〉, Hult Research. 다음에서 발췌: https://mbsr.co.uk/userfiles/Publications/Mindful-Leader-Report-2016-updated.pdf.

31 Kirk, U., Downar, J. and Montague, P.R. (2011), 〈명상을 하는 사람들은 몸속 상태 감지력이 높아 최후통첩 게임에서 합리적 결정을 내리는 경우가 많다Interoception Drives Increased Rational Decision-Making in Meditators Playing the Ultimatum Game〉, *Frontiers in Neuroscience*, 5, 49.

32 Yurtsever, G. (2008), 〈협상가의 이익을 예견하는 인지 재평가, 감정 억제, 정보 전달 오류, 모호함 인내Negotiators' Profit Predicted By Cognitive Reappraisal, Suppression of Emotions, Misrepresentation of Information, and Tolerance of Ambiguity〉, *Perceptual and Motor Skills*, 106(2), pp. 590-608.

33 Schirmer-Mokwa, K.L., Fard, P.R., Zamorano, A.M., Finkel, S., Birbaumer, N. and Kleber, B.A. (2015), 〈전문 뮤지션의 몸속 상태 감지 정확도를 보여주

는 증거Evidence for Enhanced Interoceptive Accuracy in Professional Musicians〉, *Frontiers in Behavioral Neuroscience*, 9, 349. Christensen, J.F., Gaigg, S.B. and Calvo-Merino, B. (2018), 〈내 심박동수를 느끼다: 댄서는 몸속 상태 감지 정확도가 높다I Can Feel My Heartbeat: Dancers Have Increased Interoceptive Accuracy〉, *Psychophysiology*, 55(4), e13008.

34 Cameron, C.D., Payne, B.K. and Doris, J.M. (2013), 〈도덕성 세밀히 관찰하기: 감정 구별은 도덕적 판단에 혐오가 우발적으로 끼어드는 일을 막는다〉, *Journal of Experimental Social Psychology*, 49(4), pp. 719-25.

35 Kircanski, K., Lieberman, M.D. and Craske, M.G. (2012), 〈단어로 느끼기: 노출 치료에서 언어의 효과Feelings into Words: Contributions of Language to Exposure Therapy〉, *Psychological Science*, 23(10), pp. 1086-91.

36 Merriam-Webster's 사전에 따르면, 이 단어는 1992년 《더 런던 매거진The London Magazine》에 처음 등장했지만, 흔히 쓰이게 된 건 최근의 일이다. https://www.merriam-webster.com/words-at-play/hangry-meaning.

37 제이디 스미스Zadie Smith는 'joy(환희)'에 관해 쓴 〈공포, 고통, 기쁨의 낯선 혼합strange admixture of terror, pain, and delight〉에서, 우리에게 감정 구별 수업을 제시하면서, 'joy'를 'pleasure(기쁨)'와 혼동하지 말아야 하는 이유를 말한다. 이 글은 아주 재미있을 뿐 아니라, 우리 느낌과 그 느낌이 우리에게 미치는 영향을 세심하게 분석하는 법을 완벽하게 설명한다. Smith, Z. (2013), 〈환희Joy〉, *New York Review of Books*, 60(1), p. 4.

38 Di Stefano, G., Gino, F., Pisano, G.P. and Staats, B.R. (2016), 〈경험 살리기: 개인의 학습에서 성찰의 역할Making Experience Count: The Role of Reflection in Individual Learning〉. 다음에서 발췌: http://dx.doi.org/10.2139/ssrn.2414478.

39 다음에서 발췌: Pavlenko, A. (2014), 《두 언어를 구사하는 사람들The Bilingual Mind》, Cambridge: Cambridge University Press, p. 282.

40 Keysar, B., Hayakawa, S.L. and An, S.G. (2012), 〈외국어 효과: 외국어로 생각하면 결정 편향을 줄인다The Foreign language Effect: Thinking in a Foreign Tongue Reduces Decision Biases〉, *Psychological Science*, 23(6), pp. 661-8.

41 Costa, A., Foucart, A., Arnon, I., Aparici, M. and Apesteguia, J. (2014), 〈'피엔사' 두 번: 결정에 미치는 외국어 효과에 관하여"Piensa" Twice: On the Foreign Language Effect in Decision Making〉, *Cognition*, 130(2), pp. 236-54. 다음도 참고하라. Gao, S., Zika, O., Rogers, R.D. and Thierry, G. (2015), 〈제2언어 피드백은 50대 50

확률의 도박에서 '뜨거운 손' 효과를 없앤다Second Language Feedback Abolishes the "Hot Hand" Effect during Even-Probability Gambling〉, *Journal of Neuroscience*, 35(15), pp. 5983-9.

42 Caldwell-Harris, C.L. (2015), 〈모국어와 외국어의 감정 차이: 일상에서 나타나는 효과Emotionality Differences between a Native and Foreign Language: Implications for Everyday Life〉, *Current Directions in Psychological Science*, 24(3), pp. 214-19.

43 이런 이점에 관한 더 자세한 내용은 University of South Florida 응용언어학 교수 Amy Thompson의 다음 글을 참고하라. Thompson, A. (12 December 2016), 〈언어 학습으로 인내를 향상시키는 법How Learning a New Language Improves Tolerance〉, *The Conversation*: https://theconversation.com/how-learning-a-new-language-improvestolerance-68472.

44 Newman-Toker, D.E. and Pronovost, P.J. (2009), 〈오진 – 환자의 안전을 지킬 다음 영역Diagnostic Errors—The Next Frontier for Patient Safety〉, *Journal of the American Medical Association*, 301(10), pp. 1060-2.

45 Andrade, J. (2010), 〈끄적거린다는 건 무엇일까?What Does Doodling Do?〉, *Applied Cognitive Psychology*, 24(1), pp. 100-6.

46 이 결과에 대한 실비아 마메드의 리뷰와 해설은 다음을 참고하라. Mamede, S. and Schmidt, H.G. (2017), 〈의사의 진단에서 성찰: 논문 리뷰Reflection in Medical Diagnosis: A Literature Review〉, *Health Professions Education*, 3(1), pp. 15-25.

47 Schmidt, H.G., Van Gog, T., Schuit, S.C., Van den Berge, K., Van Daele, P.L., Bueving, H., Van der Zee, T., Van der Broek, W.W., Van Saase, J.L. and Mamede, S. (2017), 〈환자의 진료 방해가 의사의 진단 정확도에 영향을 미칠까? 무작위 실험Do Patients'Disruptive Behaviours Influence the Accuracy of a Doctor's Diagnosis? A Randomised Experiment〉, *BMJ Quality & Safety*, 26(1), pp. 19-23.

48 Schmidt, H.G., Mamede, S., Van den Berge, K., Van Gog, T., Van Saase, J.L. and Rikers R.M. (2014), 〈의사가 언론 매체에서 특정 질병 정보를 보면, 비슷해 보이는 경우에 오진 확률이 높아진다Exposure to Media Information about a Disease Can Cause Doctors to Misdiagnose Similar-Looking Clinical Cases〉, *Academic Medicine*, 89(2), pp. 285-91.

49 이처럼 전문성을 새롭게 이해하는 방식과 의사들이 좀 더 천천히 생각해야 할 필요성에 관한 좀 더 깊은 논의는 다음을 참고하라. Moulton, C.A., Regehr G., Mylopoulos M. and MacRae, H.M. (2007), 〈필요할 때는 속도를 늦춰라:

전문가 판단의 새로운 모델Slowing Down When You Should: A New Model of Expert Judgment〉, *Academic Medicine*, 82(10Suppl.), S109-16.

50 Casey, P., Burke, K. and Leben, S. (2013), 〈법정을 생각하며: 판결 과정 개선하기Minding the Court: Enhancing the Decision-Making Process〉, *American Judges Association*. 다음에서 발췌: http://aja.ncsc.dni.us/pdfs/Minding-the-Court.pdf.

51 흔히 Gordon Training International의 Noel Burch를 이 4단계 모델을 처음 제시한 사람으로 본다.

52 '성찰 능력' 개념을 처음 제안한 사람은 영국 Open University 교육 연구가 David Baume이다. 그는 전문가가 다른 사람에게 전문성을 전수하려면 그 전문성을 분석하고 정확히 표현할 수 있어야 한다고 주장했다. 그러나 의사인 팻 크로스케리도 이 용어를 써서 전문성의 다섯 번째 단계인 전문가가 자신의 편향이 어디서 왔는지 알아내는 단계를 설명한다.

6장 | 헛소리 감지 도구: 거짓말과 오보 알아보는 법

1 〈바나나, 그리고 살을 먹는 질병Bananas and Flesh-eating Disease〉, Snopes.com. 다음에서 발췌: 19 October 2017, http://www.snopes.com/medical/disease/bananas.asp.

2 Forster, K. (7 January 2017), 〈페이스북을 점령한 위험한 가짜 뉴스Revealed: How Dangerous Fake News Conquered Facebook〉, *Independent*: https://www.independent.co.uk/life-style/health-and-families/health-news/fake-news-health-facebook-cruel-damaging-social-media-mike-adams-natural-health-ranger-conspiracy-a7498201.html.

3 Binding, L. (24 July 2018), 〈인도, 왓츠앱에 폭력 사태 유발하는 가짜 뉴스 제재 요구India Asks Whatsapp to Curb Fake News Following Spate of Lynchings〉, Sky News online: https://news.sky.com/story/india-asks-whatsapp-to-curb-fake-news-following-spate-of-lynchings-11425849.

4 Dewey, J. (1910), 《하우 위 싱크How We Think》, p. 101. Mineola, NY: Dover Publications.

5 Galliford, N. and Furnham, A. (2017), 〈의학 음모론과 정치 음모론에 대한

믿음과 개인차Individual Difference Factors and Beliefs in Medical and Political Conspiracy Theories〉, *Scandinavian Journal of Psychology*, 58(5), pp. 422-8.

6 다음을 참고하라. Kitai, E., Vinker, S., Sandiuk, A., Hornik, O., Zeltcer, C. and Gaver, A. (1998), 〈1차 의료기관 환자 중 대체 의학 이용 현황Use of Complementary and Alternative Medicine among Primary Care Patients〉, Family Practice, 15(5), 411-14. Molassiotis, A., et al. (2005), 〈암 환자의 대체 의학 이용 현황: 유럽 설문조사Use of Complementary and Alternative Medicine in Cancer Patients: A European Survey〉, *Annals of Oncology*, 16(4), pp. 655-63.

7 〈감염된 바나나 따위는 당연히 없다Yes, We Have No Infected Bananas〉, CBC News, 6 March 2000: https://www.cbc.ca/news/canada/yes-we-have-no-infected-bananas-1.230298.

8 Rabin, N. (2006), 〈스티븐 콜베어와의 인터뷰Interview with Stephen Colbert〉, *The Onion*, https://tv.avclub.com/stephen-colbert-1798208958.

9 Song, H. and Schwarz, N. (2008), 〈질문의 매끄러움과 질문에 담긴 오류 감지하기: 머릿속에서 매끄럽게 처리되지 않으면 모세 착각이 줄어든다Fluency and the Detection of Misleading Questions: Low Processing Fluency Attenuates the Moses Illusion〉, *Social Cognition*, 26(6), pp. 791-9.

10 이 연구를 요약한 내용은 다음 기사에서 볼 수 있다. Schwarz, N. and Newman, E.J. (2017), 〈육감은 어떻게 진실을 알아채는가? '진실스러움'의 심리학How Does the Gut Know Truth? The Psychology of "Truthiness"〉, *APA Science Brief*: http://www.apa.org/science/about/psa/2017/08/gut-truth.aspx. Schwarz, N., Newman, E. and Leach, W. (2016), 〈진실을 드러내고 낭설을 잠재우다: 인지심리학의 교훈Making the Truth Stick & the Myths Fade: Lessons from Cognitive Psychology〉, *Behavioral Science & Policy*, 2(1), pp. 85-95. 다음도 참고하라. Silva, R.R., Chrobot, N., Newman, E., Schwarz, N. and Topolinski, S. (2017), 〈짧고 쉽게 써라: 쉬운 아이디가 객관적 평가를 뛰어넘어 진실스러움을 풍긴다Make It Short and Easy: Username Complexity Determines Trustworthiness Above and Beyond Objective Reputation〉, *Frontiers in Psychology*, 8, p. 2200.

11 Wu, W., Moreno, A. M., Tangen, J. M., & Reinhard, J. (2013), 〈꿀벌은 모네와 피카소 그림을 구별한다Honeybees can discriminate between Monet and Picasso paintings〉, *Journal of Comparative Physiology A*, 199(1), pp. 45-55. Carlstrom, M., & Larsson, S. C. (2018). 〈커피 소비와 2형 당뇨병 발병 위험 감소: 메타 분석

을 이용한 체계적 리뷰Coffee consumption and reduced risk of developing type 2 diabetes: a systematic review with meta-analysis〉, *Nutrition Reviews*, 76(6), pp. 395-417.
Olszewski, M., & Ortolano, R. (2011). 〈손가락 마디 꺾기와 손가락뼈 관절염Knuckle cracking and hand osteoarthritis〉, *The Journal of the American Board of Family Medicine*, 24(2), pp. 169-174.

12 Newman, E.J., Garry, M. and Bernstein, D.M., et al. (2012), 〈사실 증명과는 무관한 말(또는 사진)이 진실스러움을 부풀린다Nonprobative Words (or Photographs) Inflate Truthiness〉, *Psychonomic Bulletin and Review*, 19(5), pp. 969-74.

13 Weaver, K., Garcia, S.M., Schwarz, N. and Miller, D.T. (2007), 〈어떤 의견이 얼마나 친숙하게 들리느냐로 그 의견에 대한 호응도를 예측한다: 반복되는 목소리는 합창처럼 들린다Inferring the Popularity of an Opinion from Its Familiarity: A Repetitive Voice Can Sound Like a Chorus〉, *Journal of Personality and Social Psychology*, 92(5), pp. 821-33.

14 Weisbuch, M. and Mackie, D. (2009), 〈가짜 명성? 명료한 지각? 설득? 융통성 있는 매끄러움이 대변인 친숙함 효과에 미치는 영향False Fame, Perceptual Clarity, or Persuasion? Flexible Fluency Attribution in Spokesperson Familiarity Effects〉, *Journal of Consumer Psychology*, 19(1), pp. 62-72.

15 Fernandez-Duque, D., Evans, J., Christian, C. and Hodges, S.D. (2015), 〈피상적 뇌과학 정보가 심리적 현상 설명에 호소력을 더한다Superfluous Neuroscience Information Makes Explanations of Psychological Phenomena More Appealing〉, *Journal of Cognitive Neuroscience*, 27(5), pp. 926-44.

16 Proctor, R. (2011), 《금빛 홀로코스트: 담배 대재앙의 기원과 폐지 주장Golden Holocaust: Origins of the Cigarette Catastrophe and the Case for Abolition》. Berkeley, CA: University of California Press, p. 292.

17 이 효과를 자세히 언급한 논문은 다음을 참고하라. Schwarz, N. Sanna, L.J., Skurnik, I. and Yoon, C. (2007), 〈메타인지적 체험과 바른 인식 심어주기의 어려움: 편향 제거와 올바른 정보 알리기 캠페인에서 나타날 수 있는 결과Metacognitive Experiences and the Intricacies of Setting People Straight: Implications for Debiasing and Public Information Campaigns〉, *Advances in Experimental Social Psychology*, 39, 127-61. 다음도 참고하라. Pluviano, S., Watt, C. and Della Sala, S. (2017), 〈기억에서 사라지지 않는 오보: 실패한 예방 접종 전략 3가지Misinformation Lingers in Memory: Failure of Three Pro-Vaccination Strategies〉, *PLOS One*,

12(7), e0181640.

18 Glum, J. (11 November 2017), 〈아직도 오바마가 케냐에서 태어났다고 믿는 일부 공화당원, 그리고 오바마 출생 의혹을 다시 제기한 트럼프Some Republicans Still Think Obama Was Born in Kenya as Trump Resurrects Birther Conspiracy Theory〉, *Newsweek*, https://www.newsweek.com/trump-birther-obama-poll-republicans-kenya-744195.

19 Lewandowsky, S., Ecker, U. K., Seifert, C. M., Schwarz, N. and Cook, J. (2012). 〈오보와 정정: 지속되는 영향력과 편향 바로잡기Misinformation and its Correction: Continued Influence and Successful Debiasing〉, *Psychological Science in the Public Interest*, 13(3), pp. 106-131.

20 Cook, J. and Lewandowsky, S. (2011),〈거짓 까발리기The Debunking Handbook〉. https://skepticalscience.com/docs/Debunking_Handbook.pdf.

21 NHS Choices, 〈독감과 백신에 관한 10가지 낭설10 Myths about the Flu and Flu Vaccine〉, https://www.nhs.uk/Livewell/winterhealth/Pages/Flu-myths.aspx.

22 Smith, I.M. and MacDonald, N.E. (2017), 〈자폐스펙트럼장애 관련 증거 부정과 사이비과학 확산에 대처하며Countering Evidence Denial and the Promotion of Pseudoscience in Autism Spectrum Disorder〉, *Autism Research*, 10(8), pp. 1334-7.

23 Pennycook, G., Cheyne, J.A., Koehler, D.J., et al. (2016), 〈인지 성찰 테스트는 성찰과 직감을 모두 측정하는가?Is the Cognitive Reflection Test a Measure of Both Reflection and Intuition?〉, *Behavior Research Methods*, 48(1), pp. 341-8.

24 Pennycook, G. (2014), 〈분석적 인지 스타일이 종교에 영향을 준다는 증거: Razmyar와 Reeve에 관한 논평Evidence That Analytic Cognitive Style Influences Religious Belief: Comment on Razmyar and Reeve (2013)〉, *Intelligence*, 43, pp. 21-6.

25 인지 성찰에 관한 이 연구를 요약한 내용은 다음 리뷰를 참고하라. Pennycook, G., Fugelsang, J.A. and Koehler, D.J. (2015), 〈일상에서 나타나는 분석적 사고의 결과Everyday Consequences of Analytic Thinking〉, *Current Directions in Psychological Science*, 24(6), pp. 425-32.

26 Pennycook, G., Cheyne, J.A., Barr, N., Koehler, D.J. and Fugelsang, J.A. (2015), 〈그럴 듯한 헛소리를 받아들이는 것과 그 오류를 감지하는 것에 대하여On the Reception and Detection of Pseudo-Profound Bullshit〉, *Judgment and Decision Making*, 10(6), pp. 549-63.

27 Pennycook, G. and Rand, D.G. (2018), 〈편향적이 아니라 게을러서: 당

파적 가짜 뉴스에 잘 속는 성향은 의도한 추론보다 논리적 사고 부족 탓이 크다Lazy, Not Biased: Susceptibility to Partisan Fake News Is Better Explained by Lack of Reasoning than By Motivated Reasoning〉, *Cognition*, https://doi.org/10.1016/j.cognition.2018.06.011. 다음도 참고하라. Pennycook, G. and Rand, D.G. (2017), 〈누가 가짜 뉴스를 믿는가? 헛소리 수용성, 지나친 주장, 친숙함, 분석적 사고의 역할Who Falls for Fake News? The Roles of Bullshit Receptivity, Overclaiming, Familiarity, and Analytic Thinking〉, 미출간 논문, http://dx.doi.org/10.2139/ssrn.3023545.

28 Swami, V., Voracek, M., Stieger, S., Tran, U.S. and Furnham, A. (2014), 〈분석적 사고는 음모론을 믿을 확률을 줄인다Analytic Thinking Reduces Belief in Conspiracy Theories〉, *Cognition*, 133(3), pp. 572-85. 분석적 사고를 유도하는 이런 방식은 종교적 믿음과 초자연적 생각도 함께 줄인다. Gervais, W.M. and Norenzayan, A. (2012), 〈분석적 사고는 종교 불신을 높인다Analytic Thinking Promotes Religious Disbelief〉, *Science*, 336(6080), pp. 493-6.

29 현대적 형태의 인지 성찰 테스트가 개발되기 한참 전, 심리학자들은 사람들을 자극해 정보를 좀 더 비판적으로 받아들이게 할 수도 있으리라는 걸 감지했다. 1987년 실험에서, 참가자에게 속기 쉬운 간단한 문제를 내어 오답을 유도했다. 이 과정으로 참가자는 실제 지식에 맞게 자신감을 조절했고, 뒤이은 테스트에서는 과도한 자신감을 보이지 않았다. Arkes, H.R., Christensen, C., Lai, C. and Blumer, C. (1987), 〈과신을 줄이는 두 가지 방법Two Methods of Reducing Overconfidence〉, *Organizational Behavior and Human Decision Processes*, 39(1), pp. 133-44.

30 Fitzgerald, C.J. and Lueke, A.K. (2017), 〈마음챙김은 분석적 사고를 유도하고 공정 세상 가설에 대한 믿음을 줄인다Mindfulness Increases Analytical Thought and Decreases Just World Beliefs〉, *Current Research in Social Psychology*, 24(8), pp. 80-5.

31 로빈슨 자신도 그 이름이 확인되지 않았다는 점을 인정했다. Hebert, H.J. (1 May 1998), 〈온실가스 청원에 등장한 이상한 이름들Odd Names Added to Greenhouse Plea〉, Associated Press: https://apnews.com/aec8beea85d7fe76fc9cc77b8392d79e.

32 Cook, J., Lewandowsky, S. and Ecker, U.K. (2017), 〈오보를 무력화하는 예방 접종: 엉터리 주장에 노출되어 오보 영향력 줄이기Neutralizing Misinformation through Inoculation: Exposing Misleading Argumentation Techniques Reduces Their Influence〉,

PLOS One, 12(5), e0175799.

33 더 많은 증거는 다음을 참고하라. Roozenbeek, J. and Van der Linden, S. (2018), 〈가짜 뉴스 게임: 오보의 위험에 대처하는 적극적 예방 접종법The Fake News Game: Actively Inoculating against the Risk of Misinformation〉, *Journal of Risk Research*. https://doi.org/10.1080/13669877.2018.1443491.

34 McLaughlin, A.C. and McGill, A.E. (2017), 〈역사 수업에서 비판적 사고력을 명시적으로 가르치기Explicitly Teaching Critical Thinking Skills in a History Course〉, *Science and Education*, 26(1-2), pp. 93-105. 교육에 예방 접종법을 적용할 때의 장점을 깊이 토론한 내용은 다음을 참고하라. Schmaltz, R. and Lilienfeld, S.O. (2014), 〈유령 출몰, 동종요법, 홉킨스빌 도깨비: 사이비과학을 이용해 과학적 사고 가르치기Hauntings, Homeopathy, and the Hopkinsville Goblins: Using Pseudoscience to Teach Scientific Thinking〉, *Frontiers in Psychology*, 5, p. 336.

35 Rowe, M.P., Gillespie, B.M., Harris, K.R., Koether, S.D., Shannon, L.J.Y. and Rose, L.A. (2015), 〈일반 교육학 수업을 수정해 비판적 사고 장려하기Redesigning a General Education Science Course to Promote Critical Thinking〉, *CBE-Life Sciences Education*, 14(3), ar30.

36 다음을 참고하라. Butler, H.A. (2012), 〈현실에서 비판적 사고의 결과를 예측하는 할펀 비판적 사고 평가Halpern Critical Thinking Assessment Predicts Real-World Outcomes of Critical Thinking〉, *Applied Cognitive Psychology*, 26(5), pp. 721-9. Butler, H.A., Pentoney, C. and Bong, M.P. (2017), 〈현실에서의 결과 예측하기: 지능보다 비판적 사고력이 삶에서 결정을 어떻게 내릴지 더 잘 예측한다Predicting Real-World Outcomes: Critical Thinking Ability Is a Better Predictor of Life Decisions than Intelligence〉, *Thinking Skills and Creativity*, 25, pp. 38-46.

37 다음을 참고하라. Arum, R. and Roksa, J. (2011), 《표류하는 학문: 대학의 제한적 학습Academically Adrift: Limited Learning on College Campuses》, Chicago, IL: University of Chicago Press.

38 Kahan, D.M. (2016), 〈정치적으로 의도한 추론 패러다임, 1부: 정치적으로 의도한 추론이 무엇이며, 그것을 어떻게 측정하는가The Politically Motivated Reasoning Paradigm, Part: What Politically Motivated Reasoning Is and How to Measure It〉. 다음에서 발췌: 《사회과학, 행동과학에서 떠오르는 추세: 학제간, 검색 가능한, 링크 가능한 출처Emerging Trends in the Social and Behavioral Sciences: An Interdisciplinary, Searchable, and Linkable Resource》, doi: 10.1002/9781118900772.

39 〈논설: 최근에 다윈을 공격한 루이지애나Editorial: Louisiana's Latest Assault on Darwin〉, *New York Times*(21 June 2008), https://www.nytimes.com/2008/06/21/opinion/21sat4.html.
40 Hope, C. (8 June 2015), 〈전 그린피스 대표, 유전자 변형 작물 반대 운동은 "도덕적으로 용납 불가"Campaigning Against GM Crops Is "Morally Unacceptable", Says Former Greenpeace Chief〉, *Daily Telegraph*, https://www.telegraph.co.uk/news/earth/agriculture/crops/11661016/Campaigning-against-GM-crops-is-morally-unacceptable-says-former-Greenpeace-chief.html.
41 Shermer, M. (2007), 《왜 사람들은 이상한 것을 믿는가Why People Believe Weird Things》, London: Souvenir Press, pp. 13-15. (Originally published 1977.)
42 이런 대화 한 편을 다음에서 볼 수 있다. Skeptic website: https://www.skeptic.com/eskeptic/05-05-03.
43 '회의주의 101Skepticism 101'강의의 추천 도서 목록을 비롯해 강의 개요는 다음을 참고하라. https://www.skeptic.com/downloads/Skepticism101-How-to-Think-Like-a-Scientist.pdf.
44 더 많은 정보는 다음을 참고하라. Shermer, M. (2012), 《믿음의 탄생The Believing Brain》, London: Robinson, pp. 251-8. 예방 접종 수업이 궁금한 사람에게 셔머의 책을 강력히 추천한다.

7장 | 토끼와 거북이: 똑똑한 사람은 왜 배우지 못하는가

1 Feynman, R. (1985), 《파인만 씨, 농담도 잘하시네! Surely You're Joking Mr Feynman: Adventures of a Curious Character》, New York: W. W. Norton.
2 이 이야기는 파인만 제자의 인터뷰 기사에서 가져왔다. Wai, J. (2011), 〈박학다식한 물리학자가 말하는 리처드 파인만의 '낮은' IQ 그리고 또 다른 아인슈타인을 찾아서A Polymath Physicist on Richard Feynman's "Low" IQ and Finding another Einstein〉, *Psychology Today*, https://www.psychologytoday.com/us/blog/finding-the-next-einstein/201112/polymath-physicist-richard-feynmans-low-iq-and-finding-another.
3 Gleick, J. (1992), 《천재: 리처드 파인만과 근대 물리학Genius: Richard Feynman and Modern Physics》(Kindle Edition), pp. 30-5.

4 Gleick, J. (17 February 1988), 〈이론물리학의 선두주자, 리처드 파인만 69세로 별세Richard Feynman Dead at 69: Leading Theoretical Physicist〉, *New York Times*, https://www.nytimes.com/1988/02/17/obituaries/richard-feynman-dead-at-69-leading-theoretical-physicist.html.

5 1965년 노벨 물리학상. https://www.nobelprize.org/nobel_prizes/physics/laureates/1965/.

6 Kac, M. (1987), 《가능성의 수수께끼: 자서전Enigmas of Chance: An Autobiography》, Berkeley, CA: University of California Press, p. xxv.

7 Gleick, 〈이론물리학의 선두주자, 리처드 파인만 69세로 별세〉.

8 Feynman, R.P. (1999), 《발견하는 즐거움The Pleasure of Finding Things Out》, New York: Perseus Books, p. 3.

9 Feynman, R.P. (2006), 《생각할 시간이 없다고?Don't You Have Time to Think?》, ed. Feynman, M., London: Penguin, p. 414.

10 Darwin, C. (2016), 《찰스 다윈의 생애와 편지, 1권Life and Letters of Charles Darwin (Vol. 1)》, Krill Press via PublishDrive. 다음에서도 볼 수 있다. https://charles-darwin.classic-literature.co.uk/the-life-and-letters-of-charles-darwin-volume-i/ebook-page-42.asp.

11 Darwin, C. (1958), 《진화와 종의 기원에 관한 글 모음Selected Letters on Evolution and Origin of Species》, ed. Darwin, F., New York: Dover Publications, p. 9.

12 Engel, S. (2011), 〈아이들의 배움에 대한 욕구: 학교에서의 호기심Children's Need to Know: Curiosity in Schools〉, *Harvard Educational Review*, 81(4), pp. 625-45.

13 Engel, S. (2015), 《호기심의 두 얼굴The Hungry Mind》, Cambridge, MA: Harvard University Press, p. 3.

14 Von Stumm, S., Hell, B. and Chamorro-Premuzic, T. (2011), 〈지적 갈증: 지적 호기심은 학업 성취의 세 번째 기둥이다The Hungry Mind: Intellectual Curiosity Is the Third Pillar of Academic Performance〉, *Perspectives on Psychological Science*, 6(6), pp. 574-88.

15 Engel, 〈아이들의 배움에 대한 욕구〉.

16 Gruber, M.J., Gelman, B.D. and Ranganath, C. (2014), 〈호기심은 도파민에 활성화되는 회로를 통해 해마에 의존하는 학습을 조절한다States of Curiosity Modulate Hippocampus-Dependent Learning via the Dopaminergic Circuit〉, *Neuron*, 84(2), pp. 486-96. 이보다 앞서, 약간 덜 세밀한 다음 연구도 넓은 의미에서 같은 결

론을 내놓았다. Kang, M.J., Hsu, M., Krajbich, I.M., Loewenstein, G., McClure, S.M., Wang, J.T.Y. and Camerer, C.F. (2009), 〈학습 양초의 심지: 인식론적 호기심은 보상 회로를 활성화하고 기억력을 높인다The Wick in the Candle of Learning: Epistemic Curiosity Activates Reward Circuitry and Enhances Memory〉, *Psychological Science*, 20(8), pp. 963-73.

17 Hardy III, J.H., Ness, A.M. and Mecca, J. (2017), 〈기존 사고 틀 벗어나기: 창의적 문제 해결과 창의적 성과를 예측하는 인식론적 호기심Outside the Box: Epistemic Curiosity as a Predictor of Creative Problem Solving and Creative Performance〉, *Personality and Individual Differences*, 104, pp. 230-7.

18 Leonard, N.H. and Harvey, M. (2007), 〈감정 지능을 예측하는 호기심The Trait of Curiosity as a Predictor of Emotional Intelligence〉, *Journal of Applied Social Psychology*, 37(8), pp. 1914-29.

19 Sheldon, K.M., Jose, P.E., Kashdan, T.B. and Jarden, A. (2015), 〈성격, 효과적 목표 달성, 높아진 삶의 질: 10가지 성격 특성 비교Personality, Effective Goal-Striving, and Enhanced Well-Being: Comparing 10 Candidate Personality Strengths〉, *Personality and Social Psychology Bulletin*, 41(4), pp. 575-85.

20 Kashdan, T.B., Gallagher, M.W., Silvia, P.J., Winterstein, B.P., Breen, W.E., Terhar, D. and Steger, M.F. (2009), 〈호기심과 탐험 목록-II: 개발, 요인 구조, 심리 측정The Curiosity and Exploration Inventory-II: Development, Factor Structure, and Psychometrics〉, *Journal of Research in Personality*, 43(6), pp. 987-98.

21 Krakovsky, M. (2007), 〈노력 효과The Effort Effect〉, *Stanford Alumni magazine*, https://stanfordmag.org/contents/the-effort-effect.

22 Trei, L. (2007), 〈사고방식이 학습에 미치는 영향에 대한 새로운 연구 결과New Study Yields Instructive Results on How Mindset Affects Learning〉, Stanford News website, https://news.stanford.edu/news/2007/february7/dweck-020707.html.

23 Harvard Business Review staff (2014), 〈기업이 '성장형 사고방식'으로 이익을 내는 법How Companies Can Profit From a "Growth Mindset"〉, *Harvard Business Review*, https://hbr.org/2014/11/how-companies-can-profit-from-a-growth-mindset.

24 같은 맥락으로, 최근 연구에서도 재능 있는 학생이 고정형 사고방식을 보일 확률이 특히 높았다. Esparza, J., Shumow, L. and Schmidt, J.A. (2014), 〈과학에서 재능 있는 7학년 학생들의 성장형 사고방식Growth Mindset of Gifted Seventh

Grade Students in Science〉, *NCSSSMST Journal*, 19(1), pp. 6-13.

25 Dweck, C. (2012), 《마인드셋Mindset: Changing the Way You Think to Fulfil Your Potential》, London: Robinson, pp. 17-18, pp. 234-9.

26 Mangels, J.A., Butterfield, B., Lamb, J., Good, C. and Dweck, C.S. (2006), 〈지능에 대한 믿음이 왜 학습의 성공 여부에 영향을 미치는가? 사회적 인지 신경과학 모델Why Do Beliefs about Intelligence Influence Learning Success? A Social Cognitive Neuroscience Model〉, *Social Cognitive and Affective Neuroscience*, 1(2), pp. 75-86.

27 Claro, S., Paunesku, D. and Dweck, C.S. (2016), 〈성장형 사고방식은 학업 성취도에서 빈곤의 영향을 줄인다Growth Mindset Tempers the Effects of Poverty on Academic Achievement〉, *Proceedings of the National Academy of Sciences*, 113(31), pp. 8664-8.

28 사고방식의 중요성을 보여주는 증거는 113개 연구를 분석한 다음의 메타 분석을 참고하라. Burnette, J.L., O'Boyle, E.H., VanEpps, E.M., Pollack, J.M. and Finkel, E.J. (2013), 〈사고방식이 문제다: 암묵적 이론과 자기 조절에 관한 메타 분석Mind-sets Matter: A Meta-Analytic Review of Implicit Theories and Self-regulation〉, *Psychological Bulletin*, 139(3), pp. 655-701.

29 다음에서 발췌: Roberts, R. and Kreuz, R. (2015), 《서른, 외국어를 다시 시작하다Becoming Fluent: How Cognitive Science Can Help Adults Learn a Foreign Language》, Cambridge, MA: MIT Press, pp. 26-7.

30 Rustin, S. (10 May 2016), 〈도전하면 누구나 성공할 수 있다는 '성장형 사고방식'에 대한 새로운 검증New Test for "Growth Mindset", the Theory That Anyone Who Tries Can Succeed〉, *Guardian*, https://www.theguardian.com/education/2016/may/10/growth-mindset-research-uk-schools-sats.

31 Brummelman, E., Thomaes, S., Orobio de Castro, B., Overbeek, G. and Bushman, B.J. (2014), 〈"그냥 멋진 게 아니라, 끝내주게 멋져!" 자긍심이 낮은 아이들에게 과도한 칭찬의 역효과"That's Not Just Beautiful - That's Incredibly Beautiful!"The Adverse Impact of Inflated Praise on Children with Low Self-esteem〉, *Psychological Science*, 25(3), pp. 728-35.

32 Dweck, C. (2012), 《마인드셋Mindset》, London: Robinson, pp. 180-6, 234-9. 다음을 참고하라. Haimovitz, K. and Dweck, C.S. (2017), 〈아이들의 성장형 사고방식과 고정형 사고방식의 기원: 새로운 연구와 새로운 제안The

Origins of Children's Growth and Fixed Mindsets: New Research and a New Proposal〉, *Child Development*, 88(6), pp. 1849-59.

33 Frank, R. (16 October 2013), 〈억만장자 새러 블레이클리가 말하는 성공 비결은 실패Billionaire Sara Blakely Says Secret to Success Is Failure〉, CNBC: https://www.cnbc.com/2013/10/16/billionaire-sara-blakely-says-secret-to-success-is-failure.html.

34 다음을 참고하라. Paunesku, D., Walton, G.M., Romero, C., Smith, E.N., Yeager, D.S. and Dweck, C.S. (2015), 〈사고방식 개입으로 큰 집단에서도 학습 부진을 치유한다Mind-set Interventions Are a Scalable Treatment for Academic Underachievement〉, *Psychological Science*, 26(6), 784-93. 개입의 위력을 보여주는 또 다른 증거는 다음의 메타 분석을 참고하라. Lazowski, R.A. and Hulleman, C.S. (2016), 〈교육에서 동기 부여 개입: 메타 분석Motivation Interventions in Education: A Meta-Analytic Review〉, *Review of Educational Research*, 86(2), pp. 602-40.

35 작지만 의미 있는 효과를 찾아낸 다음 메타 분석을 참고하라. Sisk, V.F., Burgoyne, A.P., Sun, J., Butler, J.L., Macnamara, B.N. (2018), 〈성장형 사고방식은 학업 성취도에서 얼마나 중요하고 어떤 환경에서 중요한가? 두 가지 메타 분석To What Extent and Under Which Circumstances Are Growth Mind-Sets Important to Academic Achievement? Two Meta-Analyses〉, *Psychological Science*, https://doi.org/10.1177/0956797617739704. 이 같은 결과를 정확히 해석하는 문제는 여전히 논란의 여지가 있다. 일반적으로, 성장형 사고방식이 가장 중요한 때는 학생들이 무력감이나 위협을 느낄 때로 보인다. 다시 말해, 이러한 개입은 이를테면 경제적으로 어려운 가정의 아이들에게 가장 효과적이다. 그리고 한 차례의 개입도 장기적 효과가 없는 것은 아니지만, 지속적으로 더 큰 효과를 보려면 좀 더 정기적인 프로그램이 필요한 것은 분명해 보인다. 다음을 참고하라. Orosz, G., Péter-Szarka, S., Böthe, B., Tóth-Király, I. and Berger, R. (2017), 〈사고방식 개입을 하지 않는 법: 성적이 좋은 학생들 대상의 사고방식 개입에서 배울 점How Not to Do a Mindset Intervention: Learning From a Mindset Intervention among Students with Good Grades〉, *Frontiers in Psychology*, 8, p. 311. 독립적 분석은 British Psychological Society에 나온 다음 블로그 글을 참고하라. https://digest.bps.org.uk/2018/03/23/this-cheap-brief-growth-mindset-intervention-shifted-struggling-students-onto-a-more-successfultrajectory/.

36 Feynman, R.P. and Feynman, Michelle (2006), 《생각할 시간이 없다고?Don't You Have Time to Think?》, London: Penguin.

37 이 이야기는 파인만의 자서전 《파인만 씨, 농담도 잘하시네!》에 자세히 실렸다.

38 Feynman and Feynman, 《생각할 시간이 없다고?》, p. xxi.

39 Feynman, R. (1972), 《노벨상 물리학상 수상 연설, 1963~1970 Nobel Lectures, Physics 1963-1970》, Amsterdam: Elsevier. 다음에서 발췌: https://www.nobelprize.org/nobel_prizes/physics/laureates/1965/feynman-lecture.html.

40 Kahan, D.M., Landrum, A., Carpenter, K., Helft, L. and Hall Jamieson, K. (2017), 〈과학 호기심과 정치 정보 처리Science Curiosity and Political Information Processing〉, *Political Psychology*, 38(S1), pp. 179-99.

41 Kahan, D. (2016), 〈과학 호기심과 정체성 보호 인식 (…) 양의(음의) 관계 들여다보기Science Curiosity and Identity-Protective Cognition … A Glimpse at a Possible (Negative) Relationship〉, Cultural Cognition Project 블로그, http://www.culturalcognition.net/blog/2016/2/25/science-curiosity-and-identity-protective-cognition-a-glimps.html.

42 Porter, T. and Schumann, K. (2017), 〈지적 겸손과 반대 견해 포용력Intellectual Humility and Openness to the Opposing View〉, *Self and Identity*, 17(2), pp. 1-24. 이고르 그로스먼도 가장 최근의 연구에서 비슷한 결과를 얻었다. Brienza, J.P., Kung, F.Y.H., Santos, H.C., Bobocel, D.R. and Grossmann, I. (2017), 〈지혜, 편견, 균형: 과정을 중시한 지혜 관련 인지 측정하기Wisdom, Bias, and Balance: Toward a Process-Sensitive Measurement of Wisdom-Related Cognition〉, *Journal of Personality and Social Psychology*, advance online publication, http://dx.doi.org/10.1037/pspp0000171.

43 Brienza, Kung, Santos, Bobocel and Grossmann, 〈지혜, 편견, 균형〉.

44 Feynman, R.P. (2015), 《파인만 어록The Quotable Feynman》, Princeton, NJ: Princeton University Press, p. 283.

45 Morgan, E.S. (2003), 《벤저민 프랭클린Benjamin Franklin》, New Haven, CT: Yale University Press, p. 6.

46 Friend, T. (13 November 2017), 〈나이 듦에 대해Getting On〉, *New Yorker*, https://www.newyorker.com/magazine/2017/11/20/why-ageism-never-gets-old.

47 Friedman, T.L. (22 February 2014), 〈구글에 입사하려면How to Get a Job at Google〉,

New York Times, https://www.nytimes.com/2014/02/23/opinion/sunday/friedman-how-to-get-a-job-at-google.html.

8장 | 쓴맛 보기의 효과: 동아시아 교육과 심층 학습의 세 가지 원칙

1 이 일화의 더 자세한 내용은 스티글러의 초기 연구에서 볼 수 있다. Stevenson, H.W. and Stigler, J.W. (1992), 《학습 격차The Learning Gap》, New York: Summit Books, p. 16.

2 Waldow, F., Takayama, K. and Sung, Y.K. (2014), 〈외부 세계 정책을 언급하는 유형 재고: '아시아 호랑이'의 PISA 성공을 다루는 오스트레일리아, 독일, 한국의 언론 담론Rethinking the Pattern of External Policy Referencing: Media Discourses Over the "Asian Tigers"'PISA Success in Australia, Germany and South Korea〉, *Comparative Education*, 50(3), pp. 302-21.

3 Baddeley, A.D. and Longman, D.J.A. (1978), 〈타자 학습 속도에서 훈련 시간과 빈도의 영향The Influence of Length and Frequency of Training Session on the Rate of Learning to Type〉, *Ergonomics*, 21(8), pp. 627-35.

4 Rohrer, D. (2012), 〈삽입법은 학생들이 비슷한 개념을 구별하는 데 도움이 된다Interleaving Helps Students Distinguish Among Similar Concepts〉, *Educational Psychology Review*, 24(3), pp. 355-67.

5 다음을 참고하라. Kornell, N., Hays, M.J. and Bjork, R.A. (2009), 〈기억에서 꺼내려는 시도는 비록 실패하더라도 이후 학습 효과를 높인다Unsuccessful Retrieval Attempts Enhance Subsequent Learning〉, *Journal of Experimental Psychology: Learning, Memory, and Cognition*, 35(4), p. 989. DeCaro, M.S. (2018), 〈통상적 순서 뒤집기: 대학 물리 수업에서 설명 전에 문제부터 풀게 하면 개념적 지식 획득에 도움이 된다Reverse the Routine: Problem Solving Before Instruction Improves Conceptual Knowledge in Undergraduate Physics〉, *Contemporary Educational Psychology*, 52, pp. 36-47. Clark, C.M. and Bjork, R.A. (2014), 〈어려움과 실수 유발이 언제, 왜 수업에 도움이 되는가When and Why Introducing Difficulties and Errors Can Enhance Instruction〉, 다음에서 발췌: Benassi, V.A., Overson, C.E. and Hakala, C.M. (eds), 《교육에 학습 과학 응용하기: 교과과정에 심리과학 적용하기Applying Science of Learning in Education: Infusing Psychological Science into the Curriculum》,

Washington, DC: Society for the Teaching of Psychology, pp. 20-30.

6 다음을 참고하라. Kapur, Manu (2010), 〈수학 문제 풀이에서 생산적 실패Productive Failure in Mathematical Problem Solving〉, *Instructional Science*, 38(6), 523-50. Overoye, A.L. and Storm, B.C. (2015), 〈불확실성의 힘을 이용해 학습 효과 높이기Harnessing the Power of Uncertainty to Enhance Learning〉, *Translational Issues in Psychological Science*, 1(2), p. 140.

7 다음을 참고하라. 수전 엥겔은 다음 책에서 Ruth Graner와 Rachel Brown의 연구를 다루었다. Engel, S. (2015), 《호기심의 두 얼굴The Hungry Mind》, Cambridge, MA: Harvard University Press, p. 118.

8 메타인지 착각 리뷰는 다음을 참고하라. Bjork, R.A., Dunlosky, J. and Kornell, N. (2013), 〈자기 조절 학습: 믿음, 기술, 착각Self-regulated Learning: Beliefs, Techniques, and Illusions〉, *Annual Review of Psychology*, 64, 417-44. Yan, V.X., Bjork, E.L. and Bjork, R.A. (2016), 〈메타인지 착각 바로잡기의 어려움: 선험적 이론, 매끄러움 효과, 그리고 삽입법 이점의 귀인 오류On the Difficulty of Mending Metacognitive Illusions: A Priori Theories, Fluency Effects, and Misattributions of the Interleaving Benefit〉, *Journal of Experimental Psychology: General*, 145(7), pp. 918-33.

9 이 결과에 관한 정보는 스티글러의 초기 연구와 후기 연구를 참고하라. Hiebert, J. and Stigler, J.W. (2017), 〈교수법 문화: 세계적 관점The Culture of Teaching: A Global Perspective〉, 다음에서 발췌: 《교사의 자질과 정책에 관한 국제적 안내서International Handbook of Teacher Quality and Policy》, Abingdon, England: Routledge, pp. 62-75. Stigler, J.W. and Hiebert, J. (2009), 《교수 간극: 교실에서의 교육 개선을 위해 세계 교사들이 내놓은 최고의 아이디어The Teaching Gap: Best Ideas from the World's Teachers for Improving Education in the Classroom》, New York: Simon & Schuster.

10 Park, H. (2010), 〈비교 관점에서, 일본과 한국의 고등학교와 고등학생Japanese and Korean High Schools and Students in Comparative Perspective〉, 다음에서 발췌: 《교육의 질과 불평등Quality and Inequality of Education》, Netherlands: Springer, pp. 255-73.

11 Hiebert and Stigler, 〈교수법 문화The Culture of Teaching〉.

12 이에 대한 자세한 논의는 다음을 참고하라. Byrnes, J.P. and Dunbar, K.N. (2014), 〈비판적이고 분석적인 사고의 본질과 발전The Nature and Development of Critical-analytic Thinking〉, *Educational Psychology Review*, 26(4), pp. 477-93.

13 문화 간 비교 연구는 다음을 참고하라. Davies, M. and Barnett, R. (eds) (2015), 《고등교육에서 비판적 사고에 관한 팰그레이브 핸드북The Palgrave Handbook of Critical Thinking in Higher Education》, Netherlands: Springer.

14 이 연구를 종합적으로 요약한 내용은 다음을 참고하라. Spencer-Rodgers, J., Williams, M.J. and Peng, K. (2010), 〈변화 기대와 반박 용인에서 문화 차이Cultural Differences in Expectations of Change and Tolerance for Contradiction: A Decade of Empirical Research〉, *Personality and Social Psychology Review*, 14(3), 296-312.

15 Rowe, M.B. (1985), 〈기다리는 시간: 천천히 가면 더 빨리 갈 수 있다!Wait Time: Slowing Down May Be a Way of Speeding Up!〉 *Journal of Teacher Education*, 37(1), pp. 43-50.

16 Langer, E. (1977), 《마음챙김 학습혁명The Power of Mindful Learning》, Reading, MA: Addison-Wesley, p. 18.

17 Ritchhart, R. and Perkins, D.N. (2000), 〈마음챙김 수업에서의 삶: 마음챙김 기질 키우기Life in the Mindful Classroom: Nurturing the Disposition of Mindfulness〉, *Journal of Social Issues*, 56(1), pp. 27-47.

18 랭어가 교육에서 모호함의 장점을 앞장서 연구했지만, 다른 과학자들도 그에 필적할 연구 결과를 내놓았다. Robert S. Siegler와 Xiaodong Lin은 수학과 물리에서 학생들에게 **정답**과 **오답**을 생각해보라고 하면, 대체할 만한 다른 전략을 고민하고 비효율적인 생각을 찾아내도록 부추기는 효과를 내어, 더 좋은 결과가 나온다는 사실을 알아냈다. 다음을 참고하라. Siegler, R.S. and Lin, X., 〈자기 설명은 아이의 학습 능력을 높인다Self-explanations Promote Children's Learning〉, 다음에서 발췌: Borkowski, J.G., Waters, H.S. and Schneider, W. (eds) (2010), 《메타인지, 전략 사용, 학습 지도Metacognition, Strategy Use, and Instruction》, New York: Guilford, pp. 86-113.

19 Langer, 《마음챙김 학습혁명》, p. 29. Overoye, A.L. and Storm, B.C. (2015), 〈불확실성의 힘을 이용해 학습 효과 높이기Harnessing the Power of Uncertainty to Enhance Learning〉, *Translational Issues in Psychological Science*, 1(2), 140. 다음도 참고하라. Engel, S. (2011), 〈아이들의 학습 욕구: 학교에서의 호기심Children's Need to Know: Curiosity in Schools〉, *Harvard Educational Review*, 81(4), pp. 625-45.

20 Brackett, M.A., Rivers, S.E., Reyes, M.R. and Salovey, P. (2012), 〈RULER 감정 언어 교과과정으로 학업 성취도와 사회적, 감정적 능력 높이기Enhancing

Academic Performance and Social and Emotional Competence with the RULER Feeling Words Curriculum〉, *Learning and Individual Differences*, 22(2), 218–24. Jacobson, D., Parker, A., Spetzler, C., De Bruin, W.B., Hollenbeck, K., Heckerman, D. and Fischhoff , B. (2012), 〈결정에 초점을 둔 교과과정으로 미국사 학습과 결정 능력이 향상되다Improved Learning in US History and Decision Competence with Decision-focused Curriculum〉, *PLOS One*, 7(9), e45775.

21 예를 들어 다음 연구 결과, 지적 겸손이 강하면 공부를 잘하는 학생과 그렇지 못한 학생 사이에서 흔히 나타나는 학업 성취도 격차가 아예 사라져버렸다. Hu, J., Erdogan, B., Jiang, K., Bauer, T.N. and Liu, S. (2018), 〈지도자의 겸손과 팀의 창의성: 팀의 정보 공유, 심리적 안정성, 권력 거리의 역할Leader Humility and Team Creativity: The Role of Team Information Sharing, Psychological Safety, and Power Distance〉, *Journal of Applied Psychology*, 103(3), 313.

22 관련 출처는 다음을 참고하라. Bjork, Dunlosky and Kornell, 〈자기 조절 학습〉. Soderstrom, N.C. and Bjork, R.A. (2014), 〈학습 대 성과: 통합 리뷰Learning Versus Performance: An Integrative Review〉, *Perspectives on Psychological Science*, 10(2), 176–99. Benassi, V.A., Overson, C. and Hakala, C.M. (2014), 《교육에 학습 과학 응용하기: 교과과정에 심리과학 적용하기》, American Psychological Association.

23 심리학자이자 음악가인 Christine Carter가 블로그에 쓴 다음 글을 참고하라. https://bulletproofmusician.com/why-the-progress-in-the-practice-room-seems-to-disappear-overnight/.

24 Langer, E., Russel, T. and Eisenkraft, N. (2009), 〈오케스트라 연주와 마음챙김의 발자국Orchestral Performance and the Footprint of Mindfulness〉, *Psychology of Music*, 37(2), pp. 125–36.

9장 | '드림팀'만들기: 슈퍼그룹 조직하는 법

1 Taylor, D. (2016, June 27), 〈유로 2016에서 아이슬란드에게 쫓겨나는 수모를 겪은 잉글랜드England Humiliated as Iceland Knock Them Out of Euro 2016〉, *Guardian*, https://www.theguardian.com/football/2016/jun/27/england-iceland-euro-2016-match-report.

2 다음을 참고하라. http://www.independent.co.uk/sport/football/international/england-vs-iceland-steve-mcclaren-reaction-goaleuro-2016-a7106896.html.

3 Taylor, 〈유로 2016에서 아이슬란드에게 쫓겨나는 수모를 겪은 잉글랜드〉.

4 Wall, K. (27 June 2016), 〈세계 축구 약체 아이슬란드, 유로 2016을 사로잡다Iceland Wins Hearts at Euro 2016 as Soccer's Global Underdog〉, *Time*, https://time.com/4383403/iceland-soccer-euro-2016-england/.

5 Zeileis, A., Leitner, C. and Hornik, K. (2016), 〈마권업자들이 합의한 UEFA 유로 2016 예측 모델Predictive Bookmaker Consensus Model for the UEFA Euro 2016〉, *Working Papers in Economics and Statistics*, No. 2016-15, https://www.econstor.eu/bitstream/10419/146132/1/859777529.pdf.

6 Woolley, A.W., Aggarwal, I. and Malone, T.W. (2015), 〈집단 지능과 그룹 성과Collective Intelligence and Group Performance〉, *Current Directions in Psychological Science*, 24(6), pp. 420-4.

7 Wuchty, S., Jones, B.F. and Uzzi, B. (2007), 〈지식 생산에서 점점 높아지는 팀의 장악력The Increasing Dominance of Teams in Production of Knowledge〉, *Science*, 316(5827), pp. 1036-9.

8 Woolley, A.W., Chabris, C.F., Pentland, A., Hashmi, N. and Malone, T.W. (2010), 〈인간 집단의 성과에서 집단 지능의 역할을 보여주는 증거Evidence for a Collective Intelligence Factor in the Performance of Human Groups〉, *Science*, 330(6004), pp. 686-8.

9 Engel, D., Woolley, A.W., Jing, L.X., Chabris, C.F. and Malone, T.W. (2014), 〈눈에서 마음을 읽거나 행간을 읽는다? 마음 이론은 인터넷상에서나 직접 대면했을 때나 똑같이 집단 지능을 잘 읽는다Reading the Mind in the Eyes or Reading between the Lines? Theory of Mind Predicts Collective Intelligence Equally Well Online and Face-to-face〉, *PLOS One*, 9(12), e115212.

10 Mayo, A.T. and Woolley, A.W. (2016), 〈보건 의료에서 팀워크: 포괄적 협동과 열린 소통으로 집단 지능 극대화하기Teamwork in Health Care: Maximizing Collective Intelligence via Inclusive Collaboration and Open Communication〉, *AMA Journal of Ethics*, 18(9), pp. 933-40.

11 Woolley, Aggarwal and Malone (2015), 〈집단 지능과 그룹 성과Collective Intelligence and Group Performance〉.

12 Kim, Y.J., Engel, D., Woolley, A.W., Lin, J.Y.T., McArthur, N. and Malone, T.W. (2017), 〈무엇이 강한 팀을 만드는가? 집단 지능으로 리브 오브 레전드 팀 경기 예측하기What Makes a Strong Team? Using Collective Intelligence to Predict Team Performance in League of Legends〉, 다음에서 발췌: 《2017 ACM 컨퍼런스 회보: 컴퓨터 기반 협동 작업과 소셜 컴퓨팅Proceedings of the 2017 ACM Conference on Computer Supported Cooperative Work and Social Computing》, New York: ACM, pp. 2316-29.

13 다음을 참고하라. Ready, D.A. and Conger, J.A. (2007), 〈회사를 재능 공장으로 만들어라Make Your Company a Talent Factory〉, *Harvard Business Review*, 85(6), 68-77. 다음 논문은 팀워크를 희생하면서까지 '재능 있는 사람'을 좋아하는 우리 성향에 대한 설문조사와 폭넓은 토론을 제시한다. Swaab, R.I., Schaerer, M., Anicich, E.M., Ronay, R. and Galinsky, A.D. (2014), 〈재능 넘침 효과: 팀의 상호의존성이 재능 있는 선수 투입이 지나칠 때와 부족할 때를 결정한다The Too-much-talent Effect: Team Interdependence Determines When More Talent Is Too Much or Not Enough〉, *Psychological Science*, 25(8), pp. 1581-91. 다음도 참고하라. Alvesson, M. and Spicer, A. (2016), 《어리석음의 역설: 직장에서 실용적 어리석음의 위력과 함정The Stupidity Paradox: The Power and Pitfalls of Functional Stupidity at Work》, London: Profile, Kindle Edition (Kindle location 1492-1504).

14 캘리포니아대학 버클리 캠퍼스의 Cameron Anderson과 공동으로 진행한 연구다. Hildreth, J.A.D. and Anderson, C. (2016), 〈최상층의 실패: 권력은 어떻게 공동의 성과를 방해하는가Failure at the Top: How Power Undermines Collaborative Performance〉, *Journal of Personality and Social Psychology*, 110(2), 261-86.

15 Greer, L.L., Caruso, H.M. and Jehn, K.A. (2011), 〈몸집이 클수록 추락의 충격이 크다: 팀 권력, 팀 갈등, 업무 성과의 연관관계The Bigger They Are, The Harder They Fall: Linking Team Power, Team Conflict, and Performance〉, *Organizational Behavior and Human Decision Processes*, 116(1), pp. 116-28.

16 Groysberg, B., Polzer, J.T. and Elfenbein, H.A. (2011), 〈사공이 많으면 배가 산으로 간다: 지위가 높은 사람들이 어떻게 집단의 효율성을 떨어뜨리는가Too Many Cooks Spoil the Broth: How High-Status Individuals Decrease Group Effectiveness〉, *Organization Science*, 22(3), pp. 722-37.

17 Kishida, K.T., Yang, D., Quartz, K.H., Quartz, S.R. and Montague, P.R. (2012), 〈소집단에서 암묵적 신호와 그것이 인지력 표출과 뇌의 관련 반응에 미치는

영향Implicit Signals in Small Group Settings and Their Impact on the Expression of Cognitive Capacity and Associated Brain Responses〉, *Philosophical Transactions of the Royal Society B*, 367(1589), pp. 704-16.

18 〈집단을 이루면 지능이 덜 드러날 수 있으며, 특히 여성이 더욱 그러하다Group Settings Can Diminish Expressions of Intelligence, Especially among Women〉, *Virginia Tech Carilion Research Institute*, http://research.vtc.vt.edu/news/2012/jan/22/group-settings-can-diminish-expressions-intelligen/.

19 Galinsky, A., Schweitzer, M. (2015), 〈재능이 지나칠 때의 문제The Problem of Too Much Talent〉, *The Atlantic*, https://www.theatlantic.com/business/archive/2015/09/hierarchy-friend-foe-too-much-talent/401150/.

20 Swaab, R.I., Schaerer, M., Anicich, E.M., Ronay, R. and Galinsky, A.D. (2014), 〈재능 넘침 효과〉.

21 Herbert, I. (27 June 2016), 〈잉글랜드 대 아이슬란드: 너무 부유하고, 너무 유명하고, 자의식이 너무 강해서 - 모든 문제를 적나라하게 보여준 조 하트England vs Iceland: Too Wealthy, Too Famous, Too Much Ego - Joe Hart Epitomises Everything That's Wrong〉, *Independent*, http://www.independent.co.uk/sport/football/international/england-vs-iceland-reaction-too-rich-too-famous-too-much-ego-joe-hart-epitomises-everything-that-is-a7106591.html.

22 Roberto, M.A. (2002), 〈에베레스트에서 얻은 교훈: 인지 편향, 심리적 안정, 체계 복잡성의 상호작용Lessons From Everest: The Interaction of Cognitive Bias, Psychological Safety, and System Complexity〉, *California Management Review*, 45(1), pp. 136-58.

23 https://www.pbs.org/wgbh/pages/frontline/everest/stories/leadership.html.

24 Schwartz, S. (2008), 〈80개국 대상, 7가지 슈바르츠 문화 가치 지향성 점수The 7 Schwartz Cultural Value Orientation Scores for 80 Countries〉, doi: 10.13140/RG.2.1.3313.3040.

25 Anicich, E.M., Swaab, R.I., & Galinsky, A. D. (2015). 〈위계를 중시하는 문화는 높은 위험을 감수하는 팀의 성공률과 사망률을 예측한다Hierarchical cultural values predict success and mortality in high-stakes teams〉. *Proceedings of the National Academy of Sciences*, 112(5), pp. 1338-43.

26 Jang, S. (2017). 〈다문화 팀에서 문화 중개와 창의적 활동Cultural Brokerage and Creative Performance in Multicultural Teams〉, *Organization Science*, 28(6), pp. 993-

1009.

27 Ou, A.Y., Waldman, D.A. and Peterson, S.J. (2015), 〈최고경영자의 겸손이 중요할까? 최고경영자의 겸손과 기업 실적 조사Do Humble CEOs Matter? An Examination of CEO Humility and Firm Outcomes〉, Journal of Management, 44(3), 1147-73. 리더가 겸손할 때의 좋은 점, 그리고 사람들이 리더의 겸손에 큰 가치를 두지 않는 이유에 관한 자세한 논의는 다음을 참고하라. Mayo, M. (2017), 〈겸손한 사람이 최고의 지도자라면 왜 우리는 카리스마 있는 나르시시스트에 빠질까?If Humble People Make the Best Leaders, Why Do We Fall for Charismatic Narcissists?〉, *Harvard Business Review*, https://hbr.org/2017/04/if-humble-people-make-the-best-leaders-why-do-we-fall-for-charismatic-narcissists. Heyden, M.L.M. and Hayward, M. (2017), 〈겸손한 최고경영자를 찾기 힘든 이유It's Hard to Find a Humble CEO: Here's Why〉, *The Conversation*, https://theconversation.com/its-hard-to-find-a-humble-ceo-heres-why-81951. Rego, A., Owens, B., Leal, S., Melo, A.I., e Cunha, M.P., Goncalves, L. and Ribeiro, P. (2017), 〈리더의 겸손이 어떻게 팀을 더 겸손하고, 정신적으로 더 강인하고, 더 효율적으로 만드는가: 중도적 중재 모델How Leader Humility Helps Teams to Be Humbler, Psychologically Stronger, and More Effective: A Moderated Mediation Model〉, *The Leadership Quarterly*, 28(5), pp. 639-58.

28 Cable, D. (23 April 2008), 〈겸손한 리더십은 어떻게 작동하는가How Humble Leadership Really Works〉, *Harvard Business Review*, https://hbr.org/2018/04/how-humble-leadership-really-works.

29 Rieke, M., Hammermeister, J. and Chase, M. (2008), 〈스포츠에서 종의 리더십: 코치의 효과적 행동을 위한 새로운 패러다임Servant Leadership in Sport: A New Paradigm for Effective Coach Behavior〉, *International Journal of Sports Science & Coaching*, 3(2), pp. 227-39.

30 Abdul-Jabbar, K. (2017), 《우든 코치와 나: 코트 안팎에서 이어진 50년 우정Coach Wooden and Me: Our 50-Year Friendship On and Off the Court》, New York: Grand Central. 다음 기사에서 우든의 코치 스타일과 그것이 비즈니스 리더에게 주는 교훈을 자세히 볼 수 있다. Riggio, R.E. (2010), 〈존 우든의 리더십The Leadership of John Wooden〉, Psychology Today 블로그, https://www.psychologytoday.com/us/blog/cutting-edge-leadership/201006/the-leadership-john-wooden.

31 Ames, N. (13 June 2016), 〈아이슬란드 공동 매니저이자 치과의사, 헤이미르 하들그림손을 만나다Meet Heimir Hallgrimsson, Iceland's Co-manager and Practicing Dentist〉, ESPN 블로그, https://www.espn.com/soccer/club/iceland/470/blog/post/2879337/meet-heimir-hallgrimsson-icelands-co-manager-and-practicing-dentist.

10장 | 들불처럼 번지는 어리석음: 재앙은 왜 일어나고, 어떻게 막아야 하는가

1 다음을 참고하라. Izon, D., Danenberger, E.P. and Mayes, M. (2007), 〈인명 피해 없는 분출 사고: 1992~2006년 OCS 사건의 MMS 연구Absence of Fatalities in Blowouts Encouraging in MMS Study of OCS Incidents 1992-2006〉, *Drilling Contractor*, 63(4), 84-9. Gold, R. and Casselman, B. (30 April 2010), 〈굴착기 폭발 관련 시추 과정 정밀 조사 중Drilling Process Attracts Scrutiny in Rig Explosion〉, *Wall Street Journal*, 30.

2 https://www.theguardian.com/environment/2010/dec/07/transocean-oil-rig-north-sea-deepwater-horizon.

3 Vaughan, A. (16 January 2018), 〈650억 달러가 넘는 BP의 딥워터 호라이즌 청구서BP's Deepwater Horizon Bill Tops $65bn〉, *Guardian*, https://www.theguardian.com/business/2018/jan/16/bps-deepwater-horizon-bill-tops-65bn.

4 Barstow, D., Rohde, D. and Saul, S. (25 December 2010), 〈딥워터 호라이즌 최후의 시간Deepwater Horizon's Final Hours〉, *New York Times*, https://www.nytimes.com/2010/12/26/us/26spill.html. Goldenberg, S. (8 November 2010), 〈연방 조사 결과, 재앙 대비에 미흡했던 BP BP Had Little Defence against a Disaster, Federal Investigation Says〉, *Guardian*, https://www.theguardian.com/environment/2010/nov/08/bp-little-defence-deepwater-disaster.

5 Spicer, A. (2004), 〈세계관을 형성하다? 공영방송국에 나타난 세계화 담론Making a World View? Globalisation Discourse in a Public Broadcaster〉, 박사 논문, Department of Management, University of Melbourne, https://minerva-access.unimelb.edu.au/handle/11343/35838.

6 Alvesson, M. and Spicer, A. (2016), 《어리석음의 모순: 직장에서 실용적 어리석음의 위력과 함정The Stupidity Paradox: The Power and Pitfalls of Functional Stupidity at

Work》, London: Profile, Kindle Edition (Kindle Locations 61-7).

7 Alvesson and Spicer,《어리석음의 모순》(Kindle Locations 192-8).

8 Grossman, Z. (2014), 〈전략적 무지와 확고한 사회적 선호도Strategic Ignorance and the Robustness of Social Preferences〉, *Management Science*, 60(11), pp. 2659-65.

9 스파이서는 The Conversation에 이 연구를 자세히 설명했다. Spicer, A. (2015), 〈"일찍 실패하라. 자주 실패하라"는 주문을 외는 사업가는 교훈을 얻지 못한다"Fail Early, Fail Often"Mantra Forgets Entrepreneurs Fail to Learn〉, https://theconversation.com/fail-early-fail-often-mantra-forgets-entrepreneurs-fail-to-learn-51998.

10 Huy, Q. and Vuori, T. (2015), 〈누가 노키아를 죽였는가? 범인은 노키아였다Who Killed Nokia? Nokia Did〉, *INSEAD Knowledge*, https://knowledge.insead.edu/strategy/who-killed-nokia-nokia-did-4268. Vuori, T.O. and Huy, Q.N. (2016), 〈혁신에서 주의 분산과 감정 공유: 노키아가 스마트폰 전쟁에서 패한 이유Distributed Attention and Shared Emotions in the Innovation Process: How Nokia Lost the Smartphone Battle〉, *Administrative Science Quarterly*, 61(1), pp. 9-51.

11 Grossmann, I. (2017), 〈상황에 따른 지혜Wisdom in Context〉, *Perspectives on Psychological Science*, 12(2), 233-57; Staw, B.M., Sandelands, L.E. and Dutton, J.E. (1981), 〈조직의 행동에 나타나는 위협 경직 효과: 다층적 분석Threat Rigidity Effects in Organizational Behavior: A Multilevel Analysis〉, *Administrative Science Quarterly*, 26(4), pp. 501-24.

12 넷플릭스의 모토가 담긴 슬라이드는 다음에서 볼 수 있다. https://www.slideshare.net/reed2001/culture-1798664.

13 Feynman, R. (1986), 〈대통령 자문위원회의 우주 왕복선 챌린저호 사고 보고서Report of the Presidential Commission on the Space Shuttle Challenger Accident〉, Volume 2, Appendix F, https://spaceflight.nasa.gov/outreach/SignificantIncidents/assets/rogers_commission_report.pdf.

14 Dillon, R.L. and Tinsley, C.H. (2008), 〈아슬아슬했던 순간이 위험한 상황에서 의사 결정에 어떤 영향을 미치는가: 학습 기회를 놓친 경우How Near-misses Influence Decision Making under Risk: A Missed Opportunity for Learning〉, *Management Science*, 54(8), pp. 1425-40.

15 Tinsley, C.H., Dillon, R.L. and Madsen, P.M. (2011), 〈파국을 피하는 법How to Avoid Catastrophe〉, *Harvard Business Review*, 89(4), pp. 90-7.

16 Accord, H. and Camry, T. (2013), 〈아슬아슬했던 순간과 대응 실패, 1부Near-misses and Failure (Part 1)〉, *Harvard Business Review*, 89(4), pp. 90-7.

17 Cole, R.E. (2011), 〈도요타에 대체 무슨 일이 일어난 걸까?What Really Happened to Toyota?〉, *MIT Sloan Management Review*, 52(4).

18 Cole, 〈도요타에 대체 무슨 일이 일어난 걸까?〉

19 Dillon, R.L., Tinsley, C.H., Madsen, P.M. and Rogers, E.W. (2016), 〈아슬아슬했던 순간을 제대로 인식하기 위한 조직의 새로운 대처법Organizational Correctives for Improving Recognition of Nearmiss Events〉, *Journal of Management*, 42(3), pp. 671-97.

20 Tinsley, Dillon and Madsen, 〈파국을 피하는 법〉.

21 Dillon, Tinsley, Madsen and Rogers, 〈아슬아슬했던 순간을 제대로 인식하기 위한 조직의 새로운 대처법〉.

22 Reader, T.W. and O'Connor, P. (2014), 〈딥워터 호라이즌 폭발 사고: 비기술적 능력, 안전 문화, 복잡한 체계The Deepwater Horizon Explosion: Non-Technical Skills, Safety Culture, and System Complexity〉, *Journal of Risk Research*, 17(3), 405-24. 다음도 참고하라. House of Representatives Committee on Energy and Commerce, Subcommittee on Oversight and Investigations (25 May 2010), 〈보고서 '딥워터 호라이즌 멕시코만 기름 유출 사건 조사에서 드러난 핵심 의문점'Memorandum "Key Questions Arising From Inquiry into the Deepwater Horizon Gulf of Mexico Oil Spill"〉, http://www.washingtonpost.com/wp-srv/photo/homepage/memo_bp_waxman.pdf.

23 Tinsley, C.H., Dillon, R.L. and Cronin, M.A. (2012), 〈아슬아슬했던 사건이 위험한 결정을 어떻게 부추기거나 약화시키는가How Near-Miss Events Amplify or Attenuate Risky Decision Making〉, *Management Science*, 58(9), pp. 1596-1613.

24 Tinsley, Dillon and Madsen, 〈파국을 피하는 법〉.

25 National Commission on the BP Deepwater Horizon Oil Spill (2011), 〈딥워터: 멕시코만 기름 유출 사고와 해상 시추의 미래Deep Water: The Gulf Oil Disaster and the Future of Off shore Drilling〉, p. 224, https://www.gpo.gov/fdsys/pkg/GPO-OILCOMMISSION/pdf/GPO-OILCOMMISSION.pdf.

26 Deepwater Horizon Study Group (2011), 〈마콘도 유정 분출 사고 조사 최종 보고서Final Report on the Investigation of the Macondo Well Blowout〉, Center for Catastrophic Risk Management, University of California at Berkeley, http://

ccrm.berkeley.edu/pdfs_papers/bea_pdfs/dhsgfinalreport-march2011-tag.pdf.

27 Weick, K.E., Sutcliff e, K.M. and Obstfeld, D. (2008), 〈신뢰도 높은 조직: 집단적 마음챙김 실행 과정Organizing for High Reliability: Processes of Collective Mindfulness〉, *Crisis Management*, 3(1), pp. 31-66. 마음챙김을 실천하는 조직의 특성을 쉬운 말로 설명할 수 있었던 것은 다음 논문 덕이다. Sutcliffe, K.M. (2011), 〈고신뢰도 조직High Reliability Organizations [HROs]〉, *Best Practice and Research Clinical Anaesthesiology*, 25(2), pp. 133-44.

28 Bronstein, S. and Drash, W. (2010), 〈생존자들: 사고 당일 지름길을 명령한 BP Rig Survivors: BP Ordered Shortcut on Day of Blast〉, CNN, http://edition.cnn.com/2010/US/06/08/oil.rig.warning.signs/index.html.

29 〈미 해군 잠수함 스레셔호 침몰 사건The Loss of USS Thresher (SSN-593)〉 (2014), http://ussnautilus.org/blog/the-loss-of-uss-thresher-ssn-593/ .

30 National Commission on the BP Deepwater Horizon Oil Spill (2011), 〈딥워터〉, p. 229, https://www.gpo.gov/fdsys/pkg/GPO-OILCOMMISSION/pdf/GPO-OILCOMMISSION.pdf.

31 Cochrane, B.S., Hagins Jr, M., Picciano, G., King, J.A., Marshall, D.A., Nelson, B. and Deao, C. (2017), 〈보건 의료에서 고신뢰도: 환자의 안전을 지키는 문화와 사고방식 조성하기High Reliability in Healthcare: Creating the Culture and Mindset for Patient Safety〉, *Healthcare Management Forum*, 30(2), pp. 61-8.

32 다음 논문에 나타난 사례를 참고하라. Roberts, K.H., Madsen, P., Desai, V. and Van Stralen, D. (2005), 〈고신뢰도 보건 의료 조직에서 출생과 사망 사례A Case of the Birth and Death of a High Reliability Healthcare Organisation〉, *BMJ Quality & Safety*, 14(3), 216-20. 다음에서도 관련 논의를 볼 수 있다. Sutcliffe, K.M., Vogus, T.J. and Dane, E. (2016), 〈조직에서의 마음챙김: 직급간 조사Mindfulness in Organizations: A Cross-level Review〉, *Annual Review of Organizational Psychology and Organizational Behavior*, 3, pp. 55-81.

33 Dweck, C. (2014), 〈재능: '성장형 사고방식'으로 회사는 어떻게 이익을 볼 수 있는가Talent: How Companies Can Profit From a "Growth Mindset"〉, *Harvard Business Review*, 92(11), pp. 7.

34 National Commission on the BP Deepwater Horizon Oil Spill, 〈딥워터〉, p. 237.

35 Carter, J.P. (2006), 〈핵발전 업계의 변신The Transformation of the Nuclear Power Industry〉, *IEEE Power and Energy Magazine*, 4(6), pp. 25-33.

36 Koch, W. (20 April 2015), 〈사상 최악의 기름 유출 사고 발생 5년 후, 딥워터 시추는 안전해졌는가?Is Deepwater Drilling Safer, 5 Years after Worst Oil Spill?〉, *National Geographic*, https://news.nationalgeographic.com/2015/04/150420-bp-gulf-oil-spill-safety-five-years-later/. 석유 업계의 자기 규제와 그것이 핵발전운영협회 기준에 못 미치는 이유에 관한 자세한 논의는 다음을 참고하라. 〈원유 시추 산업의 자기 규제 업그레이드An Update on Self-Regulation in the Oil Drilling Industry〉(2012), *George Washington Journal of Energy and Environmental Law*, https://gwjeel.com/2012/02/08/an-update-on-self-regulation-in-the-oil-drilling-industry/.

37 Beyer, J., Trannum, H.C., Bakke, T., Hodson, P.V. and Collier, T.K. (2016), 〈딥워터 호라이즌 기름 유출이 환경에 미치는 영향Environmental Effects of the Deepwater Horizon Oil Spill: A Review〉, *Marine Pollution Bulletin*, 110(1), 28-51.

38 Lane, S.M., et al. (November 2015), 〈딥워터 호라이즌 기름 유출 이후 미국 버라타리어만에서 조사한 큰돌고래의 번식과 생존 상황Reproductive Outcome and Survival of Common Bottlenose Dolphins Sampled in Barataria Bay, Louisiana, USA, Following the Deepwater Horizon Oil Spill〉, Proceedings of the Royal Society B, 282(1818), 20151944.

39 Jamail, D. (20 April 2012), 〈과학자를 놀라게 한 멕시코만 해산물 기형Gulf Seafood Deformities Alarm Scientists〉, Al Jazeera.com, https://www.aljazeera.com/indepth/features/2012/04/201241682318260912.html.

맺는 말 |

1 1, 7, 8장에서 다룬 내용 외에도 다음을 참고하라. Jacobson, D., Parker, A., Spetzler, C., De Bruin, W.B., Hollenbeck, K., Heckerman, D. and Fischhoff , B. (2012), 〈결정에 초점을 둔 교과과정으로 미국사 학습과 결정 능력이 향상되다〉, *PLOS One*, 7(9), e45775.

2 Owens, B.P., Johnson, M.D. and Mitchell, T.R. (2013), 〈조직에서 드러나는 겸손: 성과, 팀, 리더십에 미치는 영향Expressed Humility in Organizations: Implications for Performance, Teams, and Leadership〉, *Organization Science*, 24(5), pp. 1517-38.

3 Sternberg, R.J. (인쇄 중), 〈사마라로 달려가다: 오늘날 세계에서 지혜의 중요성Race to Samarra: The Critical Importance of Wisdom in the World Today〉, 다음에서 발췌:

Sternberg, RJ. and Glueck, J. (eds), 《지혜에 관한 케임브리지 핸드북Cambridge Handbook of Wisdom》(2nd edn), New York: Cambridge University Press.

4 Howell, L. (2013), 〈초연결 세상에서의 디지털 들불Digital Wildfires in a Hyperconnected World〉, *WEF Report*, 3, pp. 15-94.

5 Wang, H. and Li, J. (2015), 〈호기심이 행복과 감정 소진에 미치는 영향: 자기 주도의 중재 역할How Trait Curiosity Influences Psychological Well-Being and Emotional Exhaustion: The Mediating Role of Personal Initiative〉, *Personality and Individual Differences*, 75, pp. 135-40.

감사의 말

이 책은 많은 사람의 도움이 없었다면 세상에 나올 수 없었다. 우선 다른 누구보다도, 내 제안을 굳게 믿어주고 그 이후로 지원과 지도를 아끼지 않은 에이전트 캐리 플릿Carrie Plitt에게 고마움을 전한다. 그리고 내 원고를 세계 곳곳에서 출판하도록 도와준 펠리시티 브라이언 어소시에이트Felicity Bryan Associates의 다른 팀원들, 뉴욕의 조에 파그나멘타Zoë Pagnamenta, 그리고 앤드류 뉘른베르크 어소시에이트Andrew Nurnberg Associates 팀에게도 감사한다.

호더&스터프턴Hodder&Stoughton의 드러먼드 모아Drummond Moir와 W. W 노턴W. W Norton의 맷 와일런드Matt Weiland가 편집자로서 도움을 준 것은 내게 행운이었다. 두 사람의 지혜로운 판단과 재치 있는 편집 덕에 이 책이 더없이 좋아졌고, 나는 두 사람의 조언에서 많은 것을 배웠다. 호더의 카메론 마이어스Cameron Myers는 글을 최대한 매끄럽게 편집하기 위해 조언과 도움을 아끼지 않았다.

안목과 지식을 나눠준 다음과 같은 많은 전문가에게도 큰 감사를 전한다. 데이비드 퍼킨스David Perkins, 로버트 스턴버그Robert Sternberg, 제임스 플린James Flynn, 키스 스타노비치Keith Stanovich, 완디 브룬 데 브룬Wändi Bruine de Bruin, 댄 커핸Dan Kahan, 위고 메르시에Hugo Mercier, 이티엘 드로Itiel Dror, 로한 윌리엄슨Rohan Williamson, 이고르 그로스먼Igor Grossmann, 이선 크로스Ethan Kross, 앤드루 하펜브랙Andrew Hafenbrack, 실비아 마메드Silvia Mamede, 패트릭 크로스케리Pat Croskerry, 노르베르트 슈바르츠Norbert Schwarz, 에린 뉴먼Eryn Newman, 고든 페니쿡Gordon Pennycook, 마이클 셔머Michael Shermer, 스테판 르완도스키Stephan Lewandowsky, 존 쿡John Cook, 수전 엥겔Susan Engel, 캐롤 드웩Carol Dweck, 터넬 포터Tenelle Porter, 제임스 스티글러James Stigler, 로버트 비요크Robert Bjork, 엘리자베스 비요크Elizabeth Bjork, 엘런 랭어Ellen Langer, 애니타 윌리엄스 울리Anita Williams Woolley, 앵거스 힐드리스Angus Hildreth, 브래들리 오언스Bradley Owens, 에이미 이 오우Amy Yi Ou, 앙드레 스파이서Andre Spicer, 캐서린 틴슬리Catherine Tinsley, 컬린 로버츠Karlene Roberts. 이 외에 비록 인터뷰 내용이 책에 실리지는 않았지만, 인터뷰를 하는 동안 전문 지식을 알려주어 내 주장에 힘을 보태준 많은 사람에게도 고마움을 전하고 싶다.

브랜든 메이필드Brandon Mayfield는 자신의 경험을 들려주었고, 마이클은 초예측자란 어떤 사람인지 맛을 보게 해주었고, 조니 데이비드슨Jonny Davidson은 도표를 넣는 데 도움을 주었다. 모두 감사하다. 롱비치 지적 덕목 아카데미의 직원과 학생들도 나를 더없이 환대해준 고마운 사람들이다.

2015년에 BBC 퓨처BBC Future의 리처드 피셔Richard Fisher는 "머리가 좋은 것의 단점"에 대해 글을 써달라고 처음 요청했었다. 이 책을 쓰게 된 동기를 처음 제공해주고, 이후 줄곧 격려와 충고를 아끼지 않은 고마운 사람이다. 친구이자 동료인 샐리 애디Sally Adee, 아일린Eileen과 피터 데이비스Peter Davies, 케이트 더글러스Kate Douglas, 스티븐 다울링Stephen Dowling, 나타샤Natasha와 샘 펜윅Sam Fenwick, 시몬 프란츠Simon Frantz, 멀리사 호겐붐Melissa Hogenboom, 올리비아 하윗Olivia Howitt, 크리스티안 재럿Christian Jarrett, 에마Emma와 샘 패팅턴Sam Partington, 조 페리Jo Perry, 알렉스 라일리Alex Riley, 매슈 롭슨Matthew Robson, 닐Neil과 로런 설리반Lauren Sullivan, 헬렌 톰슨Helen Thomson, 리처드 웹Richard Webb, 클레어 윌슨Clare Wilson 모두 내게 소중한 응원을 보내준 것에 감사한다. 모두 술 한 잔씩 돌려야 할 사람들이다. 마르타Marta, 루카Luca, 다미아노 이 스테파니아Damiano e Stefania에게도 무한한 감사를 보낸다. 그라찌 인피니테!

이 여정의 중간 중간에 내게 격려를 아끼지 않은 부모님 마거릿Margaret과 앨버트Albert, 그리고 로버트 데이비스Robert Davies에게도 이루 말할 수 없는 신세를 졌다. 이분들이 없었다면 나는 이 책을 쓸 수 없었다.

찾
아
보
기

ㅅ

ㅇ

ㅈ

The Intelligence Trap